泳燚语文教育论著选集

朱泳燚 著

江苏凤凰教育出版社
Phoenix Education Publishing, Ltd

图书在版编目(CIP)数据

朱泳燚语文教育论著选集/朱泳燚著. —南京 :
江苏凤凰教育出版社,2021. 6
ISBN 978 - 7 - 5499 - 9356 - 7

Ⅰ. ①朱… Ⅱ. ①朱… Ⅲ. ①中学语文课—教学研究
—文集 Ⅳ. ①G633. 302 - 53

中国版本图书馆 CIP 数据核字(2021)第 113481 号

书　　名　朱泳燚语文教育论著选集
作　　者　朱泳燚
责任编辑　余立新　沈静明
装帧设计　许　畅
责任印制　石贤权
出版发行　江苏凤凰教育出版社(南京市湖南路 1 号 A 楼　邮编 21009)
苏教网址　http://www. 1088. com. cn
照　　排　江苏凤凰制版有限公司
印　　刷　江苏凤凰通达印刷有限公司(电话:025 - 57572528)
厂　　址　南京市六合区冶山镇牡丹村 6 号(邮编 211523)
开　　本　787 毫米×1092 毫米　1/16
印　　张　32
版　　次　2021 年 6 月第 1 版
印　　次　2021 年 6 月第 1 次印刷
书　　号　ISBN 978 - 7 - 5499 - 9356 - 7
定　　价　96. 00 元
网店地址　http: //jsfhjycbs. tmall. com
公 众 号　苏教服务(微信号:jsfhjyfw)
邮购电话　025 - 85406265,025 - 85400774,短信 02585420909
盗版举报　025 - 83658579

目录

001 序言 刘国正
001 序言 顾黄初
001 教学、科研双翼齐飞(代前言)

语文教学与研究

003 运用范文修改佳例进行修辞教学
012 在阅读、写作教学中提高学生的自改能力
021 谈谈高中阶段的作文训练
025 让学生写些研究性作文
028 写作练习中的“少—多—少”
031 出活题，考能力，查真绩，育人才
039 语法很重要，适当学一点，学了要能用
043 语文教学要强化语言训练
053 着力培养两种习惯和两种能力
057 努力构建语文教学的良性循环
069 在语文教学中引入名家修改佳例的理念与操作

076 语文教师要加强语言修养

080 ◎叶圣陶语文教育思想研究
080 叶圣陶论修辞教学
085 叶圣陶的修辞理论与实践
092 叶老谈中学语文教学
096 叶圣陶语文教材编写的实践和理论

103 ◎课堂实录与教学设计
103 《荷花淀》课堂教学实录
115 《多收了三五斗》教学设计
128 《大自然的语言》教学设计
134 《一幅恬淡明丽的春之图——读老舍的〈济南的冬天〉》教学设计

语文教材编写与研究
143 吕叔湘先生谈“理路”及“理路”教材的编写
147 讲究科学性、趣味性和可教可读性——我怎样编写说明文教材《看云识天气》
153 语文教师要重视教材建设
157 语文教科书课文语言的加工修改

167 一套新颖、扎实的训练型教材
——评上海市新编H版初中语文教材
172 相当成功的教材　值得学习的经验
——评苏教版初中语文教材
176 编好用好我省小语教材　切实提高语文教学质量

188 ◎自编课文选辑

188 看云识天气
190 降伏旱魔
192 手扶拖拉机
194 蜜蜂
197 森林——农业的保卫者
200 卫星测天气
204 语序不合理
207 口语能力的锻炼
209 语段的修改
212 作点辩证分析
216 论证的结构
220 社会科学小论文
227 语言表达和思维锻炼
236 学会写作科学小论文
243 练笔
246 投入专题研习

248 ◎教材分析文章选辑
248 浅析《反对党八股》的语言特色
251 文情并茂的散文精品
——《岚山花雪》赏析
254 分镜头描写的“风光纪录片”
——《五峰游记》赏析
257 一幅绚丽多彩的群鸟图
——《小鸟》赏析
260 一篇引人入胜的序言
——《血染的木棉》赏析
263 修辞学园地上的一枝奇葩
——读《通感》
266 《一件小事》课文总结性简析
268 《春》课文总结性简析
270 《趵突泉的欣赏》课文总结性简析
271 《我爱乡居》课文总结性简析
272 《生物的“睡眠”》课文总结性简析
274 《最苦与最乐》课文总结性简析
276 《爱莲说》课文总结性简析
278 《邹忌讽齐王纳谏》课文总结性简析
280 《中国百年语文教科书课文选评》11篇评析

语言学习与研究

297 略谈双提分承
299 鲁迅作品中色彩词的运用

305 文学语言规范化的宝贵尝试
——学习鲁迅对手稿、初稿的文字加工
316 鲁迅的炼词艺术
323 删削减缩　力求精练
——学习鲁迅的语言修改艺术
328 认真对待作品语言的范例
——学习《叶圣陶文集》的文字修改
342 学习《多收了三五斗》的语言修改
347 语言修改重视思想性和科学性
353 鲁迅小说用喻的功能与特色
364 流声悦耳　练色娱目
——谈《葛梅》的绘声绘色
369 语言的彩色图画
373 试论博喻的结构与功能
377 用喻贵在创新
379 理解词义　正确用词
383 语言表达不要犯科学常识错误
386 常熟话词汇、语法中的一些特殊现象
393 说“磨合”
396 电脑写作小心区别同音词

399 **◎语文随笔选辑**

399 “十分之九”和“十分之十一”
400 成语回复本义

401 贴切自然见功夫
402 实色和虚色
403 造句的灵活变化
404 借“名”发挥
405 建议把囍字收进字（词）典
406 不应再用这类称呼
407 小说中的超长型定语
410 标点符号的妙用
412 作家运用标点符号的特色
414 作家炼题
415 从“蔫瘪”谈起
417 一“点”也不马虎
418 象形词语
419 《红楼梦》语言品味札记
421 《史记》语言赏析二例
423 从鲁迅不用“釜”说起
424 拟人词语的精选
426 同义词语的交替运用

428 **◎语文短评选辑**
428 令人费解的题目
429 小谈别字问题
431 注意名、量、时的统一
433 不要随意颠倒语素次序

435 音译名词的译法应力求统一
437 慎用代词　精确表意
442 “重复”语病种种
445 “苟简”语病例析
449 量词应恰当配置
453 注意动宾的合理搭配
456 词性误用例析
459 请重视语气助词的使用
462 语文评改八则
467 语文札记二则
469 “渡假”，还是“度假”？
470 数量表达琐议
473 这几类“的”字也属多余
475 合理使用外国（地区）币称
477 一字之差，意思相反
479 重视报纸语言文字的编校工作
——致《文汇报》总编辑的一封信

附录
485 追求高尚　追求卓越
——磨炼自己成为学者型语文教师

493 后记

序　言[①]

刘国正

早年，泳燚先生以编著《叶圣陶的语言修改艺术》一书受到叶老的器重，许为忘年交。对《叶圣陶文集》逐句对比求索叶老晚年修改的字句，加以编列和论述，多大的工程啊！

也是在此时，我同泳燚开始交往，人民教育出版社聘他为社外编审，请他参加编写和审阅教材书稿，撰写课外读物。他来京工作时，常到寒斋茗话。我曾到他的家乡常熟，湖山诗酒，相与盘桓数日。他的书房里有一个高大的柜子，装满他积累的资料卡片，数以万计，给我留下深刻的印象。相交日久，相知日深，而今多日不见，常常想起他那谦谦君子的仪表和温文尔雅的谈吐。

泳燚先生是我非常钦佩的好友。他治学、执教和工作极端认真，极端刻苦，极端谨慎，极端谦虚，堪称敬业的楷模。孔夫子捧着圭，"鞠躬如也，如不胜。上如揖，下如授，勃如战色，足蹜蹜如有循"，把那敬谨的神态描写得栩栩如生。语文教学专业可以比作泳燚手中的"圭"，且几十年如一日，一丝不苟，一毫不懈。我钦佩他，是因为他这种精神，我只能心向往之，周围朋友也很少能赶得上的。

他为学者型语文教师提出的要求"既能教学，又能研究；教有特色，学有专长；教书与育人相结合，教学和科研同步"，他自己完全做到了。他的研究与实践涉及教学、教材诸多方面，而贯彻其中的语文教育思想的主要特色是：务实，

① 刘国正，原人民教育出版社副总编辑，全国中小学教材审定委员会中学语文科审查委员，中国教育学会中学语文教学专业委员会理事长；当代著名诗人、杂文家和语文教育家。

求活，重视语言因素和基本训练。他深明语文教学的规律，而语出平淡，不务新奇。人们赖以生存的阳光、空气、水，不都是朴素无奇，而人们是不可须臾或离的吗？真知不在新奇，在于抓住事物的底蕴。

人见之叹为卓越不凡，自处之却平淡如水，这是泳燚为人的本分。泳燚所以能如此，用他自己的话说，“长期潜心从事事业的动力是什么？是心中长明的灯——热爱与信仰”，热爱祖国，则是最灿烂的灯焰。这是泳燚珍藏心中的无价之宝，我以为，也是一切知识分子的“通灵宝玉”，丢掉它，就丢掉了灵魂。

岁月流迈，一转眼，泳燚也已年逾花甲，到丰收的季节了。得知他的论著将结集出版，无任欣喜。相信他的书是如布帛菽粟那样实实在在的成果，不仅大有益于教学和研究，而且给教师的素养发展提供了良好的风范。我不善于写理论文字，听说学识渊博的顾黄初教授将作序，正好把论述泳燚教育思想的重头戏推给他，我只演一场“跳加官”。

二〇〇二年初夏之晨，晴日一窗，欣然写下这篇小文，算是序。

序　言[1]

顾黄初

中语界有众多老一辈的特级教师，他们都有自己的特长和成就，如璀璨群星，各自闪耀出夺目的光彩。

我曾说，语言学、文章学、文艺学是语文教学的三大理论支柱，要做一名称职的语文教师，在这三方面都必须有相当的造诣。要是因为各人的兴趣和专长不同而在上述三方面实践上有所侧重，那便形成各自不同的教学个性和风格。这些老一辈的语文特级教师，多半有自己独特的教学个性和风格。

单就语言功底而论，同行中曾有所谓"北章南朱"之说。"北章"，指北京的章熊先生；"南朱"，指江苏的朱泳燚先生。这印象从何而来？读过叶至善先生编的《叶圣陶答教师的 100 封信》，便可知章、朱二位都曾经直接得到过圣陶老人的指点。给泳燚的几封信，都是交换有关语言修改和推敲的意见的；给章熊的几封，则是讨论章著《语言与思维训练》一书的初稿的。总之，谈的都是有关语言运用和语言训练的学问。再从章、朱二位 20 多年来发表的论著看，内容总还是离不开语言问题，离不开从"比较"中研究语言运用的规律问题。如果要说有什么不同，那么章熊重在"比较研究"中外母语在实际应用中的异同，从而揭示汉语的语言运用规则和言语交际特征；泳燚则重在"比较研究"语言运用中通过修改、润色使之逐步优化、美化、艺术化的规律和技巧。同是"比较语

① 顾黄初(1933—2009)，原扬州大学文学院教授，课程与教学论硕士生导师，全国中小学教材审定委员会中学语文科审查委员，中国教育学会语文教学法专业委员会副理事长、学术委员会主任；当代著名语文教育家。

言学”，他们都各有一方学术天地。

前年，我应上海教育出版社之邀，主编一部题为《现代语文教育百年事典》的书。社方对入典条目的要求很高很严。在众多语文特级教师中，选录的只能是极少数在国内有重要影响而至今其学术成果依然富有魅力的几位。对这极少数入典的杰出代表，也只能选取他（或她）一篇发表较早而又最具代表性的研究论文，并在条目释文中以此为基点延伸出后续的众多研究成果来。这对主编来说，无疑是个严峻的挑战。在经过反复权衡、筛选之后，我和社方责编，不约而同地都选中了朱泳燚。他发表的语文教研论文近 300 万字，我们经过讨论，选出了他写成于 1981 年、发表于 1982 年的代表作《运用范文修改佳例进行修辞教学》。此文虽然重点讲“修辞教学”，但此后的实践证明，“运用范文修改佳例”已成为泳燚改进语文教学方法、提高语文教学效率的极具个性特点的教学手段。现在，泳燚的语文教育论著选将由江苏教育出版社结集出版，我相信自己对泳燚的认识大概不会错。

朱泳燚语文教育论著选的出版，可以说是适逢其时。

我国基础教育的改革和发展，近 10 来年逐步显现出两种趋势：一是推进素质教育的力度日益加大；二是从教材教法的改革重点转向了课程的改革。教育界普遍认为，这两大趋势是紧密联系的，后者是前者发展的必然结果。而且，最重要的是，这两大趋势都对教师的素质提出了新的更高的要求。江泽民同志深刻地揭示了教育改革发展和教师素质提高之间的内在联系：“高素质的教师队伍，是高质量教育的一个基本条件。”因此，跨入新世纪之后，国家教育部就把课程教材改革和中小学教师培训放到同等重要的位置，同时部署，同步推进。在这样的背景下，从国家到地方，一个个以教师接受继续教育为核心内容的各级各类师资培训计划制定出台了。“培养学科带头人”“人人都要锻炼自己成为科研型学者型教师”“狠抓三名（名校、名师、名校长）工程的创建”等等的口号和目标纷纷提出，在教育界形成一股“世纪性浪潮”。

所谓“适逢其时”，就是因为泳燚的为人、为师、为学、为文，都是有志于磨砺自己成为科研型、学者型教师的人学习的榜样。

常有从教不久的青年语文教师问起，他们该从哪些优秀教师身上汲取滋养。我凭自己的了解向他们一一作了介绍，但其中必定有泳燚在。因为在我看来，以泳燚为学习目标，比较全面，也比较切近。

先说“全面”。

泳燚有扎实的语文功底。这功底怎样练成？一靠浓厚的兴趣，二靠潜心的钻研，三靠长期的积累。舍此，别无他途。早在 1955 年就读于无锡洛社师范时，他就对语言运用研究产生了浓厚的兴趣。当年，正值十五六花季少年的泳淼，从校图书馆的书架上发现了一本《中国语文》杂志，翻读之后兴致勃发。专攻语文的人都知道，《中国语文》是 1952 年创刊、1955 年由中国科学院语言研究所接办的语文专业刊物，重点刊载语言文字的理论文章以及古今汉语的研究成果。如果不是在语言和语言教育研究方面有一定基础的普通读者，很难想象有兴趣去读它。然而一个中师在读的学生竟然"啃"起这本杂志来，尽管似懂非懂，还是兴趣盎然。尤其是"语文评论"专栏中那些讨论语句利弊得失的短文，他读得特别认真。读后竟突发"奇想"，如初生之犊，学着把其他报刊上摘抄到的一些病句，诊断致病原因，开出治病处方，写成两篇短评，大胆地投寄给这份权威杂志。不久，该刊 1958 年的第 3 期和第 6 期上居然先后都发表了。后来泳淼回忆起这段往事，深有所感地说："这两个微小的成果，也可以算是我的业余科研的开始。"此后，他兴趣越来越浓，对语言运用问题的钻研也越来越深，先后对毛泽东、鲁迅、叶圣陶、老舍等这些语言大师的手稿进行比较研究，积累了大量语言材料。除了发表有关这些名人修改艺术的研究论文外，他 1981 年写成的第一部比较修辞学专著《叶圣陶的语言修改艺术》，在语言学界产生了广泛影响。尽管当时他还是个青年教师，可是他的语言功底已相当深厚，为他在语文教学改革中形成独具个性的风格奠定了基础。

泳淼主编、自编、参编过多种语文教材，积累了丰富经验。早在江苏教育学院中文系毕业不久的 1962 年，他就参加了省教育厅主持的农业初中语文教材的编写工作，其间应工作需要，年仅 24 岁的他，亲自动手编写过好几篇科技说明文，如《看云识天气》《手扶拖拉机》《森林——农业的保卫者》等。其中的《看云识天气》，从 1978 年起，先后被多种初中语文教材选作范文。正因为他在鉴别语言运用的正误优劣方面，感觉灵敏，慧眼独具，又有亲笔撰写课文的经历，所以被人民教育出版社、江苏教育出版社、香港教育学院中文系先后聘为中学语文课程必修课本、选修课本和香港实验教科书的特约编者。还应多种语文教材主编们的邀请，担任特聘审稿人，审改他们的教材和教学指导书，并受到广泛好评。新世纪的语文教师，不仅要善于使用教材，还要善于选择教材，必要时还得利用各种语文教育资源来自编教材，以适应开设地方课程、校本课程的需要。泳淼在语文教材建设方面的丰富经验，对高素质的语文教师也是大有裨益的。

对教学和科研工作，泳淼始终坚持踏实严谨、一丝不苟的态度。在中语界，只要听说是泳燚审读过的课文、作业练习和知识短文，编者和作者都认为“可以信赖”“可以放心”。这种治学严谨、审读严格的作风，我想也应该是语文教师必备的品格。语文教育界凡是同泳燚相识的，不管是相知已久还是初次交往，对他的第一印象都是“谦谦君子”。他的成就不能算不大，他的知名度也不能算不高，可是他总是那么虚怀若谷，从不摆名师架子。他曾撰文表明自己的信念：“诚实地工作，真诚地待人。”他这样说，也这样做。同行友人都说：泳燚是个言行一致、品行高尚的人。

再说“切近”。

泳燚的成长道路有两点特别值得重视：一是起点并不高，而成就却相当高；二是不管在什么岗位，他都不甘平庸，坚持追求卓越。这两点，对于从事教育教学工作的年轻同志来说，只要提高自觉性，做到也是不难的。所以我说以泳燚为学习目标，比较切近。

在撰写这篇短文的过程中，眼前时时浮现出泳燚谦逊的笑容，脑际时时回想着泳燚在他的论文中发表的那些质朴而去雕饰、率真而无虚浮的话语，不知不觉间已说了不算短的一番有感而发的话，就此打住，权且作序，以酬泳燚先生的雅意。

2002 年 5 月 12 日

于扬州瘦西湖畔

教学、科研双翼齐飞(代前言)[1]

“祖国的语言文字美妙无比,语文教学的大千世界奥妙无穷。我愿同全国语文界的有志者一起,用心血浇灌出母语教学园地的成功之花。”

这段话是我在1998年写的。全国中语会秘书长张定远先生为语文出版社选编《中学著名语文特级教师教育思想精粹》一书,应他之邀,我写了一篇教学经验总结《构建语文教学的良性循环》;同时又应邀补写了作者题照下的这段寄语。这是我从几十年求学、从教经历中提炼出来的,抒写了一种炎黄子孙的情结,更表达了一种矢志不渝的心愿。当前,改革的春风正在吹绿着语文教学的园地,我愿用这段话与同行们共勉,愿更多的有志者用心血浇灌出更多的成功之花。

怎样当一名开创语文教学成功之路的“有志者”呢?纵观我国多年来许多语文教学名师的成长史,回顾自己从教至今40年的历程,联系当前信息时代对语文教学的要求,我感到,教学、科研双翼齐飞,应该是基本条件中很重要的一条。

教学、科研双翼齐飞,能提高我们工作的质量。教学实践出科研课题,科研成果促教学实践,形成良性循环。坚持这样做,教学质量自然会一步步提高。自己从1960年高校毕业踏上讲台时的稚嫩,到后来逐渐成熟,逐步成长,同始终重视语言文字研究和教材研究,并把研究成果用于日常课堂教学和各类语文教材的编写之中,是分不开的。通过深入研究得到的成果,用于教学中,特别得心应手,也特别能受到学生的欢迎;用于教材编写,更能形成特色,

① 原载《江苏教育》2000年第6期。

受到使用师生和专家的好评。

教学、科研双翼齐飞，能增加我们工作的情趣。试想，一位语文教师日复一日、年复一年地备课，上课，批改作业、作文、试卷，如果仅仅是消极地以完成规定的工作量为终极目标，那就无异于“教书匠”了，各种工作就很可能变成沉重的负担。而假如能经常紧密联系这些平凡的教学工作，为自己设立一些大小适当的研究课题，带着科研的目光、态度去做，或钻研教材，或改进教法，或设计习题，或批改作业，或革新试卷，等等，就会有无穷的情趣。工作的辛苦劳累算什么？研究的进展和成果的取得，使我们其乐无穷。从教 40 年来，我 30 多年在一线教书，有几年被借调编写各类语文教材，业务工作的担子一直很重。任务压肩，唯有拼搏，几乎没有节假日和寒暑假。但繁重的工作没有压垮自己，产生厌倦情绪，因为与工作并行、支持工作的一个个研究专题、科研项目，促使我创造性地去进行教学，创造性地去编写教材，从中获得了很多的乐趣和愉悦。

40 年来，在许多师友、同事和一些有远见的领导的关心、支持下，我在语文教学、语文研究、语文教材编写三个方面取得了一些成果。每一个成果，都是汗水与心血的结晶，都是一段生命历程的小结，也都是攀登新的高峰的动力。

教学、科研双翼齐飞，将使无数有志者的杏坛生涯更加丰富充实，也将使祖国的语文教育事业充满希望。我愿同大家一起，继续用心血浇灌出母语教学园地的成功之花。

语文教学与研究

务实、求活，重视语言因素和基本训练，运用修改佳例赏析、修辞比较对照、语言揣摩推敲、作文自改训练和课内课外结合、联系社会实践等方法、途径，引导学生在学习中形成“激发兴趣—增强语感—养成习惯—提高能力—实践运用”的“语文学习链”。

——苏州市教研室于1980年代中期总结的朱泳燚语文教学特色

运用范文修改佳例进行修辞教学①

在中学语文课中加强修辞教学，方式方法是多种多样的。通过多年的实践，我体会到，适当运用语文课本中范文的修改佳例，引导学生进行对照比较，是一种颇有实效的教学方法。诚如鲁迅先生早在1935年就精辟地指出的：从同一作品的未定稿本去学习，“这确是极有益处的学习法”，“因为在学习者一方面，是必须知道了‘不应该那么写’，这才会明白原来‘应该这么写’的”。（见《且介亭杂文二集·不应该那么写》）

人民教育出版社中学语文编辑室编的中学语文课本，选材相当谨严，对语言文字的要求也很高。许多入选的文章，或请原作者亲自再次加工，或由编者加以精心修改，使语言表达的质量又提高了一步。对照这些选入课本的范文及其入选前的原文，我们可以收集到一大批语言加工的好材料——其中绝大多数是属于修辞方面的。另外，一些名家（如毛泽东、鲁迅和茅盾、叶圣陶、老舍、曹禺等）的作品，选入课本时虽然并未修改，但对照作者的手稿或初稿，也可以收集到许多体现修辞过程的精彩的修改实例。在语文教学中，根据课文的教学重点和学生的具体情况，选取部分范文的某些有代表性的、说服力强的修改实例，适当穿插在讲读教学和思考练习中，有这样几个好处：

一是能增强教学手段的生动性。在接触修改例句时，学生仿佛被引进了“修辞实验室”，词语、句子、篇章和标点符号的增、删、调、改的种种实例，具体形象，生动活泼，很容易给他们留下清晰而深刻的印象。

二是能启迪学生积极思维。引导学生在对照比较中展开联想，进行分析，识别语言表达的“通”与“好”、“好”与“妙”，这就使他们既能加深对课文的理解，提高阅读欣赏能力，又能学到必要的修辞知识，掌握有实用

① 原载《修辞学习》1982年第1期。先后入选《语法逻辑修辞教学论集》，新蕾出版社1984年10月第1版；《修辞和修辞教学》，上海教育出版社1985年7月第1版；《全国语文特级教师教学经验选辑》，安徽教育出版社1986年6月第1版；《现代语文教育百年事典》，顾黄初主编，上海教育出版社2000年6月第1版。

价值的语言表达技巧。

三是能帮助学生端正写作态度。在学习一些范文修改佳例的过程中，学生会受到教育。老一辈作家对语言表达严肃认真的态度、一丝不苟的精神，对他们来说，自然是学习的榜样。把这种态度、精神学到手，是一辈子都极为有用的。

下面试从各类文体的范文中，举几个修改佳例加以说明。

《为了忘却的记念》（五年制中学语文课本高中第三册）这篇课文的结尾，在全文中占有重要地位，作者抒发了极度悲愤的心情，进一步揭露了当时社会的黑暗，并预示了将来的胜利。作者这样写道：

> 不是年青的为年老的写记念，而在这三十年中，却使我目睹许多青年的血，层层淤积起来，将我埋得不能呼吸，我只能用这样的笔墨，写几句文章，算是从泥土中挖一个小孔，自己延口残喘，这是怎样的世界呢。……

从手稿（见《鲁迅手稿选集》）可以看出，动词“埋”是后来改定的。鲁迅先生先用“闷”，圈掉；改用“淹”，又涂去；最后改为“埋”。我们可以运用这个“推敲”佳例，引导学生作些比较，使他们懂得：用“闷”，感情色彩虽然较浓，然而同上文的“血”配合得不够紧密。用“淹”，同“血”呼应，但同“层层淤积”还不那么贴配。最后选用的“埋”，与“层层淤积”的“血”，配合得天衣无缝；同时，用“埋”字还点出了革命青年之死给作者的重大打击，并暗射了反动派对革命文化战士的残酷迫害，揭示了白色恐怖之严重。通过这样的推敲比较，可以帮助学生对课文的内容和作者的思想感情理解得深刻一些。

《为了忘却的记念》一文中插用的那首“无题”诗，是鲁迅先生痛悼青年烈士的力作。诗中第七、八两句的修改，是现代诗歌炼词的佳例。鲁迅先生原先写为：

> 眼看朋辈成新鬼，
> 怒向刀边觅小诗。

后来改为：

忍看朋辈成新鬼，
怒向刀丛觅小诗。

两字之改，使诗句的战斗性大为加强。“忍看”比“眼看”更能表达出作者对优秀青年不幸牺牲的极度悲愤的心情，也更能倾诉作者对反动派屠杀革命者的暴行的无比愤慨的感情。“刀边→刀丛”中，一词之改，更加突出了当时作者处境的险恶和反动派白色恐怖的严重，也更能表现出作者勇于斗争、顽强不屈的硬骨头精神。抓住这两个锤炼佳例，在教学中适当点拨一下，启发学生思考、研究，对帮助他们掌握诗句的丰富内涵，了解鲁迅的革命精神，学习词语的精心选用，都是很有实效的。

《多收了三五斗》（初中语文课本第四册）在写贫苦农民“旧毡帽朋友”和“米行的先生”时，有这样两节：

(1)“比去年都不如，只有五块钱！”伴着一副懊丧到无可奈何的嘴脸。

(2)“吓！”声音很严厉，左手的食指坚强地指着，“这是中央银行的，你们不要，可是要想吃官司？”

课文选自1951年开明书店出版的《叶圣陶选集》。实际上在1958年人民文学出版社出版的《叶圣陶文集》中，作家已经把原来用的形容贫苦农民的“嘴脸”（今天已转化为贬义词）改为中性词“神色”，把原来用的形容“米行的先生”的“坚强”（今天已转化为褒义词）改为中性词“强硬”。在教学时，不妨把作家字斟句酌的情况告诉学生，让他们懂得，写作时重视用词的褒贬，能更加恰当地描绘刻划人物形象，更加准确、鲜明地表达作者的爱憎感情。

同是这篇范文，还有几处修改是属于使表达“读起来上口，听起来顺耳”的，适当指点给学生也很有好处，可以引导他们重视文章写完以后的诵读修改，做到“上口顺耳”——这是现代白话文写作的一项基本要求，作为中学生是应当掌握的。而《多收了三五斗》中的修改佳例，正可以作为这方面的很好的教材。例如：

(1)《叶圣陶选集》原句：酒到了肚里，话就多起来。相识的，不相识的，落在同一的命运里，又会饮在同一的河上，……（《叶圣陶文集》中把“又会饮在同一的河上”改为“又在同一的河面上喝酒”。）

(2)《叶圣陶选集》原句：“先生，种田人可怜，你们行一点好心，少赚一点吧。”（《叶圣陶文集》中把“行一点好心”改为“行行好心”。）

(3)《叶圣陶选集》原句：“逃荒去，……我们一起去！”（《叶圣陶文集》中把“一起去”改为“一块儿去”。）

例（1）是把文言句式改为白话文句式；例（2）的删、改是为了避免两个“一点”连用，造成音节重复；例（3）的改换词语也很巧妙，免得“一起去”三个韵母相近的字紧挨在一起，连读时拗口。这三处修改，都提高了小说语言的可读性，收到了“上口顺耳”的效果。

名家散文、诗歌、小说中的修改佳例可以很好地运用，名家议论文的修改佳例也值得重视并适当选用。例如，毛泽东同志是运用祖国语言的大师，收在《毛泽东选集》一至四卷的文章，经过作者的“技术性修改”（见《毛泽东选集》“出版说明”），语言表达水平又有了新的提高。在教学选进中学语文课本的毛泽东同志的某些范文时，适当介绍几个修改佳例，抓住修改前后的词句比照研究，对学生了解思想内容、学习词句推敲，是十分有益的。

《改造我们的学习》（五年制中学语文课本高中第三册）一文中，有这么一句：

这种结论，不是甲乙丙丁的现象罗列，也不是夸夸其谈的滥调文章，而是科学的结论。

句内的“罗列”原为“排列”（见解放社编、新华书店发行的《整风文献》，1949年6月初版，1950年3月订正再版）。“排列”的词义没有褒贬，“罗列”这个词在现代汉语中带有“不顾效果，存心摆设”的意思，含有贬斥的感情色彩。作者用“罗列”代替“排列”，就在论述马克思列宁主义的学习态度时，对主观主义的学习态度作了恰如其分的揭露，显得十分切情。

又如同篇范文中的另一句：

> 有些人对于自己的东西既无知识，于是剩下了希腊和外国故事，也是可怜得很，从外国故纸堆中零星地捡来的。

这一句的“零星地捡来的”原为“抽象地搬来的”（出处同上例）。“零星”比“抽象”更确切，“捡”比“搬”更形象；“零星地捡来的”同“故纸堆”这个比喻也配合得更妥帖，生动地描绘了当时某些教条主义者的盲目崇洋、鼠目寸光、拾人牙慧的模样。

除了作家自己的改笔可供选用外，课本编者的某些成功的修改例句也是修辞教学的好材料。

《海市》（五年制中学语文课本高中第三册）这篇课文的第二部分，写的是真实的海市——解放后的海岛渔村。当听到参观者赞叹“你们的生活真像神仙啊，富足得很!”时，生产大队总支书记老宋含着笑，也不回答，指着远处一带山坡问：“你看那是什么？”紧接着文章写道：

> 那是一片坟墓，高高低低，坟头上长满蒿草。
>
> 老宋说：“那是解放前的坟，不是真坟，是假坟。坟里埋的是一堆衣服，一块砖，砖上刻着死人的名字。死人呢，早埋到汪洋大海里去了。……”

作者的原文（见《杨朔散文选》）内并无“是解放前的坟”。这六个字是课本编者经过对上下文的精心研究后加进去的。在讲读过程中，可以启发学生思考：这里为什么要添加这些词语？使他们了解：原文也是通的，但未点明时间，要看到下文才知道这是讲的解放前的事；添上这六个字鲜明地点出时间，使语言表达增强了明确性，更加突出了解放前渔民的痛苦生活和悲惨遭遇。利用这一改例在教学中“磨”一“磨”，有助于突显课文歌颂解放后海岛渔民的美好生活、歌颂社会主义制度的优越性这一主题思想。

《天山景物记》（五年制中学语文课本高中第三册）这篇散文，在选进课本试用一段时间后，编者根据各地教师意见，又做了一些文字上的修改。有几处改得颇为精当，使文章语言显得更有光彩。把这样的佳例介绍给学生，对他们深入理解课文内容、学习修辞技巧是很有帮助的。下面试举几例：

(1) 1979 年 2 月试用本第一版课本：在天山的高处，常常出现巨大的天然湖。(1981 年 12 月版课本中，“出现”改为“可以看到”。)

(2) 1979 年 2 月试用本第一版课本：如果你顺着弯弯曲曲的涧流走，沿途汇入千百条泉流，逐渐形成溪流，再汇入许多涧流和溪流，就形成河流，奔腾出天山。(1981 年 12 月版课本中，在“沿途汇入”前添加“就会看见”。)

(3) 1979 年 2 月试用本第一版课本：这生长在人迹罕到的拔海几千米雪线以上的灵花异草，据说是稀世之宝——一种很难求得的妇女良药。(1981 年 12 月版课本中，删去“拔海几千米”；“妇女良药”改为“妇科良药”。)

(4) 1979 年 2 月试用本第一版课本：春天繁花开遍峡谷，秋天果实压满山腰。每当花红果熟，正是鸟雀野兽的乐园。(1981 年 12 月版课本中，在“正是鸟雀野兽的乐园”之前添加“沟里”。)

例 (1) 把静态描写地貌的“出现”改为表示主观动作的“可以看到”，例 (2) 加上描写主观动作的“就会看见”，就使游记文字呈现出连续的动态，仿佛把读者带进了景色美丽、风光旖旎的天山，同作者一起，在欣赏着祖国秀美奇丽的河山，阅读时会产生一种“身临其境”的独特的效果。例 (3) 删去“拔海几千米”，就避免了同后面的“雪线”词义重复；把“妇女良药”改为“妇科良药”，是为了缩小词义范围，使表达精确。例 (4) 添加“沟里”二字，全句的主语就明确了，可以避免成分配合不尽妥帖的毛病。

再举一篇说明文的例子。《看云识天气》(初中语文课本第二册) 是从 1965 年出版的江苏省农业中学语文课本初中第二册选来的。原版本该课文第三节说明“卷云”的特征时，这样写：“卷云丝丝缕缕地飘浮着，有时像一束卷曲的头发，有时像一片白鹅的羽毛，有时像一块洁白的绫纱。”选入统编课本时，编者把“白鹅”改为“白色”，并把第一个比喻删去了。笔者当年曾在江苏省参加农业中学语文课本的编写工作，负责这篇说明文的起草、修改，现在看到统编教材中学语文编写组同志的改笔，感到改得很有道理。有白色羽毛的不止白鹅，改“白鹅”为“白色”，喻体的范围扩大了，学生可以展开更多的联想；而且用“白色”同下一句的“洁白”对得更匀称。删去“有时像一束卷曲的头发”，一是为了比喻贴切：“卷曲”的头发有各式各样，卷曲的程度千差万别，用来比喻卷云，读者不易捉摸；再说“头发”一般是黑色，用来比喻白色的卷云也不尽恰当。二是为了行文精练：下边紧接着的两个平行比喻，已足够形象地说明卷云形态上的特征，可删处就应尽量删掉。从课本编者设计的“练习与思考”第二题看，比喻是本文的一个教学重点。我们在教学中可以穿插这两个修改例子，启发学生比较分析，让他们具体地了解使用比喻的有关注意事项。

在讲读教学中，引导学生对范文修改佳例进行分析、琢磨，这是修辞教学的一个重要方面。此外，我们还可以运用某些范文的修改佳例，设计一些修辞方面的练习思考题（或考核题）。这类题目有助于提高学生的分析能力和灵活解题能力，学习语言表达的技能和修改的方法，也有助于他们加深对课文内容的理解。实践证明，学生做这一类题目，兴趣是很浓的。

在教学秦牧的散文《土地》（五年制中学语文课本高中第二册）时，我曾从作者对该文的数十处修改中，选出有代表性的、切合学生水平的几个例子，编成这样一道练习题：

> 秦牧同志的散文《土地》，自发表以来，已经一改再改。将作者1979年给中学语文课本的修改稿同1961年出版的散文集《花城》中的同篇文章对照，我们发现有近百处修改。这种精益求精、反复锤炼的精神值得学习。试揣摩下列原句与改句，联系上下文，说说为什么要这样修改。
>
> (1)（原句）看到一个老农捏起一把泥土，仔细端详……
>
> （改句）看到一个老农捧起一把泥土，仔细端详……
>
> (2)（原句）（剥削阶级）把它（土地）作为榨取财富的工具；……
>
> （改句）（剥削阶级）把它（土地）作为榨取劳动者血汗的工具；……
>
> (3)（原句）党正在领导和率领着我们前进。
>
> （改句）党正在领导着我们前进。
>
> (4)（原句）千千万万人仿佛变成了一个挥动着巨臂的巨人，……
>
> （改句）千千万万人仿佛变成了一个挥动着铁臂的巨人，……

学生经过独立分析，集体讨论，体会了作家修改的用心，学到了使语言表达准确、精练、顺畅的修辞方法，练习的实效是比较好的。

在教学叶圣陶的《夜》（六年制中学高中语文第五册）之前，我从作家的数十处改笔中，选编了下列选择判断练习题：

从下列文句括号内的词、句中，选出最恰当的一个，填入句内横线上，并说说为什么要选择这一个。

(1) 老妇人于是站起来______（走，踱步），让大男躺在臂弯里；从她那动作的滞钝以及步履的沉重，又见得她确实有点衰老了。她来回地______（走，踱）着，背诵那些又古旧又拙劣的抚慰孩子的语句。

(2) 这没看清，因为天黑，______（野里，野外）没有灯，湿泥地真难走，好几回险些儿滑跌；……

(3) 不是一类人为什么得到同样的结果？这是她近来________________。（时刻想起，以致非常苦闷的问题；时刻想起，老想不通，以致非常苦闷的问题）

(4) 里外，汽车奔驰而过，________________________，……（笨重的运货车有韵律地响着铁轮；笨重的运货车的铁轮有韵律地响着）

以上各处括号内的前一个词、句，为《叶圣陶选集》所用；后一个词、句，为经过作者修改结集的《叶圣陶文集》第二卷所用（课文用的版本是后者）。通过实践，我体会到，先做这种辨析推敲、择优选用的练习，再进行讲读教学，学生情绪活跃，学习效果比较显著。

末了，还应当说明一下：范文修改佳例在中学各册语文课本中是相当多的。在选取时我们要注意这样几点：

（一）对照的版本要可靠。

（二）对照时应仔细，不要有差错。

（三）同一篇范文选用于教学的改例不宜太多，以免学生“消化不良”；要选择有典型性的，并为本篇课文具体教学任务所需要的佳例。

（四）选取修辞方面的例句，不宜只挑“修辞格”的增、改、删、换的例子，范围可放宽些，大凡能使语言表达准确、鲜明、生动、通俗易懂、上口顺耳的改笔，都应当看作是修辞性修改；即应当包括通常说的“积极修辞”和“消极修辞”两大方面，而后者往往对中学生更为有用。

（五）运用这类修改佳例要注意深浅适度，尽量符合学生的年龄特征和接受能力。

在阅读、写作教学中提高学生的自改能力①

修改，是一项语文基本功。

修改自己习作的能力，即“自改”能力，同“自读”能力一样，是学生在中学阶段应当学会的重要的语文实践能力。

叶圣陶先生认为：“教，是为了今后不需要教。”这个道理用于写作教学，那也完全可以说，学生目前的接受教师指导和批改，正是为了今后的不需要指导和批改，即可以毋须教师帮助而写出文理通顺的文章，以适应实际生活中表情达意、交流思想的需要。

要使学生达到这一境界，根本的途径当然是引导他们多读多写，广泛汲取写作营养和经常锻炼写作技能；而采取一些措施，指点一些方法，引导他们重视修改，学会修改的本领，养成自改的习惯，也是极为重要的一环。

启发学生重视修改工作

在教学中，我十分注意用多种方式进行教育，启发学生重视修改，激发他们改好自己习作的愿望。

一是逐步渗透地讲一些道理：修改在写作过程中的地位；修改对锤炼思想、磨炼语言、提高文章质量的作用；修改对促进思维的细致缜密、判断的准确果断所特具的效能。讲这些，主要是让学生懂得修改的重要性。

二是经常结合课文教学和作文讲评，适当穿插古今中外作家关于修改的论述，介绍名家修改自己作品的动人事迹和改笔实例，有时还把平时购置的《鲁迅手稿选集》以及选集“续编”“三编”“四编”等给学生传阅。这些名言、轶事、实例和手稿，对学生很有激励作用。

三是适时地介绍一些中学生修改自己作文的实例，特别是质量较低的初

① 原载《中学语文特级教师经验专辑》，江苏省教育厅教研室、江苏省教育学会1986年2月编印。入选《全国特级教师经验选》，人民教育出版社1989年6月第1版。

稿和质量较高的改稿的对照例文，使同学们受到切合本人实际水平的启发。

新接班级的学生，经过一段时间的教育引导，一般都能重视写作中的修改环节。许多学生都认识到："即使作文时间再紧，修改这一环也不能忽略!"1982年华东六省一市中学生作文比赛三等奖获得者王丽娟同学，在应《青年报》社之约撰写介绍习作经验的文章时，就选了《要勇于"自我否定"》这道谈修改的题目。她深有体会地写道："老师常跟我们说：'好文章是改出来的。'《书的联想》不算好文章，却也是几易其稿，再三修改，才有今日这番面目的。究竟什么时候才算改得完美了，连我自己也不清楚。我将在希望中再创造，使它以更完美的姿态重新出现。总之，只有在修改中磨炼自己，才能不断提高自己的写作水平。"

学生有了改好文章的愿望后，我注意在阅读、写作教学中，由易及难、细水长流地辅之以修改能力的训练，使培养自改能力的要求落到实处。

在阅读教学中多方诱导

阅读是写作的基础。叶圣陶先生在1964年6月6日给笔者的信中指出："阅读得其方，写作能力亦即随而增长。"① 培养学生的自改能力，也最好是同阅读教学密切结合起来进行。这样，既促进了阅读教学的改革，也使自改能力的训练方式具有启发性和生动性，为学生所乐于接受。

在多年的教学实践中，我感到下列训练方式是学生相当欢迎的。

一、琢磨范文修改佳例

我经常结合语文课本中范文的讲读教学，适量穿插作者（主要是著名作家）或课本编者精心修改文章的佳例，有炼词锻句方面的，有谋篇布局方面的，也有提炼标题、斟酌标点方面的，引导学生对照比较原稿（或初稿）与改稿（或定稿），分析研究修改的道理。在口头讨论分析的基础上，我有时也布置书面练习，让学生对照一组或几组修改例子，写出分析修改好处的简短文字。

《为了忘却的记念》这篇课文的结尾，作者抒发了极度悲愤的心情，进一步揭露了当时社会的黑暗，并预示了将来的胜利。作者这样写道：

①《语文教育书简》，见《叶圣陶语文教育论集》下册735页，人民教育出版社1980年第1版。

> 不是年青的为年老的写记念，而在这三十年中，却使我目睹许多青年的血，层层淤积起来，将我埋得不能呼吸，我只能用这样的笔墨，写几句文章，算是从泥土中挖一个小孔，自己延口残喘，这是怎样的世界呢。……

从手稿（见《鲁迅手稿选集》）可以看出，动词“埋”是后来改定的。鲁迅先生先用“闷”，圈掉；改用“淹”，又涂去；最后改为“埋”。我在教学中曾运用这个修改佳例，引导学生进行比较，展开讨论。通过推敲比较，帮助学生把课文内容和作者的思想感情理解得深刻一些；同时，也启发学生在选词、表意时，要学习鲁迅先生，从多方面周密思考，务求准确。

二、推敲学生质疑之处

一位外国科学家曾说过：“打开一切科学的钥匙，毫无疑义是疑问。”我在教一篇课文之前，往往先让学生自学，填写“预习卡”或“质疑卡”，鼓励对教材质疑问难，以提高发现问题、提出问题的敏感度。但这并非目的，根据学生的质疑组织教学，引导他们讨论并解决这些疑问，从中获得知识、学会本领，这才是最重要的。

为了培养学生的自改能力，我从他们的质疑中，选择有代表性的、有关字词句章以及标点符号方面的疑问，在教学有关句、段时，或者在全文学完后，组织讨论推敲，鼓励大家开动脑筋，研究是否需要修改，要改的话，提出修改方案，比较优劣，决定取舍。

在用 1979 年 6 月第一版的高中语文第二册教学《崇高的理想》时，同学们对第 6 段“我们的时代，我们的社会，是树立崇高理想和实现崇高理想的最好社会”这一句，提出了质疑，展开了讨论，认为主语部分提起的是两项：“时代”“社会”，而谓语部分只与之呼应了“社会”这一项，全句表意显得不周密。有几位同学建议把“时代”增添进后半句，我肯定了这个意见（课本新版中，已增改为“……最好时代和社会”）。

这样的质疑推敲、讨论修改，我经常用来作为阅读教学的一项内容，颇受学生欢迎，对培养辨别正误、自行修改的能力，效果较好。正如叶至善先生 1983 年夏同我谈话时所说：“我父亲（叶圣陶先生）还认为，学生有时会发现课文中有毛病，这说明钻得深，学得很活，能解决实际问题，教师应当鼓励。学生即使说错了，也要鼓励，再解释、指正，不要打击他们的情绪。

这样，逐步提高了他们的质疑、辨正能力，今后他们或许去当编辑，或许去当‘秀才’，起草、修改文章、文件、报告，就能行了。这也就是‘教，是为了今后不需要教吧’！”

三、磨炼选择判断能力

叶圣陶先生一次同张寿康先生谈学习语言的问题时说，从对象、场合、环境等来衡量，“甲、乙、丙三个词，在编一句话时，看用哪个词好或比较好；同样一句话，有三个说法，自己编编看，看哪个说法好或比较好。这就是选词、造句、选择句式。这是学习语言的重要训练，这个道理大概是颠扑不破的。”

1983 年 8 月，我在访问叶老时，也曾听叶至善先生介绍他父亲的写作经验：“我父亲经常讲：‘我写一个句子，往往要想好几个说法，同前后句子联起来看，挑选一个最好的，要念上去比较顺。有时要挑那句法相同的，有时则要避免相同，有些变化。’在这些方面，我父亲的确是下功夫的。”

叶老所说的这种选择、判断能力的磨炼、积累，是增强语言敏感、提高自改能力的基础。我在阅读教学中，除充分利用语文课本“思考和练习”中的选择判断练习题外，还经常结合有关课文，设计一些题目，穿插于讲读之中，多方诱导，培养学生这方面的能力。

例如，秦牧的散文《土地》第十五段中有这样几句：

> 沙漠开始出现了绿洲，不毛之地长出了庄稼，濯濯童山披上了锦裳，水库和运河像闪亮的镜子和一条条衣带一样布满山谷和原野。

教学中，我让学生注意末句的句式，并讨论能否改为下列句子中的一种：

> ① 水库像闪亮的镜子一样布满山谷，运河像一条条衣带一样布满原野。
>
> ② 运河和水库像闪亮的镜子和一条条衣带一样布满山谷和原野。
>
> ③ 水库和运河像闪亮的镜子和一条条衣带一样布满原野和山谷。

经过比较、讨论，学生理解了作者的匠心："沙漠……"等三句的句式相同，构成排比，"水库……"句若再照①式那样分成两句写，尽管句子是通顺的，但字面有重复，而且接连用单述式，显得单调、板滞；作者把"水库"和"运河"合在一起写，使整个语段的四个句子在整齐中略有变化，增加了表达的灵活性。这种"双提分承"句式，一般应严格安排提、承次序，句中的"水库"与"闪亮的镜子""山谷"，"运河"与"一条条衣带""原野"，分别构成句内提承关系，合情合理；如果照②、③式那样造句，"双提分承"的次序就乱了，会影响作者的表意和读者的理解。这样分析比较，学生既精确地理解了文句原意，丰富了句式选用方面的知识，也提高了辨别正误、优劣，选择最佳方案的能力。

我还鼓励学生将这类联想比较、选择判断的磨炼，用到课文自学和课外阅读中去，并在练习作业和阅读考核时，多设计词、句和标点的选择判断题目，促使学生不断积累词汇和句式，逐步增强挑选最合适的词、句、标点的基本功，扎实地提高推敲斟酌、自我修改的能力。

在写作教学中反复训练

从阅读教学中学会的修改技能，是为了在写作时运用于修改自己的文章，在实际工作、生活中运用于修改别人的文章。因此，我在写作教学中，创造各种机会，让学生经常修改自己和他人的文章，得到充分的训练。

一、语句修改练习

这主要是从学生习作或报刊书籍中收集带普遍性的例子，设计有关修改用词不当、造句不妥、单字或标点误用的练习。一般以句为单位，难度较小，我常在开始训练时大量使用。主要形式有一句内改正一个错别字，一句内改正几个错别字，一句内改正一处语病，一句内改正几处语病，一组句子内挑选出用词造句无误的一个句子，一组句子内挑选出用词造句错误的一个或几个句子，等等。

在设计这类练习时，我注意两点：

一是着重收集本班学生目前作文中的语病实例，及时解决带普遍性的主要毛病。

二是适当设立情境，让学生带着一定的"实战任务"去练。例如设计这样的题目，学生兴味就较浓：

（一）下面几个词组是从电视屏幕上摘下来的，请把其中的错别字圈出来，在括号中写出相应的正字。

1. 婉若春天（　　）　　2. 阖家团园（　　）

3. 按排座次（　　）　　4. 白头谐老（　　）

（二）下面几个句子是从报刊上收集的，每一句都有一处语病，请加以改正。

1. 他马上揿了一下快门，把这一对昂头挺胸，充满自豪感的父子俩，连同壮丽的天安门，留在他的胶片上了。

2. 影片《红日》塑造了许多可亲可敬的英雄指战员形象，被观众留下了难忘的印象。

3. 报上登载了这样一篇通讯：《一曲精神文明的赞歌——困在井下三昼夜的七名农民矿工遇难者安然脱险》。

二、语段修改练习

语段是介于句子和篇章之间的重要语言单位。学生的构段能力是谋篇能力的基础。语段修改的练习，对教会学生如何修改文章很有价值。我经常针对学生习作中组织语段的某一个带普遍性的问题，收集有代表性的实例，在作文讲评课上指导学生讨论、修改。这种练习，目标应集中，重点要突出，以有利于学生加深印象，学会某一方面的修改本领。

例如，针对学生写议论文时存在的材料与观点不一致、论据与论点脱节、论据材料不典型不准确、多项论据材料排列不当，写说明文时存在的层次不清晰、表达不精确，写记叙文时存在的详略安排欠妥、对话缺乏个性、行文不够精练等毛病，我曾分别收集了学生作文中的一些片段，油印或写在黑板上，引导学生思考、讨论、修改。一次，在《说明一种植物》这篇说明文的评讲课上，我针对班上学生不注意说明的层次这一情况，先指导他们复习茅盾先生《白杨礼赞》一文中说明杨树的有关文字（第5、6段），分析它的说明顺序（先总后分，由表及里，由远而近），然后用小黑板展示了一位学生作文中的一节，要求发现并分析问题，提出修改方案：

我的邻居张伯伯家里有一棵枇杷树。这是一种四季常青的果树。叶片大如手掌，碧绿发光。每年腊月，绿叶丛中盛开一簇簇白花。来年初夏，树上结满了圆圆的果实，黄澄澄的，真是好看。叶的形状像琵琶，听张伯伯说，枇杷的名字就是由此得来的。枇杷树树干粗壮，枝叶茂盛。花的香味很浓。

同学们对照范文的写法，联系练习材料的优缺点，热烈发言，经过讨论，一致认为该段文字以“总说→树干→枝叶（详写叶）→花→果”的说明顺序为宜，原文可修改为：

我的邻居张伯伯家里有一棵枇杷树。这是一种四季常青的果树。树干粗壮，枝叶茂盛。叶片大如手掌，碧绿发光。叶的形状像琵琶，听张伯伯说，枇杷的名字就是由此得来的。每年腊月，绿叶丛中盛开一簇簇白花，香味很浓。来年初夏，树上结满了圆圆的果实，黄澄澄的，真是好看。

这次语段练习，使同学们对说明文的层次要清晰、顺序要恰当这一写作要领，加深了印象；集体讨论、修改的过程，又使大家提高了修改的能力。

三、全文修改练习

经过多次句子和语段修改练习，学生有了一定的字斟句酌、语段修改的能力和习惯后，我就引导他们进行全文修改练习。

在开始做这项综合性修改之前，我先指导学生学习（或复习）毛泽东同志《反对党八股》中有关文章修改的段落，何其芳同志的《谈修改文章》，叶圣陶先生的《修改是怎么一回事》《把稿子念几遍》，以进一步掌握修改文章的一些要求和要领。

在选择用作全文修改练习的材料时，我注意根据本班学生的实际情况决定难度大小，安排每次要解决的主要问题。有时从单篇作文内挑选不到合适的材料，我就适当加以改造，使全文修改练习同样有它的重点。

一次我在学生学过两篇散文后，要求他们写了一篇《泡桐赞》。批阅中，发现有相当多的学生犯有“说明事物时次序不太合理”和“象征性语句用得不够自然”这两个毛病，我就以一位学生的作文为基础，适当加进另外一些学生作文中的病例，改造成一篇短文，油印发给全班，引导大家自行修改，再讨论交流。这样，改的是一篇，受益的是全班。

四、相互批改练习

我布置学生相互批改，每学期偶或为之，主要目的并不是减轻教师的批改压力，而是为了让学生锻炼“实战”本领，“真刀实枪”地去独立解决批改中会碰到的问题，提高修改的能力。

为使这种修改练习取得较好的效果，我注意这样几点：

（一）教师平时的批改作文，要给学生较好的印象，使他们多少能够学到一些可供借鉴的东西。

（二）教育学生批改同学的作文时，要抱严肃认真的态度，持一分为二的观点。

（三）学生的增删调换等改笔和眉批、总批，均要求用铅笔书写，这样，如需斟酌重改就比较方便。

（四）学生相互批改完毕，原作者要仔细复看，并写上自己的意见；如对批改有商榷之处而双方又决断不了，可写在总批的后面，由教师复看时答复。

（五）教师的“复看关”要把牢，以了解该期学生作文共同性的优点和缺点，了解每位学生批改的态度、水平；替学生作文评定成绩时，也给批改者打一个恰当的分数，并记入平时作文的成绩。

这样进行相互批改练习，就不致流于形式，学生的积极性、主动性容易得到发挥。几年来我尝试过的多次相互批改练习，学生都能认真对待。加起眉批来，一般都要达到十几条、二十几条；也经常会引出一些激起争论的很有价值的写作方面的问题，对师生都有启发。

五、改笔交流与改笔示范

为了让学生交流经验，取长补短，我经常注意收集学生修改练习中的好的改笔，在全班进行交流。或者在作文讲评时穿插进行交流评析；或者在“语文园地”中张贴；或者组织传阅。选用学生自己钻研的成果，大家感到比较亲切，也更容易展开讨论，收效比较明显。

此外，我还选择一些著名作家和语文教材编者的改笔实例，专家学者和有经验的中学语文教师对学生习作的批改示例及自己对本班学生作文的批改选例进行改笔示范，或张贴，或印发，或传阅，或口头介绍，经常进行。

这种指点性的改笔，特别是名家的改笔实例，就像是具体而形象的教材，学生可以从中揣摩“应该这么写”“不应该那么写”的道理，具体掌握写作和修改方面的种种技巧，所以他们学起来都是挺有兴趣的。

为了积累可供借鉴的改笔示范材料，为了使自己的作文批改起到一定的指点作用，多年来，我利用业余时间，收集、积累语文书刊上现成的批改、修改资料，还花较多的精力自己搜集有关作家的不同版本的修改资料，进行对照比较，分析修改的道理，学习字词句章方面的修改技巧，并做好摘录，制成卡片。从 60 年代初至今，我已收集十几位作家的修改例句两万余条，写成了比较修辞学的专著《叶圣陶的语言修改艺术》和多篇专题论文、分析文章。这种类型的业余科研，有效地提高了自己的作文批改水平，增强了对语言的敏感，这对保证写作教学的质量，起了较好的作用；同时，手头有了丰富的对照比较资料，有利于在教学中经常性地、比较自如地展示范文修改佳例，改进阅读教学和写作教学，让学生用鲁迅先生早就肯定的“极有益处的学习法”去学习写作，获得切实的提高。

谈谈高中阶段的作文训练①

进入高中阶段以后，学生的知识基础更加扎实，视野更加开阔，交际面也更广泛，这些都是提高写作能力的有利因素。在三年高中学习期间，只要做到明确要求，突出重点，善于借鉴，讲究方法，刻苦练习，那么，学生在写作方面完全有可能取得长足的进步。

明确作文训练的要求和重点

中学《语文教学大纲（试行草案）》中规定，高中学生应培养比较复杂的记叙、说明、议论的能力，写文章做到观点鲜明，内容充实，结构完整，中心明确，条理清楚，语言流畅。文风要端正，写文章要从实际出发，有的放矢，言之有物，实事求是；反对说空话，说假话。“大纲”还要求学生，字要规规矩矩地写，即应注意字的写法，不写错别字，字迹要端正、清楚，标点符号要正确使用；作文要认认真真地完成，训练的方式可以有命题作文、缩写、改写、扩写、写片段等等；要坚持不懈地刻苦磨炼，养成良好的写作习惯，获得较强的写作能力。

上述训练要求中，主要有这样几个重点：提高写作比较复杂的记叙文、说明文、议论文的能力；坚持认真、持久的写作练习；养成良好的写作习惯。

学习范文、佳作的写作方法

阅读是写作的基础。“阅读得其方，写作之能力亦即随而增长。”（《叶圣陶语文教育论集》）在平时学习中，自觉地揣摩课本范文、同学佳作和报刊时文的写作方法，是提高写作水平的关键。

(一) 学习课本范文的写作技巧。学习不同文体的典型课文时，不仅要

① 原载《语文教学通讯》1986 年第 5 期。

重视提高阅读分析能力，而且应注意学习选材立意、谋篇布局方面的技巧，力求每读一篇课文，都有某一个“点”的收获。例如，针对自己写记叙文时不善于确定“立足点”的缺点，可以在学习朱自清的《绿》（高中语文第一册）时，细心钻研。这篇范文在写“梅雨瀑”时，选了“山边”和梅雨亭“亭边”两个立足点。在“山边”，写远听和远眺，粗线条地勾画出梅雨瀑的概貌；在“亭边”，写近听和近看，细致地描绘了梅雨瀑的雄奇气势和瀑布水花造成的奇趣。作者由远而近，两次选择恰当的立足点描写观察所得，详略分明地写出了梅雨瀑的全景，给读者以鲜明、生动的印象。这样钻研，对写作会有帮助。

学习范文写作技巧，还可以运用比较的方法。例如在学高中语文第二册中的《猎户》《土地》《樱花赞》《秋色赋》时，可对这四篇记叙性文章的开头、结尾、记叙的线索和顺序，以及运用的主要表达方式，作一比较，以更好地掌握有关的写作技巧。

给范文编写结构提纲，有助于深入学习作者合理地安排文章思路的写作技巧。可经常挑选一些课文，尤其是说明文、议论文，编写比较详细的结构提纲。

（二）汲取同学佳作的成功经验。对学生来说，本班、本校或外校同学的优秀作文，由于基本上同自己处于同一水平线上，而且所写内容也大都熟悉，所以读起来有亲切感，也容易学到手。课上听教师讲评本班、本校同学的好作文，课外阅读报刊书籍中选载的中学生佳作时，应注意认真汲取这些作文成功的经验，并对照自己作文的弱点，注意改进。

（三）借鉴报刊时文的写作技法。经常阅读当前报刊上的文章，不仅能感受到时代的脉搏，而且能积累素材；在阅读精彩的文章时，还能学到一些写作技法。读报刊时文，宜选择短小精粹的通讯、人物特写和科普小品、评论、杂谈一类的文章，从中学习记叙文、说明文、议论文的各种写法。《中国青年报》和各省、市的青年报刊上的有关文章，《人民日报》“大地漫笔”“今日谈”中的几百字的短论，中学生容易读懂、掌握，值得经常阅读揣摩。阅读报刊时文时，最好准备一个本子，把适合自己写作水平和生活实际的精粹之作剪贴或摘抄下来，对写作十分有益。

加强作文六个环节的训练

一篇作文的写作，大致包括审题、构思、起草、修改、誊写、复看这六个环节。每一个环节都同作文的质量有关。平时进行课内外作文练习，对这六个环节都应环环重视；另外，还可以针对自己的薄弱环节，做一些单项练习，练好基本功。

这里着重谈一下构思。从多次参加高考阅卷所接触的考生作文来看，构思的好坏，往往决定一篇作文质量的高低。审准题目、吃透题意之后，要通过思考，解决文章的立意、选材、结构问题。构思时力求做到：

立意要深。记叙文的“立意深”，是指全文所表达的中心思想，要深刻一些；写人、记事，不要就事论事，而应给人以一种积极、正确而有一定深度的启迪。议论文的“立意深”，是指提出的论点不仅正确，而且深刻；不是人云亦云的一般性的观点，而是经过深思熟虑提炼出来的独到见解。

选材要精。写记叙文，要经过思考、比较，从同类素材中挑出最精彩、最感人的事例。写说明文，要经过对比分析，挑选出最能说明事物本质、特征的材料。写议论文，要经过同类相比，挑选出最能论证论点、最有说服力的道理论据和事实论据。切忌不经思考就急于下笔。

结构要巧。记叙文的结构，应避免平铺直叙，详略不分，开头、结尾老一套。要尽量采用倒叙、插叙、设立悬念、夹叙夹议等较生动的写法；重点处要多花笔墨，次要处简略交代；开头应简捷明快，引人注目；结尾宜巧妙点题，或适当含蓄，发人深思。说明文的结构，应注意要点突出，层次清晰。议论文的结构，切忌中心论点不突出，全文写成简单的“三段式”。要注意在适当交代背景、情况后尽快提出中心论点；论证中尽量多分几个层次，或是划分几个分论点，或是正面举例后再反面举例，或是证明论点后再作引申论证，等等，做到稳中求“巧”。

构思的后半段工作，是编写作文提纲。构思的成果体现在提纲之中。好的提纲，能清晰地反映出作者的思路、文章的结构，为下一步的起草提供很大的方便。规定时间的作文，由于时间紧，不能全文起草，但至少应有一个较为详细的提纲，反映出最佳构思，以保证作文的中心明确、层次清楚。

进行各种题型的作文练习

一个合格的中学生，应当基本掌握将来在实际社会生活中需要具备的多种写作本领，因此，课内外的作文练习应重视题型的多样性。除了比较复杂的记叙、说明、议论这三种文体的命题作文外，对供材作文（如读后感、据事议论、缩写、扩写、续写、改写、看图作文、整理多项材料成文等）也应高度重视。这类作文的实用价值很高，因为中学生在今后长期的学习、工作、生活中，接触到的大多是为完成一定的要求、针对性很强的、形式不同的“供材作文”。

作文的供材题目给学生提供了写作材料，规定了写作的范围和条件。写作时应注意这样几点：

仔细阅读、钻研所给的材料，领会精神实质，掌握内容要点。要讲究一个“准”字，防止理解上的偏差。

高度重视“审题”，严格按照所规定的条件去写，牢记命题所设想的情境、对象、用途和规定的文体、范围以及其他要求，防止写作时造成疏漏。

在注意上述两点的基础上，具体的写作成文同命题作文中相应文体的写法相似，也应重视内容上的“言之有物”，章法上的“言之有序”，语言表达上的清通流畅。

此外，对书信、建议书、演讲稿、学习方法介绍、经验小结等实用文体，也应适当练习，掌握其写作要领。

高三总复习阶段的作文训练，学生应根据自己原有水平和薄弱环节，确定练习的重点，凡是尚未熟练的体裁，应适当多写；凡是尚感欠缺的基本功，应主动加强练习。根据目前“信息社会”的特点，还应高度重视实用性文章的写作练习。

让学生写些研究性作文①

飞速发展的时代，要求学校培养出越来越多的具有创造性才能的学生。他们既要有扎实的基础知识和基本技能，又应有发现问题、研究问题、解决问题的才干。

培养学生的创造能力，指导学生运用已学的语文知识去研究、解决一些实际问题，使他们能适应进入高一级学校学习和今后参加工作的需要，这是中学语文教学所应当担负的重要任务。

歌德曾说过："我们对自己学过的东西，归根结蒂，只有在实践中运用得上的那一部分才记得住。"卢梭认为"要让学生自己去发现科学"。这些哲人名言是极有道理的。针对重点中学的具体情况，我在语文教学中注意在帮助学生学好语文"双基"的基础上，指导他们适当进行一些小型的科学研究活动，通过实践培养他们的创造性和科研的初步能力。几年来，我从以下几个方面作了一些尝试。

一

指导学生从课本范文中收集材料，分类整理，提炼观点，撰写语文小论文。

1984年入学的高一学生，在学完《林教头风雪山神庙》一课后，我布置他们从《〈林教头风雪山神庙〉中的"将"字》或《〈林教头风雪山神庙〉中的"把"字》两题中选择一题，写一篇八百字左右的语言小论文。因为是初次习作，我引导学生：① 先把课文中的"将"字或"把"字全部找出；② 查阅工具书后，按词义和用法将例句分类排列；③ 按"将"或"把"在课文中的含义、用法与今天的含义、用法进行异同比较，提炼自己的观点；④ 按"提出观点—分类进行例证—篇末归结"的基本思路撰写成文，注意

① 原载《中学语文教学》1987年第8期。

观点统率材料，材料证明观点。在动笔之前，我向学生推荐介绍了吕叔湘先生早年写的著名的千字语言论文《莫须有》《一不作，二不休》等，提供积累资料、选择例证、提炼观点、谨严表达的范例。首次习作，学生们兴趣就很浓，写出了一批初具规模的语言小论文，迈出了写作小型科研论文的第一步。

两年来，这些学生结合课内外作文和课堂练习，共写了上述两篇和《试析〈孔雀东南飞〉中的“为”》《语文教材要重视语言规范》《理想中的语文课本》《课文注释应力求准确》《〈内蒙访古〉引用资料的几种方式》《〈花城〉词语修改的赏析和质疑》《〈我们打了一个大胜仗〉文字加工的建议》《〈反对党八股〉的语言特色浅析》等十来篇语文方面的小论文或微型论文（每篇三四百字），用已学的知识，研究、解决了一批各自所能发现的语文问题。周迅同学在高二总复习迎考前，从学过的文言课文中收集例句，分类比较，结合学过的基础知识和自己的钻研心得，撰写了《文言文中的通假字》《谈文言词的使动用法和意动用法》等三篇小论文。这些论文有观点有材料，言之有据，顺理成章，张贴在班里《语文百花园》后，受到同学们的好评。

二

鼓励学生从课外阅读和各门学科的学习中积累材料，孕育心得体会，写成小论文。

学生初步学会了进行小型科研的方法后，我鼓励他们在经常性的“课外练笔”中，根据自己所掌握的有关材料，适当写一些小论文。1984 年进校的学生，在高二时有不少同学写了文学、语言和各科学习的小论文，其中如《“琼瑶小说热”之我见》《文艺作品应讲究用词准确》《李自成的失败究竟应由谁负责——〈甲申三百年祭〉读后质疑》等，都具有一定的见解。毛新华同学的《“中—英对译”学语文》，殷依群同学的《听读法与口头表达能力的提高》，还分别获得了《中学语文报》举办的“语文学习方法竞赛”二等奖、三等奖。1982 年所教高中毕业班学生孔靖岳写的小论文《政治教材也应重视语言规范》，被北京语言学会主办的《语文知识丛刊》选登。

三

引导学生走出校门，到社会上搜集语文实际使用中的有关现象，分析研究，写出为现实生活服务的小论文。

1985年元旦前后，我引导所教高一学生到大街上、商店里、车站、码头和文化宫等公共场所，广泛收集各种“语言污染”的实例，回校后全班共写出五十多篇有观点、有例子、有分析的小论文。1986年上半年作文期中考试，我要求班上学生利用课余时间每人去调查一条街或一个商店的用字情况，积累数据，得出观点，写成一篇千字左右的呼吁重视汉字规范化的小论文。这次作文，班上有三十多篇获得优良成绩。有些学生还把发现的用字问题及时转告有关单位，受到欢迎。

在实践中我体会到：以上这些小型科研活动，既能使学生巩固已学的语文知识，促进议论文写作水平的提高，达到学以致用的目的，又能使他们激发学习语文的兴趣，增强语文的应用能力和语言敏感，初步掌握收集积累资料、分类整理例句、归纳提炼观点、评析范例、匡正谬误的方法，让他们在中学时代就亲口尝尝科学研究的味道。这对学生创造性才干的增长，对他们今后一辈子的治学和工作，是有一定帮助的。

写作练习中的“少—多—少”①

我国戏剧大师梅兰芳生前常说：“演戏，初演时东西少，越演越多，再演下去，又越演越少了，也正是到这时，戏才演好了。”（见姜妙香《追怀往事——悼兰芳弟》，《戏剧报》1961 年第 15—16 期）这是梅兰芳先生钻研戏剧表演艺术数十年的经验之谈。“少—多—少”这个发展过程，是符合艺术创作的客观规律的。开始的“少”，是名副其实的“少”，而后来的“少”，实际上是“精”的代名词。从“少”经过“多”再到“少”，其间有了一个很大的提高。思想的升华，内容的提炼，形式的精益求精，使创作实现了质的飞跃，真所谓“出简入繁再返简，简内均是精华点”。

由此联想到，我们可以自觉地运用“少—多—少”的规律，指导自己的写作练习，提高语文表达水平。这里先介绍一下越南人民的领袖、中国人民的朋友胡志明的经验。

胡志明在一次谈写文章方法的时候，曾经提到他年轻时学写文章的过程。最初他为法国《工人生活》报写稿，只能写三四行。报社的同志就鼓励他把文章拉长，拉长到十行。“我不断努力拉，拉，拉，直到拉长到一栏，一栏多一点，再拉到一栏半。”后来，报社同志又对他说：“你现在会写了，你要学会另外一套，把它缩短起来！把一栏半的文章缩短成一栏，就行。要写紧密，写完后要再三看看，把可有可无的过长的地方删掉……”胡志明于是又尽力缩短，写了又写，越写越精练。就这样，他练就了一手写文章的硬本领。（见李耐因《杂话繁简》，《新闻业务》1961 年 第 11 期）

胡志明的这段经历告诉我们：有意识地从写得“少”提高到写得“多”，在“多”的基础上，努力把文章写得精练集中，再回到“少”，这样自觉地练习，是迅速提高写作水平的一条途径。

中学的作文教学中，除命题作文外，还经常采用“扩写”和“缩写”的

① 原载南京师范大学《语文之友》1992 年第 1 期（创刊号）。

练习形式。扩写（香港地区称为“铺写”），是要求开拓思路，扩展视野，增添“枝叶”，丰富内容，把短文章合理地拉长；缩写（香港地区称为“撮写”），则要求抓住“主干”，精简“枝叶”，提炼要点，概括全篇，把长文章合理地缩短。这实际上也是“少—多—少”规律在写作练习中的具体运用。学生在教师指导下多做这两种练习，形象思维和抽象概括的能力，抓住中心、剖析全篇和驾驭语言文字的能力，就可以获得显著的提高。

下面介绍几种扩写、缩写练习。我们可以指导学生结合课内学习和课外阅读、课外练笔进行，既不加重负担，又能锻炼文笔。

一是每次作文完卷后，再用它二分之一到三分之一的篇幅缩写出一篇，要求内容或要点基本不变。缩写后，对照原文和改文，体味各自的优缺点。俄国著名作家契诃夫曾告诫初学写作小说的作者：“抱定宗旨，埋头苦干，把每篇小说都改写五次，缩短它。”这是作家的切身体会和写作经验，值得借鉴。

一是从每学期的课文中，挑选记叙性、说明性、议论性文章各几篇，每读完一篇，就练习用四五百或五六百字缩写成一篇同题小文章，力求把原文的内容要点写完整，文字流畅，顺理成章。

一是课外阅读中遇到好文章，除做“原文摘录”这种读书笔记外，还可以多做“内容提要”“内容概述”这一类缩写（撮写）式的读书笔记，概括地述说原文的主要内容。能快速、熟练、准确地概述所读作品、论文的内容，是现代社会搞研究工作的一项基本功，在中学时代应该打好这方面的初步基础。

一是每次作文在构思后不妨采用下面这种比较快速而有效的写法：在草稿纸的左半面上，先列出简要提纲（行距空得大一点），然后加以扩展，化出详细提纲（尽量细一点）；再在草稿纸的右半面，扩充详细提纲而成为一篇短文；再对短文逐步补充、修改，增添材料、观点或引文，从“少”到“多”，扩写成文。这是俄国革命导师列宁在学生时代爱用的写作方法。在这种“逐步扩展式”的写作训练中，他练出了一手过硬的写作本领。倘若时间许可，把拉长了的文章再删缩提炼，只用一半篇幅而仍能把原意表述清楚，这样进行“少—多—少”的自我训练，进步就更快了。

此外，我们还可以利用点滴空余时间，磨炼扩展和简缩的基本功：先造一个最短的句子（只有主语和谓语），然后通过联想、增添，一步一步地把它扩展成越来越长的句子。例如：

鸡叫。

老王伯伯家的鸡在叫。

老王伯伯家的那只大公鸡在叫。

我家邻居老王伯伯家的那只大公鸡在叫。

清晨，我家邻居老王伯伯家的那只漂亮的大公鸡在一声接一声地叫。

……

反过来，可以从课内外书籍和报纸、杂志以及自己和同学的作文中，找一些长句子，一步一步地简缩成越来越短的句子。例如：

夏天的傍晚，蝙蝠在院子里，在旷野上空，忽东忽西、忽高忽低地飞翔。（《生物的“睡眠”》）

蝙蝠在院子里，在旷野上空，忽东忽西、忽高忽低地飞翔。

蝙蝠忽东忽西、忽高忽低地飞翔。

蝙蝠飞翔。

这种句法上的“弹性”伸缩练习，应该说是写作中“少—多—少”练习的基础。练得多了，熟练了，能长能短，灵活自如，扩写或缩写整篇文章的时候，自然会比较容易一些。

出活题，考能力，查真绩，育人才[①]

出活题、考能力，是语文教改的一项重要内容。由于考试所固有的“指挥”作用，一般来说，教师怎么考，学生就怎么学；大范围的升学考试怎么考，有关学校的语文教学就怎么搞。近些年来，语文考试的改革有了一定的进展，但死记硬背、生吞活剥、脱离实际等弊端仍不同程度地存在着。这对新形势下培养创造型、开拓型人才是很不利的。在当前教学改革的热潮中，我们在语文学科的考试方面，应当花力气作深入的研究，探索新型、有效、广大师生欢迎的考试方法。

在教学实践中，我体会到，出活题，考能力，有利于培养学生学习语文的浓厚兴趣，有利于查考学生语文方面的真实成绩，有利于培育具有真才实学并富于创造能力的新型人才，以真正完成语文教学的任务。

在现代化程度越来越高、语文工具和传播媒介的运用越来越广的社会里，语文教学必须培养学生读、写、听、说几方面的能力，提高他们分析问题、解决问题的实际水平，而不能单从一张卷子、一篇作文来决定他们的成绩。因此，我认为，完整地说，读、写加听、说，这几大方面都应重视出活题、考能力。以读、写而言，除了闭卷测试外，也不妨安排适量的开卷测试，即学生可以查阅工具书、参考书，去完成一些灵活性较大的试题，以考查学生将来在实际工作中借助工具书、参考书，通过思考、分析，解决有关课题的“实战”能力。这样从多方面查考出来的成绩，再加上教师平时积累的各个学生在自学、质疑、讨论、笔记、朗读、演讲、选积资料、课外读写、自编报刊、竞赛活动、文艺习作、小型科研等方面的能力实绩，就能够比较客观公正地得出他们各自的语文成绩。这种综合性、“立体式”的成绩，比之期末或升学考试中一张卷子、一篇作文考出来的成绩，显然更能反映学生的实际情况和真实水平。坚持这样进行考试、考核，学生是欢迎的，他们

① 原载《中学语文教改十年》，江苏教育出版社 1990 年 8 月第 1 版。

可以跳出（至少基本上跳出）死记硬背的桎梏，学得主动积极，生动活泼，免去“急来抱佛脚”之苦，“猜题押题”之弊。

当然，大范围的统一升学考试，由于种种条件的制约，目前还不可能从读、写、听、说几个方面进行全面考查，尤其是听、说这两大方面，考查起来工作量特大，一时还不能实行；所以，在读、写方面，就更应当注重出活题，考能力。必要的基础知识是需要考查的，但分量不宜过多；根据“大纲”所规定、课本所达到的程度出的考查读、写能力的灵活题目，应当占较大的比重。活题的材料可以从课外撷取，也可以从课本中选择材料进行设计。至于平时教学中对读、写能力的考查，更可以放开步子，多让学生接触、解答灵活题目，以便培养他们多方面的读、写能力，并对他们平时的语文学习起到指引路子的作用。

我在教学中考查学生的读、写能力，经常尝试着设计一些灵活性较大的试题，效果较好。下面试举几种试题类型。

一、选择判断

例题一：从下列文句括号内的词语中，圈出能最恰当地表达意思的一个。

1. 老栓慌忙摸出洋钱，抖抖的想交给他，却又不敢去接他的东西。那人便焦急起来，嚷道，“怕什么？怎的不拿!”老栓还踌躇着；黑的人便抢过灯笼，一把扯下纸罩，裹了馒头，（送、传、塞、递、丢）与老栓，一手（取、抓、拿、接、受）过洋钱，捏一捏，转身去了。

2. 高能物理是研究基本粒子和物质更深层次的结构，以及相互作用的根本（原则、规则、定律、规律）的科学。当前，新粒子和新现象不断（发生、发明、发现、出现），理论研究不断深入，使高能物理（蒸蒸日上、欣欣向荣、日新月异、突飞猛进），成为当代自然科学发展的最（活跃、飞跃、踊跃、飞速）的前沿之一。

例题二：选词填空，所填的词只能用一次，避免字面的简单重复。

1. 左边是一____独立的小屋，屋里有一____井；正屋下面有____地下室，可以从一____小梯子走下去。（口、个、间、道、只、

头、副、双）

2. 攀登珠峰，不管从南坡北坡，登上顶峰才算________；打乒乓球，不管直握球拍，还是横握球拍，不断打败对手才是________；唱戏，不管是“梅派”“程派”，唱、念、做、打超群才算________；搞建设，不论何种方法，能多快好省就是________。（良策、佳技、成功、名艺）

例题三：下面的句子，有的表达有错误，有的没有。请在正确的句子后面划√，在错误的句子后面划×。

1. 看着这种豢养小姑娘谋利的制度，我不禁想起孩子时候看到过的船户养墨鸭捕鱼的事了。（　）

2. 凡在学问和科学研究上有成就的人，不少是在客观物质条件十分艰难的情况下，经过顽强刻苦的努力才获得成功的。（　）

3. 这个村农民饲养的鸡、鸭、鹅和猪、牛、羊等家禽家畜，比前年增加了一倍。（　）

从语言表达的规律来说，一个善于表达的人，他在选择词语、句式时，往往要多考虑几个同义、近义词语或几种句子格式，以便从中精选符合语境的最恰当的一个。另外，在接触各种各样的语言格式和表达内容时，还常需要判断以鉴别出正、误、优、劣，需要有一定的“语言敏感”。所以选择、判断能力是十分重要的。再从大处看，在现代社会中，面对形形色色的社会状态，纷繁复杂的科技现象，要求人们具有更强的选择、判断能力，通过比较、分析、研究，从多种“可行性方案”中择取“最优方案”。在语文教学（以及各科教学）中重视训练选择、判断能力，是极为必要的。这类考查题评分又相当简捷方便，精确度高，所以我在教学中经常采用。

当然，设计这类题目，不能过难或过易；供选择、判断的答案以“似是而非”“似非而是”，需要运用已学知识、已有能力进行分析研究方能解决为宜。这种题型，可以在一个句子中设计，也可以在一段或整篇文章内综合设计，从字、词、句、章到标点、内容，都可涉及，这对综合考查学生的阅读、理解、分析、归纳能力，是很好的方式。

二、推敲比较

例题一：对照比较下列原句和改句，简要说明作家修改的理由。

1.【原句】眼看朋辈成新鬼，怒向刀边觅小诗。（鲁迅原稿）

【改句】忍看朋辈成新鬼，怒向刀丛觅小诗。（鲁迅改稿，见《为了忘却的记念》）

2.【原句】这生长在人迹罕到的海拔几千米雪线以上的灵花异草，据说是稀世之宝——一种很难求得的妇女良药。（《天山景物记》原文）

【改句】这生长在人迹罕到的雪线以上的灵花异草，据说是稀世之宝——一种很难求得的妇科良药。（《天山景物记》课文）

例题二：秦牧的散文《土地》，自发表以来，已一改再改。将作家给中学语文课本的修改稿同1961年出版的散文集《花城》中的同篇文章对照，我们发现有近百处修改。这种精益求精、反复锤炼的精神值得学习。试推敲比较下列原句与改句，联系上下文，说说为什么要这样修改。

1.【原句】看到一个老农捏起一把泥土，仔细端详……

【改句】看到一个老农捧起一把泥土，仔细端详……

2.【原句】（剥削阶级）把它（土地）作为榨取财富的工具；……

【改句】（剥削阶级）把它（土地）作为榨取劳动者血汗的工具；……

3.【原句】党正在领导和率领着我们前进。

【改句】党正在领导着我们前进。

4.【原句】千千万万人仿佛变成了一个挥动着巨臂的巨人，……

【改句】千千万万人仿佛变成了一个挥动着铁臂的巨人，……

"推敲"，是我国文学史上许多作家严肃认真地对待语言表达的优良传统。在语文教学和考查中，适当选用范文修改佳例，引导学生进行推敲比较，不仅可以增强教学和考试手段的生动性，而且能启迪学生积极思维，使他们在对照揣摩中展开联想，进行分析，识别语言表达的"通"与"好"、"好"与"妙"，提高阅读能力。此外，多接触这类例题，还能让学生体会到作家、课本编者对语言表达的极端负责、一丝不苟的写作态度。这类试题的材料，要注意精选，以符合学生的实际水平。在阅卷中，学生所写的"理由"，只要能说出主要之点，即可评为得分；对有独创性的解答分析，可给予加分。

三、语段答问

例题一：细读下列语段，解答文后题目。

1. 月光是隔了树照过来的，高处____生的灌木，落下参____的____驳的黑影；弯弯的杨柳的稀疏的倩影，像是画在荷叶上。塘中的月色并不均匀；但光与影有着和____的旋律，如梵婀玲上奏着的名曲。

(1) 在文内的横线上填进一个最恰当的字。

(2) 用"√"标出下列加点字的正确拼音：

倩影（qiēn、qīng、qiēng、qiàn、qiān）

梵婀玲（è、ē、ā 、ō、ò）

(3) 文中末句的比喻，融合了下列这种修辞方法（用"√"标出）：

夸张、借代、双关、拟人、通感

2. 我目____中国女子的办事，是始于去年的，虽然是少数，但看那干____坚决，百____不回的气概，曾经屡次为之感叹。至于这一回在弹雨中互相救助，虽殒身不恤的事实，则更足为中国女子的勇毅，虽遭阴谋秘计，压____至数千年，而终于没有消亡的明证了。倘要寻求这一次死伤者对于将来的意义，意义就在此罢。

(1) 在文内的横线上填进一个最恰当的字。

(2) 替下列加点的字注上拼音：殒（　　）身不恤（　　）

(3) 文中第二句的主语中心词是________，谓语中心词是________，宾语中心词是________。

例题二：阅读下面一段文字，回答后边的问题。

是50%还是90%？

“人的天赋就像火花，它既可以熄灭，也可以燃烧起来，而迫使它燃成熊熊大火的方法只有一个，就是劳动，再劳动。”高尔基这段话生动地告诉我们：人的才能和智慧犹如埋藏在身上的宝藏，它不会自动地发挥出来，而要靠每个人自己去开掘，这就要靠勤奋。但是，单靠勤奋也还不够，更要有谦虚谨慎、永不自满的精神。保加利亚革命领袖季米特洛夫说过这样的话：“自负对人和艺术是一种毁灭，骄傲是可怕的不幸。我们必须每天改正自己的缺点，提高自己的能力，能力可以达到50%或者80%；如果有自我批评精神，听取内行人的劝告，就能够达到90%或者更多。”这是十分重要而真诚的劝诫。正如鲁迅先生所说的：一个人“自卑”固然不好，“自负”也不可取，“顶好是不要自馁，总是干；但也不可自满，仍旧总是用功”。可见，既刻苦用功、毫不自馁，又虚怀若谷，智慧的花朵就会怒放，才能就得以施展，为祖国为人民立功业的宏愿，也就能更好地实现。我们要经常地扪心自问：在为实现四化的战斗中，我的能力是发挥了50% 还是90%？

1. 解释下列词语在文中的含义。

(1) 天赋：　　(2) 自负：

(3) 自馁：　　(4) 虚怀若谷：

2. 从本文中举出四对反义词。

(1)　　(2)　　(3)　　(4)

3. 文章最后一句话中的“在为实现四化的战斗中”，充当的是句内的____语成分。

4. 本文原分为三个自然段。请在应当分段的地方划上两处“‖”号。

5. 用标线法划分文中下列复句的层次，注明分句间的关系；并说说这个复句在全文中的作用。

既刻苦用功、毫不气馁，又虚怀若谷，智慧的花朵就会怒放，才能就得以施展，为祖国为人民立功业的宏愿，也就能更好地实现。

这种题型中选取的语段，课内、课外，较短、较长，都可以，短文也行。设计的题目，可以涉及语、修、逻、文，篇章结构，思想内容诸方面，容量比较大。当然，命题时应尽量考虑到考查后阅卷评分的简便。答案以单一、确凿为宜。

四、理路整理

例题一：在下列一组句子的括号里标出合理排列次序的序数。

（　　）不抗病的个体逐渐增多或抗病品种抗病能力逐渐降低，就会产生一个抗病品种的退化现象。

（　　）原因主要有两个方面：

（　　）一方面是由于当地病菌类型，对这个抗病品种逐渐适应起来，使得这个品种成为不抗病的品种；

（　　）此外，不良的栽培条件也会降低抗病品种的抗病能力。

（　　）另一方面是由于作物的天然杂交，接受了不抗病品种的花粉，使品种发生了混杂，在后代中出现了不抗病的个体。

（　　）培育出来的抗病品种，在原地种植几代以后，也会出现抗病能力退化的现象。

例题二：下面一段文字，句序混乱。请把你认为合理的句序用数码写在横线上。

(1) 灰尘是呼吸道的破坏者，它们会使鼻孔不通、气管发炎、肺部受伤，而引起伤风、流行性感冒、肺炎等传染病。(2) 此外，金属的灰尘特别是铅，会使人中毒；石灰和水泥的灰尘，会损害我们的肺，又会腐蚀我们的皮肤。(3) 如果在灰尘里面混进了结核菌，那就更危险了。(4) 所以必须禁止随地吐痰。(5) 它们不但把我们的空气弄脏，还会弄脏我们的房屋、墙壁、家具、衣服以及手上和脸上的皮肤。(6) 这些还是小事。(7) 灰尘里面还夹杂着病菌和病毒，它们是我们健康的最危险的敌人。(8) 最后，灰尘还会引起爆炸，这是严重的事故，必须加以防止。(9) 因此，灰尘必须受到人类的监督，不能让它们乱飞乱窜。(10) 灰尘的旅行，对于人类的生活有什么危害性呢？

调整后句序：______________________________

这种题型，对训练和考查学生的思维能力和谋篇能力有一定的价值。设计这类试题，要注意答案的确定性，即所选出的排列次序，只有一种是正确的。为此，有时需要对原材料加以适当改造（如例题二）。就难易程度而言，各句分行排列比混合成段要容易整理，训练时可先从解答分行排列题开始。

五、评点分析

在试卷上印一篇与课内所学重点单元文体相同的课外文章，让学生圈点勾划，并在旁边空白处加上眉批、评注（可分自由选加和按规定要求批注两种）。这种试题，不但能考出学生的阅读水平，还能了解他们的阅读方法与习惯，即可以考察出学生的“阅读个性”。不过，由于阅卷工作量颇大，所以我一般用作平时小型测试。做这种灵活性特别大的“活题目”，学生兴趣极浓。我曾让高二学生做过一次评点分析，提供的材料是报上一篇两千来字的散文《春满校园》。阅卷评分后统计了一下，眉批、总批最多的学生，共加了三十六条，最少的也加了十条；其中有不少颇具匠心。阅评他们的卷子，是一种很好的享受。

六、设疑解难

选择一段文字或一篇文章，在其中设下一处或几处需要解决的语言表达、谋篇布局方面的疑点、难点，让学生动脑筋加以分析解决。例如，某些字、词、句、标点用得不妥，如何修改；开头或结尾如何添加或改换；过渡句（段）如何增添或修改；中心句或主旨句如何表达得更切题，更准确、鲜明、生动；观点与材料如何改得一致；论据如何添加得充实；对话如何修改得个性化、口语化；景物描写如何修改得符合主题和语境的需要；等等。

此外，我还常设计纠正错别字、改正语病、选择安排材料、文章提问质疑、供材按要求作文、看图联想作文、同题异体裁作文等类型的灵活题目。这些题型也都能训练和考查学生的语文真实能力。篇幅有限，这里不一一举例。

出试题不易。出语文试题更不易。出活的语文试题尤其不容易。我愿与同行们一起，为改革语文试题，为改革语文学科的考查、评分方法，为提高学生的语文能力、培养创造型的人才，去探索，去实践，作出自己应有的努力。

语法很重要，适当学一点，学了要能用[①]

中学生要不要学习语法？这个多年前就争议过的问题，近来又提了出来。持否定意见的同志，主要理由是“古人不学语法，照样写出好文章”。记得 1981 年 5 月 20 日，吕叔湘先生在北京语言学会现代汉语讲座作报告时，就针对这种说法作了这样的回答：

> 语法无用论在一部分知识分子当中是相当流行的。他们说，自古以来中国人读书不讲“文法”，可是出了很多能文之士 。反之，现在很多人学了语法，可是文章写不好，包括语法学家本人在内。这个话，听起来似乎也有几分道理，但是有很大的片面性，逻辑上有问题。正如同有些人说，有人不讲卫生，也不生病，有人讲卫生，要生病照样生病。事实怎么样呢？事实是，讲卫生的人总是比不讲卫生的人少生病。文章的好坏，语法只是其中一个因素，还要多读范文，讲究作文法，讲究逻辑思维。可是就拿语法这一件事情来说，学过语法的人比起没有学过语法的人来，文字通顺的比例也总要大些。古时候不讲语法，出了不少文人学士，一点不错，可是同时也出了数不清的文理不通的读书人，不过他们写的东西都没有传下来，大家都把他们忘了就是了。（《怎样跟中学生讲语法》，《吕叔湘语文论集》第 169—170 页）

吕先生的话合情合理，应该说是很有说服力的。

反对中学生学语法的同志所持的另一个重要理由是：现代的鲁迅、郭沫若等一代文豪也很少注意语法，但写出来的作品却文从句顺。其实这是一种误解。就笔者所知，鲁迅、郭沫若、茅盾以及叶圣陶、老舍等等，这些文学

① 原载《语文学习》1991 年第 2 期。

大师（也是语言大师），对语法（文法）的重要和语言运用应合乎规范，都有精辟的论述；他们自己使用语言，更是十分讲究合乎语法，合乎规范，精益求精。这是他们的作品能获得成功的一个相当重要的原因。至于外国作家，也都普遍重视祖国语言语法的学习。例如俄罗斯著名诗人、学者罗蒙诺索夫重视语法，不仅亲自编著《俄语语法》一书，还写诗形象地说明语法的重要："如果没有语法，/乐曲将无生气，/诗歌将结结巴巴，/著述哲学将无根据，/写历史感到困难，/法学也自成疑难。"（转引自《俄语修辞学概论》）在现代社会，语法已成为一门使语言表达精密化的科学，正越来越受到重视。一个人在中学阶段（有些国家和地区是从小学阶段开始），如果能通过正规的学习，了解本国语言的基本语法规则，这对他掌握语言这个交际工具同别人进行口头和书面交流，自然是十分重要的。我国现行的《中学语文教学大纲》把语法列入教学内容，当然不是权宜之计。

中学生需要学习语法，应该说是不成问题的。进一层要研究的是：学多少？怎样学？前者是分量、内容问题，后者是教学方法问题。

在中学语法教材的分量、内容方面，张志公先生提出过"精要、好懂、管用"的精辟见解。笔者同张先生和其他不少同志的意见一样。在中学阶段学习语法，只要适当学一点即可，分量不能太重，内容不能繁琐，难度不能太大。现行初中语文课本原先按《中学教学语法系统提要（试用）》安排语法知识，许多教师在使用中遇到了一些困难。现在根据 1990 年初调整后公布的全日制中学《语文教学大纲》，初中语文课本也作了相应的调整，对原语法教材，规定了十二条删改、精简的意见，初步改变了原来偏深、偏难、偏重的倾向。相信这次调整会给广大师生的教和学带来方便。当然，今后随着认识的提高，研究的深入，经验的积累，我国初中语文课本中的语法教材，必定会越编越好。

怎样学？也就是怎样指导中学生学习语法，这是一个很大的教学科研课题。几十年来，已经有不少专家学者和有志探索的中学教师作过研究，发表过专论。吕叔湘先生在《怎样跟中学生讲语法》一文中，提出过"应当把语法教活""着重讲用法""引导学生观察人们怎样运用各种虚词和各种句法""通过课堂教学培养学生自己观察和分析语言现象的习惯"等有价值的意见。中学生学语法，确实应当注重"学了要能用"这一条。这里想就本人学习并实践叶圣陶先生语文论著的体会，围绕"学以致用"谈这样几点：

一是要使学生明确学习语法的目的。要让学生懂得，学点语法知识，目的是用于说话和写作，提高自己的语言表达水平。“讲求文法，了知所以然，同时把了知的化为说话的习惯，平时说话总不与之相违背，这才于作文上大有帮助。”（《叶圣陶语文教育论集》；以下引文出处同此）“学这些东西（指语法知识），主要的不在于只知道书上怎么讲而已，而且要把从书上学来的知识化为自己的实践，能够熟练地运用到说话、写文章。化为自己的东西，在日常工作、生活中运用，才能把话说好，把文章写好。”

二是要灵活安排教材。集中若干个课时，倾盆大雨式地讲授语法知识，对初中学生来说并不适宜，也不易激发他们的兴趣。“语法……不作孤立的教学，孤立的教学徒然研讨一些死知识，劳而少功；必须就实际的听、说、阅读之中相机提出教材。”“例子以日常生活中的语言，读本上的文句，作文练习簿上的文句为范围。”随时随处注意收集合适的例子，在阅读和写作教学中灵活地穿插，让学生感到语法学习同自己关系密切，是活的知识的学习，就不至于感到枯燥乏味。

三是要注重训练学生的语感。通过适当的语法规则的教学，以及阅读教学中的品味、诵读、讨论、评断，写作教学中的鉴别、指瑕、修改，提高学生对语言的感受能力：读人家的文章，能很快就领悟语言运用的妙处，也能很快就发现语言方面的毛病。“多揣摩，就是看东西多留心。留心的时间长了，就养成敏感，一看就能发现毛病。”自己写文章，也要能做到这样。语感强，在一定程度上反映出语法学得活。

四是要经常培养学生“切分”的能力。1961 年 5 月 23 日，叶圣陶先生同我们江苏省农村半日制学校课本编审人员讲话时说：“讲语法，单讲讲名词术语的定义是解决不了问题的，要多多培养学生把一句话切成几段的能力；把一句话切成了几段，主语、谓语、宾语、定语、状语、补语，自然就分清楚了。我曾经跟几位大学生一起读一篇《人民日报》的社论，就用‘切’的方法，分清节与节的关系，段与段的关系，句与句的关系，句子中各个成分的关系，这样一层一层往下‘切’，对社论的理解就比较深刻，语法和篇章结构方面的问题，也一一得到解决。”这种“切分”练习，综合地、灵活地运用已学的语法知识去分析问题、解决问题，只要选例恰当，适合学生程度，效果是很好的。

五是要着重注意汉语表达的基本规则。从叶圣陶先生关于语言表达的经验介绍和方法指导的大量论述中，可以归结出这样几条：“用词要用得正确、贴切”，“切不要用一些怪模怪样的词语”，不要随便用“生造词”；词与词的

“搭配要恰当”；“读一句话，写一句话，要能马上抓住主要的部分，能看清楚其他的部分跟主要的部分的关系”；“要避免使用方言土语成分（词语、句式）”；尽量不要“搀用文言成分（词语、句式）”；要注意虚词的运用，“一个‘所以’一个‘然而’都不可随便乱用”；“造句要用最妥帖、最恰当的句式”；“凡是可以分成几句说的，就不要写成一个长句”；“用标点符号必须要审慎。宜多用句号，把一句话交代清楚。宜少用感叹号”。这些都是汉语语法教学中应当作为重点训练的内容。

六是要引导学生养成修改的习惯。在学生初步掌握一些语法知识的基础上，适当安排语句、片段的修改练习，引导他们逐步提高对错误格式的鉴别能力，从而能正确、通顺地用词造句。“譬如原稿上用的这个词，这样的句式，这样的接榫，检查过后，发觉这个词不贴切，应该用那个词，这样的句式和这样的接榫不顺当，应该改成那样的句式和那样的接榫”，要“教学生在实践中养成这种好习惯”。改不是为改而改，而是要运用已有的语法（以及词汇、修辞、写作等）知识，说得出改的道理。“应该问问为什么要改，怎样改才合适。”叶先生还多次介绍，检查语句有无毛病，“念一遍”（有时需要“念几遍”）是条经验。“把写成的文章念一遍是个好办法，可以检查是不是通篇上口。不要把它当文章念，要把它当话说，看说下去有没有不上口的地方，有没有违反现代语言规律的地方。”“也可以不出声念，只在心中默默地说。一路念下去，疏忽的地方自然会发现。下一句跟上一句不接气啊，后一段跟前一段连得不紧密啊，词跟词的配合照应不对头啊，句子的成分多点儿或者少点儿啊，诸如此类的毛病都可以发现。”

笔者在中学的多年教学实践中，经常结合范文的教学和写作的指导，从作家范文“原稿—改稿”“初稿—定稿”的修改中，选取各类佳例，从学生习作的前后修改稿中选取各种例句，进行修改的指导和练习；还适当选取报刊书籍和社会用语中的典型病句，进行评析和正误练习。实践证明，这样进行语法（以及词汇、修辞、写作）的教学，生动活泼，灵活多样，效果良好。学生从中懂得了应该严肃认真地使用祖国语言，体会到语言形式对表达思想内容的重要作用；学到了一些修改的方法，初步养成了修改的习惯；还掌握了一些语法（以及词汇、修辞、写作）方面的基本要求。

语法很重要，中学生应当学习本国语言的语法；但分量要适当，内容要精当，教法要灵活多样，讲求实效，学了要能用，要有利于提高阅读能力和表达能力，更远一点说，要有利于提高全民族的语言素养。

语文教学要强化语言训练①

“强化语言训练”，是根据中学语文学科的性质、任务，针对相当一段时期以来学生运用语言的基本能力较差的状况提出的。1961 年，我在教师进修学校任教时，曾到一些学校进行调查研究，从接触的大量情况看，学生的语言能力实在是相当的差。究其原因，主要在于当时的语文教学中，语言训练的力度不够，有的甚至把这项训练置于可有可无的地位。针对这种情况，我在教学中，就比较重视语言因素，比较重视在阅读教学、写作教学中切实培养学生的语言理解能力和语言表达能力。

主要采取了以下一些做法。

一、激发学生热爱祖国语言的感情

“热爱是最好的老师。”著名作家曹禺说：“要爱语言，要着迷，语言的妙境才能领会得到，之后，才能谈到学着掌握语言，学着使笔下生花。”②当学生对祖国的语言产生热爱的感情时，他就会经常涌起那种孜孜以求地学习它、掌握它的力量，这对提高学习效果是非常有益的。我经常注意把这种激励渗透在日常的教学过程之中。

（一）对教材范文中典范的语言实例作赏析。

依据中学《语文教学大纲》编写的中学语文教材，所选范文大多文质兼美，语言具有典范性。教学中引导学生在理解课文内容、结构的同时，深入钻研课文语言，对其中某些语段词句作赏析，不但能加深对课文思想内容的理解，而且能体味祖国语言的丰富表达功能。例如，教高中教材《药》这篇课文，在剖析华老栓和康大叔“一手交钱，一手交货”的情节时，我引导学

① 原载《课程·教材·教法》1994 年第 7 期。中国人民大学书报资料中心选载于复印报刊资料《中学语文教学》1994 年第 9 期。先后入选常熟高等专科学校中文系《论文阅读与写作》教材，1998 年 12 月；顾黄初、李杏保主编《二十世纪后期中国语文教育论集》，四川教育出版社 2000 年 9 月第 1 版。

② 见《语言学习杂感》，《红旗》杂志 1962 年第 14 期。

生钻研下列语段：

> 老栓慌忙摸出洋钱，抖抖的想交给他，却又不敢去接他的东西。那人便焦急起来，嚷道，“怕什么？怎的不拿！”老栓还踌躇着；黑的人便抢过灯笼，一把扯下纸罩，裹了馒头，塞与老栓；一手抓过洋钱，捏一捏，转身去了。嘴里哼着说，“这老东西……。”

要求找出这段文字中作家选用的动词，并说说每个动词分别描写了怎样的对象，用得是不是妥帖。学生经过讨论，找出了三组动词：一组是描写刽子手康大叔暴躁心理的动词“焦急”，描写华老栓胆小、犹豫不决心理的动词“踌躇”“想”“（不）敢”；一组是描写康大叔蛮横、倨傲性格的动词“嚷”和“哼”；再有一组是描写两人一连串手的动作的动词，华老栓是“摸”“（不敢去）接”，康大叔是“抢”“扯”“裹”“塞”“抓”“捏”，都充分刻画了两人截然不同的性格。短短一百一十多个字中，连用了十几个动词，恰切地描写了各不相同的动作对象。在讨论到八个写手的动词时，我又告诉学生，现代汉语中表示手的动作的单音动词，多达一百个以上。学生从中感受到祖国语言词汇的丰富，表达功能的细致。语文课上经常跟学生一起这样钻研、体味，能激发并加深他们热爱祖国语言的感情。

（二）对课外阅读中收集的语言佳例作交流。

我经常要求学生在课外广泛涉猎，多读名篇和当今获得好评的作品，每天阅读报纸杂志；勤于动笔，摘录自己感到有用的东西，包括语言表达的佳例。鼓励他们在墙报、黑板报、手抄报上交流这些语言佳例（高年级要求稍作鉴赏分析），有时在课堂教学中结合范文有关内容也适当进行交流。这项工作对学生提高语言鉴赏能力、加深对祖国语言的热爱，是很有益处的。

（三）对日常生活中接触的实用语言进行品味。

语言表达的好例子，不仅荟萃于名著名篇之中，也广泛存在于日常生活。改革开放以来，实用语言的佳例层出不穷。切合情境的店名、商品名，巧妙得体的广告语，别具一格的告示语，精警生动的题词、贺词，鲜明有力的演讲词，洗练幽默的主持人即兴讲话等，学生几乎每天都能看到听到。我要求学生做有心人，发现好的例子，就及时收集，并想一想好在哪里，尽量能多说出点儿道理。在课堂教学中我也经常结合有关内容适当联系现实生活中的这类语言佳例。例如，一次教到汉语的“回环”修辞现象，就举了当时常见于电视荧屏的“长城电扇！电扇长城!”这一广告语，引导学生一起讨论、揣摩推出广告的厂家的用意。前一句“长城电扇”突出了产品的名称，后一句“电扇长城”就从这名称引申开去设立比喻：生产的电扇可以排成“长城”，又像“长城”般坚牢。前后两句紧相衔接，用的就是“回环”的方式，并融合了比喻、双关的修辞方式，显得精练、别致、生动、巧妙，容易给观众和听众留下较深的印象。这次讨论仅花几分钟，课堂气氛十分活跃。课后同学们更加自觉地留意报纸、广播和荧屏，不断发现和品味佳例，也经常感受到祖国语言丰富多彩的表达功能。

(四) 对群众语言中精彩的表达手段作评析。

我常把自己收集的群众语言，包括本地群众口语中精彩的语言手段介绍给学生，如谚语、俗语、熟语和精练生动的动词、形容词等，也鼓励他们注意收集，相互交流，一起评析，体会它们的生动活泼，激发对祖国语言的热爱。一次课后，我跟学生对本地群众口语中两个音近、义近的短语作讨论，记下了它们的书面形式：“滴溜滚圆”“滴粒滚圆”。接着评析它们的差别和表达作用：前一个描写或大或小的圆形物体，后一个则专门描写较小的圆形物体。这两个短语跟习惯常用的“滚圆”含义相同，但表达得更为形象。同学们从这样的讨论、评析中得到了启发，很快又举出了本地一些生动形象的常用语。

此外，我还经常把积累的有关热爱祖国语言的名言警句、名人轶事介绍给学生，有时穿插在课文的教学中，有时选作练习材料或测试题材，有时抄写在教室黑板报上，有时提供给学生在演讲或出版手抄报时选用，并鼓励学生结合课外阅读去自己收集积累。我还重视上好每个学期的开学第一堂语文课——绪言课。上这种类型的课，目的之一是激发学生热爱祖国语言的感情。

以上这些工作，坚持一个阶段就会产生良好的效果。学生不仅开拓了视野，丰富了语言材料的积累，而且逐步加深了热爱祖国语言的感情，提高了学习的自觉性。

二、引导学生养成“多读、多写、多积累、多揣摩”的良好习惯

叶圣陶先生说：“学习语文目的在运用，就要养成运用语文的好习惯。”“不断学，不断练，才能养成好习惯，才能真正学到本领。”①我们教语文就

① 见《认真学习语文》，《文汇报》1963年10月5日。

是帮助学生养成使他们终身受用的良好习惯。在语言训练的过程中，逐步培养学生下列“四多”的习惯很重要。

一是多读。就是在课内外多读名篇佳作，也包括读一些实用性强的语言作品。对口头语言，就是多听——收听广播，观看对白精彩的电影电视，聆听演讲、报告等。多读好的语言作品，多听好的口语表达，可以受到很好的语言教育，提高语言的理解、鉴赏能力。

二是多写。就是多写各类语言材料，包括句子、语段、文章。对高年级学生，指导他们结合课内外作文，写一些精彩语言的赏析短文和语病文字的评改短文，提高对语言的敏感度和鉴别力。对口头语言，就是要多说，鼓励学生在各种场合、情境，一有机会就作认真的发言。熟能生巧，在多写（多说）中，提高语言的表达能力。

三是多积累。就是在头脑里贮蓄语言表达的材料，常用的词语、句式自然是记得越多越好，此外，还应当尽量多积累各种富有表现力的成语、谚语、格言，富有生命力的脍炙人口的古诗文佳句，富有启迪性的精短散文名篇等。学习语言是个积累的过程，持之以恒方见成效。

四是多揣摩。就是在读和写的时候，对语言作适当的“磨”，关键之处更应细细“咀嚼”一番；有时也可选择一些词语、句式或修辞方式，用另一个词语、另一种句式或修辞方式来同它作比较，看看用在文章里究竟哪一个、哪一种更合适或更好一些，并能够用学到的词汇、语法、修辞方面的规律性的知识来作一些评析。在揣摩中体会语言表达的技巧，提高精细地理解语言和运用语言的能力。

锻炼语言习惯要有恒心。我每当新接教一个班级，就抓紧开始的一段时间，通过读写听说的学习实践，通过正反两方面的一些生动事例，让学生懂得培养良好习惯的重要，逐步自觉地去养成这些习惯，并做到长期坚持。这是提高语言训练质量、提高语文教学效率的重要保证。

三、结合范文教学进行语言训练

在范文教学中，我重视字词句章的常规教学，引导学生通过理解语言文字去正确领会文章的思想内容和篇章结构；领会思想内容和篇章结构之后，再回味文章的语言文字，加深理解，学习用法。在整个教学过程中，始终“咬”住语言不放，凭借范文的语言，去完成语文教学中有关良好品德的陶冶、审美情操的培养等相关的任务，而不去另作架空的分析。这样就节省了不少时间，可以用来加强语言训练，更好地完成语文教学的主体任务。

语文教学要讲求适当的序，语言训练更有这个必要。不同的年级，语言训练各应着重搞哪些内容？对一般学生来说，语言训练应达到什么程度？延展到什么范围？我在教学中依据《语文教学大纲》所提出的具体要求加以决定，并把这些要求分解为若干训练点，结合教材和学生的实际，安排在各篇课文的教学中。训练内容的安排注意必要的反复和循环，以利于逐步形成牢固的能力。语言训练的强化，并不等于简单的多练，更不是盲目的滥练。那样做，徒然加重学生的负担而收效甚微。训练应当有系统分层次地进行，同有关的基础知识相互配合，做到统盘安排，目标明确。

语言训练的方法要力求多样。养成语言能力需要下苦功，但对中学生来说，假如训练的方法单调，就会造成厌倦心理。方法多样，学生才有兴趣，才能提高实效。在教学实践中，我除了经常采用赏析、比较、吟诵等富有成效的传统方法外，还经常采用下面这几种教学效果很好的方法。

（一）运用范文修改佳例训练语言能力。

提供范文修改佳例，引导学生对照研析，是一种有效的语言教学、训练方法。诚如鲁迅先生早在1935年就精辟地指出的，“从那同一作品的未定稿本去学习”，“这确是极有益处的学习法”，“因为在学习者一方面，是必须知道了‘不应该那么写’，这才会明白原来‘应该这么写’的”。①

我经常结合课本中范文的讲读教学，适量穿插作者（主要是著名作家）或课本编者精心修改文章的佳例，有炼词锻句的，有构段谋篇的，也有提炼标题、斟酌标点的，引导学生对照原稿（或初稿）同改稿（或定稿），分析研究修改的道理。在口头讨论的基础上，有时也布置书面练习，让学生对照一组或几组修改例子，写出评析修改好处的简短文字。

作家或编者的苦心锤炼之处，正是容易悟得语言表达真谛的所在。在接触修改例句时，学生仿佛被引进了“修辞实验室”，词语、句子、语段和标点符号的增、删、调、改的种种实例，具体形象，很容易给他们留下清晰而深刻的印象，帮助他们积累“语感”。这种方法还能启迪学生积极思维。学生在对照中展开联想，进行评析，从而识别语言表达的“通”与“好”、

① 见《不应该那么写》，《鲁迅全集》第6卷311页，人民文学出版社1981年第1版。

“好”与“妙”，这就使他们既能加深对范文的理解，提高欣赏能力，又能学到必要的语言知识和运用技巧。

范文修改佳例在各册语文课本中相当多，备课时找一些有关资料作对照比较，是很容易收集的。选择用于教学的修改佳例，我注意这样几点：一是对照的版本要可靠；二是对照要仔细，不要有差错；三是一篇范文选用于教学的改例不宜太多，以免学生“消化不良”，要选择有典型性的、并为本篇课文具体教学任务所需要的佳例；四是运用这类例句，要注意深浅适度，符合学生的年龄特征和接受能力。

（二）推敲对课文语言的质疑之处。

培养质疑能力是发展学生智力的一个重要内容。我在教一篇课文之前，往往先让学生自学，填写“预习卡”或“质疑卡”，鼓励对教材质疑问难，以提高发现问题、提出问题的敏锐性；根据学生的质疑，组织课堂教学，引导他们讨论并解决这些疑问，从中获得知识，学会本领。

为了培养学生对语言的理解和运用能力，我从他们的质疑中，选择有代表性的、有关字词句章和标点符号方面的疑问，在教学范文相关句、段时，或者在全文学完后，组织讨论推敲，鼓励大家开动脑筋，研究是否需要修改，要改的话，提出修改方案，比较优劣，决定取舍。

在用1979年2月第一版的高中语文第三册教学《天山景物记》时，一次有学生提出质疑：“天然湖与果子沟”这一部分第六段中，“春天繁花开遍峡谷，秋天果实压满山腰。每当花红果熟，正是鸟雀野兽的乐园”的后一句，是不是缺少必要的主语？是不是病句？我把这个问题提请全班讨论。同学们发言热烈，一部分同学说从上文可以知道主语是什么，这一句不算病句；多数同学则认为上一句讲的是另一件事，这一句应当补上必要的主语。我又因势利导，介绍了主语承前省应具备的条件，并征求这一句的修改方案。有位学生提出，在“正是”前补上“野果子沟”。经过斟酌，发现它同上下文中紧连的句子内两个“野果子沟”重复了。另一位学生由此得到启发，提出加上“这儿”，得到了大家赞同。（课本的修订本中，编者已在“正是”前加上“沟里”两字。）

这样的质疑推敲、讨论修改，我经常用来作为阅读教学的一项内容，颇受学生欢迎，对训练语言能力，培养语感的敏锐度效果良好。正如叶至善先生1983年夏同我谈话时所说：“我父亲（叶圣陶先生）还认为，学生有时会发现课文中有毛病，这说明钻得深，学得很活，能解决实际问题，教师应当鼓励。学生即使说错了，也要鼓励，再解释、指正，不要打击他们的情绪。这样，逐步提高了他们的质疑、辨正能力，今后他们或许去当编辑，或许去当‘秀才’，起草、修改文章、文件、报告，就能行了。这也就是‘教，是为了今后不需要教’吧!”①

(三) 磨炼对语言的选择判断能力。

叶圣陶先生一次在谈语言训练时说，从对象、场合、环境来衡量，“甲、乙、丙三个词，在编一句话时，看用哪个词好或比较好；同是一句话，有三个说法，自己编编看，看哪一个说法好或比较好。这就是选词、造句、选择句式。这是学习语言的重要训练，这个道理大概是颠扑不破的”。②

这种选择判断能力的磨炼和积累，是增强语感、提高思维和写作能力的基础，应当成为中学生语言训练的重要内容。我在阅读教学中，除充分利用语文课本“思考与练习”中的选择判断练习题外，还经常结合课文有关句、段，设计一些题目，穿插于讲读之中，多方诱导，培养学生这方面的能力。

例如，课文《药》第四部分有这么几句含义深刻的话：

> 路的左边，都埋着死刑和瘐毙的人，右边是穷人的丛冢。两面都已埋到层层叠叠，宛然阔人家里祝寿时候的馒头。

教学时，我设计了下列选择判断题，引导学生讨论：

> ① 能不能用“密密麻麻”“成千上万”代替“层层叠叠”?
> ② 能不能将比喻换成“宛然天上的繁星”或“宛然人们家里祝寿时候的馒头”?

通过联系具体语境进行分析比较，学生对鲁迅先生选词造句的深意有了进一步的了解。选用“密密麻麻”“成千上万”，对数量之多强调得太实，而且并未写出在小路上观看两边的丛冢时所见的由近及远、层层排列的实景；再说，同下句的比喻也不贴配。选用“天上的繁星”设喻，则远不能写出作者

① 见朱泳燚《叶老谈语文教学（访问记）》，《中学语文教学》1984年第6期。

② 见张寿康《叶圣陶先生谈语言运用——春日访叶老》，《语文教学通讯》1982年第4期。

的褒贬感情，也不适合具体的情境；以“人们”代替“阔人”，也不符合当时社会贫富悬殊的实况。鲁迅先生原句那样写，用阔人家里祝寿时的馒头去比死刑和瘐毙的人以及穷人的丛冢，不仅在形状和数量上有“层层叠叠”的相似之处，而且还在这个比喻中寓藏了深意：丛冢和馒头正好对照反映了当时社会的主要阶层——一方面是穷人不断地在残酷的压榨下成批死亡，革命者不断地在默默的斗争中壮烈牺牲；另一方面是富人连连地祝寿庆贺，奢侈挥霍。这两句精练的描写和奇特的比喻，从一个侧面揭露了封建统治阶级的滔天罪行和残暴本质，记下了他们的累累血债。假若选用另外那几种词语、句式，就起不到这样的表达作用。这一类的选择判断，对学生理解范文作品语言的深层含义，增强遣词造句能力，都很有益处。

我还鼓励学生将这类联想比较、选择判断的磨炼，用到课文自学和课外阅读中去，并在练习作业和阅读测试中，多设计词、句和标点的选择判断题目，促使学生不断积累词汇和句式，逐步增强识别和挑选最合适的词、句、标点的基本功，扎实地提高语言的理解和表达能力。

四、结合作文教学进行语言训练

中学作文教学的根本目的，是培养学生具有“自能作文”“自能改文”的能力。学生作文、改文能力的高低，往往成为其语文水平高低的标志。无论从一般标准还是较高标准去衡量，学生作文中语言文字的通顺、连贯、得体，都应当放在重要的位置。从60年代、70年代、80年代的几次调查研究中接触的大量学生作文看（国内其他一些调查研究报告所反映的情况也大致相同），思想内容的毛病一般都只占很小的比例，大量存在的，都是用词不当、句子不通、层次不清和错别字多、标点符号不恰当等语言表达方面的较低层次的问题，和不够连贯、不够得体、不够生动等语言表达方面的较高层次的问题。而这些不同层次的语言问题，又不同程度地影响了思想内容的表达。因此，在基础教育阶段包括中学的作文教学中，要高度重视语言表达基本功的训练。在作文——书面作文和口头作文的指导、讲评中，要注重语言因素。每次作文指导，我在对文体、内容、写法提出要求的同时，对语言表达也提出具体明确的要求；每次批改，对语言表达方面的优缺点予以重视，并作为判定作文成绩的重要依据；每次讲评，对语言表达的好例子和普遍存在的问题作具体讲评分析，并经常在班级墙报栏或黑板报展示语言表达有进步的学生作文。除了以上这些，我在作文教学中还经常采用下面几种做法。

（一）采用多种方式启发学生重视语言修改。

“文从改中出。”好文章的产生离不开修改这一重要环节。我在教学实践中发现，学生作文中许多语言毛病，是由于不重视修改而造成的。因此，要提高学生的语言能力，培养他们的自改意识和自改习惯十分重要。在教学中，我注意用多种方式进行教育，启发学生重视修改，激发他们改好自己习作的愿望。

一是逐步渗透地讲一些道理：修改在写作过程中的地位；修改对锤炼思想、磨炼语言、提高文章质量的作用；修改对促进思维细致缜密、判断准确果断所特具的效能。讲这些，主要是让学生懂得修改的重要性。

二是经常结合作文讲评和范文教学，适当穿插古今中外作家关于修改的论述，介绍名家修改自己作品的动人事迹和改笔实例，有时还选择平时购置的《鲁迅手稿选集》以及选集“续编”“三编”“四编”，收集的毛泽东、郭沫若、茅盾、巴金、叶圣陶……的手稿影印件，给学生传阅。这些名言、轶事、实例和手稿，对学生很有激励作用。他们逐步认识了“文从改中出”的道理，了解到原来即使是著名作家，在写作时也不是“一挥而就”，而是普遍地都有一个反复修改的过程。许多改笔佳例和手稿，更是使他们受到了作家严肃认真、一丝不苟的写作精神的熏陶，端正了对待语言表达的态度。

三是适时地介绍一些中学生修改自己作文的实例，特别是质量较低的初稿和质量较高的改稿的对照例文，使学生受到切合本人实际水平的启迪。作文批改中我经常注意收集学生语言修改的好的改笔，在作文讲评时穿插进行评析，在“语文园地”中张贴，或者组织传阅。选用本班同学自己的成果，大家感到比较亲切，更容易展开讨论。

四是选择一些专家学者和有经验的中学语文教师对学生习作的批改示例，以及自己对本班学生作文的批改选例，进行改笔示范，或张贴，或印发，或传阅，或口头介绍，经常进行。

新接班级的学生，经过一段时间的教育引导，一般都能重视写作中的修改环节。许多学生认识到：“即使作文时间再紧，修改这一环也不能忽略！”

（二）运用范文修改佳例训练自改能力。

在教学中引导学生琢磨范文的修改佳例，不仅对提高阅读能力很有帮助，而且能有效地提高自改能力。常用的方式有二：一是结合范文讲读教学穿插同篇文章的修改佳例，既配合思想内容和篇章结构的教学，又教给了学生自改的本领。二是在作文指导或讲评时，根据训练的目的要求和学生作文的实际情况，选择已经学过的范文和其他名家名篇中的修改佳例，作专题性的揣摩学习，以提高学生修改自己习作语言的能力。例如，在作文批改中发现学生遣词造句普遍不很重视音节和谐、顺畅连贯这一要求，我在一次讲评时就辑录了鲁迅、郭沫若、叶圣陶等名家修改自己作品的若干例句，分课堂研讨和课外研析两个部分，引导学生具体学习写作时调整音节，使语言和谐流畅，“念起来上口，听起来顺耳”的一些方法。对代词的准确使用、量词的精确选用、动词和形容词的提炼、某种标点符号的规范使用等带有普遍性的问题，也都分别辑录修改佳例，在作文教学中穿插运用，揣摩学习。这一类角度较小的专题性范文修改佳例，学生普遍欢迎。他们说：“上这种课，好像请了作家来给我们指导啦！”在学习一个专题的修改佳例后，再配上从学生作文中选辑的有代表性的同一类专题的语病，让他们改一改，最后落实到修改自己习作中的同类语病，并形成技能。只要教师充分做好材料的准备工作，这种训练方法常能收到令人满意的效果。

（三）精选作文实例组织“讨论式修改”。

“讨论式修改”具有集思广益、相互启发的作用，改的是一段或一篇，得益的是全班。我在作文讲评或指导中，注意培养这种修改能力，让同学们在“思维火花的碰撞”中，磨炼语言表达的本领。

例如，针对学生写议论文存在的中心句与支撑句配合不当、论述性语句不准确，写说明文存在的层次不清晰、表达不精确，写记叙文存在的对话缺乏个性、行文不够精练等毛病，我分别收集学生作文中的代表性片段，油印或写在黑板上，引导学生思考、讨论、修改。一次我在学生学过两篇散文后，要求他们写了一篇《泡桐赞》。批阅中发现有相当多的学生犯有“说明事物时次序不太合理”和“象征性语句用得不够自然”这两个毛病。我就以一位学生的作文为基础，适当加进另外一些学生作文中的语言表达病例，改造成一篇短文，油印发给全班，引导大家自行修改，再讨论交流。大家热烈发言，一个修改方案触发另一个修改方案，一条建议带出一连串建议，经过比较、斟酌、推敲，确定一致同意的改法。在这样的实践中，学生的语言修改能力得到了扎实的锻炼。

平时，我鼓励学生把自己写成改好的作文跟同学交换阅读，相互提出修改意见，取长补短，目的也在于使学生逐步养成讨论式修改的能力，善于与人合作共事，以提高语言表达的质量。

着力培养两种习惯和两种能力①

中学语文教学如何实施素质教育？关键是要抓准“学生语文素质”包含的内容。在众多的议论中，语文素质可能会涉及方方面面，但我想，其中最重要的，区别于别的学科的，应该是两种习惯和两种能力。我们语文教师有责任着力培养学生具有这两种习惯和两种能力。

一

两种习惯：一种是经常读点书报的习惯，一种是经常写点东西的习惯。

既然称习惯，应该是长期的自觉的行为，就像每天不会忘记吃饭、喝水、洗脸、刷牙一样。我们须在语文教学中引导学生逐步养成常读、常写的好习惯。能多读、多写当然更好，但这并非每个学生都能长期坚持做到。对大面积的学生来说，他们要成为新世纪信息社会的合格成员，适应学习、工作和生活的实际需要，必然要经常读点书报（以及听点广播、听点讲座等），经常写点（以及说点）东西。虽然各自所读所写的分量和侧重点会有所不同，但常读、常写的习惯则是都应该养成的。因为有这两个习惯和没有这两个习惯，会影响到学业的进展，工作的质量，专业发展的前途。

我们在教学中，应当采取各种途径、方法，培养学生具有热爱祖国语言文字的感情，懂得提高语文水平主要得靠自己主动地经常读、经常写的道理，掌握一些阅读、写作，尤其是自读、自写（包括自改）的基础知识和基本技能，并自觉地付诸实践。假如这些教学目标能够实现，假如一代一代的中学生的大多数，都养成了一辈子经常读点书报、经常写点东西的好习惯，都能充分利用语文工具帮助自己不断吸收新的信息，丰富新的知识，总结新的经验；不断汲取精神营养，磨砺思想品德，完善生活方式，在各方面获得持续的更好的发展，那么，全民族的语文素质乃至国民的整体素质，必然会得到大

① 原载《语文学习》1998年第2期。入选钟晓雨主编《问题与对策：中小学语文教育改革》，人民教育出版社2000年10月第1版。

幅度的提升，从而促进方方面面的良性循环。

二

两种能力：一种是赏析好的语言作品的能力，一种是评改差的语言作品的能力。

综观我国和其他一些国家的教学大纲或课程纲要，中学母语教学的目的任务，都把提高学生理解和运用祖国语言文字的能力放在主要地位。这一点，在我国语文界多年来意见比较一致，并未形成大的争议。目前之所以会产生某些小范围的不同意见，我认为，主要是语文能力的教学和测试搞得有点儿琐细。假如抓住两条主线——培养学生赏析好的语言作品的能力，评改差的语言作品的能力，那么，不仅减少了头绪，突出了重点，使教学和测试都有了主导性的内容（当然还会有某些辅助性的内容），有利于在第一线辛苦操作的教学者和艰苦工作的命题者，而且加大了语文素质的培养力度，有利于广大学生掌握今后一辈子学习、工作、生活所需要的两种最基本的语文应用能力。这两种重要的能力是：遇到好的语言作品，能鉴别，能说些为什么好的道理，并据此逐步改进自己的写作；遇到差的语言作品，能识别，能说些为什么差的道理，并提出修改的方案。赏析见解和评改意见既能以文字形式也能以口语方式得体地提出（当然，各年级的要求应有所不同）。——这应该说是一种合理的语文能力组合。

有一点必须补充说明：这里所说的“语言作品”，不是专指文学作品，而是包括文学作品、科技著作、实用文章、应用文字在内的广义的语言作品。

我们试回想一下，大学毕业后工作几十年，就所学语文能力而言，最管用的，主要也就是上述这两种能力。假如学生学了十几年语文，中学毕业了，虽然能应付目前一般的测试卷，但辨别不了一篇广义语言作品的好与差，讲不出好在哪里，差在何处（从思想内容到表达方式，从字、词、句、章到标点符号），提不出赏析见解或评改意见，那么，还是不能认为“语文素质”已经很强，他们日后学习、工作、生活的质量，还会受到不同程度的影响。所以，这两种能力，应该说是现代社会一个合格公民的语文素质的重要组成部分。

特别需要重视的是，当今信息时代对全面推进素质教育、培养新型人才提出了新的要求。我们通过各科教学，包括基础学科语文的教学，必须培养学生具有创新精神，具有识别、选择、吸收和运用新知识的能力。这样，他们日后踏上工作岗位，面对众多的科技信息，能具有识别优劣、见微知著、举一反三的洞察力和想象力，不至于只会跟在别人后面亦步亦趋，缺少创造和发明；面对大量的经济信息，能具有判别价值、捕捉商机的敏锐性，不至于让一个个好机会擦肩而过；面对千奇百怪的垃圾信息，能具有明辨是非、视而不见的足够定力，不至于沉溺猎奇，耗费时间，分散精力，陷入庸俗。我们在语文教学中重视长期坚持培养学生赏析好的语言作品的能力和评改差的语言作品的能力，学生经常开动脑筋研究、判断所读的语言作品，识别是与非、正与误、优与劣，提出自己的赏析见解（尤其是独创性的见解）或评改意见（尤其是改差为好的意见），从而吸收好的、优的，舍弃差的、劣的，这对造就网络时代所需要的人才，对培养创新精神和磨炼识别、选择、吸收、运用新知识的能力，自然是十分有利的。

三

我们在阅读、写作教学和语文能力的测试中，应采取多种途径、方法，着力培养学生赏析好的语言作品和评改差的语言作品这两种能力，使他们在中学毕业时，具有一定的基础。而后通过经常读点书报和经常写点东西的实践，再不断提高。在培养过程中，一要重视随着年级的增高，由浅入深地传授一些赏析、评改的基础知识，引导学生掌握一些基本技能和具体方法。二要重视从丰富多彩、充满活力的现实生活中，从教科书的各类典型教材内，从学生的各种写作文字里，经常选取富于实践性、具有可操作性的材料，设计一定的情景，引导学生带着实际问题去进行赏析或评改训练，并以此来带动（或推动）字、词、句、章、标点符号的双基教学和文学作品的鉴赏教学。第二点更为重要。柳斌同志在答《语文学习》杂志记者问时曾指出："语文教学的主要任务是帮助学生在语文实践活动中提高语言文字的应用能力。"① 这是内行之见。我在多年的语文教学和教材编写实践中，深感设计这种实践活动，引导进行"练为战"式的能力训练，对学生确有切实的帮助，有利于其赏析能力和评改能力的提高，也有利于潜移默化地进行思想教育和品德陶冶。

再延伸设想，假如现今各种语文测试卷的主干部分，适当减少过于琐细

① 见《语文学习》1994年第4期。

的命题，而把形式多样的适合学生水平的文学性、科技性、实用性、应用性语言作品的赏析题和评改题，列为必试内容，以此检验学生的语文素质，促进各校的教学改革，积以时日，我国的中学语文教学（主要是阅读教学和写作教学），将有可能展现一种良性循环的新的态势；我们所培养的一代代的中学生，他们的语文素质乃至整体素质，将有可能获得新的提高。

充满新的挑战和新的希望的 21 世纪即将到来，我国各行各业都在研究新形势下解决新问题的新对策，加大改革和创新的力度。教育园地同样生机勃勃，百花齐放。教育的长河百舸争流。对中学语文学科加强素质教育的前景，我们有理由持乐观的态度。

努力构建语文教学的良性循环①

当今信息时代，社会各个领域对其成员的语文素质，尤其是语文能力的要求越来越高，社会各界对语文教学的期望值也越来越大。如何引导学生学得更实些，更活些，更有用些，是我们语文教师应当经常思考并努力解决的问题。

语文是学习和工作的必要工具，或者如吕叔湘先生概括叶圣陶教育思想时所说，“是人生日用不可缺少的工具”（《〈叶圣陶语文教育论集〉序》，教育科学出版社 1980 年第 1 版，第 1 页）。语文重要属性之一的工具性，决定了它应当具有很强的实践性和应用性。语文能力的形成，语文习惯的养成，课堂教学当然起很大的作用，但又不能局限于课堂教学。在其他各门学科的学习中，在丰富多彩的学校、家庭、社会生活中，处处有“语文”，大量存在着需要凭借语文能力去解决的实际问题。如何在语文教学中适当地联系一些“实际问题”，引导学生运用从教材中、课堂上学到的语文知识和语文能力去加以解决，从而更加牢固地掌握扎实有用的语文本领；如何激励学生把解决实际问题过程中遇到的困难，转化为更加认真地学好语文的动力，这是值得我们高度重视并花力气去思考、解决的。

部队指战员们平时学习军事技术，有句口号叫“练为战”。这三个字简练地概括了学习、训练与实践、应用之间的关系，也点出了广大官兵刻苦练兵的动力所在。语文的学习、训练也包含着相仿的道理。我认为，应当让我们的学生在教师指导下，在语文课堂教学的主阵地上“练兵”，学习字、词、句、章以及文学、语法、修辞等基础知识，进行读、写、听、说等基本能力的训练，受到思想、文化、品德等方面的潜移默化的陶冶；同时又有一定的机会，在社会这个广阔的课堂里，作实际运用这些语文知识和能力的尝试，

① 原载《中学著名语文特级教师教育思想精粹》，语文出版社 1999 年 10 月第 1 版。

体验“实战”中的甘苦，多少尝尝获得“实战”成果时的喜悦；应当让我们的学生在解决实际问题的过程中，巩固已经学到的知识，增强语文的实践运用能力，再带着“实战”中获得的经验和发现的问题，在课堂教学中更加自觉地学习新的知识和能力，获得新的提高。这种学法，跟“课上记笔记，课后抄笔记，考试背笔记”“为应付教师而学”，跟一味苦做模拟试卷，苦钻解题技巧，“为考试为分数而学”，跟“课上听听热闹，课后不翻书角”“凭一时兴趣而学”，自然就大不相同。学生感到学了有用，就愿意自觉地下功夫学，学得就有兴味。学到的知识，练就的能力，养成的习惯，往往能终身不忘，成为自身的良好的语文素质。这样学，有利于形成一条“激发兴趣——增强语感——提高能力——养成习惯——实践应用——激发更大兴趣、继续深入学习”的语文“学习链”，最终达到叶圣陶先生所说的“学生能自为研索，自求解决”“不复需教”。（《叶圣陶语文教育论集》，教育科学出版社1980年第1版，第721页）实践证明，形成这样的良性循环，对提高学生的语文素质，尤其是提高联系实际发现问题、分析问题、解决问题的能力是有效的。

构建语文教学的良性循环，关键是如何去适当地联系“实际问题”。离开课堂教学和通行的教材另搞一套，不恰当，也不可能。语文课堂教学还是最基本的教学形式，语文教材还是最基本的教学媒介。在多年的教学中，我尝试着这样做：在扎扎实实搞好课堂教学的同时，主动联系实际，创设学习情境，适当延伸课外。所联系的实际问题跟学生今后的学习和工作关系越大，他们学习的专注力就越集中，兴趣就越浓厚。对实际问题的选择和安插，我注意了以下五个联系。

一、联系范文教学

我大多是在备课时就考虑如何结合范文教学设立实际问题。对一些语文基础知识和基本能力，指导学生学习的时候，我都尽可能联系实例，讲清楚它们在学习、工作、生活中的重要功能，激发学生学习的动机和动力。例如，让学生懂得，学习传统的小说、散文、戏剧、诗歌名篇，有利于提高鉴赏能力和分析能力，可以帮助我们去鉴别当前一些报刊上发表的文学作品，作出自己的评析，提高欣赏的品位。我经常在教学某篇范文的同时，设立一个实际问题——选择一篇新近发表的程度适宜的同类文体的作品，要求运用学习范文时学到的知识和方法，去鉴赏或评析，要能说出一些“道道”来。

解决这类实际问题的过程跟范文的学习相辅相成。又如，让学生懂得，学习文言文名篇，有利于提高对文言文的理解能力，可以帮助我们阅读古代文献和有关资料，继承祖国的文化遗产，也有助于更好地理解现代文章中常会用到的一些文言词语和文言句式。我经常在教学某篇文言课文的同时，设立一个实际问题——选择一篇或一段古代文献资料，或辑录报刊近期重要文章中用到的文言词语、文言句式，或汇编一些含有某种文言成分的常用成语，让学生运用范文学习所得，去独立阅读，求得理解，进一步提高这方面的实践能力。

有时我也“随堂应变”地设立实际问题。一次教《樱花赞》，学生在自学预习时，对文章的某些词句、标点的用法提出了质疑。课堂教学中，我抽出一小段时间让大家讨论。同学们发言非常热烈，对其中的几处普遍感到欠妥，提出了好几种修改的建议，并商定了一种或两种比较好的改法。当时我想，在这样的“火候”下，设立一个实际问题让同学们去解决，他们会乐于接受的。于是我告诉学生：老作家冰心当年这样写也是可以的，但随着时代的发展，语言表达趋于精密，用作今天的语文教材，应当十分重视语言的典范性，所以最好能作适当的修改。不过我们就这样去改不妥当，是不是给冰心奶奶写封信，把咱们的意见告诉她，供她本人修改的时候参考啊？同学们都欣然同意。我就请大家把那一周的课外练笔用来写一封给冰心奶奶的信，解决向文章作者提出修改建议这个“实际问题”。对如何写得恰当、得体，又做了一些指点。过了几天收起“课外练笔册”一看，普遍写得很认真。我选出最好的三篇，让三位作者合作，以他们的信为基础，汲取其他同学信中的合理部分，用全班同学的名义，写一封综合大家意见的信。写好后读给同学们听，有意见再提出修改，大家都满意了再寄出。在解决实际问题的过程中，全班学生加深了对范文内容、写法和语言的理解，提高了质疑、揣摩、推敲、修改和讨论、争议以及委婉地提出建议的能力，还愉快地进行了一次实用书信的“实战”练习。

语文教学的重要任务是培养学生理解和运用祖国语言文字的能力。落实这一任务要靠学生主动地有效地进行多读多写，而范文教学则起着指路、引导的作用。我比较讲究范文的教学设计，努力使语言训练同文字的掌握、文章的阅读、文学的欣赏、文化的陶冶结合得更好一点。我还讲究充分利用范文的语言因素，激发学生热爱祖国语言的感情和学习语言的兴趣；并经常创设一些要求学生解决实际问题的情境，强化语言教学。这样教，对切实提高

学生的语言实践能力很有帮助。(详见拙文《语文教学要强化语言训练》,《课程·教材·教法》1994年第7期第41—46页)

1995—1998年,我受江苏省教委教研室的委托,在本校高三年级各班进行了三轮试教,教的是自己编著的高中语文选修课教材《语言表达》(人民教育出版社、江苏教育出版社1995年6月第1版)。这本教材是为了更好地落实国家教委新颁高中《语文教学大纲(供试验用)》的精神,更好地提高学生的语文素质,探索语文教学的科学化而编写的。我根据多年教学实践的体会,在编写中注意了这本训练型教材的实践性和实用性。自写的16篇课文,每一课解决语言表达中的一个比较重要的实际问题,例如怎样在语言表达中重视思维锻炼,怎样在书面语表达中讲究口语化,怎样积累语言材料,怎样精选锤炼词语,怎样灵活运用句式,怎样组织段落层次,怎样注意避免常见的标点差错,怎样力求语言准确,怎样力求语言连贯,怎样力求语言规范,怎样力求语言简洁,怎样力求语言得体,怎样修改文章语言,怎样赏析作家的文章改笔,怎样评改文章的语病等。在指导学生学习每一篇课文时,除运用课文内已举的众多实例外,我还精选一些自己近期阅读书报杂志积累的当前语言运用的实际材料,包括名家使用的佳例和社会上高频误用的错例,适当穿插在教学过程中,创设一定的语用情境,提出一定的"实际问题",让学生进行赏析或评改,切实地提高有关的语文能力。这样联系实际编写教材和进行教学,受到同学们的普遍欢迎。试教中的问卷调查材料表明:1996年毕业的6个班300多名学生,有95.86%,1997年毕业的6个班300多名学生,有98.11%,1998年毕业的8个班400多名学生,有99.05%,表示喜欢和比较喜欢这本教材和这门选修课的学习。

二、联系作文训练

作文训练本身应当是十分生动活泼的,但假如局限于课堂、学校、家庭的范围内,反反复复地作"静物写生"式的练习,对中学生来说,会感到枯燥乏味,这就会影响学习的效果。如果能注入一些"源头活水",引导他们适当参加"实战",亲手去解决一些问题,情况就大不一样。70年代后期,一次在高一年级教学"新闻报道"的内容后,我让全班学生按每三人一组,自愿组成十几个小组,利用寒假时间,携带学校开具的证明信,自己去附近有关单位联系采访和写作。写成新闻报道后,要让单位主管宣传的部门签署意见,并送县、镇的有线广播站(当时本地尚无地方报纸)播报。对这样的

"实战"型写作活动，同学们劲头很足，有的去工厂，有的去商店，有的去街道居委会，有的去公司、菜市场，还有的去公园、电影院……实地采访，认真讨论、写作，反复修改，直到全组一致满意。开学的时候，他们把一篇篇新闻报道的复写稿、一张张稿件录用通知单交给了我。差不多每一个小组写的稿子都被录用广播。大家尝到了成功的喜悦，写作训练的热情就更高了。有些采访小组利用假日又去挂钩单位采访，并写稿报道，受到广播站编辑的好评。在"实战"中，同学们初步学会了新闻报道的写法。一些原来有点儿怕作文的同学也高兴地说："听到广播里播送自己写的稿子，练习写作的劲头就更大了。"

有时候，作文竞赛也可以视为现代社会中人们经常会遇到的一种实际问题。我注意适当选择上档次、有意义的竞赛活动，指导全班或部分同学结合课内外写作，去撰写竞赛作文。由于有很强的"实战"性，学生一般都写得特别认真，特别虚心接受老师和同学们的意见，进步也就更加明显。"磨"出一篇获奖作文，学生的写作水平也往往上了一个台阶。70 年代后期以来，我所教学生先后有数十人次获得全国、华东、江苏和本地区作文比赛的名次。学生叶东在高二年级时参加本市作文竞赛，写了一篇反映自己父亲勇于创新、试制成新产品的散文。在指导他反复修改的过程中，我发现他悟性高，语感强，进步很快。这篇题为《画册》的文章获奖后，他的写作积极性越来越高。参加工作后他坚持业余写作，近年来连续发表了多篇作品。1992 年获江苏雨花文学奖，1993 年进南京大学中文系作家班深造。他毕业回家乡工作，在市文化馆搞专业文艺创作，成果颇多。

在现代社会中，人们在语文实践中，经常会面对两种实际问题，需要加以解决。一种是对好的语言作品，能发表赏析性的意见；一种是对差的语言作品，能发表评改性的意见。这种"发表"，有时用口头形式，更多的场合是用书面形式。赏析、评改能力越强，解决语文实际问题的能力自然也越强。推而广之，对世上形形色色的客观事物的鉴别、判断、评价、分析的能力，也会相应地得到提高。

基于这种认识，我在多年的作文教学中，以及近几年的《语言表达》选修课教学中，都注意指导学生学写赏析文章和评改文章，锻炼赏析好的语言作品和评改差的语言作品的能力。这里所说的"语言作品"，不仅指文学作品，还包括实用文章、科技著作、应用文字在内，是广义的。我通过指导要领、提供范例、设立问题、自写自改、相互交流等步骤，引导学生由易及难、由浅入深地进行练习。例如，高一教学《荷花淀》后，学生一般都很喜欢这篇佳作，我就开始引导学生学写赏析短文。要求写一篇二三百字的短文，赏析这篇小说中写得成功的地方或用得精彩的词语、句子。部分学生有点儿怕写，我就把一位学生先写成的一篇短文稍作加工，提供给大家做样子，克服畏难情绪。很快，同学们就都初步学会了这类文章的写法。有些学生还运用学会的赏析、评改能力，去解决学习和生活中的实际问题。学生孔靖岳，在毕业班参加高校招生考试的复习中，发现所用的政治课本内，有些语句表达欠妥，就写了一篇评改性小论文《政治教材也应重视语言规范》。这篇提出修改建议的文章，很快被北京语言学会主办的《语文知识丛刊》选登，受到语言学家张寿康教授的赞赏。

三、联系其他学科的学习

语文学科作为基础工具课，应当而且也能够为学习其他学科的知识服务。语文教学中，在课堂研讨、练习测试、课外阅读指导等方面，适当联系其他学科的学习需要，设立实际问题，学生是很欢迎的。例如，教学“先抓主干，再理枝叶”的长句分析方法时，我联系数学、物理学科中表述某些定理、定律和提出某种求解的长句，指导学生用所学的分析方法作剖析。学生感到理解要比过去快，印象也更为清晰。例如，一次测试练习中，编入了这两道跟物理、数学有关的题目：

> 1. 把通电短导线跟磁场方向垂直地放入磁场某处中，磁场对导线的作用力跟导线中的电流强度和导线长度的乘积之比，叫作该处的磁感应强度。
>
> 假设磁场对导线的作用力为 a，导线中的电流强度为 b，导线长度为 c，这个物理定义化为公式应当这样表示：
>
> 磁感应强度 = ________________
>
> 2. 已知正方形边长为 a，求侧面积等于这个正方形的面积、高等于这个正方形边长的直圆柱体的体积。
>
> 这道题规定“求”的是：________________

对上面这两道训练题，班内绝大多数学生都能迅速而准确地解答。一些学生说，用新学到的“先抓主干，再理枝叶”的长句分析方法，去解决这两个

"实际问题"，思路十分清楚，速度要比过去快，信心也比过去足。

我还在教学某些说明文课文时，选择生物、地理、历史等课本中的有关章节或语段，让学生运用刚学到的阅读说明文的某种方法，去钻研这些新选用的"临时教材"。学生用语文课上学到的本领去学习别的学科的知识，亲身直接感受到了语文的"有用"。设计练习测试材料时，近些年来，我由单纯从文学作品中去选题料，改为适当兼顾选用社会应用文字和其他学科的材料，尤其是反映科学技术进步的文章。选择这类材料中表达难度适合于学生语文水平的，作为命题材料；而拟制的题目，就是阅读这类材料时将会遇到的语文方面的"实际问题"。这样的练习和测试，对引导学生运用语文工具去钻研其他学科，并培养这方面的能力，是很有好处的。

四、联系今后学习、工作的需要

学生从语文教材中学到的知识和能力，都是日后进一步学习和参加工作所需要的。由于教材必须适应广大地区和一般学生的实际，因而主要安排的是共性很强的基础知识传授和基本能力训练。在使用教材时，教师若能根据本地区本班级学生的具体情况，设立一些实际问题，将某些共性的内容跟学生今后的学习和工作联系起来，学生学习的积极性和学习的效果就会有显著提高。例如，我所任教的学校是重点中学，大部分高中毕业生将考入高一级学校继续深造，撰写专业论文会成为今后学习和工作中的迫切需要。我就在高中的议论文写作训练中，指导学生适当进行一些小型的科学研究活动，安排了"撰写科学小论文"的实际问题。从怎样选择题目、怎样提炼观点、怎样安排结构，到怎样起草、怎样修改，分步进行训练，课内课外相结合。学生既投入了议论文写作的全程训练，又初步接触了专业论文的写作实践，学到了一些本领，也体验了其中的甘苦。学生的创造性才能和运用已有的语文知识、技能去解决"实战"问题的能力，在他们撰写的小论文中得到了展示。

1984 年入学的高一学生，在学完《林教头风雪山神庙》一课后，我布置他们从《〈林教头风雪山神庙〉中的"将"字》或《〈林教头风雪山神庙〉中的"把"字》两题中选择一题，写一篇 800 字左右的语言小论文。因为是初次习作，我引导学生：第一步，先把课文中十几、二十几个"将"字或"把"字全部找出；第二步，查阅工具书，按词义和用法把例句分类排列；第三步，按"将"或"把"在课文中的含义、用法，与今天的含义、用法进行异同比较，提炼自己的观点；第四步，按“提出观点——分类进行例证——篇末归结”的基本结构撰写成文，反复修改，注意观点统率材料，材料证明观点。在动笔之前，我向学生推荐了吕叔湘先生早年写的著名的千字语言论文《莫须有》《一不作，二不休》等，提供积累资料、选择例证、提炼观点、严谨表达的范例。这次习作，同学们兴趣很浓，写出了一批初具规模的语言小论文，品尝了一下写作小型科研论文这个“梨子”的味道。

后来的两年里，这一届学生在课内外作文中，又结合范文的教学，写了《试析〈孔雀东南飞〉中的“为”》《语文教材要重视语言规范》《课文注释应力求准确》《〈内蒙访古〉引用资料的几种方式》《〈反对党八股〉的语言特色浅析》《〈花城〉词语修改的赏析和质疑》《〈我们打了一个大胜仗〉文字加工的建议》等十来篇语文方面的小论文或微型论文。小论文每篇七八百字，微型论文每篇三四百字。他们用已学的知识和能力，研究、解决了一批各自所能发现的语文实际问题。不少学生还运用初步学会的进行小型科研的方法，从课外阅读和其他学科的学习中积累材料，孕育心得体会，写成小论文。毛新华同学的《“中—英对译”学语文》，殷依群同学的《听读法与口头表达能力的提高》，还分别获得了《中学语文报》举办的全国中学生“语文学习方法介绍”小论文竞赛二等奖、三等奖。

到90年代后期，我根据自己多年教学科学小论文的做法、体会，并分析研究了近些年各地涌现的中学生撰写的各学科优秀小论文的特点，编写了高中语文选修课教材《科学小论文写作》（人民教育出版社、江苏教育出版社出版，1999年6月第1版）。我编写这本训练型选修课教材的目的，是引导学生尝试投入小型的科学研究和社会实践活动，帮助他们初步学会科学小论文的写作方法，并在研究和写作的过程中，培养科学精神和科学态度，学习科学方法，发展创新思维，提高创造能力。课本分编为8课，自写每课课文时，注意写作的全程训练与分步练习相结合，学习有关的写作知识与实践操作相结合，赏析范例与修改差文相结合，语文的写作磨炼与文理各门学科的选题钻研相结合。课本还附录了我从多年积累的资料中筛选编成的材料《准备投入明天的科研》，分18个专题，介绍中外许多著名科学家的范例和他们对青年一代的谆谆教诲，激励广大中学生立志成才，为“科教兴国”的伟大事业多作贡献。这本教材出版后，受到专家和使用学校师生的好评。

现代社会中，调查研究、收集材料的能力，编写、校对的能力，即兴发言和演讲、辩论的能力等等，都是经常会用到的。我在语文教学中常常设立相关的实际问题，创设一定的学习环境，让学生参与其事，亲身实践一番。70 年代后期，一次我带领学生到常熟白茆乡参加劳动。这儿是全国闻名的“山歌之乡”（1994 年联合国文化官员组成的考察团曾专程前来常熟，考察白茆乡山歌的保存情况）。我发动高中班的学生利用劳动休息时间，展开小型调查活动，访问老农民、山歌手，参加山歌演唱会，去收集记录白茆山歌。然后把全班收集的几百首山歌汇总整理，出了一本自编的《白茆山歌选》。回校后，师生又一起从中选出《句句山歌化丰年》《东风催我快积肥》《村里阵阵磨镰声》等五首，作为补充教材，用一节语文课的时间，一起吟诵、钻研，学习劳动群众朴素健康的感情和生动活泼的语言，有些同学还学写了一些民歌。在整个活动过程中，学生得到了多方面能力的锻炼，对语文学习的兴趣更浓厚了。

对刚进入高中阶段学习的学生，我组织他们利用寒暑假自编手抄小报和手抄杂志，给他们创造灵活运用语文知识和写作能力去完成“实战”任务的机会，培养初步的编辑、排版、校对、装帧等能力。在课堂教学中，我经常组织学生进行即兴发言和“三分钟演讲”等活动，鼓励他们踊跃参加学校的普通话演讲比赛，提高口语交际和普通话表达的能力，为他们适应今后工作做准备。这些“实战”性的活动都颇受学生的喜爱。

从学生今后一辈子学习、工作的需要看，我们的语文教学除了要重视语文知识的教学、语文能力的培养外，还应当努力帮助学生学会学习语文的良好方法，养成使用语文的良好习惯。我在教学中很留意这一点，结合范文教学和作文教学，以及课外阅读指导，经常把文学、教育、科学等领域内古今中外名人的语文学习方法和习惯，细水长流地介绍给学生，也经常“就地取材”，请本班某些语文学得好的学生，向同学介绍自己的好方法和好习惯。其中我特别注意要求学生养成两种习惯：一是经常读点书报，一是经常写点东西。让学生懂得，在校学习期间，提高语文水平主要得靠自己主动地经常读、经常写；今后要成为新世纪信息社会的合格成员，适应学习、工作和日常生活的需要，也必然要经常读点书报，经常写点东西。各人读、写的分量和侧重点会有所不同，但常读、常写的习惯则是都应该养成的。养成这两种好习惯，有利于自己学业的进步，工作质量的提高，专业前途的发展。为帮助、督促学生养成这两种习惯，我鼓励大家每天读报，利用假期适当阅读一些名著佳作，写读书、读报笔记，写课外练笔，跟亲友通信中认真写好每一封信，遇到需要写生活实用文字的时候，不回避，学着写，力争写好。

在编著高中语文选修课教材《语言表达》时，我做了这样的尝试：归纳自己多年教学中积累的行之有效的语言学习的方法、习惯，共32种，在每一课课文之后设立“方法和习惯”专栏，介绍两种有关该课内容的学习方法和习惯。例如：

品味佳例　在看书、读报、观看影视、收听广播和听人讲话时，注意语言运用的佳例，积累用得准确、简明、生动、得体的词语、句子。为了养成善于品味的习惯，不妨练习写一个月或几个月的语言日记。每天一则，可以写几百字，也可以写几十字，把对某个语言佳例的品味写下来。

逐层切分　从报刊书籍中找一篇千字左右的议论文或说明文，仔细读一两遍后，作逐层切分的练习。首先切分为大段，再把大段切分为小段，然后在分为小段的较长自然段里切分层次：先切分为几层，对句子较多的层次再切分为小层，直到句子为止。用这种逐层切分的方法，剖析文章的结构，学习作者展开思维的方式，丰富自己的思路。切分中发现原文有表达不严密之处，想一想怎样作增删或调整。如果觉得有兴味，有收获，可以经常这样练习，养成习惯。

口读耳听　叶圣陶结合自己的写作实践，提出用口读耳听法检查书面语表达：“不论什么稿子，一定要通过两道关：一道关是说，一道关是听。写在书面上的东西，一定要跟嘴和耳朵联系起来，便于说，便于听。”“写稿的好好儿念一遍，就是自己先来检验一下，写下来的那些语言上不上口，顺不顺耳。……要是不怎么上口，不怎么顺耳，必然是语言有毛病，就得修改。”从自己最近写的一篇作文开始，试用这种方法；如果觉得有效，就坚持下去，养成习惯。

改笔评析　从本课以及前面各课的示例中，或者课外阅读时积累的名家修改实例中，选择自己揣摩过并且有心得体会的几处改笔，逐例评析：交代清楚修改的情况，说明修改的好处，分析这样改的原因。可以就一处改笔写一小段，也可以把相关的几处改笔合起来评析，写成一篇有几个层次的短文。如果觉得这样写对丰富语感和提高语言表达能力有帮助，就经常练习练习。

这一类具体的方法和习惯，学生感到容易学，也管用，对今后的学习、工作有利，很喜欢照着去练。

五、联系当前社会上的语文应用

有时候，我还联系语文的社会应用现状，设立某个实际问题，引导学生走出校门，到社会上去搜集有关的现象，分析研究，提出解决问题的办法。在这个过程中，学生“真刀实枪”地去实战，对语文的重要性就体会得更为深切。1985 年元旦前后，我引导所教高一学生到大街上、商店里、车站、码头和文化宫等公共场所，广泛收集各种“语言污染”的实例，回校后全班共写出 50 多篇有观点、有例子、有分析的小论文或小型调查报告。1986 年上半年作文期中考试，我要求学生利用课余时间，每人去调查一条街或一家商店的用字情况，积累数据，得出观点，写成一篇千字左右的呼吁重视汉字规范化使用的小论文或小型调查报告。这次作文，班上有 30 多篇获得优良成绩。有些学生还把发现的用字问题及时转告有关单位，受到欢迎。

学生在接触社会应用文字和某些作家的作品时，常常会遇到一些语文现象，跟自己从小接受的语文教育不一致，有时会产生困惑。例如店名、招贴中繁体字的泛滥，广告语中的成语改字，小说中生造词语的大量孳生，整段文章黑压压一大片不加一个标点符号，等等。对学生提出的这些现象，以及自己在日常生活和业余阅读中发现的同类现象，我不采取回避态度，而是经常针对带有普遍性的问题，选择突出的例子，穿插在教学中适当剖析，让学生增强对“语言污染”的“免疫力”，提高正确运用祖国语言文字的水平。

同时，我也经常结合范文教学或《语言表达》选修课的课文学习，精选自己积累的社会应用文字中的佳例，活在广大劳动人民口头的“炼话”，反映新时代新事物的精彩的新词语，当代著名作家精心使用语言、认真修改作品的实例，引导学生鉴赏分析，并常设立问题，启发思考：为什么不那样写，而要这样写？为什么好几种表达或修改方案中，要选定这一种？你有没有更好的写法？帮助学生切实提高实际运用语文的能力。这类新鲜、准确、生动的语言表达佳例、实例，就像股股清泉，流入了语文教学这块园地，学生是非常乐意接受的。

“实际问题”的择取或设立，要注意符合教学大纲的要求；不同的年级，所设问题的难度也应有所不同；所确定的“实际问题”，应当是语文学习中带根本性的问题，或是学习、工作、生活中比较重要的语文运用问题；在教学中选择穿插问题，既要讲究实用性，又要考虑到学生的可接受性。适当联系实际，要在“适当”二字上下功夫，重在质量、效果，而不搞为联系而联系的机械呆板的做法。我遵照刘国正先生所说，经常注意三个“实”字：“从实际出发；实事求是；讲究实效。”（《语文教学在前进》，人民教育出版社 1984 年第 1 版，第 2 页）

回顾自己多年的实践，我深深感到，教学中注意适当联系实际，有助于提高学生的学习兴趣和语文水平，尤其是解决实际问题的能力。由于时代的发展必然导致各类考试命题趋于加强实用性和灵活性，逐步增加用以测试考生解决各种实际问题能力的试题。我们在平时语文教学中重视这种能力的训练，即使从应对升入高一级学校的选拔性考试来说，也是十分有益的。有些高考试题紧密联系语文的实际运用，取材新，形式新，解题的角度和要求也新。对平时虽重视语文学习，但囿于课文，学得不活，不注意向课外延伸，不注意练习解决实际问题的学生来说，遇到这类“活题”自然会感到陌生和困难；而那些既重视课文学习，又学得主动灵活，经常向课外延伸，注意练习解决实际问题的学生，则常常会解答得很顺手，取得好的成绩。可以预见，随着语文高考命题改革的深入，这种考核解决实际问题能力的试题的比重，将会逐步加大。我认为，中学（特别是高中）阶段的语文教学，应当把握住这种导向，顺应时代的要求，适当联系实际，引导学生运用已学的语文基础知识和基本能力，去解决一些实际问题，构建良性循环，提高教学质量，增强学生的语文素质，更好地满足国家培养新型人才的需要。

在语文教学中引入名家修改佳例的理念与操作①

一

在语文教学、语文课程、语文教材的改革浪潮中，锐意创新、注入新的内容和方法是必要的，但对传统的经验也应慎重对待。我国千百年来积累的语文教学、语文学习的方式方法，有必须舍弃的东西，也有值得继承和发扬的有用的部分。传统的经验中，某些行之有效却尚未受到重视的，更应让它们在新一轮课程改革中发扬光大。我国自古以来许多文人学者十分推崇的"从名家修改佳例学习"的语文学习法，是其中值得推荐的富有价值的一种。

重视修改，不仅可以提高文章质量，而且有利于更加牢固地掌握语言文字的运用方法，同时养成认真细心的写作态度和习惯。前人不但要求学生认真修改自己的文章，还提倡揣摩别人怎样修改文章，从中领悟写作方法，吸收有益的经验。朱弁在《曲洧旧闻》中记载："黄鲁直于相国寺得宋子京唐史稿一册，归而熟视之，自是文章日进。此无他也，见其窜易句字与初造意不同，而识其用意所起故也。"② 鲁迅先生在1935年著文高度评价这种学习法：从"已有定评的作家"的"同一作品的未定稿本"去学习改笔，"这确是极有益处的学习法"，"因为在学习者一方面，是必须知道了'不应该那么写'，这才会明白原来'应该这么写'的。"③ 复旦大学教授、文学批评史家郭绍虞先生在《学文示例》中把这种学习法作了透辟而精彩的喻解："阅修正之例，易悟锤炼之方。"初学者"可于彼等处悟出各种修辞方法。'大匠不示人以璞'，而此则以璞示人了！'鸳鸯绣了从教看，莫把金针度与人'，而

① 2001年11月应邀参加香港中文教育学会举办的中国语文课程教材教法国际研讨会，这篇论文在大会宣读。刊登于《课程·教材·教法》2003年第1期。入选香港中文教育学会学术专刊《语文课程革新与教学实践》(2003年6月)。

② 朱弁《曲洧旧闻》。转引自张志公《传统语文教学初探》139页，上海教育出版社1962年10月第1版。

③ 鲁迅《不应该那么写》，《鲁迅全集》第6卷312页，人民文学出版社1981年第1版。

此则以金针度人了!”① 作家秦牧则高度评价名家精心修改自己作品所起的范例作用:“如果说,大批卓越的作家在他们成熟之年,写作时尚且对语言这样的高度重视,反复推敲,一丝不苟,精益求精,那么,初学写作者倘若对语言粗疏马虎,掉以轻心的话,又怎能写出精彩作品来呢!”②

笔者在多年的语文教学和语文教材编写实践中,在长期的课余业余语文进修和写作磨炼中,深切体会到,“从名家修改佳例学习”的语文学习法确实是一种“极有益处的学习法”,值得引入语文教学、语文教材编写之中。

1959 年冬,在高校中文系求学时,我读到上述鲁迅的论述时,刚巧又读到《毛泽东选集》卷首“本书出版的说明”中的一段话:“选集中的各篇著作,都经著者校阅过,其中有些在文字方面著者曾作了一些技术性的修改。”看到这里,我头脑里忽然闪出一个念头:自己不妨来尝试一下前人指点的学习方法。我从图书馆里找到一本 40 年代出版的《整风文献》(订正本),挑出其中《反对自由主义》《改造我们的学习》《反对党八股》《关于领导方法的若干问题》等多篇毛泽东写的著名文章,同入选《毛泽东选集》的同篇文章逐字逐句地仔细对照,果然发现了不少语言文字和标点符号的修改。在每一个修改处,对原稿和改稿作些辨析、品味,想想修改的道理,经常会欣然顿悟,兴味盎然。这样学,加深了对文意的理解,领悟了改笔的妙处,对写作大有益处,因为对照比较名家修改时所学到的具体方法和技巧,留下的印象深刻,在自己动笔的时候,就很自然地会去尝试着运用。后来我从收集到的毛泽东的修改例子中选择一部分,撰写了毕业论文。这篇论文受到各方面的好评,获得中文系学生科学研究甲等奖,并刊登在中国科学院语言研究所出版的《中国语文》1960 年第 5 期上。③

1962 至 1965 年,我被江苏省教育厅借调到江苏教育学院中文系编写中学语文教材,经常需要执笔对所选教材作修改加工,并根据实际情况自写一些说明文课文和语文知识短文。这几项工作对语言文字表达的要求很高,迫切要求自己进一步提升这方面的能力。很自然地,我想起了向名家修改佳例学习。在南京夫子庙的旧书店,我觅到了以语言表达严谨著称的作家叶圣陶早年出版的两本短篇小说集和一本童话集;又从学院图书馆借到叶先生近年

① 郭绍虞《学文示例》第 1 页,开明书店 1946 年 12 月第 4 版。

② 秦牧《语林采英》第 17 页,上海文艺出版社 1983 年 8 月第 1 版。

③ 朱泳燚《学习毛主席对文字表达精益求精的精神》,《中国语文》1960 年第 5 期。

经过仔细修改后出版的《叶圣陶文集》和童话集，找出相同的篇目，每天晚上在宿舍里一篇篇逐字逐句地对照比较。后来我又购得60年代中期影印出版的《鲁迅手稿选集》，那更是如获至宝。语言大师们呕心沥血地修改自己作品的佳例，真是中华文化宝库中的闪光的珍珠啊！工作之余，我细心揣摩两位作家的一处处改笔，悉心学习语言高手精心锤炼作品的技巧。这种学习，仿佛置身于创作的实验室里，而作家正在现身说法地给我上“实用修辞学”的课程。这段时间的学习、钻研，使我顺利地完成了中文系领导交给我的各项教材编写和修改任务（后来被多套教科书选用的说明文课文《看云识天气》，就是在当时经过五次修改而写成的），也为一辈子的语文教学、语文研究、文章撰写、语言修改打下了比较坚实的基础。①

二

由于上述这段经历的启示，在此后多年的语文教学中，我把“从名家修改佳例学习”这种学习方法引进阅读教学和写作教学；在应邀参加编写全国、江苏和香港地区的语文教材时，也适当引进了一些名家修改佳例；还先后为三家中学生语文刊物撰写了赏析名家修改佳例的专栏文章。从反馈的信息了解到，广大师生和许多专家对此都予以好评。这说明，在语文教学（包括语文教材编写、青少年语文学习辅导）中，适当引入名家修改佳例，是一种很有生命力的学习方法。

在语文教学中，针对学生的具体情况，结合讲读教学或作文指导与讲评

① 这段时期学习名家修改佳例所积累的材料，后来撰写成的学术研究文章，主要有：《认真对待作品语言的范例——学习〈叶圣陶文集〉的文字修改》，《中国语文》1979年第1期；《学习〈多收了三五斗〉的语言修改》，《语文学习》1980年第7期；《同义词的精选替换》，《语文学习》1981年第4期；《爱憎更为分明　褒贬愈加强烈——鲁迅语言修改艺术学习札记》，《教学与研究》1981年第8、9期合刊；《句式的恰当选用——叶圣陶修辞艺术学习札记》，北京语言学会《语文知识丛刊》1981年9月第1期；《协调语言音节的种种手段——叶圣陶修辞艺术学习札记》，中国修辞学会会刊《修辞学论文集》（1981年12月）；《鲁迅的炼词艺术》，《语文知识丛刊》1982年第3期；《文学语言规范化的宝贵尝试——学习鲁迅对手稿、初稿的文字加工》，《中国语文》1983年第1期；《鲁迅语言修改中的褒贬艺术》，中国修辞学会《修辞学论文集》，福建人民出版社1983年7月第1版；《协调音节　上口顺耳——鲁迅语言修改艺术学习札记》，《语文知识丛刊》1984年第6期；《删削减缩　力求精练——学习鲁迅的语言修改艺术》，《教学与研究》1984年第6期。撰写的专著有《叶圣陶的语言修改艺术》，宁夏人民出版社1982年3月第1版。

的重点，适当运用名家的修改佳例，尤其是语文课本中的范文修改佳例，引导学生进行对照比较，品味赏析，主要有以下几个好处。

一是能增强教学手段的生动性。在接触修改佳例时，学生就像被引进了“修辞实验室”，词语、句子、语段和标点符号的增、删、调、改的种种实例，具体形象，生动活泼，有助于激发兴趣，启迪积极思维，调动学习语文的主观能动性，因此，对所接触的实例，容易留下清晰而深刻的印象。

二是能提高教与学的效果。在教学中利用修改佳例，引导学生进行对照比较，展开联想，进行分析，识别语言表达的“通”与“好”，“好”与“妙”，可以帮助学生增强语感，加深对文章内容，尤其是关键句子和关键词语的理解，提高比较、选择、品味、赏析等阅读能力；可以帮助学生掌握有实用价值的语言表达技巧，提高遣词造句、谋篇布局等写作能力；还可以帮助学生认识修改的作用，了解修改的过程，学会修改的方法，养成修改的习惯。学生在课内学习课文修改佳例，并在课外经常自学一些名家修改佳例，就好像在不断地受到一些语文高手的具体指点，自然会十分有利于多种语文能力的掌握和提高。

三是能帮助学生端正写作态度。学生在学习修改佳例的过程中，会真切地感受到名家们极端负责、勤于修改的写作态度，感受到那种严谨不苟、刻苦磨炼的精神。而对待语言表达严肃认真的态度和一丝不苟、精益求精的精神，正是写作成功的极其重要的因素。学生在对照比较一个个修改佳例时，还会深切地体会到，一件语言作品的成功，创意、构思、快速的起草固然重要，而对草稿、初稿的修改甚至反复修改，也不能缺少。学生若能将成功作家们的共同之点——对语言表达严肃认真、一丝不苟的态度学到手，是一辈子都会受用的。

四是能帮助学生积累一些现代“推敲”的佳例。名家的修改实例，是他们呕心沥血地进行创造性劳动的结晶。一些有代表性的修改佳例，也是祖国语言和中华文化宝库中的珍珠。我们通过教学，使学生多掌握一些类似王安石提炼“绿”字和贾岛精心“推敲”的现代修改佳例，丰富文学和文化的积累，将使他们终身受益。

在语文教材中适当引入名家修改佳例，能增强教材的生动性和多样化。给教师提供一些引导学生尝试此种学习法的教学空间和教学资料，广大教师是很欢迎的。教材编写工作者比较容易获得较多的资料，有利于从中精选具有代表性的适合于学生学习的修改佳例。笔者自 80 年代以来，在应邀参加编写全国、江苏和香港地区的语文教科书，以及应邀编著高中语文选修课教科书《语言表达》①《科学小论文写作》② 时，尝试引入名家修改佳例。结合有关课文或章节，从自己搜集的著名作家手稿修改和初稿改为定稿的科研资料中，选取若干合适的材料，编入课文的思考与练习题或写作知识短文内，对推行“从名家修改佳例学习”的语文学习法起了一定的促进作用，受到了好评。

三

不管是语文教学还是语文教材编写，引入“从名家修改佳例学习”的方法，操作成功的关键是选取合适的修改佳例和引导学生学会对照比较、品味赏析的方法。

总结自己的教学实践，我体会到选取修改佳例应注意这样几点：

（一）对照的版本要可靠。

（二）对照时应仔细，不要有差错。

（三）一篇课文的教学或一次写作的指导中，选用的名家修改例句不宜太多，以免学生“消化不良”。

（四）修改例句要注意精选，应选择具体的阅读教学或写作教学所需要的有典型性的佳例，讲究一定的文化品位。

（五）选取修辞方面的例句，不宜只挑“修辞格”的增、改、删、换的例子，范围可放宽些，大凡能使语言表达准确、鲜明、生动、简洁、得体、通俗易懂、上口顺耳的改笔，都应当看作是修辞性修改，即应当包括通常说的“积极修辞”和“消极修辞”两大方面，而后者往往对学生更为有用。

（六）选用修改佳例要注意深浅适度，尽量符合学生的年龄特征和接受能力。

（七）选择例句还应注意语境的相对完整性。

（八）有时可以配上一些古今中外著名作家的修改轶事，增加教学的生动性、趣味性。若有鲁迅、巴金等作家的手稿影印本供学生传阅，直观的效果会更好。

① 《语言表达》（高级中学语文选修课本），人民教育出版社、江苏教育出版社 1995 年 6 月第 1 版。

② 《科学小论文写作》（高级中学语文选修课本），人民教育出版社、江苏教育出版社 1999 年 6 月第 1 版。

修改佳例从何而来?

一是从作家的手稿，例如鲁迅、巴金的手稿选集或一些作家作品集中的手稿影印页中选取。

一是从作家早年发表的初稿本和后来经过自己修改后再出版的定稿本的对照比较中选取。

一是从作家谈写作经验的专著或评论作家作品的著作内所举的修改例句中选取。

一是从历代的诗话、词话中，选取古代的修改佳例；从作家传记、作家评传中觅取外国的修改佳例。

还可以从高质量的语文教科书的范文修改佳例中选取。著名作家、教育家叶圣陶担任人民教育出版社社长时，编辑出版的中学语文教科书，选材相当严谨，对语言文字的要求也很高。许多入选的文章，或请原作者亲自再次加工，或由资深编辑加以精心修改再征得原作者同意，使语言表达的质量又提高了一步。对照这些选入课本的范文及其入选前的原文，我们可以收集到一批修改佳例。

此外，从一些学者所撰写的有关名家修改的研究论文和专著中，也可采集一些适用于教学的修改佳例。

笔者自 1959 年冬开始收集积累名家修改这一专题的科研资料，四十多年未曾间断。通过购买、复印作家的手稿选集和早年出版的版本、早期发表的刊物，同有关的定稿本进行对照比较，同时广泛涉猎名家的传记、评传和古代的诗词例话，摘抄收集了古今中外大量的多方面的语文修改资料，至今已积累各类修改实例数万条。在自己的教学实践和教材编写、科研论文写作、专著撰写中得到运用的还只是一小部分。受一些前辈专家和学界好友的鼓励，目前正积极考虑更加充分有效地利用这批宝贵资料的计划。希望今后能以多种形式为语文教学、语文自学以及语文教材编写提供更多的可供选择的修改佳例。

在语文教学和教材编写中引入“从名家修改佳例学习”的方法，重在引导学生学会对照比较、品味赏析的方法，即培养这方面的自学能力。

引导学生学会对照比较、品味赏析方法的途径，主要应结合范文教学和写作教学进行。指导学生对照比较原稿定稿要细心，找准修改之处；品味赏析要细致，能说出修改理由。学生所领悟的“理由”，只要有一点道理，即应给予鼓励；对领悟得深刻，能点出修改妙处，有独创性的，更应充分肯定。采用“从名家修改佳例学习”的学习法，目的是让学生学会方法，提高能力，所以我们要经常鼓励学生把学到的修改方法和技巧运用到自己的语文实践中去，乐于修改、善于修改自己所写的东西。学生参加社会活动如编辑班级黑板报、墙报和校刊时，更应鼓励他们在改稿时多多运用已学到的修改方法和技巧，提高编辑质量，将所学的东西转化为能力，并养成良好的修改习惯。

四

在新的世纪，电脑写作将趋向盛行，作家手稿越来越罕见。我们已积累的名家修改佳例将越来越显得珍贵，需要倾注精力妥善整理，充分利用；同时，还需与时俱进，顺应科技发展的潮流，研究电脑写作的修改问题，收集这个领域内的修改佳例，适当引入语文教学和语文教材编写，帮助学生在使用电脑写作时，既重视荧幕上的修改，又具备一定的实际修改能力，从而不断提高电脑写作的质量。

语文教师要加强语言修养①

语文教学是细致辛苦的工作，语文教学改革是长期艰巨的事业。这就要求从事语文教学和教学改革的教师，做学习型的教师，与时俱进，不断提高自身素质。要努力加强师德修养、思想修养、文学修养和科学文化修养；对于从事本职工作所必须具备的语言修养，则更应当通过持之以恒的钻研、实践而得到不断加强。

我们知道，语言水平的高低，影响着一个人思想文化水平、科学素养乃至审美能力的高低；而决定民族素质的一个很重要的因素，就是广大公民所表现出来的对本民族语言文字的驾驭能力。在信息时代，语言能力的重要性显得更为突出。张志公先生说："处理生活和工作中的实际问题的敏捷准确的高效率的口头和书面语言能力，将成为每个人的需要。"（《张志公论语文教学改革》，江苏教育出版社 1987 年版，第 116 页）国内外一些专家通过调查研究，提出了当今信息社会里青少年应当具备的重要能力，在各种构想中，"语言能力"均受到高度的重视。基础教育阶段是青少年提高语言能力的关键时期。我们在语文教学中，应当重视语言因素，重视在阅读教学、写作教学中切实培养学生的语言理解能力和语言表达能力。

要给学生"一杯水"，教师必须有"一桶水"。要在语文教学中完成教学大纲或课程标准都明确规定的重要任务——指导学生正确、熟练、有效地运用祖国语言文字，教师自身就应具备这方面的较强的能力和良好的习惯。我认为，作为一名中学语文教师，在语言方面，应当具有较强的表达能力、鉴赏能力、评改能力和研究能力。这四种能力的共同基础，是对语言的敏锐感受，即语感。演奏、欣赏音乐，要有"乐感"；创作、鉴赏图画，要有"色感"；理解、运用祖国的语言文字，自然要有"语感"。教师应当广泛涉猎古今中外著名的文学作品，勤奋钻研各种类型的语言材料，通过反复比较、对照、揣摩、斟酌，积累语感，并不断提高语感的敏锐度，增强语言的表达、

① 原载《中学语文论坛》2017 年第 1 期。

鉴赏、评改、研究能力。多年来，我从下列几个方面，鞭策自己不断努力。

一、抓紧业务钻研

备课和上课的过程，是运用已有的语言能力去发现、提出并解决问题的过程，也是面对教学中的语言问题、语言难题去进行学习、钻研，以提高语言能力的好机会。对范文，尤其是古今中外的名家名作，我在备课时都逐字逐句细细琢磨，独立进行分析。对语言表达的佳例，做好跟学生一起进行鉴赏的准备；对有的课文语言不够规范之处，准备好评改的理由，以便在课堂教学引导学生展开讨论时，心里有“谱”，便于点拨。对课文的练习思考题，自己先做一遍，既利于对学生进行解题指导或讲评，又便于发现练习思考题内可能会存在的缺陷，布置作业时可及时弥补，而且也有助于提高自己理解和运用语言的能力。

备课时我还重视收集范文的语言修改佳例，并研究如何穿插在教学过程的有关部分。这类佳例的收集、研析、选择、安插和运用，对自己语言能力的增强极有裨益。作家或编者的苦心锤炼之处，正是容易悟得语言表达真谛的所在。在接触修改例句时，我们仿佛被引进了“修辞实验室”，词语、句子、语段和标点符号的增、删、调、改，种种实例具体形象，很容易留下清晰而深刻的印象，帮助积累“语感”，识别语言表达的“通”与“好”、“好”与“妙”，提高鉴赏能力，学到表达技巧。

在课堂教学中，注意要求自己不断提高语言表达水平，注意引导学生针对不同的语言材料，去揣摩、研析、鉴赏、评改。在作文评改中，注意锻炼自己的多种能力。除了达到正字、顺句、指出优缺点、恰当判分等常规要求外，还力求达到高层次的要求：善于根据需要写出精当的眉批总批，“因材施教”进行面批指导；对作文中关键性语句的修改，能提出两种、三种甚至多种改法供学生斟酌选定；能准确把握学生作文语言表达的主要特点和不足之处；具有较快的批改速度，每次作文都及时进行讲评等。

编写语文教材是一项专业性很强的工作，需要更加刻苦地钻研，在语言方面严格磨炼。1962 至 1965 年间，我借调至南京参加江苏省农业初级中学语文课本的编写工作。在编写《看云识天气》和另外几篇说明文课文期间，以及后来相当长一段时间内，我白天在办公室工作，晚上和星期日在宿舍里学习鲁迅、郭沫若、茅盾、叶圣陶和其他著名作家对自己作品的修改，对照同一作品的定稿版本和初稿版本，用鲁迅先生教诲的这种“极有益处的学习法”去仔细钻研，领悟语言大师们锤炼自己作品语言的种种技巧，用以修改自己所编写的课文，求得质量上的不断提高。当年，工作是紧张的，生活是清苦的，但自己居然学出了浓浓的滋味，沉迷于其中而不知时间之流逝，反复地修改而一次次地自得其乐。这种结合本职工作的钻研和磨炼，十分有助于提高语言的表达、鉴赏、评改和研究的能力，养成语文教师应当具备的认真细心地运用语言的习惯。

二、坚持长期积累

荣获诺贝尔生理学奖的苏联科学家巴甫洛夫在《给青年们的一封信》中说：“你们要养成谨严和忍耐的习惯。要学会做科学中的琐碎工作。要研究事实，对比事实，积累事实。”“不管鸟的翅膀多么完美，如果不凭借空气，鸟就永远不能飞到高空。事实就是科学家的空气。你们如果不凭借事实，就永远也不能飞腾起来。”这些话确实是至理名言。

学习语言、提高语言修养是个积累的过程，长期坚持方见成效。不断积累各种各样的语言事实、个人的教学实例、学生佳作、命题材料、补充教材，以及有关语文学习、语言表达的名言警句、名人轶事等等，并善于选择使用，能有效地提高工作的效率和质量。从上世纪 50 年代末在高校学习开始，几十年来，我积累了几万条语文教学、语言研究和教材编写等领域的资料，方方面面，大大小小，或是卡片，或是剪报，或是笔记摘录，分门别类地安放在各自的位置——资料柜、资料盒、资料袋、资料本，形成了一个“资料库”。近二十年使用电脑阅读、写作，又通过积累，逐步建立了一个适合自己教学、科研、进修使用的网上资料库。多年来，这些越来越丰富的资料，对加强自己的语言修养，对备课、研究、撰写论文和论著，以及编写各种语文教材，都起了十分重要的作用。

积累资料，除了坚持锲而不舍和勤于分类、善于使用外，我还注意做“有心人”。有的语言资料极为珍贵而罕见，所谓“踏破铁鞋无觅处”，但碰巧会在某一次课堂教学或者听广播、看电视、阅读书报、观看街头实用文字时偶然发现，这时候就要及时摘抄收集（有几次甚至是站在雨中的闹市马路旁，打着雨伞匆匆抄录，但那时的心情犹如矿工掘到金砂），否则稍纵即逝，再也找不到它，会造成长时间的遗憾。当年写的一则《学途记感》，表白了自己虔诚的心情：“在祖国语言的百花园里，我愿做一只勤劳的蜜蜂。在阳光洒照下，细心地采集语言的花蜜，年年月月，月月年年，用心血酿制甘美的蜜汁。”

三、重视语言研究

教学实践出科研课题，科研成果促教学实践，形成良性循环，坚持这样做，教学质量自然会一步步提高。自己从1960年高校毕业踏上讲台时的稚嫩，到后来逐渐成熟，逐步成长，同抓紧业余时间（主要是寒暑假）坚持语言研究，是分不开的。我深深感到，坚持语言研究能加深对祖国语言的热爱，提高鉴赏好的语言和评改差的语言的能力，提高“磨语言”这项语文教师的“看家本领”，更好地促进课堂教学和作文批改。通过深入研究得到的成果，用于教学中，特别得心应手，也特别能受到学生的欢迎；用于教材编写，更能形成特色，受到使用师生和专家的好评。

撰写语言研究论文，我从“语文短评”“语文随笔”写起，题目小一点，角度新一点，一篇一个观点，统率几条扎实的材料。1964年在南京编写语文教材时，我曾备了个笔记本，取名“语圃”，每周坚持写两三篇。一年的《语圃》“业余练笔”，写了120篇，既磨炼了基本功，促进了教材编写和语文教学，也锻炼了毅力，还积累了一批小型的研究成果。打下一定的基础后，再根据语言资料的积累情况，逐步撰写规模大一点的论文；条件成熟时再撰写语言方面的研究专著。结合自身的教学实际，研究的对象主要是语言的运用；不仅研究词语句式，也研究语段篇章和读写听说中的语言运用。对作家语言修改的研究，我从上世纪60年代初至今，已坚持五十多年，积累了丰富的资料。许多修改佳例引入课堂教学和负责编写的教材，指导学生品味、研析，对提高他们的语言表达能力效果很好。从修改佳例中归纳筛选研究课题，撰写并发表了数十篇论文，并出版了专著《叶圣陶的语言修改艺术》。1982年该书出版后，先后获江苏省哲学、社会科学优秀著作奖，全国首届优秀教育图书评比一等奖。国内外一些专家学者发表书评，认为“这一专著为我们的语言研究开辟了一个新的领域”，“是语言文字工作者和语文教育工作者的一本有益的教材”。

语文教学是一门古老而年轻的学科。悠久的传统赋予它相对的稳固性，方兴未艾的教学改革的春风又给它灌注了新的生命力。自己虽已年过古稀，但活到老，学到老，初心未变，愿和千千万万的同行一道，做一名在语文教育沃野上勤力耕耘的园丁。

叶圣陶论修辞教学[1]

叶圣陶先生相当重视修辞教学。叶先生在这方面的理论，是他语文教育思想的有机组成部分，值得我们重视。尽管叶先生自己很谦虚地表示“对修辞学没有研究”，并高度评价陈望道、夏丏尊先生的造诣（转引叶至善同志1982年11月16日给本人的信），但我们从先生的著作和文章中，可以读到许多关于修辞、特别是修辞教学的论述。整理研究这些论述，对我们全面了解叶先生的语文教育思想，改进大、中、小学的修辞教学，都将是很有教益的。

叶圣陶先生对修辞教学在语文教学中的地位一向很重视。早在1935年，当“修辞法”“在中国还是新成立的学问”时，叶先生与夏丏尊先生合编的中学语文教材《国文百八课》，就采取了“每课附有修辞法”、“习问”中设计修辞知识复习与练习题的新颖编法。（《叶圣陶语文教育论集》，教育科学出版社1980年第1版，第720页。以下引自本书的话，均只注页码）在他编写的其他语文课本和供学生学习读写知识的读物（如《文心》《文章例话》）中，修辞知识的传授也占了一定比重。这些都说明：叶先生很早就把修辞教学看作语文教学的一个不可缺少的部分。

同时，我们还注意到，叶先生在一系列的论著内，对修辞教学的原则、内容、方法等，都提出了很有价值的意见。

关于修辞教学的原则，叶先生特别强调“立诚”和“实用”。

叶先生认为，修辞不是纯技巧的事儿，“不是徒然的修饰”。（第72页）学生写作，不能“将无作有，强不知以为知，徒然说一番花言巧语”，而要

① 原载《修辞学习》1983年第3期。入选《语法逻辑修辞教学论集》，新蕾出版社1984年10月第1版。

“修辞立诚”。（第 436 页）“一个普通人，写一张便条，作一份报告，要‘立诚’；一个著作家或文学家，撰一部论著，写一篇作品，也离不了‘立诚’。”（第 436 页）“要求诚与不苟”。（第 72 页）要“诚中形外”。（第 199 页）在 1946 年为中学生写的《谈文章的修改》一文中，叶先生对“修辞立其诚”作了阐发：“想得认真，是一层。运用相当的语言文字，把那想得认真的心思表达出来，又是一层。两层功夫合起来，就叫做‘修辞立其诚’。”（第 447 页）1962 年，在著名的《语文教学二十韵》一诗中，叶老提炼的“立诚最为贵，推敲宁厌频”的名句，也强调了这一主张：要使学生认识到修辞推敲以“立诚”为贵。

叶先生还很重视修辞教学的“实用”。在 1934 年写的《〈开明国文讲义〉编辑例言》中，他指出：文法和修辞教材的编排和教学要“注重理解和实用，竭力避免机械的术语和过细的分析。务使读者修习之后，对于语言文字的规律具有扼要的概念，并且养成正确地、精当地发表的习惯”。（第 169—170 页）在 1948 年写的《〈开明新编高级国文读本〉编辑例言》中，叶先生介绍这套课本内修辞等教学内容的编辑，也“注重的是应用，不是理论”。（第 194 页）叶先生参加编辑的几套中学语文课本，在安排修辞教材时，一般都采取了“一点一滴的办法”，即把“比喻和句式的运用”等有关的修辞基本知识分插在各篇课文的课后练习之中，让学生细水长流地进行学习，以期“能够得到实际的益处”。（第 194 页）在 1949 年 8 月草拟的《中学语文科课程标准》内，叶先生又提出：“修辞法”“不作孤立的教学，孤立的教学徒然研讨一些死知识，劳而少功；必须就实际的听、说、阅读之中相机提出教材。”（第 201—202 页）这些都说明叶先生对修辞教学的实用性是十分重视的，而且同合编那几套有影响的语文课本的朱自清、夏丏尊、陈望道等先生一起，对如何体现实用性，作了可贵的有益的尝试。

关于修辞教学的内容，叶先生认为：“语言（引者注：这里指说话）周妥而没有毛病，按照语言写下来的文章当然也周妥而没有毛病了。所以锻炼语言习惯是寻到根源去的办法。”（第 417 页）因此，既要重视书面语的修辞，又要重视说话的修辞。例如，修辞例子不仅要以“读本上的文句，作文练习簿上的文句为范围”，而且要有“日常生活中的语言”。（第 606 页）再如，要训练学生“对个人或公众能够说出自己的意思，能够作辩论，不虚浮、不夸张，老老实实，诚中形外。说话又能够不违背理论和我国的语言习惯，明确，干净，不含糊，不啰嗦”。（第 199 页）

关于修辞教学的方法，叶先生多次强调的是要运用“比较研究法”。“要随时从教材中提出实例，作彼此的比较研究”。当然，在中学的修辞教学中，“比较研究不必像专门家那么细密，只要使学生养成这么个习惯就成”。（第202页）要引导学生“随时留意自己的和他人的”语言文字，“要比较，要归纳，这样说不错，那样说更好，这样说为了什么作用，那样说含有什么情趣”，使自己的语言文字“渐渐接近完美的境界”。（第606页）

对如何学习修辞，叶圣陶先生也多次提出过自己的看法。归结起来，除了他经常强调的要练出“熟练的基本功”“熟练的能力”外，主要的还有下列几点。这些意见，对我们在语文教学中指导广大学生“学点修辞”（第577页），是很有帮助的。

一是要提高学习修辞的“自觉心”。“在学习的过程中，如果有几分自觉心，随时揣摩，分析，比较，什么样的语言才算精确的，整齐的，干净的，得到了解并不太难。根据了解的自求改进，只要持之有恒，养成习惯，提高语言也不太难。重要的是那种自觉心，我们愿意在这里特别指出。”（第201页）

除了自觉地揣摩、分析、比较，还要自觉地积累。要在“词或者成语”等“语言知识的各方面都有相当把握，显然不是一朝一夕的事，非日积月累不可。积累得多了，写东西才能运用自如”。“语言运用得当，必然由于平时的积累好”。（第472页）

特别是要自觉地注意思想上的锻炼。“要求鲜明性和生动性，就是要求不晦涩，不含胡，不呆板，不滞钝。这好像只是修辞方面的事，其实跟思想认识有关联。总因为思想认识有欠深入处，欠透彻处，表达出来才会晦涩、含胡。总因为思想认识还不能像活水那样自然流动，表达出来才会呆板，滞钝。”（第476页）因此，“重要的还在于学习思想”。（第477页）

二是要养成良好的语言习惯。“语言运用得好不好，在于得到的语言知识确切不确切，在于能不能把语言知识化为习惯，经常实践。”（第471页）“语言习惯好，思想就有了好的依傍，好到极点，写出来的文字就可以一字不易。”（第449页）所以，“要写通顺的文章，最要紧的是锻炼语言习惯”。（第420页）

叶先生并指出：“锻炼语言习惯要有恒心，随时随地当一件事做，正像矫正坐立的姿势一样，要随时随地坐得正立得正才可以养成坐得正立得正的习惯。”（第418页）“我们不妨试说五分钟连续的话，看这一番话里能够不能够每句都符合自己提出的要求。如果能够了，锻炼就已经收了成效。到这地步，作起文来就不觉得费事了”。（第 419 页）“听人家的语言，读人家的文章，对于锻炼语言习惯也有帮助。只是要特地留意”。（第 419 页）“知识方面既懂得（语言）怎样才算完美，习惯上又能实践，这就达到了知行合一，得心应手的境界。”（第 607 页）

归纳叶老的论述，良好的语言习惯至少应包括这样一些：

要“随时留意”。——“随时留意自己的和他人的语言”，“随时留意自己的和他人的文字”，看“是否完美”；“如果完美，完美到什么程度”。“这样随时留意，实在就是学习……修辞学，不过不从教师，不用书本，而以自己为教师，以自己的比较和归纳为书本罢了”。（第 606 页）

要“勤于动笔”。——“要紧的当然是多练，就是勤于动笔”。“多练才会熟，熟了，写作关也就通过了”。（第 721 页）

要反复修改。——“自己写文章，要多修改”。“要尽力地改，要勤改，能改多少就改多少，不要写好了就拿出去”。（第 694 页）要“养成习惯，无论写什么都要修改，把修改看作一种思想过程”。“教师给修改不如学生自己修改”。“每一处修改一定要说得出个所以然”。（第 203 页）“修改文章，可以用自己说话的调子来念。自己的嘴代表一个人，耳朵代表另一个人，好像这个人说给那个人听一样。用耳朵听，比光凭眼睛看能多看出一些毛病，多发现一些问题”。（第 694 页）“觉得这个地方要改，不妨想出两个三个改的办法，经过比较，挑选一个。这样，容易改得精一点。用老话说，就叫做推敲”。（第 583 页）“文章改完之后，最好是念一两遍。这也是个好习惯”。（第 584 页）“要念到没有什么别扭，没有什么听不明白的地方才好”。（第 584 页）在这样的反复修改的过程中，磨炼自己的语言表达技能，包括修辞本领。

要一丝不苟。——“学习写作的人……正在学习思想，怎么能稍有疏忽？把那思想表达出来，正靠着一个字都不乱用，一句话都不乱说，怎么能不留意一字一语的小节？”（第 447—448 页）应该“效法那些（审慎的）作者的求诚与不苟。无论写一个便条，记一则日记，作一篇《我的家庭》或《秋天的早晨》，都像李泰伯与欧阳修（锤炼词句）一样的用心”。（第 72 页）

三是要培养“语言的敏感”。“经常留心自己的语言，经常观摩人家口头说的笔下写的语言，哪是好的对的，哪是不好的不对的，都仔细辨别，这样可以提高对语言的敏感”。（第 720—721 页）就词语的选择来说，要培养锐敏的“语感”：“不了解一个字一个辞的意义和情味，单靠翻查字典、辞典是不够的。必须在日常生活中随时留意，得到真实的经验，对于语言文字才会有正确丰富的了解力，换句话说，对于语言文字才会有灵敏的感觉。这种感觉通常叫做‘语感’。”（第 267 页）叶先生并引用夏丏尊先生的一段文章为例说：“在语感锐敏的人的心里，‘赤’不但解作红色，‘夜’不但解作昼的反对吧。‘田园’不但解作种菜的地方，‘春雨’不但解作春天的雨吧。见了‘新绿’二字，就会感到希望、自然的化工、少年的气概等等说不尽的旨趣，见了‘落叶’二字，就会感到无常、寂寥等等说不尽的意味吧。真的生活在此，真的文学也在此。”（第 267 页）叶先生指出：“一个人即使不预备鉴赏文艺，也得训练语感，因为这于治事接物都有用处。为了鉴赏文艺，训练语感更是基本的准备。”（第 268 页）当然，“训练语感”对学习修辞、提高语言表达能力，也是一项必不可少的基本准备。

叶圣陶先生几十年来在语文教育领域中的精心研究和实践，为我国的现代语文教育事业起了奠基、开拓的重大作用。他在修辞教学方面的许多宝贵的见解，对我们的语文教学工作，也具有重要的指导意义，我们对此继续深入学习和研究，是很有必要的。

叶圣陶的修辞理论与实践①

叶圣陶先生对“修辞”有过许多论述，这是他关于语文教育和文艺创作的一系列主张的有机组成部分，讲得极为真切中肯，平易近人，值得我们重视。叶先生在语文教学、教材编辑、书刊编辑、作品创作的长期实践中，对待语言表达又是那样严肃认真、字斟句酌，为我们提供了讲究修辞的范例。探讨叶圣陶先生的修辞理论与实践，将有助于我们的修辞学习和研究。本文打算在这方面做一次尝试。

修辞立其诚

叶圣陶先生是著名的作家和语文教学、语言研究的专家，他相当重视修辞的作用。叶先生认为，“写文章是运用语言来写的，因而语言方面也须下工夫”，“要善于运用语言，就必须熟悉语法和修辞”。（《叶圣陶语文教育论集》，教育科学出版社 1980 年 8 月第 1 版，第 720 页、第 686 页。以下凡引自该书的话，均只注页码。）

早在 1924 年撰写《作文论》一书时，叶先生就专设“修词”一章，讨论“造句用词”的技巧。他指出：“修词的工夫所担负的，就是要一句话不只是写了下来就算，还要使它成为表达这意思的最适合的一句话。”（商务印书馆 1924 年 2 月第 1 版，第 58 页）1948 年 8 月，在草拟《中学语文科课程标准》时，叶先生又指出了修辞推敲的重要性：“在选择推敲的时候，本来含浑的内容渐渐的明确化具体化了。”（第 204 页）1957 年 3 月，在著名的《谈语法修辞》这篇报告中，叶老又进一步阐述说：“修辞就是把话说得很正确，很有道理，很完美。‘修’并不是修饰的意思，白茶碗不好看，画朵花来修饰一下，修辞不是这样。”当“两种说法都对，说出来人家都了解”时，

① 原载中国修辞学会《修辞学论文集》第二集，福建人民出版社 1984 年 7 月第 1 版。

“到底用哪种说法好呢？要看说话当时的情况来挑选。这就是修辞”。“自觉地研究语法，说话就可以不出错误；自觉地研究修辞，就可以把话说得更好”。（第 684 页）1978 年 4 月，叶老在新华社国内记者业务训练班讲话时，更强调说：“学点语法、修辞、逻辑。学这些东西很必要”。（第 577 页）

叶先生曾多次强调指出：修辞不是纯技巧的事儿。在 1945 年撰写的《论写作教学》中，他说：不能“将无作有，强不知以为知，徒然说一番花言巧语”，而要“修辞立诚”。这条重要原则任何动笔的人都应当遵守——“一个普通人，写一张便条，作一份报告，要‘立诚’；一个著作家或文学家，撰一部论著，写一篇作品，也离不了‘立诚’。”（第 436 页）在另外一些场合，叶老也提出过运用语言时“要求诚与不苟”（第 72 页），要“诚中形外”。（第 199 页）

在 1946 年为《中学生》杂志写的《谈文章的修改》一文中，叶先生对“修辞立其诚”作了通俗而精辟的阐发：“想得认真，是一层。运用相当的语言文字，把那想得认真的心思表达出来，又是一层。两层功夫合起来，就叫做‘修辞立其诚’。”（第 447 页）1962 年，在著名的《语文教学二十韵》一诗中，叶先生提炼的“立诚最为贵，推敲宁厌频”的警句，也强调了修辞推敲以“立诚”为贵的主张。

修辞怎样才能做到“立诚”呢？

叶先生认为，“立诚”，首先应当端正写作、修辞的态度。在 1940 年代，他就指出，“真诚的作者写一篇文章，决不是使花巧，玩公式，他的功力全在使情意与文字达到个完美的境界”；为了达到这境界，需要用一些修辞“技能”，但“这些技能都不是徒然的修饰”。（第 71—72 页）1958 年 3 月，叶老更是中肯地指出，作者应该重视自身生活实践的充实、思想方法的锻炼、工作作风的改进。“有什么样的生活实践、思想方法、工作作风等等，就有什么样的语言，那语法、修辞、章节结构等等不过是运用语言的方式罢了。”（第 696 页）这些话既说明了修辞的重要性，又指出了运用修辞技法的作者所应有的正确的真诚的态度。

“立诚”，还要“务本”，即应当“注重内容实质”（第 675 页），应当讲究修辞为之服务的内容。早在 1919 年 1 月写的《对于小学作文教授之意见》一文中，叶先生就提出，要考虑文章思想的“正确而完善”，情感的“恳挚而缜密”，而“此全属作文内容之事，而非形式之事”。如果“专务形式方术，以文篇之峭拔波折，字句之研炼雕琢，为作文之进步，而于内容实质转无所措意，亦舍本而逐末矣”。（第 349 页）1924 年，叶先生在专著《作文论》中，针对时弊警辟地提出：“我们作文，要写出诚实的、自己的话。”（该书第 12 页）1958 年，在《和教师谈写作》的《文汇报》连载文章中，叶老又教导大家，“所写的必须是真话、实话，不能是假话、空话”。“这好像只是修辞方面的事，其实跟思想认识有关联”。（第 475—476 页）在十年浩劫之后再来重温这些话，对我们是很有启迪的。

修辞的具体要求

叶圣陶先生认为，写文章“要写得像样，除了审查材料以外，并得在语言文字上用心”（第 127 页），不能忽视“一字一语”。（第 448 页）他提出：“要尽可能写得准确、鲜明、生动，念起来上口，听起来顺耳。”（第 584 页）这是 1978 年 4 月在新华社国内记者业务训练班上所讲的，可以说是对修辞的总的要求。叶老关于修辞的具体要求，散见于多本专著、多篇论文和讲话、书信中。择其要者，撮录如下。

一、用字用词要正确、贴切

“我们期望于我们的写作能力，最初步而又最切要的，是在乎能够找到那些适合的‘字眼’也就是适合的‘词’。”（第 399 页）而为达到这一点，就要“比较一些词的细微的区别”，要注意“用词的褒贬”和“搭配的问题”（第 143 页）；要尽量使用“各地通行的语汇”（第 421 页），“用普通话的词”，不要使用“方言土语的词”（第 681 页）；“要用现代的活的语言”，尽可能“不用古代的书面的语言”（第 454 页），“尽量少用文言成分”（第 628 页）；要用“现成的词”，不要乱造什么“新词”（第 681 页），“切不要用一些怪模怪样的词语”（第 634 页）；“运用成语以不改原样为原则，如‘削足适履’不宜作‘削足凑鞋’，‘怒发冲冠’不宜作‘怒发把帽子都顶起来了’”。（第 128 页）

二、造句要自然、妥帖

“造句越自然越好，不要装腔作势，摆出一副架子，用一些不同于平常说话的调子。”（第 690 页）要用“通行”的“说法”，“决不能独造一种教人家莫名其妙的说法”。（第 128 页）要用“最妥帖、最恰当的句式和虚词”。（第 690 页）“虚词很重要，不能乱用”。“尤其是文艺作品，用了那么多虚词，艺术性至少要减低一半”。（第 691 页）“必须注意连词的运用，语气的承接”，“一个‘所以’一个‘然而’都不可随便乱用。陈述，判断，反诘，疑问等的语气都不可有一点含胡”。（第 128 页）要多用短句，“尽量少用长句”，“凡是能够分为几句而不损害意思和情态的长句尽量分”（第 483 页）；在写作时，“觉得某一句句子头绪纷繁，不妨把它拆成几句来说”。（第 619 页）

三、语言要力求精练

“咱们写个作品，在语言的使用上也该遵守节约的原则”。（第 675 页）写好的文章，如果“念下去觉得噜里噜苏，意思必然不清不楚，不明不白”。“去掉那些乱枝杂草，就可以像个样儿”。（第 633 页）“无论一个形容语，一个插语，一个‘了’字或者‘着’字，可写可不写者不写”。（第 483 页）与中心无关的，即使是好的比喻“也得丢掉”。（第 425 页）总之，要做到“文章通体干净，没有多余的话，没有多余的字眼。即使一个‘的’字一个‘了’字也是必须用才用”。（第 233 页）

四、音节要和谐协调

文章要“上口顺耳”。用“现代文字写口语，就在依靠口耳，说得来，听得懂”。“要上口，可以说，要顺耳，可以听”。（第 204 页）“上口顺耳”包括内容和形式多方面的因素，但音节的和谐协调是一大要素。这就要注意“音节是不是匀称顺当”（第 481 页），要做到“语气和音节非常自然”。例如，“并列的几件事物排在一块儿说，说法要一样，音节要协调，音节少的在前，音节多的在后，这是咱们说话的传统习惯”。（第 482 页）特别是单、双音节的选择应该重视，例如，“现代汉语习惯说‘时候’说‘但是’，‘时候’和‘但是’都是两个音节，可是有不少人写东西光写‘时’和‘但’，跟语言不一致”，那“另外一个音节当然非写上不可”。（第 659—660 页）

五、修辞格要选得合适

“修辞，花样很多。用一个比喻，用一句成语，都是修辞的方法。用一个比喻，要能比不用比喻更鲜明、更生动、更能打动读者。这就要挑选适当”。（第 578 页）“如果用比喻，要问所用的比喻是否恰当明白。用不好的比喻还不如不用比喻”。（第 128 页）“不必要的夸张不只是语言文字上的毛病，也是思想上修养上的毛病”。（第 128 页）比喻、夸饰、拟人、纡婉、反语、舛辞、感叹、叠语等等，各种修辞格都要注意使表达“更明显，更具体，更有刺激和感动的力量”，都要用得“自然”，不要“出于强饰”。“出于强饰的隶事、砌典并非修词，只是敷衍说话而已”。（《作文论》，第 60 页）

假若用了某种修辞格“而并不见得达到刚合恰好的地步，并不见得是最适合的说法，那就宁可不用”。(《作文论》，第 61 页)

六、表达既要力求新鲜，又要合乎平常说话的习惯

“什么事都如此，一回两回见得新鲜，成为老套就嫌乏味。所以老套以能够避免为妙”。(第 426 页)“现成的修词方法很多，在所有的文篇里都含蓄着；但是我们不该采来就用，因为它们是别人的。求之于己，我们就会铸出许多新鲜的为我们所独有的修词方法；有时求索的结果也许与别人的一样，我们运用它，却与贸然采用他人者异致。更因出于自己，又经了估计，所以也不致有陈腐、不切等弊病”。(《作文论》，第 61 页) 1978 年，叶老又针对“四人帮”造成的恶劣文风，尖锐地指出：“老套子、老调子，说惯了，唱惯了，很不新鲜，大家听得厌烦了。话说成了老套子，写成了老调子，就不鲜明，不生动。看的人，听广播的人，一看到、一听到这类东西，就觉得‘呀，又来了！’什么‘又来了’？老套子又来了，就不想仔细地看，仔细地听。”“比如‘意气风发，斗志昂扬’八个字，现在似乎结成了亲密的友谊，不能分开，天天听到，天天看见。我说，能不能把意气风发，斗志昂扬的情景，用你鲜明生动的话描摹出来，使我这个没有在场的人仿佛亲眼看到一样呢？假如你办得到，我就喜欢看喜欢听了。”(第 579—580 页)

叶老还强调指出，所谓修辞“加工”，“要在平常说话习惯的基础上加工，做到比平常说话更好”。(第 487 页)“无论斟酌用修辞手段或者描写技巧，考虑用简练的短句还是繁复的长句，准备用文言词语或者如吕(叔湘)先生所说的‘发掘口语潜力’，总之抓紧一点：是不是合乎平常说话习惯。平常有这么说的，习惯这么说的，并不是生撰生造，才决定用上，否则一概不用”。(第 487 页)

七、标点符号要用得精确

标点符号是“帮助我们准确地表达思想的工具”，“标点符号用得不准确，就会影响读者对文章的正确理解”。(《同编辑记者同志谈心》，《新闻业务》1961 年第 8 期) 所以“用标点符号必须要审慎。宜多用句号，把一句句话交代清楚。宜少用感叹号……用问号也得想一想”。(第 128 页) 在《同编辑记者同志谈心》的讲话中，叶老还针对“近来报刊上顿号用得比较滥”的现象，风趣地呼吁：“我希望人家都来节约顿号，可以不用就不用。”

一丝不苟的修辞实践

叶圣陶先生的修辞理论之所以可贵，除了它符合写作规律、体现汉语特点、具有民族风格外，还在于它是作家自己长期从事文学创作、编辑工作、教学工作过程中积累的切身经验的结晶。理论来自实践，又有效地指导着更好地去实践；理论贯彻于实践，实践又具体生动地体现了理论。在修辞方面既有精湛的理论、又有丰富的实践的，在我国老一辈著名作家中，除了鲁迅先生，恐怕要数叶圣陶先生了。

在我国现代作家中，叶先生是以讲究语言、修辞严谨著称的。诗人、散文作家徐迟说："老一辈作家中，叶圣陶修辞严谨。"（《笔谈散文》，天津百花文艺出版社 1962 年 12 月第 1 版，第 26 页）他的作品语言，朴素洗练，明白晓畅，细致严密，表现力很强。读叶先生早年的各个作品集，我们已经有这种感觉；读解放后出版的《叶圣陶文集》和童话专集、散文专集，特别是学习其中对旧作的修改之处，这种印象就愈加强烈。我们可以这样说：叶先生是一位对自己要求异常严格的修辞艺术家。

本文作者从 60 年代初期至 70 年代后期，在酝酿、写作《叶圣陶的语言修改艺术》一书时，曾经先后比较了叶老的 64 篇共 40 多万字的小说和童话作品的新旧版本，在逐字逐句的对照中，共收得各类修改例句一万多条。这些例句，大多数是修辞性改笔，包括同义词的精选替换，句式的选择换用，文言和方言成分的合理添、改，标点符号的增删调换；包括删削简缩以使文字洗练，添加词语以使表达精当，改用口语以使文句顺畅，调整音节以使声音和谐，等等。对照着阅读和揣摩那一处处的改笔，我们仿佛置身于作家的"创作实验室"里，而作家就在现身说法地给我们上"实用修辞学""比较修辞学"的课程。这些一丝不苟的修改例句，充分体现了上述叶老修辞理论的基本原则和具体要求。（见拙著《叶圣陶的语言修改艺术》，宁夏人民出版社 1982 年 3 月第 1 版）

此外，叶老在评讲分析优秀作品、编辑语文教材、批改学生作文、评改其他文章等方面长期的大量的实践中，也十分重视修辞，重视上述各项修辞原则和要求。他的许多精彩的评析和改笔，同样也对我们起了磨炼修辞功夫的示范作用。限于篇幅，本文不一一具体分析。

最后，值得提一提的是修辞理论与实践的另一重要构成部分——修辞教学。叶圣陶先生对如何进行修辞教学，包括修辞教学在语文教学中的地位，修辞教学的原则，修辞教学的内容，修辞的教授方法和学习方法等，都有不少精辟的见解。例如，关于修辞教学的方法，叶先生多次强调的是要运用“比较研究法”，“要随时从教材中提出实例，作彼此的比较研究”。（第 202 页）关于如何学习修辞，叶先生除了经常强调要练出“熟练的基本功”“熟练的能力”外，还提出要提高学习修辞的“自觉心”，要养成良好的“语言习惯”（第 471 页），要培养“语言的敏感”（第 720—721 页）等。这方面的初步研究，请参阅拙作《叶圣陶论修辞教学》（华东修辞学会主办的《修辞学习》1983 年第 3 期），这里就不再详述了。

叶老谈中学语文教学①

在1983年12月召开的全国中学语文教学研究会年会上，叶圣陶先生作了发言，强调指出，语文教学非改革不可。（见《中国教育报》1983年12月8日第2版）读到这段报道，我又一次深深感受到了叶老对中学语文教学的殷切关心。不久前叶老和他长子叶至善先生同我畅谈中学语文教学的动人情景，又十分自然地展现在眼前。

从1964年6月上旬开始至今，叶老同我这样一个极普通的中学语文教师通了不少信。叶老给我的信中，有对于做学问的具体指点，有对于语文教材的编辑建议，有关于语文教学的真知灼见……这些信，对我的工作、学习起了宝贵的指导作用。可是多年来一直遗憾的是没有机会当面聆听叶老的教诲。1982年8月27日，叶先生在给我的一封信里写道："何日得机会来京，甚愿促膝倾谈。"1983年暑假，我赴昆明参加中国修辞学会第二届年会后，在返回时绕道北京，专程到寓所拜望了仰慕已久的叶圣老。在京期间，叶老于8月12日下午和15日下午、晚上先后两次同我交谈，对中学语文教学谈了不少中肯的意见，至善先生也介绍了他父亲关于语文教学的一些见解。这些谈话，对我们改进中学语文教学，是极为有益的启示。

虚怀若谷的态度

8月12日下午，叶老亲切热情地接见了我。在一个多小时的谈话中，叶老声音洪亮，精神很佳。他神色安详，平易近人，和蔼可亲，尤其令人感动的是他的虚怀若谷。

当我向他介绍1982年11月苏州召开的"叶圣陶语文教育思想讨论会"的情况，谈到与会代表称叶老是"五四老人"中"硕果仅存"的著名作家时，叶老连忙插话说："还有郭绍虞，他也是当年'文学研究会'的。冰心，也只比我小四五岁。"这时，我不禁联想到去年6月19日他给我的信里的一

① 原载《中学语文教学》1984年第6期。

段话：

> 昨接十六日手书，敬诵悉。知与诸位教师共同商讨中学之语文教学，必能集思广益，有所改进，为之深喜。拙作论集，语繁而意至简单，仅备参考，所贵者固在诸位自得之也。

其实，《叶圣陶语文教育论集》是公认的具有现代意义和历史价值的精萃之作，叶老的语文教育思想是公认的具有中国民族特色的、实用价值很高的理论，叶老却这样谦抑。我坐在叶老身旁，一边听，一边不由得想：这样一位学富五车、德高望重的老前辈，作风是何等的谨严，态度是多么的谦逊！

要“自然熟”，不要“蒸熟”

谈话中，叶老在询问了我的工作情况后，针对他所了解的一种相当普遍的现象，发表了自己的看法：

“高中最后一学期专搞复习，很不好。以后我有机会要建议改变这种做法。要把教学内容好好分配在六个学期；不要学生死记硬背，要让他们理解。只要理解了，化为自己的东西了，就不会忘记的。有的学校有的学科甚至要花两个学期专搞复习，这实际上是为了应付高考。两个学期死记，考取了大学也会忘记了。有一年，有个省份考取的人很多，但不少学生进了大学不行，所谓‘高分低能’。可见这个东西不是‘自然熟’，是用了火功把它加工‘蒸熟’的。”

听着叶老的侃侃而谈，我不由想到：他已是年近九十的高龄，今年夏天以来又担负着全国政协副主席的职务，还这样了解、这样关心中学教育的情况，还在为改变某些畸形状况、提高教育质量思考着，研究着，这是何等的难能可贵啊！

教，是为了今后不需要教

8 月 15 日下午，叶至善先生在同我交谈时，我请教了一些有关叶老语文教育思想的问题。

至善先生为人热情坦率，思维敏捷，谈锋雄健。他说：“我经常听父亲讲这方面的问题，也帮着看一些文章和著作的校样，所以对父亲的一些想法比较熟悉。”接着他首先说明：“我父亲的语文教育思想也不是一成不变的，而是慢慢丰富起来的。例如先前提出的‘教是为了不教’这个观点，好像表述得不太清楚，后来父亲修正为‘教，是为了今后不需要教’，这就比较清楚、比较周密了。父亲认为，在学校阶段，教师主要就是应当培养学生的学习兴趣，引导他们去养成良好的自学习惯和能力，为他们出了校门、踏上社会独立工作打下好的基础。老是扶着手‘教’，那怎么能培养出人才呢？”

文学教育的目的是提高阅读、理解、鉴赏能力

至善先生说：“在中学里曾有过文学和汉语分开的做法，那时几个同志凑了一下，我父亲根据大家的意见写了个分科意见。现在看来，这样分科不一定符合我国中学语文教学的实际，所以在选编《叶圣陶语文教育论集》时，这篇文章没收进去。我父亲主张：中学语文教学中，文学的东西最好少讲。我的理解是，一个人应当有点文学修养，这有助于对文学作品的阅读、理解、欣赏，有助于看电影、戏剧、电视。中学的文学教育，应当是基础。要读一些文学作品，目的是提高阅读、理解、鉴赏能力，但不是为了当作家。文学创作的源泉是生活，光靠教主题、篇章是教不出作家来的。”至善先生又强调了一句：“‘生活是源’，中学里教一点文学作品，是为了提高学生的阅读、理解、鉴赏能力，提高写作能力，不是为了培养作家。”

要启发学生自己去研究、讨论

谈到中学语文教学的方法，至善先生说：“我父亲主张，上课时不要预先把主题思想、分段意见、写作特点等告诉学生，不要抄黑板，抄笔记，而要启发学生自己去想，去研究，去讨论。有不同意见也不要紧。现在有些教师很怕学生有不同意见。其实，由于学生的生活经验不同，体验不同，有不同意见是很自然的。教师可以针对不同意见，引导学生去讨论，求得正确的恰当的答案。这样坚持做下去，他们就慢慢地善于分析问题了，解决问题的能力就会一步步提高。”

至善先生紧接着又说：“我父亲还认为，学生有时会发现课文中有毛病，这说明钻得很深，学得很活，能解决实际问题，教师应当鼓励。学生即使说错了，也要鼓励，再解释、指正，不要打击他们的情绪。这样，逐步提高了他们的质疑、辨正能力，今后他们或许去当编辑，或许去当‘秀才’，起草、修改文章、文件、报告，就能行了。这也就是‘教，是为了今后不需要教’吧！”我向至善先生谈了我去年教的几位学生，向有关出版社写信指出语文

练习册里的毛病，向《语文知识丛刊》寄了《政治教材也应重视语言规范》的稿子并获刊登等情况。他听了高兴地说："这些学生学得很好嘛!"

白话文也有教头

话题又转向文言文、白话文的教法。至善先生说："有的人认为白话文没有教头，文言文有教头。我父亲却认为白话文有教头。"他举了个例子：叶老曾经写过一篇短文《〈孔乙己〉中的一句话》，就是抓住鲁迅这篇白话小说中"孔乙己是这样的使人快活，可是没有他，别人也便这么过"这一句深入揣摩，通过这句话，分析了全文的结构、中心思想和人物的形象。可见，把关键的地方抓住，不轻易滑过，引导学生细心研读，白话文也是很有教头的。

至善先生又告诉我："父亲早年写的《文章例话》，实际上就是几十篇白话文章的教学实例。"当从至善先生那儿知道这本书也同《文心》《文章讲话》一样，要重新出版的消息时，我不禁为广大读者又将有一本学习语文的良师益友式的好书而高兴。

叶圣陶语文教材编写的实践和理论①

叶圣陶先生是我国著名的教育家、作家、出版家和社会活动家，也是语文教材的编辑专家。在他七十多年的“教学——创作——著述——编辑”生涯中，语文教材编写方面的实践工作和理论阐述，占了相当重要的地位。

一、在教材建设园地上的长期辛勤耕耘

建设具有民族特色的中小学语文教材体系，是一项十分繁重、琐细，需要尽心尽智的工作。叶圣陶先生为此倾注了大量的心血，付出了辛勤的创造性的劳动。

从青年时代起，叶圣陶先生除创作了大量优秀的文学作品外，还先后在小学、中学、师范学校和高等学校任过教，在商务印书馆和开明书店编过书籍杂志，积累了丰富的教学和编辑经验。1915年秋，他应邀为商务印书馆编写小学语文课本，自此开始，在五十多年的漫长岁月里，他边教书（或边创作、著述、编书刊）边编写教材，潜心思索，精心设计，既继承传统，又不断革新，向社会奉献了一套又一套具有特色的中小学语文课本。例如，1922年与顾颉刚合编了《初中国语教科书》（共六册，商务印书馆出版）；1932年编写了《开明小学国语课本》（初小八册，高小四册，开明书店出版）；1934年与夏丏尊、宋云彬、陈望道合编了函授学校用《开明国文讲义》（共三册，开明书店出版）；1935年与夏丏尊合编了初中国文科教学、自修用的《国文百八课》（共六册，开明书店出版）；1946年与周予同、郭绍虞、覃必陶合编了《开明新编国文读本［甲种］》（专选白话文，共六册，开明书店出版）；1947年与徐调孚、郭绍虞、覃必陶合编了《开明新编国文读本［乙种］》（专选文言文，共三册，开明书店出版）；1948年与朱自清、吕叔湘合编了《开明新编高级国文读本》（共六册，开明书店出版），《开明文言读本》（共

① 原载《课程·教材·教法》1988年第4期。入选叶圣陶语文教育思想研究中心编《叶圣陶语文教育思想研究》，江苏教育出版社1990年2月第1版。

六册，开明书店出版）。解放后的十多年中，叶圣陶先生除担任文艺界、教育行政部门的重要领导职务外，还长期主持全国中小学教材的编审工作。1950年，叶圣陶先生主持编出了中学、师范学校用的第一套语文新教材；以后的一段时期内，又主持并参与编写了好几套中学语文课本，成为全国中学生的通用教材。这些中小学语文课本的编写出版，在我国语文教材建设史上谱写了光彩熠熠的篇章。

尤其值得称颂的是，在叶老的教材编写实践中，有的小学课本的整套数百篇课文和中学课本的某些课文，他都亲自动笔撰写，增强了教材的针对性、实用性和可接受性。例如，关于编写《开明小学国语课本》，叶老后来回忆说："在一九三二年，我花了整整一年时间，编写了一部《开明小学国语课本》，初小八册，高小四册，一共十二册，四百来篇课文。这四百来篇课文的形式和内容都很庞杂，大约有一半可以说是创作，另外一半是有所根据的再创作，总之没有一篇是现成的，是抄来的。"① 这套课本出版后，深受广大师生欢迎，十多年内竟印了40多版次。一位名噪文坛的作家，亲自握管为少年儿童撰写成套的语文课本，在中外文化教育史上，可以说是绝无仅有的。

叶圣陶先生编写教材的严格认真、一丝不苟，也十分令人钦佩。据人民教育出版社的一些老同志回忆，50年代叶老主持《文学》课本编写工作时，对每册课本都要提出百条以上的审改意见。为了把法国著名作家的短篇小说《最后一课》的译文写得尽可能完美，叶老同一位法文翻译、一位"老北京"编辑，加上编辑室主任和责任编辑共五人，对原文逐字逐句地推敲琢磨，"磨"到大家都认为满意才定稿。真正是达到了呕心沥血的地步啊！

二、对教材编写理论的宝贵贡献

几十年来，叶圣陶先生不仅主编或合编了十多套课本，在语文教材的编写实践方面富有建树，而且通过专文、论著、书简、批注、报告、谈话等，对语文教材编写理论的建立也作出了卓越的贡献。这方面的精辟论述，是叶圣陶语文教育思想的重要组成部分。笔者从1962年至1965年曾参加江苏省农业中学语文教材编写组工作。在此期间，有机会学习了叶老于1961年5月23日对江苏省农村半日制中学课本编审人员所作报告的记录稿，并有幸

① 转引自商金林《叶圣陶年谱［上辑·初稿］（三）》，《新文学史料》1981年第3期。

在跟叶老通信的过程中，得到他对语文教材编写工作的若干指导。下面分几个方面作简要的回忆和介绍。

(一)“编教材同个人创作不同”。

在对江苏省半日制中学课本编审人员的报告中，叶圣陶先生根据自己多年的文学创作和教材编写的经验，明确指出：编教材同个人创作不同。个人写作只要持之以故，言之成理，不违背基本原则，写出来百家争鸣。而课本不同。它是教学的重要凭借，重要工具（教学双方都如此）。教学时要把语言文字表达的思想、知识传授给学生，要求学生不仅要能懂、能背，而且要通过课本得到教育、知识，终身受用。编写课本要注意教育方针、培养目标、各科特点，我们的这套教材更应注意农村特点。这些要考虑得周到，认识得清楚。……教材编写既要考虑到教师怎样去“教”，还要为学生的“学”着想。编辑先生应时刻假想面前的情况，设身处地于教学中，研究怎样让学生心领神会。

叶老在报告中还说：做编辑工作的人，必须对方针、政策、形势有所了解，了解得越广、越透，越有好处，无形中可以帮助编辑工作。如国务院公布了度量衡的新规定，我们的课本就应采用，用“米”不用“公尺”。又指出：写出来的东西要注意规范化。我们随时听人家的话，看文章，同时在受人家语言的影响；反过来说，编辑拿出来的是写在纸面上的语言，这些语言是否给人家好影响，这一点非常重要。我们要从各方面提高学生的语文程度，语文课要担当起来，别的课也应担当起来。因此，编辑、审查人员的政治修养、语言修养不嫌其多，最好从各方面钻研，化为自己的东西（常说变成自己的血肉），就会左右逢源。

这些话，对我们认识语文教材编写工作的基本特点和编审人员应具备的修养，都是很有帮助的。

(二) 语文教材“不是个终点”。

叶老在上述报告中还指出：语文课本是进行政治思想教育的工具，同时还有一项特殊使命：训练学生的语言文字能力和良好习惯（叶老不大愿意说“知识”）。两者不能偏废，而应联在一起。他的这个观点应该说是编写语文教材的纲。

1964 年 6 月 6 日，叶先生在给我的第一封复信中，有这样一段精辟的论述：“尝谓语文教材在培养学生阅读之能力。阅读得其方，写作之能力亦即随而增长。”“学生诵习教材，赖教师之指导，而领会其质与文。第领会教材之质与文犹未已也，非最后之目的也。必于教学之际培养其自动性，终臻不待教师指导而自能领会之境，于是可以阅读书籍报刊而悉明其旨矣。此则阅读教学最后之目的也。”其中虽也论及阅读教学，但着重强调的是语文教材的主要作用：培养学生“阅读之能力”，领会文章的“质与文”，最终达到“不待教师指导”而自能“阅读书籍报刊而悉明其旨”的境界。编写语文教材，应始终记住这“最后之目的”。

早在40年代，叶先生在《谈语文教本》一文中就强调：“语文教本只是些例子，从青年现在或将来需要读的同类书中举出来的例子；其意是说你如果能够了解语文教本里的这些篇章，也就大概能阅读同类的书，不至于摸不着头脑。所以语文教本不是个终点。从语文教本入手，目的却在阅读种种的书。”“语文教本好比一个锁钥，用这个锁钥可以开发无限的库藏——种种的书”。①

如何把语文课本中的一个个“例子”编好，让教师满意，让学生爱学；如何使教材成为学生提高语文能力的“锁钥”，帮助他们今后独立地去打开一个个知识宝库的大门，这是教材编写者必须十分注意的一个课题。

（三）编写语文教材应当高度重视选材。

“编课本选材至难，我久有此感。不亲其事者闻此说，往往弗信。”“要求既严，选取益艰。”叶老1964年12月16日给我的信中，道出了编语文教材的艰苦。早在1949年8月，叶先生就认为，教材“编辑的成功与否自然要看选材的得当不得当”。② 叶老对选材标准的掌握是很严的。这里试举几条。

一是语文教材要选内容和表达“两者都好”的文章。在对江苏省农村半日制中学课本编审人员的报告中，叶老指出：选有几种情况。最好是（内容、表达）两者都好的文章，编辑同志最喜爱；只怕有些文章内容好，表达不好，这就要加工。有时选材时先有框框，这不太好。如：一定要选大炼钢铁的文章，就去找，看到好题目就选。题目好的文章不一定是好文章。如果看到题目好就选，这是“拉在篮里就是菜”。有些编者喜欢看作家的名字，这不大好。因为他并不是为课本而写，是另有意图。如果专看作家的名字，

①《叶圣陶语文教育论集》，教育科学出版社1980年8月第1版第182—183页。

②《叶圣陶语文教育论集》，教育科学出版社1980年8月第1版第201页。

往往有问题；除看名字外更应看内容。

二是语文教材须“兼收各类各体之文”。课文体裁“要包括一般人在生活上所接触的各类文字”。“中学语文教材不宜偏重文艺，虽然高中有文艺欣赏的项目。语文的范围广，文艺只占其中的一部分。偏重文艺，忽略了非文艺的各类文字，学生就减少了生活上的若干受用，这是语文教学的缺点。”①这是叶先生在1949年8月就提出的主张。1964年6月6日给我的复信中，叶老又明确指出：“学生离校而后须阅读各类各体之文，故教材须兼收各类各体之文。”在1964年7月15日的来信中，叶老特别强调了说明文的重要性：“关于农中课本，来书‘体裁’一项中有‘以记叙文说明文为主’之语。我觉说明文极重要，说一种机械，说一种操作方法，说一种原理，皆学生必须学会者。此类文章首须准确，次须明白。而选材至不易。报刊所载，类多不耐仔细揣摩，准确明白两皆有违。语文以外之其他课本大多为说明文，似可选少数章节入语文课本也。”叶老谈的报刊上不易选到说明文，这是60年代初期的实况。近些年来，由于讲科学、学科学、用科学蔚成风气，这种情况大有好转，为编写教材时选择说明文提供了有利条件。

三是从长篇著作中节选要慎重。叶老在1965年5月8日给我的信中，答复了我提出的《梁生宝买稻种》节选是否得当的问题：“承询《梁生宝买稻种》与《乐羊子妻》，此间尚未讨论及之。至于我个人（重点号为信中原有）之见，前一篇节取一小段，实不足以见梁生宝之为人，且语言颇生硬，虽略有改动，仍嫌未纯。当时（选入教材）盖欲令学生尝《创业史》之一脔耳。”这段话启示我们：从著名的长篇著作中节选一部分作教材，可让学生“尝”整部作品之“一脔”，能激发学生课外阅读的兴趣，不失为选材的一条途径；但挑选宜严格，节取应慎重，要足以反映原著的精华和主要人物的主要特点。

叶圣陶先生对语文教材的编写，还有许多精辟的见解，例如：所编教材应“切合读者的生活与程度”；编写教材时应考虑到学生的课外阅读；文言文的选取与否和如何恰当安排，应持慎重态度；语文教材要重视入选文章的加工“修润”，使之“琅琅上口”；语法、修辞应“不作孤立的教学”，而应“就实际的听、说、阅读之中相机提出教材”；单篇教材后面宜列出“提示”

①《叶圣陶语文教育论集》，教育科学出版社1980年8月第1版第201页。

的项目，“引导学生依着一条线索彻底了解教材的本身”；课文注释要“设身处地为学生着想”；课文练习应注重“启发性”，引导学生“自己动手”，以养成“能力、习惯”；“写作知识短文不列在单元末尾”，“写作系技能，不宜视作知识，宜于实践中练习，自悟其理法，不能空讲知识”；“教材编写人员要有写文章的经验和写文章的甘苦”，“做编辑工作的人要经常练笔”；学生在使用语文教材时，产生疑问，提出修改意见，应予肯定和鼓励；等等。这些意见涉及语文教材编写的方方面面，构成了相当完整的体系。限于篇幅，这里不一一详述。

三、对地方自编教材的关心和指导

解放后，叶圣陶先生担任教育部、人民教育出版社领导职务期间，除主持编写了多套全国通用语文教材之外，还经常关心地方的自编教材工作。

1961 年，江苏省编写了农村半日制中学课本。对这项工作，叶老予以殷切的关注。该年 5 月 23 日，他亲临南京对这套教材的编审人员专门作了一次报告，强调“编农村半日制教材是一件很大的事情”，“这工作带有全国性的重大意义”，并对这套教材的编写原则、注意事项和编审人员如何提高工作质量，提出了许多中肯的意见，给全体编审人员以很大的鼓舞和启迪。

1962 年，在陆定一和吴天石同志的关心、支持下，江苏省教育厅组织班子，编写农业初级中学语文课本。1964 年 6 月开始，我针对编写工作中遇到的一些问题，多次写信向叶老请教。他尽管工作繁忙，但每次都是很快就复信，详谈自己的看法，提出具体的建议。这些中肯的意见，对我省、也是全国第一套农业中学语文教材的顺利编成，起了重要作用。

叶老还十分重视地方自编教材的成果。在 1964 年 7 月 15 日给我的信中，他写道：“尊处选得之篇章，希以其目抄示，并书明其出处，我社将据以考虑选入普中课本或否。”1964 年 12 月 16 日的来信中又写道：“农中语文每出一册，希寄我一观。”记得 1965 年 1 月出版的农中语文第二册，选入了由我根据有关材料执笔起草、修改，由江苏教育学院中文系主任钱小云老师改定的说明文《看云识天气》。叶老收到课本后，回信对这篇自编教材提出了进一步修改的意见。1978 年，人民教育出版社将这篇说明文选入了全国通用教材初中语文第四册（后调整入第二册）。这无疑是对我省自编教材的鼓励和支持。

叶老对地方自编教材的关心和支持，还可以从下面这件事中看出：在农业中学语文课本第一册和第五册中，我们考虑分别编入“附录”《认真写字》和《学习语文要练基本功》，以引导学生养成学习语文的良好习惯。编写组让我完成这个任务。我从众多的原始材料中，选定叶老的一篇讲话稿《认真学习语文》①，择取其中两个部分，分别单独成篇，并按教材的具体需要作了些改动。其中《认真写字》一篇，做了简缩工作，删节改动较大。编好后，不知叶老是否同意，我就将两篇稿子誊抄后寄给他征求意见。信虽寄出，心里却不免有几分不安。很快地，叶老的复信来了，信中说：“《认真写字》就拙作简缩，我无意见。”（1965年5月8日）记得当时读到这里，心中是异常激动的——这是叶老对我们地方自编教材的具体支持啊！

叶圣陶先生虽然离开了我们，但他在语文教材编写方面的宝贵实践，为我们树立了善于继承、勇于创新和严谨不苟地工作的典范；他在语文教材编写方面的丰富理论，在今天仍然具有很强的指导性，值得我们深入学习和借鉴。让我们在前辈们已经奠定的基础上，坚持不懈地努力，创造性地工作，编写出具有新时代特色的各级各类学校的新教材。

①《文汇报》1963年10月5日。

◎ 课堂实录与教学设计

《荷花淀》课堂教学实录①

教学目的

《荷花淀》是著名作家孙犁的代表作品。这篇课文入选中学语文课本已有四十多年的历史，一直深受广大师生的喜爱。这次重教，打算在教法、学法上作一些改进：一是让学生更多地自学，更好地投入研讨；二是让学生从作品修改这一新的角度去体味作品的特色，学习语言的运用，了解作家风格的成因。

通过教学，学生应当理解这篇小说的故事内容和主题思想，理解对话描写、景物描写在小说中所起的作用；了解本文语言的主要特点。

通过对作品修改实例的研讨，引导学生了解作家严肃认真、精益求精的创作态度，学习一些写作的方法和锤炼语言的技巧。

通过多种形式的自读、自练和研讨、交流，进一步提高学生读、写、听、说和对照、比较、推敲、辨析的能力。

教学时间

两课时。

课前准备

一、《荷花淀》朗读录音带。

二、对照比较材料：用大学《中国现代文学作品选》等集子所选《荷花淀》的早期版本，同目前高中语文课本内所选经作家本人审定的课文作对照，选出对实现教学目的有用的具有代表性的修改实例，分类编排并油印，准备在课堂教学过程中分发给学生。材料如下：

① 原载《名师授课录·高中语文》，上海教育出版社1995年9月第1版。

（一）

1. 课文第22段：他只说了两句："千斤的担子你先担着吧。打走了鬼子，我回来谢你。"（50年代的版本中，"鬼子"原为"敌人"）

2. 课文第44、45段："拴马桩也不顶事了。"

"不行了，脱了缰了。"（50年代的版本中，这两段文字原无）

3. 课文第83、84段："水生嫂，回去我们也成立队伍，不然，以后还能出门吗？"

"刚当上兵就小看我们，过二年，更把我们看得一钱不值了。谁比谁落后多少呢！"（50年代的版本中，"水生嫂"原无；第84段整段文字原无）

（二）

1. 课文第2段。（50年代课本中曾一度删去这一段，后又恢复）

2. 课文第63段：她们看见不远的地方，那肥大的荷叶下面，有一个人的脸……（60年代的版本中，"肥大"原为"宽厚肥大"）

3. 课文第61段：她们奔着那不知道有几亩大小的荷花淀去，那一望无边挤得密密层层的大荷叶迎着阳光舒展开，就像铜墙铁壁一样。（60年代的版本中，"一望无边挤得"原为"一望无边际的"）

（三）

1. 课文第48—52段：她们轻轻划着船，船两旁的水，哗，哗，哗。顺手从水里捞上一棵菱角来，菱角还很嫩很小，乳白色，顺手又丢到水里去。那棵菱角就又安安稳稳地浮在水面上生长去了。

"现在你知道他们到了哪里？"

"管他哩！也许跑到天边上去了。"

她们都抬起头往远处看了看。

"唉呀！那边过来一只船。"（50年代的版本中，加线的句子和段原无）

2. 课文第65—68段：他们争着捞出敌人的枪枝、子弹带，然后是一袋子一袋子叫水浸透了的面粉和大米。水生拍打着水，去追赶一个在水波上滚动的东西——是一盒用精致纸盒装着的饼干。

妇女们带着浑身水，又坐到她们的小船上去了。

水生追回那个纸盒子，一只手高高举起，一只手用力拍打着水，好使自己不沉下去。对着荷花淀吆喝：

“出来吧，你们！”（50年代的版本中，加线的句子原无）

3．课文第73段：“不是她们是谁，一群落后分子！”说完，把纸盒顺手丢在女人们的船上，一泅，又沉到水底下去了，到很远的地方才钻出来。（50年代的版本中，加线的句子原为“把刚捞着的一盒用精致纸盒装着的饼干顺手丢在女人们船上”）

（四）

1．课文第1段：苇眉子又薄又细，在她怀里跳跃着。（50年代的版本中，“怀里”原为“面前”）

2．课文第3段：这女人编着席。不久，在她身子下面就编成了一大片。（50年代的版本中，“不久”原为“不多一会”）

3．课文第13段：女人看出他笑得不像平常，“怎么了，你？”（50年代的版本中，“得”原为“的”）

4．课文第76段：一路走着，因为过于刺激和兴奋，她们又说笑起来。（50年代的版本中，“因为”原为“因”）

5．课文第52、53段：“唉呀！那边过来一只船。”

“唉呀，日本！你看那衣裳！”（50年代的版本中，“日本”后的感叹号原为逗号）

6．课文第85段：敌人“围剿”那百顷大苇塘的时候……（50年代的版本中，“围剿”一词上加的引号原无）

准备这份作家的修改实例并在教学中使用，是为了让学生便于进行对照比较，推敲辨析，从而加深对课文内容和写法的理解；同时，也是为了引导学生从比较同一作家前后不同版本文字这种“极有益处的学习法”（鲁迅语）中，真切地学到一些写作的技法。

课前先选编并油印，可以节省课堂教学时间，提高效率。

教学过程

第一课时

师：［板书课题和作者姓名。指着课题中的“淀”字］这个字怎么念？什么意思？

生：“淀”念 diàn。浅水湖泊，多用于地名。

师：对。荷花淀是白洋淀的一部分。白洋淀，在河北省中部，是当地著名的浅水大湖。抗日战争期间，在白洋淀上发生了许多可歌可泣、感人肺腑的故事。

[简介作者]

《荷花淀》的作者，是著名作家孙犁。他生于 1913 年，是河北省安平县人。1936 年到白洋淀附近的安新县同口镇小学教书。在一年多的时间里，清晨黄昏，漫步白洋淀边，孙犁熟悉了这一带的风土和人民的劳动、生活。日本帝国主义的铁蹄踏进这个地区，他切身体验了农民的爱国热情和民族自尊心。在抗日的旗帜下，男女老少都动员起来，虽然热土难离，但是各个村庄的青年农民都自愿地走上抗日前线。至于那些青年妇女所表现的识大体、乐观主义和献身精神，更使他衷心敬佩。1937 年冬天参加抗日，主要在冀中地区从事革命文化工作，后在晋察冀通讯社工作。1944 年到延安，在鲁迅艺术文学院工作和学习。1945 年 5 月，在延安窑洞的油灯下，写成了《荷花淀》等短篇小说，在延安《解放日报》副刊上发表，获得了很大的成功。据老作家方纪回忆：“那时我正在延安《解放日报》当副刊编辑，读到《荷花淀》原稿时，我差不多跳起来了，还记得当时在编辑部里的议论——大家把它看成一个将要产生好作品的信号。”“《荷花淀》的出现，就像是从冀中平原上，从水淀里，刮来一阵清凉的风，带着乡音，带着水土气息，使人头脑清醒。”

解放后，中国青年出版社把他的小说和散文结集为《白洋淀纪事》，《荷花淀》就是这“纪事”之一。

孙犁的小说，以及天津、北京、保定三角地带的一批中青年作家的小说，风格相近，乡土特色很浓，语言朴素清新，被一些评论家称为“荷花淀派”。以“荷花淀”为名，可见这篇小说的影响是比较大的。

[介绍作者，突出同课文《荷花淀》有关的情况]

[边听录音边默读]

师：下面请同学们给课文标上段序，共 85 段。请一边听录音，一边默读课文，学习、欣赏作家的这篇佳作。按往常的习惯，在课文上圈点勾画；体味语言的特点；领会洋溢在全文中的诗情画意。

[在录音带放到“上船走了”“是监视白洋淀的哨兵吧”“出入在那芦苇的海里”之后，分别按“暂停”键，并提示学生注意，以上这一部分主要写了什么]

[初步了解课文内容]

师：写得确实好啊！谁能用最简短的几个字，概括这篇小说三个部分的主要内容？

[学生讨论后教师归结并板书]

夫妻话别——探夫遇敌——助夫杀敌

或：话别、送行——探夫、遇敌——歼敌、参战

[初读时先要求抓住最基本的情节]

[深入理解、思考]

师：请大家继续钻研课文，进一步理解内容，把这十几个字的基本情节，适当扩大，写一篇三四百字的“故事梗概”，要求是：让没读过《荷花淀》原作的人也能大致了解小说的基本内容。同时思考下边几个问题，准备下一节课研讨、交流。

1. 这篇小说的对话描写、景物描写很精彩，你能各举一个例子，说说它在小说中起的作用吗？
2. 你认为这篇小说的语言主要有什么特点？
3. 你认为这篇小说的主题思想怎样归纳较好？（比较课文练习第一题中的 4 种意见）

[学生自读、笔记，教师巡回辅导，个别解答疑难问题]

[把自学、思考放在课内，以求落实，也便于巡回辅导时了解学生自学的情况]

第二课时

[熟悉“故事梗概”]

师：[板书课题、作者姓名] 著名作家孙犁的代表作《荷花淀》，我们在上一节课已经初步学过，同学们各自写了故

事梗概，还进行了自学、思考。下面请三位同学交流一下所写的“《荷花淀》故事梗概”。

[其他同学对三位同学读的短文作简短评议]

师：三位同学写得都不错。下面请大家听一位文艺评论家写的《荷花淀》故事梗概。小说约五六千字，概括为400来字，是一篇题为《介绍〈荷花淀〉》的赏析文章开头部分的一段。同学们边听边跟自己写的比较一下，看哪些地方还不如他，哪些地方自己写得是有特色的。

[教师读，速度稍慢]

作品主要写的是：在抗日战争期间，河北省中部白洋淀地区一个农村里有七个青年要去参军，在县委报了名。他们怕家里的人拖后腿，就公推了一个名叫水生的游击组长回去跟他们的家里说明白。水生连夜赶回家里，辞别了自己的妻子，又到别人的家里做了些说服工作，第二天就匆匆走了。过了两天，这些青年妇女想去看看参了军的丈夫，给他们捎点衣裳。她们偷偷坐在一只小船上，划到对面的马庄去。谁知道她们赶到那里，部队刚巧在前一天晚上开走了。她们只好回家去，可是在回家的路上，碰到一只日本鬼子的运输船。她们拼命逃避，把小船划进荷花淀里，鬼子却穷追不舍。幸亏我们有一支部队埋伏在荷花淀里给鬼子一个迎头痛击，把鬼子全部歼灭，鬼子的船也被打沉了。青年妇女们这才发现，原来伏击鬼子、在危急关头救了她们性命的，正是她们这些新参军的丈夫。战士们完成了伏击任务，又和爱人见了面，就兴高采烈地带着战利品转移到别的地方去了。青年妇女们在荷花淀伏击战中受到锻炼，后来成立了自己的组织，很快就学会射击，参加了反“围剿”战斗。

[这一教学活动从自写到自读到听读、比较，意在全面训练学生的读、写、听、说能力，并初步熟悉课文的内容]

[研析主题思想]

师：这篇小说的主题思想，课文练习第一题内列了4种归纳意见。大家讨论一下，哪一种较为准确？

生：[略]

师：[归结] 第2种较为准确：描述了水生嫂为首的白洋淀青年妇女逐步由普通劳动者成长为机智勇敢的抗日游击战士的过程，表现抗日根据地人民热爱生活、热爱祖国的精神。第1种意见虽也可以，但由于没有结合课文的具体情况指出小说所要表现的主要方面，显得不足。小说写了妇女，也写了男子，但就这篇小说的全部内容来看，主要还是表现白洋淀妇女的崭新的精神面貌。第3种意见没有全面概括小说的内容，而且降低了白洋淀妇女的思想境界。以水生嫂为代表的白洋淀劳动妇女，她们对自己的丈夫确实有深厚的感情，但并没有因此而“拖后腿”，而是努力克服家庭困难，积极支持丈夫参加抗日战争。第4种意见也是没有全面准确地概括小说的内容和所要表现的思想。“伏击战”本身并不是本文所描写的唯一事件。

[通过评析、比较四种归纳意见，引导学生进一步理解、熟悉课文内容]

[研讨写作方法]

师：刚才我们交流的是“故事梗概”，这样的文字是粗线条的，同《荷花淀》原文相比，缺少了哪些描写？

生甲：[略]

生乙：[略]

师：对。缺少了对话描写、动作描写、心理描写、景物描写、细节描写等。《荷花淀》里的对话描写和景物描写尤其有特色。下面先请几位同学每人交流一处精彩的对话描写，先朗读例句，再说说起什么作用。

生甲：[略]

生乙：[略]

生丙：[略]

[教师相机点拨、归结，指出这篇小说的人物对话描写主要有两种作用：(1) 反映人物的心理、思想变化和性格；(2) 发展故事情节，交代事情经过]

师：再请几位同学每人交流一处精彩的景物描写，先朗读例句，再说说起什么作用。

生甲：[略]

生乙：[略]

生丙：[略]

[教师相机点拨、归结，指出这篇小说的景物描写主要有3种作用：(1) 为人物活动创造典型环境；(2) 烘托人物心情，渲染气氛；(3) 为情节发展作必要交代]

[以上研讨，学生平时训练有素，且有准备，进展速度较快]

[再从修改角度深入研讨]

师：作家具有这样高超的描写技巧，依靠的是大量的生活积累，艰苦的写作磨炼，对文字表达精益求精的追求。在写《荷花淀》的过程中，孙犁同志从40年代到80年代，多次作了修改。下面我们结合课文的内容和写法，来讨论几组修改例子。

[发“《荷花淀》修改比较”讲义]

师：先看第1组第1例。为什么要把水生对话中的“敌人”改为“鬼子”？

生：[略]

师：[点拨，归结]“鬼子”是老百姓对侵略我国的外国人的憎称。对话中用这个词，更能表现出水生对日本侵略者的憎恨。正是这种“恨”，成为他带头参军、英勇作战的一种精神力量。

师：再看第1组第2例。联系上下文看，为什么在修改时要加上这两段？

生：[略]

师：[点拨，归结] 一场对话中，加进这两句青年妇女间戏谑的话，既增加了生活情趣，又反衬出她们的男人——白洋淀边的青年们高贵的爱国主义精神。他们在党的教育领导下，一心扑在神圣的抗日事业上，顾不上家庭生活，真是公而忘私，国而忘家。这两句对话的添加，有助于突出小说的人物形象，表现抗日根据地人民对祖国的热爱。

师：再看第 1 组第 3 例。为什么在修改时要加进一个称呼语和一段对话？

生：[略]

师：[点拨，归结] 添加“水生嫂”，说明她是公认的牵头人，有威信（上文已写到妇女们聚在她家商量去送衣服、看丈夫的事）；加上这一人物称呼，又能使连续写下来的对话略有变化。增添第 84 段这一处对话，一是更好地突出了白洋淀边青年妇女的形象，她们不甘落后，好胜心强，坚信自己的力量，渴望像男人一样“当兵”，投入抗日战斗；二是巧妙地照应了上文第 73 段丈夫抱怨的话，故事情节得到合乎情理的发展，小说的结构显得更为严谨了。

师：从以上修改、增添的对话描写，可以体味出怎样的语言特点？

生：[略]

师：[归结到“准确、朴素、口语化”]

[以上先研讨对话描写的修改]

师：我们再看第 2 组第 1 例。为什么后来的课文又要加进第 2 段？

生：[略]

师：[点拨，归结] 小说开头第 2 段对白洋淀风情的描写，一是为人物的活动提供了一个明朗清新的环境，增添了小说的诗情画意；二是具体形象地写出了白洋淀的可爱——家乡是这样的美好，岂容强盗来侵犯！所以小说的主人公拿起枪，保卫家乡，保卫祖国。

师：再看第 2 组第 2 例。为什么要把“宽厚肥大的荷叶”改为“肥大的荷叶”？

生：[略]

师：[点拨，归结] 把“宽厚肥大”改为“肥大”，使景物描写更为准确，更加符合荷叶的特点，文字也更精练。

师：再看第 2 组第 3 例。为什么要把“一望无边际的密密层层的大荷叶”改为“一望无边挤得密密层层的大荷叶”？

生：[略]

师：[点拨，归结] 用“一望无边”代替“一望无边际”，减少一个字，但意思不变；再改用一个“挤”字，增添了新的句意，生动地显示了荷叶的动态，突出了荷花淀里荷叶数量之多，密度之大。（由于用了动词“挤”，后面的“的”也相应改为“得”）这个“挤”字能不能用“靠”“排”“铺”等单音动词代替？

[学生讨论后老师归结] 用“靠”，文理欠通顺；用“排”，不合乎荷叶自然生长的特点；用“铺”，不能突出许许多多荷叶向上生长、高低错落的情状。只有用“挤”最好。这同小说中其他景物描写中的用词，如写“荷花箭”用“挺”，写“大荷叶”用“舒展开”，写芦花用“飘下”一样，都是符合具体景物的特征，用得十分准确、生动而朴素。

[以上研讨景物描写的修改]

师：除了对话描写和景物描写，《荷花淀》的细节描写也很精彩。接下来我们再看第 3 组第 1 例。后来的本子为什么要加进这些句、段？

生：[略]

师：[点拨，归结] 原来的本子中，从描写水声到描写“抬起头往远处看了看”时发现敌船，接得有些突兀，加进几句细节描写和对话描写，从水写到水里的菱角，再写到对亲人的思念和小小的气话，从对话中的“天边”很自然地写到“抬起头往远处看了看”，从而发现敌船，引出下文，联接得十分紧密而合情合理。同时，增加对“菱角”的描写，增写一“捞”一“丢”，这两个细节也增添了生活情趣和水乡特色。

师：再看第 3 组第 2 例，这里的修改起什么作用？

生：[略]

师：[点拨，归结] 这样改，突出描写了伏击战后的一个细节，把水生凭高超的泳技追回饼干盒，写得活灵活现，比原文在后面第 73 段用一个长句子交代一下，显得要好得多：既使故事情节的发展、上下文的衔接更为合理，又渲染了战场的生活气息和伏击战胜利后的喜悦之情，烘托出战士们热爱生活的革命英雄主义精神。

从上面的对照比较、推敲辨析中，我们可以体会到作家在文艺创作过程中的艰苦劳动。正是这种劳动，磨炼出了作品的特色和作家的风格。作家字斟句酌、精益求精的精神，值得我们好好学习。从修改实例中学到的一些写作方法和语言技巧，我们在写作练习中可以适当运用。

[这一教学活动主要运用对照比较、推敲辨析的方法。学生手头有实例讲义，加上教师的相机点拨，课堂气氛活跃，学生兴趣很浓]

[学生提问]

师：大家对这篇课文的内容、写法、语言，还有什么问题需要提出来讨论的？

生：课文第 59 段“哗哗，哗哗，哗哗哗”。为什么第 3 个要用“哗哗哗”？仍用“哗哗”构成整齐的反复不好吗？

师：[引导学生讨论后归结] 50 年代的课本里，曾经把“哗哗哗”删减成“哗哗”，但孙犁不同意，他指出：“衡量文情”，“最后的一个‘哗’字多么重要，在当时，是多么必不可少的一个‘哗’呀！”我们可以理解为在当时十分紧迫的情势下，妇女们把船越摇越快，从水声“哗哗”到“哗哗哗”，象声词的叠用次数显示出节奏的加快。把“哗哗哗”改为“哗哗”，就没有这种表达作用了。

生：课文第 32 段“女人们到底有些藕断丝连”，我总觉得用“藕断丝连”不太好，能改为“牵肠挂肚”吗？

师：[引导学生讨论后归结] 据作者对一位文艺评论家说，他在创作《荷花淀》写到这一句时，想到了好几个意思大致相同的词儿，经过几番斟酌，才决定采用“藕断丝连”这一个。作者这样选用，是独具匠心的。文学的语言应当考虑到联想，荷花淀的风味，荷花淀的情调，都包含在“藕断丝连”这四个字之中了。选用当地常用的“藕断丝连”作比喻性描写，既切合“荷花淀”这个特定的情境，又朴素、生动，确实是非常精彩的。改为“牵肠挂肚”，就显得一般化了。

［每篇课文教学结束前，留一段时间让学生自由提问，有助于激发学生钻研的兴趣，并弥补教学中的不足，提高课堂教学的效率］

［布置作业］

师：课后请同学们再轻声读课文一两遍，进一步细细体味洋溢在作品中的诗情画意和浓郁的“白洋淀风味”，细细体味作家语言的准确、朴素和口语化等特点。思考“修改比较”讲义中第 4 组的 6 个词语、标点修改实例，研究为什么要那样改。下一堂课我们一起评讲。

［引导学生把反复诵读名家名篇作为学习的重要步骤，增强语感，加深理解；配置难度较小的修改比较实例，让学生运用课堂研讨中学到的方法，去独立钻研、品味，提高语言文字的实际运用能力］

教学说明

这篇课文可教的“点”很多，从目前中学生实际情况出发，依据现行课本内的自读提示和练习思考题规定的要点，本课教学着重抓了故事情节的理解，主题思想的归纳比较，对话描写、景物描写作用的研讨，语言主要特点的体味。对这些“点”的教学，注意由浅入深、由粗到细，螺旋式推进，并力求同读、写、听、说等能力的训练相融合，让学生积极活动，自觉地能动地投入学习。

这篇课文的修改实例，一类是作家自己的改笔，孙犁在创作实践中“养成了认真思考、认真读书、认真修改稿件的习惯。就是一篇短稿，也要反复修改”（刘绳、刘波《战火中的孙犁》）。一类是人民教育出版社课本编者修改而经作家本人同意的，大多是个别词语、标点的改动。还有一类是 50 年代有的课本作的修改因作家本人未同意而后来又改回来的，也可视为广义的修改吧。引导学生对这些修改实例作比较辨析，有利于在生动活泼的教学活动中给学生留下较深的印象，达到本篇的有关教学目的。

《多收了三五斗》教学设计①

教学目的

一、引导学生理解本文场面描写、细节描写和对话描写的作用。

二、指导学生通过比较、对照，学习作家细致、周密、简练的语言和运用语言的严肃认真的态度。

三、引导学生了解“丰收反而成灾”的原因，了解旧中国广大农民遭受的重重剥削、欺压以及他们自发的反抗意识。

教学设想

一、精心选择三个场面展开故事情节，细节描写和对话描写的娴熟运用，是这篇小说的写作特点。教学时可让学生在熟悉思想内容的同时，理解这些特点。

二、本文作者叶圣陶是我国老一辈著名作家，他对语言的运用非常讲究，享有“优秀的语言艺术家”的美誉。教学本文，可以针对初二学生的实际情况，从语言入手，扣住语言的分析和练习，使他们理解作品的思想内容和写作方法，学习作家运用语言的技巧；另外，叶圣陶对本文作了修改，这给初学写作者以宝贵的启示，在教学中可适当穿插一些修改范例，指导学生比较、推敲，以加深对作品内容的理解，并学习作家严肃认真的写作态度和运用语言的具体技巧。

三、读、写、听、说的训练可结合进行。加强预习指导和讨论研究，教师作适当点拨。

教学时间

三课时。

第一课时

教学要点

引出课题，交代背景；自读，思考；理清情节，初步了解课文内容。

① 原载《初中语文基本课文教学设计》，辽宁教育出版社 1988 年 8 月第 1 版。

教学步骤和方法

一、引出课题，交代背景：

以“本地农民丰收之后生活情况如何”为题，用几分钟时间让学生口头交流实例，或由学生读一篇报道这方面事例的报纸短文，然后引入新课：

在旧社会，广大农民的情况可大不一样。今天学习的《多收了三五斗》，写的是五十多年前某地农民丰收之后的情况。这篇著名的短篇小说是老作家叶圣陶先生写的。作者在1932年秋天开始酝酿，到1933年7月1日在当时的《文学》杂志创刊号发表，经历了九个月的时间。三十年代初，在帝国主义的经济侵略之下，洋米洋面倾销我国市场，米价大幅度下跌，农民的贫困越来越严重。谷贱伤农，丰收反而成灾，这种悲惨景象震撼着富有正义感的作家的心灵。他把平时积累的生活素材进行筛选，综合成为反映新的主题的材料，写成了这篇《多收了三五斗》。

〔板书：多收了三五斗〕

二、布置预习思考：

要求学生阅读全文，初步了解故事情节；找出不认识或不理解的字词，查检字典，注音释义；思考下面几个问题：

1. 课文的哪些语句告诉我们：是谁多收了三五斗？为什么今年能多收这么三五斗？多收了三五斗后，他们起先的心情和后来的遭遇怎样？造成这种遭遇的原因是什么？

2. 这篇课文可以有不同的划分段落的方法。作者自己同意分为两大段，前一大段又分几个层次。第一大段是小说的主体，集中写了三个场面，第二大段是小说的结尾。试归纳大段的意思，并替三个场面各列一个小标题。

3. 这篇小说的主人公是谁？为什么不用具体人的姓名而用群体的称呼？群体称呼是什么？作者为什么要用这个称呼？

4. 阅读课文时，把最能反映当时农民们生活贫困的词语圈点出来。

5. 文中几次写到敞口船？几次写到太阳光？找出来划上曲线。这些细节描写在作品中起什么作用？

6. 第一大段的每个场面都有人物的对话描写，找出来轻声朗读。这些对话是否符合说话者的身份？反映了他们怎样的心情？

三、学生自读，圈点勾画，查检工具书，做预习笔记，准备讨论要点。教师巡回指导，了解情况。

四、检查预习情况，根据本班学生实际水平，默写部分词语并指导自我订正，穿插正音、释义。

五、讨论预习思考题1：

讨论中引导学生理解：课文的标题是“多收了三五斗”，讨论的这几个问题正是读者所关心的，作者都形象地作了回答。多收了三五斗的是农民，就是文中多次提到的“旧毡帽朋友”。多收了三五斗，是由于“今年天照应，雨水调匀，小虫子也不来作梗”。在旧社会，农民靠天吃饭，这是丰收的主要原因；当然还得靠他们“吃辛吃苦，赔重利钱借债”种田。“入秋以来，望着沉重的稻穗”，他们感到“快乐”；多收了三五斗后，“旧毡帽朋友”充满美满的希望，摇船到市镇米行粜米，“出力摇船犹如赛龙船”，充满了“一股劲儿”；他们希望卖个好价钱，在缴租、还债、解会钱之后，能有余钱买一些日用品。但米价跌得厉害，“旧毡帽朋友”低价粜米，吃了大亏，落到了更加贫困的境地。

造成这种悲惨遭遇的原因，课文都用生动的笔法提到了：一是“各地方多的是洋米洋面”，“外洋大轮船”还在源源不断地“运来”，帝国主义向中国倾销洋米、洋面，使米商可以尽管压低米价；二是“田主那方面的租是要缴的”，“借下的债是要还的”（而且是“四分钱”“五分钱”的债），地主对农民的残酷的地租剥削和高利贷者的重利盘剥，使农民不得不贱价粜米，以换回一些钱缴租还债；三是“这里到范墓要过两个局子，谁知道他们捐我们多少钱！”当时官府的苛捐杂税，又是一重压榨；四是“不要说范墓，就是摇到城里去也一样。我们同行公议”，投机米商相互勾结，压低粮价，牟取暴利，使农民损失惨重。作者通过“旧毡帽朋友”的悲惨遭遇，暴露了旧社会的黑暗。

在上述讨论的基础上，引导学生比较下列四个标题，说说哪一个最好？为什么？

谷贱伤农

丰收反而成灾

丰收之后

多收了三五斗

归结：前两个虽然点出了作品的主旨，但太直、太露，不适宜做小说的标题。第三个要含蓄一点，但不够具体。“多收了三五斗”则既含蓄，引人联想（例如上面讨论的一些问题），又具体地交代了丰收的幅度，而且是当地农民的口语；另外，作者在小说内也有两次点到了这个题目：“今年天照应，……一亩田多收这么三五斗”“难得今年天照应，……一亩田多收这么三五斗”，同正文联系紧密。

六、讨论预习思考题2：

下列答案可供参考：

第一大段：丰收后发生在某个市镇上的故事

（一）米行粜米，希望破灭；

（二）街上购物，节约预算；

（三）船头议论，愤愤不平。

第二大段：这样的故事到处都有，十分平常

〔板书上述段意和小标题〕

七、布置作业：

朗读课文；进一步理解、熟悉内容；准备口述故事梗概。

第二课时

教学要点

研讨课文内容和写作方法；学习细致、周密、简练的语言。

教学步骤和方法

一、口述故事梗概：

板书第一大段三个小标题，要求学生分三个场面口述故事梗概。可由两名学生口述，大家评议。

二、讨论预习思考题3：

讨论中引导学生理解：这篇小说的主人公是一批摇船去市镇粜米的农民，作者称他们为“旧毡帽朋友”，这是一个群体称呼。作者不像一般的短篇小说那样着力写一两个人，而是写了一群农民，这一方面是由所写的题材决定的：一个村子的农民摇船粜米总是结伴而行，这样写符合生活的真实。更重要的是可以更好地表达主题思想：遭受这种悲惨命运的并非某一个人或某几个人，而是许许多多的“旧毡帽朋友”，这样写揭露面就更广泛，反映社会现象就更深刻。

在此基础上，引导学生讨论：1.“一批人咕噜着离开了万盛米行，另一批人又从船埠头跨上来。……”这一段同上面若干段的关系；2. 结尾一段同全文的关系。

归结：1. 这样“由此及彼”地写，表明落在悲惨命运里的，并非几个

“旧毡帽朋友”，而是一批又一批；2. 这样“由点到面”地写，指出受害的农民并非一处，而是到处都是。有了这两段，就使“旧毡帽朋友”的故事具有普遍意义，增加了主题的广度和深度。

“旧毡帽”是江南农民所常戴的，可以说是他们的一个特征。用“旧毡帽”代替“农民”（这是修辞上的“借代”），不仅形象生动地表明了身份，而且乡土风味很浓。后面加上“朋友”，则倾注了作者对农民的无限同情。叶圣陶曾在江苏吴县甪直镇教过五年小学，同“旧毡帽朋友”朝夕相见，向他们请教过农业生产知识，了解他们的生活情况。当农村破产、农民贫困的情况越益严重的时候，他最关心的是那些“旧毡帽朋友”的生活。他在小说中用“旧毡帽朋友”统称贫苦农民，是有生活基础的。

三、语言比较辨析：

“旧毡帽朋友”的悲惨命运，作者在许多地方，通过细致、周密而简练的语言，作了表达力很强的描写。

〔出示小黑板〕

比较下列几组句子中A、B两句的不同之处，说说作者为什么用B句而不用A句。

1. A.“什么!”希望犹如肥皂泡，一会儿迸裂了三四个。
   B.“什么!”希望犹如肥皂泡，一会儿又迸裂了三四个。

2. A. 白白的米换不到白白的现洋钱，好像被他们打了个折扣，……
   B. 白白的米换不到白白的现洋钱，好像又被他们打了个折扣，……

3. A. 他们咕噜着离开万盛米行的时候，犹如走出一个一向于己不利的赌场，——这回输了!
   B. 他们咕噜着离开万盛米行的时候，犹如走出一个一向于己不利的赌场，——这回又输了!

4. A.“得把自己吃的米粜出去了。唉，种田人吃不到自己种出来的米!”
   B.“又得把自己吃的米粜出去了。唉，种田人吃不到自己种出来的米!”

在比较、研讨中引导学生理解：四组中都是B句用得好；不同之处都在于B句比A句多用一个“又”字。“又”是一个很普通的词儿，但被作家在同一篇小说的关键之处恰当地反复使用，竟起了很强的表达作用。第1个“又”，关联了上一批几个“旧毡帽朋友”的希望破灭的事实，“一会儿”就有这么两批，写出了受害农民之广。第2个“又”，关联了“米价压得低，被米行打了个折扣”这一事实，一次次地遭到“折扣”，写出了“旧毡帽朋友”身受剥削之多。第3个“又”，呼应上半句的“一向”，关联了以往各种年份也都是“输”的事实，写出了“旧毡帽朋友”陷入困境之深。第4个“又”，关联了种田人往年也常把自己吃的米粜出去的事实，写出了“旧毡帽朋友”年年挨饿之苦。这四个“又”字，用笔是再俭省没有了，但却真实而有力地反映了旧社会农民的种种不幸和悲惨命运。

四、语言钻研理解：

“旧毡帽朋友”的悲惨命运是谁造成的，已经在上一节课作了初步讨论。我们再来看看，作家通过哪些词语巧妙地点到了他们。

说说下面句子中加点的代词具体指的是谁。

1.“这里到范墓要过两个局子，知道他们捐我们多少钱！……”

2. 总之，袋里的一叠钞票没有半张或一角是自己的了。还要添上不知在哪里的多少张钞票给人家，人家才会满意，这要等人家说了才能知道。

3.“我们年年种田，到底替谁种的？”……

就有另一个人指着万盛的半新不旧的金字招牌说：“近在眼前，就是替他们种的。……”

4.“……我不缴租，宁可跑去吃官司，让他们关起来！”

引导学生从课文中逐条找出并讨论，明确这几处代词所指代的本体：第1例的“他们”是指旧社会官府设立的厘金局（税务局）；第2例的三处“人家”，是指田主（地主）、高利贷债主；第3例的“他们”，是指米行老板（投机商人）；第4例的“他们”，是指田主、官府。

在此基础上，再补一例：

在写“旧毡帽朋友今天上镇来，原来有很多计划”这一段里，提到了要买“洋肥皂”“洋火”“洋油”“洋布”“洋镜”等，其中“洋肥皂”“洋镜”这两处，在作家的初稿中，用的是“肥皂” “镜子”。想想看，为什么要修改？

讨论后归结：这样改，写出了当时社会的真实情况——各种各样的“洋”货倾销中国广大农村，帝国主义的经济侵略十分严重。

上面四例中点到的反动官府、地主、高利贷债主、投机商人，再加上帝国主义势力，造成了广大农民贫困、破产的悲惨命运。

五、讨论预习思考题 4：

作家对广大农民的贫困生活作了精细的描绘，但所用语言又不多，十分简练。我们看一些例句：

〔出示小黑板〕

下面各句中，加点的词语能不能去掉？为什么？

1. 那些戴旧毡帽的大清早摇船出来，……

2. 他们随即加入先到的一群。斜伸下来的光柱子落在他们的破布袄的肩背上。

3. “乡亲”们还沽了一点酒，向熟肉店里买了一点肉，……又从船梢头拿出盛着咸菜和豆腐汤之类的碗碟来。

4. 难得今年天照应，一亩田多收这么三五斗，让一向捏得紧紧的手稍微放松一点，谁说不应该？

5. 他们知道惟有今天，“乡亲”的口袋是充实的，这是不容放过的好机会。

6. 在节约预算的踌躇之后，“乡亲”们把刚到手的钞票一张两张地交到店伙手里。

7. 有几个女人拗不过孩子的欲望，便给他们买了最便宜的小洋团团。

讨论中引导学生理解：尽管以上文句中加点的词语去掉后，句子仍是通的，但不能去掉。因为这些词语十分精当地写出了这些粜米农民的贫困生活，而这正是作者要充分反映的现实。他们一个个戴的都是“旧”的毡帽，穿的都是“破”的布袄，丰收之年卖了粮食，在市镇上相聚一起吃的，也只是“一点”酒、“一点”肉和“咸菜”“豆腐汤”之类；他们设想多收了三五斗、多卖些钱后，添置些日用品，但也只能“稍微”放松“一点”，而不能把一向捏得紧紧的手放得太松，因为还要缴租、还债……各家店伙向他们拼命兜售，因为一年中“惟有今天”，卖粮这一天，他们才稍许有点儿购买日用品的能力；米价压低、种田亏本，他们的手捏得更紧，只能“一张两张地”付钱，买极少的日用必需品；有的母亲爱子心切，也只能买一个“最”便宜（不仅是“便宜”）的洋团团。琢磨这些词语，可以知道，旧社会的农民，生活就是这样的贫穷困苦！在此基础上，还可启发学生联想：丰收之年尚且如此，灾荒之年呢？比“旧毡帽朋友”经济地位更低的农民的生活状况呢？

六、讨论预习思考题 5：

课文结构严谨，除描写的三个场面紧相衔接、过渡自然外，细节描写的互相照应也很出色。从中可体会作者的匠心。

讨论中引导学生理解：

文中三次写到敞口船，都同粜米有关。第一次是开头一段。可让学生琢磨为什么用“横七竖八”，（乡村里出来的船多）“齐船弦的菜叶和垃圾……”一句这样写说明什么？（装的米多）这一段描述，形象地写出了大批农民摇船到市镇粜米。第二次是粜米之后：“结果船埠头的敞口船真个敞口朝天了；船身浮起了好些……”呼应第一次描写，形象地写出了米已卖光。第三次是喝酒之前：“小孩在敞口朝天的空舱里跌跤打滚，又捞起浮在河面的脏东西来玩……”呼应第一、二次描写，形象地写出了米已卖空，又描画出了农家小孩的天真烂漫；“惟有他们有说不出的快乐”一句，反衬出他们的父母粜米之后的辛酸和激愤。

文中四次写到太阳光，都同写“旧毡帽朋友”的活动有关，同时又巧妙地表明了时间的推移：

> 朝晨的太阳光从破了的明瓦天棚斜射下来，光柱子落在柜台外面晃动着的几顶旧毡帽上。（太阳升起不久，斜射的光线落点较高；农民一早就摇船上镇粜米。）
>
> 斜伸下来的光柱子落在他们的破布袄的肩背上。（太阳升高了一些，斜射的光线落点稍下移；又一批农民来粜米。）
>
> 他们三个一群，五个一簇，拖着短短的身影，在狭窄的街道上走。（时间接近中午；农民粜米后上街购物。）
>
> 酱赤的脸受着太阳光又加上酒力，个个难看不过，好像就会有殷红的血从皮肤里迸出来似的。（秋天的正午左右，阳光的热力还较足；贫苦农民无力上酒店，只能在船头露天喝酒。）

根据本班学生水平和教学时间，下列有关结构严谨、相互照应的例句，可选择研讨。

“希望犹如肥皂泡，一会儿又迸裂了三四个。”“三四个”为什么不能改为“两三个”“五六个”？这一句同前面哪一处描写呼应？

（同上文“三四顶旧毡帽从石级下升上来”呼应。“三四顶旧毡帽”就是三四个农民，每个人都怀着一个美满的希望。用“肥皂泡”“迸裂了三四个”，形象地写出了这一批来粜米的三四个农民都失望了。）

“他们咕噜着离开万盛米行”中，“咕噜”的是什么内容？下文什么地方作了交代？

（下文有“嘴里还是咕噜着，复算刚才得到的代价，咒骂那黑良心的米行”，从“还是”可知，他们在离开万盛米行时，也是在“复算”和“咒骂”。文笔很周密。）

写“街上购物”场面时，“街道上见得热闹起来了”这一句为什么要两次出现？

（这一句第一次出现后，作者用三个小段插叙交代了“旧毡帽朋友”原先的购物计划和贱卖后的失望心情，以及仍要购一些物品的原因。由于插写的内容较多，所以后面再加上同样的一句加以呼应，表示时间上同下一段的“他们三个一群，五个一簇……”紧相衔接，以上三段是插叙，说明情况和原因。这样写，结构很严密，过渡也自然。）

七、布置作业：

〔发油印讲义或出示小黑板〕

老作家叶圣陶在1958年编订《叶圣陶文集》时，对自己的旧作进行了细致的修改，为我们树立了认真对待作品语言的范例。请对照比较《多收了三五斗》中的下列修改例句，联系文章的思想内容，说说作家为什么要对一些词语、句式和标点符号作那样的改动？（原句选自1951年开明书店出版的《叶圣陶选集》）

1.“比去年都不如，只有五块钱！”伴着一副懊丧到无可奈何的嘴脸。（“嘴脸”改为“神色”）

2. 嘴里还咕噜着，复算刚才得到的代价，谩骂那黑良心的米行。（“谩骂”改为“咒骂”）

3.“逃荒去，债也赖了，会钱也不用解了，好计策，我们一起去！”（“计策”改为“打算”；“一起去”改为“一块儿去”）

4.“今天在这里的说不定也会吃枪，谁知道！”（“今天在这里的”后面添加一个逗号）

5.“真个没得吃的时候，什么地方有米，拿点来吃是不犯王法的。”理直气壮的声口。（“拿点来吃是不犯王法的”后面的句号改为感叹号）

6.“今年春天，丰桥地方不是闹过抢米的事情么？”（“的事情”三字删去）

7. 船身浮起了好些，……菜叶和垃圾不复可见。（“不复可见”改为“就看不见了”）

8. 一会儿，这只船也冒烟，那只船也冒烟，个个人流眼泪，……（两处量词“只”改为“条”，“流眼泪”改为“淌眼泪”）

第三课时

教学要点

比较、推敲语言修改实例，学习运用语言的严肃态度和技巧。

教学步骤和方法

一、讨论预习思考题6：

分角色朗读几处对话：

由于主人公是群体人物，本文的对话，凡属“旧毡帽朋友”说的，都没有注明是谁。这是一个特点。从对话描写中，可以了解这些农民心情的变化，反抗意识的逐渐增强。

为使较多的学生能当众朗读，“旧毡帽朋友”的对话每一处可换一位学生；米行“先生”可指定两人、店铺“店伙”可指定三人朗读。

第一个场面中，从问价到换来钞票，“旧毡帽朋友”的心情有一个变化过程，大致可分为“惊呆”“愤激”“疑惑”“哀求”“无可奈何”（“将信将疑”）几个层次。指导学生朗读时注意运用不同的语气语调。朗读米行“先生”的话，可根据作者点明的“有气没力”“冷笑”“听得厌烦”“鄙夷不屑”“声音很严厉”等，掌握好音量、语气、语调和感情。

第二个场面中，有三家“店伙”对“乡亲”们“特别卖力”的叫卖声，朗读时要注意象声词、语气词的处理，以读出一定的感染力。

第三个场面中，尽管描写的是“散乱的议论”，但作者巧妙地安排了几个小层次，大致可分为“亏了”“抗租”“逃荒”“做工去”“不愿白当差”“以后抢米吃”六层，朗读时要注意读出农民的抱怨心情和自发的反抗情绪。

二、对话中几处修改的赏析：

上节课布置的作业中第3、4、5、6例，都是“旧毡帽朋友”的对话，引导学生逐例讨论为什么要这样修改，并使他们理解：例3“计策”换成“打算”，改得好。因为“逃荒去”的提议，并不是深思熟虑后提出的十分周密的计划、对策，只是议论时脱口而出的一种想法，用“计策”嫌太重。同例中“一起去”三字韵母相近，连读拗口；改为“一块儿去”，就避免了这一缺陷，读起来顺畅。例 4 原句十三个字，作为对话，嫌稍长了点，在句内适当处加个逗号，分为六字、七字两段，读起来顺口些，更能体现口语特点。例 5 把句号改为感叹号，整句话语气从平缓变为强硬，显示出斩钉截铁的“理直气壮的声口”，更能表达出贫苦农民自发的反抗情绪。例 6 删去“的事情”，因为“闹过抢米”就等于“闹过抢米的事情”，删去可有可无的词语，对话显得更加简洁有力。

三、描写文字中几处修改的赏析：

上述作业中第 1、2、7、8 例，都是本文描写文字中的修改例子，引导学生逐例讨论修改的原因，并使他们理解：例 1 原文用的“嘴脸”，指“面貌、脸色”，现在常用于反面人物，带贬义；用它写贫苦农民不太合适，容易造成误解，改为中性词“神色”就好得多。例 2 把“谩骂”改为“咒骂”，更加突出了“旧毡帽朋友”对“黑良心的米行”的痛恨。因为“谩骂”是用轻慢、嘲笑的态度骂，“咒骂”是用恶毒的话骂。农民吃了米行的大亏，心里气愤，在背后痛骂，话语自然是厉害的，用“咒骂”更为恰当。例 7 把“不复可见”改为“就看不见了”，是把文言句法结构改为现代语的说法，使小说的语言通俗易懂。例 8 是把吴方言区称量船的量词“只”改为普通话的量词“条”，使语言更加合乎现代汉语的规范。

叶圣陶先生是老一辈著名作家，“优秀的语言艺术家”。从这八个修改实例的琢磨、推敲，可以进一步了解他那严肃认真、一丝不苟的写作态度，细致周密、十分精当的语言表达技巧。这两个方面，都是我们应当好好学习的。我们写文章，要注意尽可能地多推敲，多修改，使语言表达水平不断提高。

四、语言修改赏析练习：

〔发油印讲义或出示小黑板〕

下边八个例句选自《叶圣陶选集》，试同课文对照一下，看看作者做了哪些修改，说说这样改的道理。

1.“吓！”声音很严厉，左手的食指坚强地指着，“这是中央银行的，你们不要，可是要想吃官司?”

2. 另一位先生听得厌烦，把嘴里的香烟屁股掷到街心，睁大了眼睛说：……

3. 有些女人的预算里还有……一顶结得很好看的绒绳小团帽。

4. 故意把声音抑得低低，网着红丝的眼睛向岸上斜溜。

5.“这里到范墓要过两个局子，知道他们捐我们多少钱。……”

6.“我们年年种田，到底替谁种的?”一个人呷了一口酒，幽幽地提出他的疑问。

7. 相识的，不相识的，落在同一的命运里，又会饮在同一的河上，……

8. 女人在船梢头烧饭。

学生对照不同版本文字，找出修改之处，联系上下文，结合自己对小说思想内容的理解，跟周围同学讨论修改的理由，然后全班逐例交流。引导学生理解：

例 1 把“坚强”改为“强硬”。因为“坚强”一般用来形容好的行为、品质，是褒义词；形容米行“先生”对待贫苦农民的咄咄逼人的手势，改用中性词“强硬”要好得多。例 2 把“掷”改为“扔”。“掷”的东西一般较大较重；“扔”的东西可大可小，可重可轻，而且往往是被丢弃的。这一句中同“香烟屁股”相配，用“扔”更为贴切。例 3 是把过时的名词“绒绳”改为当今通用的名词“绒线”（即毛线），使今天的读者一读就懂。用“绒线”也比“绒绳”合理，因为一般来说，“绳”要比“线”粗得多。例 4 原来用的“抑得低低的”，有几个字韵母相近，连读时声音不够清晰响亮，改为“压得很低”，既通俗又好读。例 5 把末尾的句号改为感叹号，语气强硬得多，更能反映出贫苦农民对当时官府设卡勒索的强烈不满。例 6 删去“他的”，因为同一句中前面已点明“一个人”，删去后文句更加简练。例 7 把文言句法结构“会饮在同一的河上”改为现代语句子“又在同一的河面上喝酒”，使小说语言更加明白好懂。例 8 是把吴语区的方言词语“烧饭”改为普通话的“煮饭”，以避免非吴语区的读者产生误解。

在赏析上述十几个修改例句的基础上，可归结一下：我们写文章要重视修改，要学习老作家叶圣陶，认真而细心地逐句推敲。对同义词语要精心选择，对文言句式和方言词语要尽量改换，对不顺的地方要改得顺畅，对标点符号也应逐个斟酌。要改到像叶圣陶先生说的那样：“读起来顺口，听起来顺耳。”

五、学生对课文质疑问难，教师解答或引导讨论解决。

六、课后练笔：

两题任选一题：

(一)《丰收季节喜事多》，写五六百字的短文。要求选择两三个场面，反映今天广大农民充满生机的幸福生活。

(二)《学习〈多收了三五斗〉的语言修改》，写四五百字的短文。要求选择讨论过的十几处修改中的一处或相同类型的两三处，用书面文字加以评述。先把修改之处交代清楚，再把这样修改对表达文章思想内容的作用或别的方面的好处作具体的分析。

练笔短文写成草稿后，要多修改几遍，力求在内容、结构、语言方面都没有毛病。

附　补充注释：

1. 粜米：卖米。粜，念 tiào。同“粜”相对的是“籴”，念 dí，买进(粮食)。
2. 同行公议：旧时商业用语，指同一行业的许多店主共同决定。
3. 囝：吴语对小孩的通称。
4. 解会钱：送交会钱。会，旧时民间一种小规模的经济互助组织，入会成员按期平均交款，分期轮流使用，以解决某种急需。会钱，就是应按期交付的钱款。
5. 茶壶窠：旧时用来保持茶壶里热水温度的一种用具，用稻草编扎而成。茶壶放在窠里，在一小段时间内，可保持一定的水温。
6. 足尺加三：旧时布店招揽顾客的商业用语，指卖布时除了量足顾客购买的尺数，还要加上三成。这往往是一种宣传，一般是稍许多加一点。
7. 不管三七二十一：文内是不顾一切的意思。
8. 叫化子：苏州一带方言词，即乞丐。

《大自然的语言》教学设计①

教学重点

一、学习生动地有条理地说明事物。

二、学习写读书摘要。

三、了解物候知识的掌握和物候学的研究在农业上的重要意义，激发观察大自然的兴趣。

教学时间

两课时

第一课时

（一）导入新课

同学们，前面我们学过《春》和《济南的冬天》这两篇课文，还记得里面是怎样分别描写小草的吗？〔学生回答后教师归纳〕春天，小草“嫩嫩的，绿绿的”；冬天，草色“暗黄”。从“绿绿的”知道春天到了；从“暗黄色”知道冬天已经降临。大自然仿佛会告诉我们气候的信息似的，这是怎么回事呢？今天学习的《大自然的语言》这篇课文，将给我们解释其中的道理。

〔板书课题〕

（二）通读全文

同学们课前已经预习了这篇课文，对一些难字难词也已经查阅过字典词典，下面一起读读课文中这几个字词。

〔利用课文“预习提示”内的5组字词，让学生个别读，齐读〕

接下来讨论下面几个问题：

① 原载人民教育出版社《教与学》1993年第3期。

1. 这篇课文介绍了什么知识?

2.“大自然的语言”比喻什么?

3. 对照注释①，说说看，原文标题是《一门丰产的科学——物候学》，课文为什么把它改为《大自然的语言》?

〔学生发表意见后教师归纳〕

课文介绍了物候知识，说明了研究物候的重要性。

“大自然的语言”用来比喻无比丰富的物候现象。语言是人类最重要的交际工具，把大自然中种种物候现象比作“大自然的语言”，形象地说明了认识它、研究它的重要性。

课文把原来的标题改为“大自然的语言”，把大自然拟人化了，显得生动而有情趣，又很新颖，比直接说“物候学”更容易吸引读者；也更合乎“科学小品”这类文章的特点。

下面再通读全文。先替各自然段标上序号（一至十二），用 5 分钟时间快读一遍，并思考第一道练习题中的 4 个小题，填写段的序号。

〔学生读、练后简要讨论〕

各小题后括号内应填的序号为：

第 1 题（一至三）；第 2 题（四至五）；

第 3 题（六至十）；第 4 题（十一至十二）。

(三) 理清层次，剖析条理

说明文要把事理说明得清清楚楚，让人读了容易理解，就必须讲究条理性。请同学们围绕课文的中心——物候现象的介绍，划分段落，简要归纳段落大意。

〔在解答第一题的基础上，引导讨论，然后归纳〕

第 1 大段（一至三段）：从一年四季中自然现象的变化说明什么是物候，并进一步说明物候学和它研究的对象。

第 2 大段（四至五段）：说明物候观测对于农业的重要性。

第 3 大段（六至十段）：分项说明决定物候现象来临的因素。

第 4 大段（十一至十二段）：说明研究物候学的意义。

课文中心明确，条理清晰。请再进一步思考：决定物候现象来临四个因素的说明顺序是怎样安排的？为什么这样安排?

〔讨论后归纳〕

说明应有条有理，即使是并列的几个方面，也不能任意推测，而是要以一定的标准理清条理，依恰当的顺序逐项说明。课文说明决定物候现象来临的四个因素，是按照从主要（七、八、九段）到次要（十段），从空间（七、八、九段）到时间（十段）的顺序来安排的，并分别用了“首先”“第二个因素”“第三个因素”“此外”等词语，表明四个因素所起的作用，程度上有所不同。

（四）学习编写读书摘要

同学们通过几次通读课文和讨论内容、层次，对课文已经大致理解。在阅读实践中，为了加深理解，抓住重点，或是为了记录资料，以备日后使用，我们常常会在大致理解内容之后，做一些读书摘要。摘要，实质上就是对信息进行筛选，要把文章的要点或主要的内容摘录在卡片或笔记本上。摘录的形式，可以是分条的提纲，也可以是浓缩的文字；可以摘引原文的重要语句，也可以用自己的话概括。

今天我们先练习最简单的读书摘要：从课文中选出一些重要语句，分条抄录在笔记本上，构成本文的“摘要”。第一步，先围绕课文第一道练习中的4个小题，从文章中找出答案，在有关的句子下划一条曲线。第二步，把这些句子分别摘抄在笔记本上，有时可适当调整语句或在句子前、后加上一些词语，使表达完整。

〔学生练习，完成后相互交换阅看，订正、补充，加深理解课文内容。再将预先准备的写有“摘要”的小黑板挂出，供学生参考，但要求不必照抄教师做的“摘要”。〕

《大自然的语言》摘要

1. 草木荣枯、候鸟去来等自然现象，是大自然的语言。这些自然现象，我国古代劳动人民称它为物候。

到了近代，利用物候知识来研究农业生产，已经发展为一门科学，就是物候学。

2. 物候观测应用在农事活动，比较简便，容易掌握。它对于农业的重要性就在这里。

3. 物候现象的来临决定于四个因素：首先是纬度，第二是经度，第三是高下的差异，此外还有古今的差异。

4. 物候学的研究，首先是为了预报农时，选择播种日期。此外，还有利于安排农作物区划，确定造林和采集树木种子的日期，引种植物到物候条件相同的地区，避免或减轻害虫的侵害，便利山区的农业发展。

第二课时

（一）交流读书摘要，加深对课文理解

〔二三人交流后归纳，鼓励学生向课外阅读延伸，经常自觉地做读书摘要〕

（二）继续研讨写法

这篇课文的写法，除了层次清晰、有条有理这个特点外，还有一个特点也值得理解和学习。说明事物的时候，常常要用举例子的方法。举例的多少按需要而定，可以举一个，也可以举两个甚至更多些。这篇课文在多数情况下只举一个例子，而说明经度差异对物候的影响却举两个例子。〔学生读课文〕举两个必要吗？为什么？

〔学生讨论后教师归纳〕

说明文中例子举多举少是有讲究的。读者容易明白的地方举一个例子就可以了，不容易明白的地方就要多举两个例子。近海地方比同纬度的内陆冬天温和，如果依次类推，就会误以为春天也一定来得早，一定温暖，但是事实上春天反而寒冷，所以接连举了“大连—北京”和“烟台—济南”两个例子加以说明，使人确信无疑。

（三）理解语言的生动性

这篇说明文的语言很生动。生动的说明才能让人爱读易懂。先请同学们把第一、二段仔仔细细地轻声读两遍。

〔同学们自读后教师范读一遍，然后挂上预先准备的小黑板：

1. 立春过后，大地渐渐回暖。 2. 再过两个月，燕子飞来了。 3. 到了秋天，果实成熟，植物的叶子渐渐变黄，掉到地上。 4. 杏花开了，就要赶快耕地；桃花开了，要赶快种谷子；布谷鸟叫了，该及时耕作。

要求学生通过比较对照，指出上述语句同课文中相应的语句有什么不同，启发学生了解：两者表达的意思基本相同，但课文的语句要生动得多，讨论后

归纳〕

第1句没有课文中“立春过后，大地渐渐从沉睡中苏醒过来”这一句生动。“渐渐回暖”是一般的说法；“渐渐从沉睡中苏醒过来”，则很自然地运用了拟人的写法，“沉睡”“苏醒”两个词用得贴切而生动，具体地喻写了严冬的大地和早春的大地的不同情态。

第2句没有课文中“再过两个月，燕子翩然归来”这一句生动。“飞来了”是一般的动态叙述；而“翩然归来”是轻松、活泼的动态描写，而且还包含有亲切欢迎回到家来的感情。

第3句没有课文中“……在秋风中簌簌的落下来”这一句生动。“掉到地上”是一般的叙述；而“在秋风中簌簌的落下来”则是具体、生动的描写，黄叶在秋风中纷纷落下的情景，仿佛彩色电影的镜头展现在我们面前。

第4句没有课文第二段中几个原句生动。那几句紧扣“大自然的语言”，先后用了比喻、拟人的写法，还模仿布谷鸟的叫声，写成催促农民耕作的话“阿公阿婆，割麦插禾”，比直接说“及时耕作”要新鲜、生动得多。

（四）复习、复述

再朗读课文第一段，结合上下文进一步理解一些词语的含义。然后与旁边的同学交换复述课文中关于春、夏、秋、冬四季的描写（可以适当展开联想），用进下边的词语：

苏醒　次第　萌发　孕育　差异

推移　灵敏　销声匿迹　衰草连天

风雪载途　周而复始

〔同学相互交流后，选一二位学生向全班复述〕

（五）延伸、作业

1. 我们一起看课文第七道练习题。〔读练习题〕要说得有条有理，就要根据阅读材料列好提纲（写出要点）；要举出实际例子，就要事前收集一些资料（根据回忆、观察）。

〔初步讨论后，提供下列提纲，供学生参考〕

一、气温

1. 温度带

2. 气温年较差

冬季气温

夏季气温

二、雨量

1. 全年雨量

2. 降水量的季节变化

3. 降水量的年际变化

〔布置课后收集本地有关例子，下一课作口头说明练习的交流〕

2. 课文中说：“古代流传下来的许多农谚就包含了丰富的物候知识。”“农谚”是有关农业生产的谚语，用生动、形象的语言，总结了农民在长期生产实践中总结出来的经验。例如：

① 泥鳅静，天气晴。

② 雨中闻蝉叫，预告晴天到。

③ 燕子低飞要下雨。

④ 蚂蚁垒窝要落雨。

⑤ 蚯蚓爬上路，雨水乱如麻。

⑥ 麻雀囤食要落雪。

课后请同学们向亲友或邻居家的老年人请教，收集本地流传的农谚三至五条，交给语文课代表，为班级墙报或黑板报编辑一期“农谚专刊”。

《一幅恬淡明丽的春之图——读老舍的《济南的冬天》》教学设计①

这是一篇文学作品的赏析文章。赏析的对象是单篇的散文，作者用较多的篇幅对原作做了具体细致的分析，全面地评价了原作的思想内容和写作技法，畅谈了自己的体会和受到的启发。

这是一篇自读课文。教学时可以这样考虑：

（一）指导学生对照老舍的原作，细读课文，了解赏析文章的一般写法，认识掌握写作背景、琢磨语言、展开联想、领会意境在赏析散文作品中的作用；

（二）引导学生剖析课文的结构，分析文章炼字炼句的技巧和运用的多种修辞方法，体会文学作品的赏析文章应当讲究文采的道理；

（三）指点学生对课文中某些疏漏之处进行研讨，进一步懂得运用语言必须严肃认真、严谨周密、严格遵守规范。

布置学生自读时，可根据本班实际情况，安排好自读的步骤，适当提出一些自学思考题，引导学生在每一步的自学中有目的地去钻研课文。下列分步学习内容和自学思考题目可供选用。（〔 〕内为参考答案。）

第一步：初读全文，给每段标上数码（1—11），了解课文大意，对个别难字难词，查检工具书自行解决。着重思考下列问题：

（一）课文评述的对象是什么？

〔老舍的一篇不满千字的散文《济南的冬天》，它所蕴含的思想感情和运用的写作技法。〕

（二）从课文能否知道，老舍《济南的冬天》这篇散文发表在什么时代？当时的社会情况怎样？老舍写作这篇散文的意图是什么？

① 原载《语文教学论坛》1988 年第 3 期。入选《高中语文新课文讲析》上册，新蕾出版社 1990 年 2 月第 1 版。

〔从第 4 段和第 8 段可知：作者认为当时是“战火纷飞的岁月”，“战争年月”，北中国“到处是饥寒交迫”。二十世纪三十年代初期（1934 年前），侵略者已把战火烧到我国北方，《济南的冬天》就发表在这一时代。

从第 4 段、第 5 段和第 8 段可知，作者分析老舍的写作意图是：“借对（济南）这‘桃花源’的描绘，来寄托自己的美好理想”，即“希望中国人民能够过上和平安静日子”。

从资料知道，《济南的冬天》是老舍 1930 年从英国回国后，在济南齐鲁大学任教期间写的。六年身处异国，更增添了对祖国河山的眷恋和对春天终将降临祖国大地的喜悦。这些感情必然流露于《济南的冬天》的字里行间。〕

（三）课文内有哪些语句表示了作者对《济南的冬天》的总的评价？用曲线标出来。

〔第 1 段：“精湛的散文”，“应列为他的重要的代表作之一”；

第 2 段：这篇散文“给我们描绘”了一幅“‘冬天里的春天’图”，“恬淡明丽的春之图”（标题）；

第 11 段：这篇散文对济南冬天作了“精湛而独到的描写”，“对初学写作者和有一定写作基础的人，都具有重要的学习和参考价值”。〕

（四）课文内有哪些语句表示了作者对老舍写作技巧的总的赞赏？用直线标出来。

〔第 1 段，“在这样一篇短小的千字文内，作者竟能把我们引入这样一个奇妙的冬的世界。”

第 11 段：“老舍先生的笔法是老练的。一篇千字文竟能展示出这么生动的、令人心驰神往的境界，这非有大的功力不可。”从这篇散文可以看出老舍“观察的细，感受的新”，“叙述语调是平易朴实的；语句是凝炼而亲切的；用词是准确生动的”，结构是“那么自然、精巧、恰当”，文风又是“朴实、亲切的”。〕

（五）第 1 段和第 11 段在这篇赏析文章中起什么作用？第 2 段又起什么作用？

〔第 1 段是全文总起，引出赏析的篇名，用生动活泼的笔法，写了自己阅读《济南的冬天》的感受，突出了这篇散文的巨大的感染力。

第 11 段是全文的总结，归纳评价老舍的笔法和这篇散文的写作技巧、写作特点。

第 2 段承上启下，从全文总起过渡到具体赏析。这一段就一个句子，提出了全文赏析的重点。其中“怎样的笔墨”“怎样的色彩”，提示将赏析这篇散文的写法、语言和蕴含的思想感情等；“‘冬天里的春天’图”，提示了这篇散文展现的济南的冬天的特点和作者当时寄托的美好理想。〕

（六）凭你对《济南的冬天》的初步印象，你认为课文是按怎样的顺序来赏析这篇散文的？

〔是按《济南的冬天》原文的顺序逐段赏析的。原文共 5 段，课文从第 3 段到第 10 段，分别进行具体的分析、评价和欣赏。〕

第二步：复读全文，对照《济南的冬天》原文（初中《语文》第一册），具体了解作者是怎样顺着原文次序、扣住原文语句进行分析、评价的。着重思考下列问题：

（一）课文的第 3 段至第 10 段，可以分为几个层次？各层的要点是什么？

〔第一层次：第 3 段，扣住《济南的冬天》第 1 段，赏析作品对济南冬天的天气特点的描写：晴朗而温情，充满春天的气息。

第二层次：第 4—5 段，扣住《济南的冬天》第 2 段，赏析作品对济南老城和城外小山的描写，指出作者在其中寄托了自己的“美好理想”和“诚挚心愿”。

第三层次：第 6—7 段，扣住《济南的冬天》第 3 段，赏析作品对济南小山镶上小雪后的景象的描写。

第四层次：第 8—9 段，扣住《济南的冬天》第 4 段，赏析作品对济南城外山坡、村庄、雪景的描写。

第五层次：第 10 段，扣住《济南的冬天》第 5 段，赏析作品对济南的水的描写。〕

（二）课文把《济南的冬天》比作绘画、影片，把老舍比作画家、摄影师，以此来展开生动、形象的赏析。请在有关段中找出相应的语句，体会这样写的作用。

〔第 2 段：“看看老舍先生是用怎样的笔墨，怎样的色彩来给我们描绘这幅‘冬天里的春天’图的。”

第 3 段：“作者的这幅恬静的春之图，已经开始展现出一角。”

第 4 段：“果然，接下去的画面就更美了。作者像拍电影一样把镜头拉开，升高，使我们可俯瞰济南冬天的全貌。……出奇的是什么呢？出奇的是这样一幅画面：……无论是睁开眼睛看，还是闭上眼睛想，这都是一幅出色的、富有诗意的、温馨的画面。……它实际上已经使我们感受到这幅‘山水画’蕴藏着的春意。”

第5段：“先画山，后描水，这也是理所当然的。”

第6段：“这是一个清丽的远镜头，是一幅层次色彩鲜明的画面……”

第8段：“于是他情不自禁地又为我们勾勒了一幅他自称为唐代水墨画的图：……极具有古诗画的意味。”

第9段：“剩下的让读者去联想，去补充。反而使这幅春之图的画面更清晰、更简洁，避免了紊乱和累赘之感。”

第10段：“作者还要把镜头拉远，……组成了济南的山水图。”

这样写，不但跟正标题《一幅恬淡明丽的春之图》紧相配合，而且便于展开联想，再现意境，形象地赞赏《济南的冬天》这篇写景抒情散文的精湛的描绘力，使人读赏析文章时如亲临美好的境界，亲见如画的风景，加深对原作的理解和感受。课文中上述语句均由第2段那一句统率，连起来在文章内形成清楚的脉络，使文气连贯畅达。〕

（三）钻研课文最后一段，看看作者归纳了《济南的冬天》的哪些特点，老舍的哪些优点。这些特点、优点的归纳，同上文有什么关系？

〔这篇散文叙述语调“平易朴实”，语句“凝练而亲切”，用词“准确生动”，结构“自然、精巧、恰当”。老舍具有老练的笔法，美好的心灵，善良的个性，朴实、亲切的文风。

这些特点、优点，是在上文具体细致的赏析的基础上得出的，“水到渠成”，显得自然而恰当。在自读时，可以对照每个具体的特点、优点，在上文中找出具体分析的部分。〕

第三步：再读课文，深入体会写作意图和语言表达技巧，了解短篇散文作品赏析文章的一般特点。着重思考下列问题：

（一）作者写作本文的意图是什么？文章的中心思想该怎样归纳？

〔从课文开头和结尾知道，作者意外地读到老舍先生这么一篇短小精湛的散文，深受感染，认为“这无疑应列为他的重要的代表作之一”，“具有重要的学习和参考价值”，因此写了这篇赏析文章，向广大读者推荐介绍，并帮助大家更好地学习、理解。

本文的中心思想可以这样归纳：

这篇文章对老舍的写景抒情散文《济南的冬天》作了深入细致的分析，形象地再现了原作所创造的画面、意境，归纳了写作技巧和语言特点，赞扬了作家在散文中寄托的美好的理想以及他一贯追求美好事物的心灵。〕

（二）这篇课文同茅盾写的《谈〈水浒〉的人物和结构》、朱德熙写的《谈朱自清的散文》这两篇课文有什么不同？你能以课文为例，说说短篇散文作品的赏析文章的一般写法吗？你还知道单篇散文作品赏析文章的哪几种写法？

〔茅盾写的《谈〈水浒〉的人物和结构》，是对一部长篇小说的专题文学评论，评的是《水浒》写作技巧方面的两个问题，并不面面俱到；评论时用的是比较冷静、客观的语言。朱德熙写的《谈朱自清的散文》，是对一位作家全部散文作品的综合评论，运用提出观点，举出作品原文分析证明的写法，文章条理清晰，语言流畅自然。本篇课文是对一篇散文作品的赏析文章，对作品的思想内容、写作技巧、语言表达作了全面的分析、欣赏，用的是热情洋溢、感染力较强的语言。

这篇课文代表了短篇散文作品赏析文章的一种写法。在文章开头，先引出赏析的篇名，并写出自己读这篇散文的总的印象，作出总的评价，联系作家别的作品，指出赏析的这一篇的地位（“重要的代表作之一”）。

在文章主体部分，按照一定的顺序对作品进行具体的赏析。（本文按照《济南的冬天》原来的分段顺序逐段加以赏析。）在赏析中，作者很明显地注意了以下几点：一是适当交代发表时的时代背景；二是在分析思想内容的基础上，点明作家在这篇作品中寄托的美好的理想；三是用生动形象的语言再现作品所创造的画面、意境，分析高超的写作技巧；四是扣住一些关键的句子、词语，仔细品味作品语言的精妙之处。

在文章结尾，再综合上述具体赏析，作适当的归纳总结，同开头呼应。

单篇散文作品的赏析文章，写法不一定只有这一种，至少还有两种：

一种是归纳出这篇散文的几个特点，逐点提出后，再举原文例句分析说明，欣赏评价。

一种是对这篇散文集中赏析一点，例如某种思想含义、结构特点、语言特色、行文风格等。当然，这一点应该是赏析者感受最深的。这种写法，由于角度小，比较好写，适宜初学者练习。〕

（三）课文很讲究炼字炼句，并运用了多种修辞方法，试举些例子作简要的分析。

〔由于赏析的对象是著名作家写的高水平的散文，语言用得极好，作为赏析文章，自然也应当讲究语言表达的生动、形象，富于表现力，即应讲究文采。这一点，这篇课文做得比较好。

作者很重视词语和句子提炼。例如，标题中“春之图”之前的两个形容词“恬淡”“明丽”，是精选出来的，这是对《济南的冬天》所描绘的“‘冬天里的春天’图”的特征的生动概括。这两个词及它们的同义词“恬静”“清丽”等，在全文中多次出现，强调了这幅“春之图”的基调。

又如在首、尾两段，评价《济南的冬天》和老舍的写作技巧，两次用了“精湛”一词，比用别的同义词如“精致”“精妙”“精巧”“精美”等要好。这个词用在文中，有“精妙”“深刻”“纯净”等多种含义，恰如其分地评价了所赏析的对象。

作者运用了多样化的句式。一般的评论文章，陈述句多，疑问句少；长句多，短句少。本文则用了相当多的感叹句和疑问句（设问句、反问句），短句子也用了不少，文气显得活泼，读起来很吸引人。

作者还在行文时适当穿插了一些表示语气或表示提示、停顿的口头词语，例如“啊”“呢”“哩”和“你看”“瞧”“注意”“是的”“的确”“好了”等，使文章的语言显得平易、亲切，仿佛在同读者交谈，带着读者进入老舍描绘的自然胜境中去似的。

本文除用了多处设问、反问、感叹外，还用了下列修辞方法：

比喻 例如：文中多次用图画、电影镜头来比喻《济南的冬天》中描绘的冬景，用画画、拍电影来比喻老舍的散文写作笔法。

拟人 例如：无论是睁开眼睛看，还是闭上眼睛想，这都是一幅出色的、富有诗意的、温馨的画面。她透露出的恬静安逸的美是自不待言的。冬天，是万物沉睡的季节，因此，用“暖和安适地睡着”来形容这个“老城”，是最为恰当不过了。（用“她”，把风景如画的老城比拟为一位恬静、安逸的妇女；后面两句的“万物沉睡”“暖和安适地睡着”，也都是拟人的写法。）

排比 例如：

1. 在那里，有阳光、有温暖、有笑脸，有绿草的气息、有蓝天白云、有灿烂的晚晴……（两组，共排六个动宾短语）

2. 其叙述语调是平易朴实的，语句是凝练而亲切的，用词是准确生动的。（共排三句）

摹色 例如：

1. 一下小雪，“山尖全白了，给蓝天镶上一道银边。”这是一个清丽的远镜头，是一幅层次色彩鲜明的画面——下层是暗黄，中层是白色，上层是蓝色。（“暗黄”“白色”“蓝色”三色相配）

2. 快日落的时候，“微黄的阳光斜射在山腰上，那点薄雪好像忽然害了羞，微微露出点粉色。”注意，只是“微微露出点粉色”，基色仍是白的。（“微黄”“粉色”“白色”三色相配）

3. 于是，绿水，红屋顶，黄草山，白雪松，蓝汪汪的天空，组成了济南的山水图。（“绿”“红”“黄”“白”“蓝”五色相配）〕

语文教材编写与研究

编写语文教科书

是在千年的文化精华作品中徜徉，

是在同代的思想前端观念中思辨，

是在祖国语言的碧波大海中畅游，

是在求精表达的反复推敲中磨炼，

是在创意思维的灵巧体操中健身，

是在行行页页的点滴心血中奉献。

——编写心得

吕叔湘先生谈“理路”及“理路”教材的编写①

1989年秋季始用的三年制初中语文分编型课本《作文·汉语》第五册（人民教育出版社1988年12月修订版），编入了一个“修改训练”单元《理路不清》。在我国现行语文课本中，引进“理路”这个概念并专门编成教材，尚属首次。这部分教材，是受我国著名语文学家吕叔湘先生启示并得到他的指导而编写的。

1986年10月11日，人民教育出版社刘国正先生和语文一室的几位同志，就如何制定九年制义务教育语文教学大纲问题，访问了吕叔湘先生。吕先生讲了很好的意见。在讲到写作教学时，吕先生提出了“理路”问题。他说：“这个任务要落在语文课上。”他举了最近遇到的一个例子：外语学院编的《外语教学与研究》后面有一个广告，是这样写的：“《汉译实用英语语法》（A Practical English Grammar）是专为非英语国家的人学习英语而编写的。”吕先生说：“你是‘汉译’，就是用汉文把它翻译出来的，非英语国家的人都懂得汉语吗？这不奇怪吗？原书编者是为非英语国家的人编写的，你用汉语译了以后，还是专为非英语国家的人编的吗？在‘是’字前面加上‘原书’二字就好了。”接着他指出：这是属于怎样培养学生抠字眼的问题。看起来这也是一种搭配问题，不过这个搭配问题不像一个形容词对一个名词的搭配问题那么简单了。②

这年10月下旬，在讨论制定整套《作文·汉语》课本中“修改训练”的编写方案时，人民教育出版社的同志决定把“理路”放入教材，作为一个“点”；把提高学生修改“理路不清”文字的能力，列为教材的编写目的。当时，六册课本“修改训练”十二个单元的教材编写任务交给了我。为了把这

① 原载《课程·教材·教法》1989年第12期。

②《吕叔湘同志关于九年义务语文教学大纲的谈话》，《中学语文教学》1987年第8期。

部分教材编好，人教社的同志建议我去访问吕叔湘先生。

10月30日，我去拜访了吕先生，向他请教有关教材编写的一些问题。他热情地一一作了详细的回答。

在谈到10月11日那次谈话时提及的“理路”问题时，吕先生说：上次我举的《外语教学与研究》广告里的病例，那还是一个小范围的逻辑问题，还不能算“理路”。理路，主要是讲上下句子的推理和贯串。

说到这里，吕先生很有兴致地说：有个练习，你们教材里可以做做。50年代，我读谢老谢觉哉的一篇文章，发现有8个句子，一环套一环很严密，次序一处都不能改。我抄了下来，抄在卡片上，一句一张卡片。把次序打乱，就不好排，别的排法都不顺，只有谢老写的那种排法才顺。这样的练习可以让学生多做做，让学生排。只可能有一种答案，不可能有两种，才可以做教材。可以试试。这个方法对训练理路有好处。

当问谢老那篇文章是什么题目时，吕先生说：可惜，记不清了。（后来我在《谢觉哉文集》里找，找来找去没找到。）问谢老那篇文章是什么文体，吕先生说：是说理文。讲理路，这个主要是指说理文。例子很难找啊，恐怕教材中有时只能编一点。

接着我又问了理路同思路的区别问题，吕先生说：理路跟思路、逻辑，笼统说起来都是一回事，思路就是理路。不过思路要广泛一些，可以包括由此及彼，但二者没有必然的关系，不是有了A一定要有B，A一定要在B前，可以由A及B，也可以由B及A。思路不那么严格；当然，毫不相干的两件事情也不能放在一起。理路要严格得多。

当谈到打算把“理路”这个提法放进教材里时，吕先生说：可以。古人也讲“理路”。

吕叔湘先生那天的谈话，对我们的教材编写工作，是一次很具体的指导。后来在编写《理路不清》这个单元教材的过程中，我仔细琢磨他的意见，并查阅、参考了古人、今人的有关论述，结合目前初中学生的实际水平，编写了单元的知识短文。对“理路”及其重要性，教材中这样说：

> 在初中阶段，我们除了学写记叙文外，还要练习写简单的议论文、说明文。写这类文章，需要重视理路的安排。老作家叶圣陶说：“文章是有一条路的。”读人家文章的时候，要注意“思想从什么地方出发，怎样一步一步往前走，最后达到这条路的终点”。吕

叔湘说：写文章要注意“理路”，即讲究“上下句子的推理和贯串”。理路，一般指思想或文章的条理，反映在语言上，往往就指句子排列的逻辑顺序。好的议论、说明文章，理路清晰，一个个句子的排列具有很强的逻辑性，不能随意调换次序或增删。句子组织得严密，理路安排得清晰，意思才能表达得恰当，文章才具有说服力。①

教材归纳了初学写文章容易犯的“理路不清”的五种毛病：“第一种毛病是句序颠倒。句子没按恰当的理路去组织，该放前面的句子排到后边去了，该排后边的句子却放在了前面，结果造成上下句子不贯串，意思表达混乱，让人读起来感到不顺畅，甚至产生误解。”“第二种毛病是句子赘余。一组句子，本来组织得很合理，意思表达得挺顺畅，由于多加了一两个不必要的句子，就乱了套，影响到理路的清晰。好像一条大道忽然多了条岔路，会让人感到迷惑。”“第三种毛病是要点疏漏。议论或说明时，必须论述或必须说明的要点，却由于粗疏而遗漏了，就会造成议论、说明的不周密、不通顺。缺少了必不可少的句子，这是理路不清的另一种表现。”“第四种毛病是论点转移。本来围绕这一个论点论述的，忽然转为论述另一个论点了，就好像朝东走的这段路还没走完，一下子又往南或往北走了，方向不一致。”“还有一种毛病，就是误用关联词语。关联词语用得恰当，能够把上下句子紧紧衔接起来，显示出各种不同的关系。关联词语使用不当，表达的关系搞错了，也就必然会影响理路的清晰。”②

这部分教材评析了七个语段中的上述这几种“理路不清”的表现，提出了修改的方案。最后谈了如何从读、写两方面和思考、写作、修改等环节去训练理路：

理路需要训练。阅读好的议论、说明文章，要花点心思去理解它的层次结构。有时不妨逐层逐句剖析一番，像叶圣陶指导的那样，注意“思想从什么地方出发，怎样一步一步往前走，最后达到这条路的终点”，从中领会作者的理路是怎样展开的。自己写作的

①《作文·汉语》第五册，人民教育出版社 1988 年 12 月第 1 版第 93 页。
②《作文·汉语》第五册，人民教育出版社 1988 年 12 月第 1 版第 93—99 页。

时候，要养成细心而周密地思考、想清楚了再写的好习惯。先写什么，后写什么，从哪里写起，到哪里转个弯，到哪里结束，等等，心中应该先有个数；逐层逐句写完以后，要反复阅读检查，看看论点是否转移，要点有无疏漏，有没有赘余的句子，有没有句序颠倒的现象，关联词语用得妥帖不妥帖，等等，发现有理路不清的毛病，就认真地修改。这样从读和写两方面加强训练，经过一段时间，安排理路的能力自然会有显著的提高。具备了这种能力，写议论、说明文章就有了一项基本的条件。①

在知识短文之后，提供了作家作品和阅读课文中有关理路的“修改示例”，配置了几道不同形式的“修改练习”题，其中包括吕先生着重推荐的那种按照理路重排句序的练习。

这样编写，是否能够体现吕先生有关编写理路教材的意图，我们还没有把握。随着实践的丰富和认识的提高，我们将继续去探索研究有关理路训练的种种问题。

①《作文·汉语》第五册，人民教育出版社 1988 年 12 月第 1 版第 99—100 页。

讲究科学性、趣味性和可教可读性①

——我怎样编写说明文教材《看云识天气》

说明文教材《看云识天气》，1965年编入江苏省农业初级中学试用课本《语文》第二册；自1978年起，先后被人民教育出版社和各地多套初中语文课本选用。从一些教师、学生的反映和语文专家的评价②来看，这篇课文似乎还比较受欢迎。近年来，经常有同志督促我谈谈这篇课文的编写经过，《课程·教材·教法》的编者又热情约稿，说是让中学语文教师自己来谈谈怎样编写中学语文教材，是挺有意义的。这里想简单地介绍一些有关情况，希望能对说明文教材的写作和教学，多少起点儿作用。

一

1962至1965年间，我被江苏省教育厅借调到江苏教育学院"农业初级中学语文课本编写组"，参加教材编写工作。江苏省的有关领导对农中教材的建设很重视，要求编出切合实际需要的新教材。记得在编写组讨论工作和下乡调查研究中，农业中学的教师一再建议，语文课本应增加实用性比较强的科学说明文，以适应农中学生毕业后参加工作的迫切需要。有些教师还提出了一些具体的课文题目，其中包括从各种不同的云去识别天气这样一篇。在筛选教材篇目时，编写组还曾从报刊上初选过一篇说明云的短文，但由于篇幅太短，才几百字，写法又过于简单，复审时大家都不满意。当时的报刊上，说明文发表得不多，适合做课文的尤其少。1964年的一次讨论会上，大家决定"解放思想"，自己编写一部分说明文课文。课本主编、江苏教育学院中文系主任钱小云老师，把自编课文的任务交给了我。

那时自己才跨出大学校门踏上工作岗位不久，多少有点儿"初生之犊不怕虎"的勇气，在同志们支持下，接受了这一任务。一年多的时间，我除了

① 原载《课程·教材·教法》1992年第4期。
② 参见叶苍岑先生《说明文通论》一书和其他一些评价文章。

参加选材，修改课文，编写注释、练习和词汇、语法、修辞教材外，还编写了《看云识天气》《森林——农业的保卫者》《手扶拖拉机》《机电排灌》等近十篇课文。其中《看云识天气》是第一篇。

根据编写组初步拟定的题目，我首先广泛收集资料。在图书馆里找了几本有关云和天气预报的书籍，把有关看云识天气的材料，分门别类地摘抄下来。接着对照有关理论，观察天空中云彩的变化，研究收集到的云彩照片、图集，加深印象。然后确定说明要点，列出详细提纲，排好材料，快速起草。草稿写成后，细细地反复修改，先后写出了二稿、三稿、四稿、五稿。每一稿都征求编写组几位同事、特别是农业中学来的同志的意见；最后请钱小云老师审阅，他又作了几处修改后才定稿。

在编写过程中，我同叶圣陶先生通过几封信，得到了他的宝贵支持。叶老在 1964 年 7 月 15 日给我的信中说："关于农中课本，来书'体裁'一项中有'以记叙文说明文为主'之语。我觉说明文极重要，说一种机械，说一种操作方法，说一种原理，皆学生必须学会者。此类文章首须准确，次须明白。而选材至不易。报刊所载，类多不耐仔细揣摩，准确明白两皆有违。"① 在同年 12 月 16 日给我的信中，又再次指出："满意之说明文难得，此间亦有同感。我当谓选此类文宜悬二的，一为准确，二为明白畅达。"② 这"准确""明白畅达"，便成为我编写、修改时努力争取达到的目标。

可以这样说：这篇课文的编写，融合了集体的智慧，老师和前辈的心血。

二

编写过程中，我首先注意的是科学性，即准确地进行表述。这是科学小品一类说明文的灵魂。在阅读科技书籍时，仔细领会内容，求得理解；摘取、选用有关材料时，尽量避免出现任何差错，造成科学性方面的失误；起草、修改中，时时注意准确用词、造句，合理构段，周密表达，科学地反映出云和天气的关系；基本定稿后，又将课文抄写稿送往南京气象学院请专家审定，得到"本文无科学性差错"的鉴定后，才放心付印。

从保存至今的五次修改稿，可以找到不少着眼于提高科学性的修改"轨迹"。

① 见《叶圣陶答语文教师的 100 封信》，开明出版社 1987 年 7 月第 1 版。
② 见《叶圣陶答语文教师的 100 封信》，开明出版社 1987 年 7 月第 1 版。

以第二段为例，这一段的措词、构句，几经修改：

二稿：经验告诉我们，天空高处的薄云，是好天气的象征。只有那低而厚密的云层，才会使天气变坏。

三稿：经验告诉我们，高空的薄云，是天气晴朗的象征。只有那些低而厚密的云层，才会使天气变坏。

四稿：经验告诉我们，高空的薄云，往往是天气晴朗的象征。而那些低而厚密的云层，常常带来坏天气。

五稿：经验告诉我们，高空的薄云，往往是天气晴朗的象征；那些低而厚密的云层，常常是阴雨风雪的预兆。

几次修改后，不仅删去了可以不说而文意自明的句子，比较合理地组织了一个开启下文的起始段，而且由于改用了“往往”“常常”这两个副词，基本上肯定了从“高空的薄云”和“低而厚密的云层”去识别天气的规律，又避免了绝对的肯定，因为天气的变化有它的复杂性，不能把话说死。同样道理，修改中在课文末尾加上了这样几句：

但是，天气变化异常复杂，看云识天气当然有一定的限度。我们要准确地掌握天气变化的情况，还得依靠当地的天气预报。

以上几处用词、造句、构段、谋篇的斟酌修改，目的都是为了使课文符合科学性的要求。

三

编写中，还针对初中学生的特点，重视了趣味性。这是科学小品一类说明文有无感染力、生命力的一个重要标志。在构思和编写时，对如何开头，如何过渡，如何写各种类型的云，我曾设想过好多方案，改了又改，终于形成了目前课文这样的格局和写法。

开头用一连串的比喻（即我国文学作品描写中的传统写法“博喻”），突出云的“姿态万千”；并变换着使用“有时”“刚才”“一霎间”等词语，对照描写晴天和雨天的云，突出云的“变化无常”；再用“云就像天气的招牌”这个比喻性句子，点明课题，引出下文。整个第一段的设计，希望能激发学生阅读课文的兴趣。

在正文中，用“我们”作为观察、说明的主体，使学生读起来感到亲切一些；留心长句、短句、整句、散句的配合，使文气显得活泼；用拟人、比喻、排比、摹声、摹色等修辞方式进行描写说明，使行文不致枯燥、呆板；还特意引用了一些谚语、俗话，使文字显得精警、生动有趣。

课文开头一句，原是“天上的云，姿态万千，变化无常”，后来改成“天上的云，真是姿态万千，变化无常”，增加表示强调、赞叹的“真是”这两个字，为开篇第一句增添了一些灵气。

课文第一段，起先几稿中，我根据一些云彩照片和有关书籍的描述，写了“像山，像水，像棉花，像薄纱……”钱小云老师修改为“像峰峦，像河川，像雄狮，像飞马……”不仅读起来顺口，而且改用动态很强的“雄狮”“飞马”作喻体后，增加了语言表达的形象性、生动性。

第一段末尾，草稿是这样写的：“云的生成、云的形状和云的变化等等，都标志了大气内部的变动情况，不同的变动，就产生了不同的云。因此，在某些情况下，云确实可以作为天气变化趋向的指示标。”用了专业术语和长句子，书面语气息较浓，文气显得板滞，同上面几句不相协调。二稿改为“各式各样的云，都有它的姓名，我们都能熟识它的个性。从种种不同的云，我们能识别天气的变化。”字数从70多压缩为40多，长句也改短了，但语气仍嫌平板，读起来兴味不大。到第三稿，再改为“云就像是天气的‘招牌’，天上挂什么云，就将出现什么样的天气。”字数又减少了十多个，并用生活中常见的事物“招牌”设喻，较有趣味地点出了云和天气的关系。

课文第四段，原来有这样一句：“最后，云层压得更低，变得更厚，太阳和月亮根本不能看见，天空被暗灰色的云块密密层层地布满了。”钱老师把“根本不能看见”改为“都躲藏起来”。这里改用拟人的修辞法，增添了文句的生动性和趣味性。

四

编写过程中，我还始终记住老师和同事的告诫：要便于教，便于学，也就是可教性、可读性要高一些。在构思、起草、修改时，注意了以下几点：

一是让这篇自编课文体现说明文的基本特点，便于据以传授说明文的读、写知识。因为是自编，就有了先列要点、再去编写的“自由度”。当时定的要点是：结构严谨，层次清晰；抓住特征，准确表达；用多种方法说明，语言力求生动活泼。这几点在编写过程中时时注意加以体现。例如为了突出“结构严谨，层次清晰”这一点，起草前先列提纲，从简单提纲到详细提纲；经过反复斟酌确定详细提纲后，就紧紧扣住提纲去写；撰写时注意安排好全篇的总起、分说和总结，段内的中心句和支撑句，起句和结句；定稿后，试着逐段逐层分析，务求做到两点：一要可以归纳出一个合理的清晰的简纲或详纲，二要可以顺利地一层一层地分析到每个句子（叶圣陶先生曾经有过从篇到节到段到句都可以合理“切分”的指导意见）。这样有目的地编写，突出层次清晰、条分缕析的要点，对教学过程中的分段分层和学习有条有理地说明事物的方法，就比较有利一点。

二是让这篇自编课文体现现代语写作的基本要求——好读、易懂，即叶圣陶先生所一再提出的，“念起来上口，听起来顺耳”，便于阅读和教学。因为是自编，就有了反复吟读、发现不顺之处立即琢磨修改的可能。起草和修改，注意了这样几条：（一）不用“谁也不懂的形容词之类”，不用生造词语和方言土语。草稿上曾用过“排布”这个词：“云层把天空密密层层地排布起来。”后来改为“天空被暗灰色的云块密密层层地布满了。”因为“排布”太生，不易确切了解它的含义。（二）避免“文白夹杂”。顺应现代汉语双音节化的趋势，修改时将某些文言单音词改为双音词，例如“助→帮助”“临→来临”“如→如果”“因→因为”“故→所以”等。这样读起来容易上口，听起来也容易明白。（三）避免啰唆重复。草稿曾写到2800多字，几经修改、压缩，定稿成了现在的1500来字，篇幅短小可以节省教学的时间。“鱼的鳞片→鱼鳞”“鸟的羽毛→羽毛”“天空高处→高空”“偷偷进袭→进袭”等处的压缩性修改，也使文字精练好读一些。（四）适当注意语句的匀整、对称。例如上半句用了“白云朵朵，阳光灿烂”，下半句就用“乌云密布，大雨倾盆”的紧相关联的对称句子，揭示云的变化无常；前一句写“华环由小变大，天气将趋向晴好”，后一句就写“华环由大变小，天气可能转为阴雨”，相互呼应的匀称句式，更容易表述出“华”的变化同天气的关系。适当运用这样的写法，读起来也顺口一些。

五

经过《看云识天气》（以及其他几篇说明文教材）的编写，我有这样三点体会：

一是：在语文教材建设中，课本编者除了选择名家名篇做课文外，根据生活实际需要和语文训练要求，也不妨适当自编自写一些课文。叶圣陶先生当年自己编写语文课本中若干篇课文的实践，就是我们学习的榜样。

二是：详细占有材料、准确选择材料，是编写过程中的关键。要利用各种检索资料，尽可能多地查阅有关的书籍、报刊，使有用的、精彩的材料尽量为我所用。

三是：在快速起草之后，反复修改、多方推敲，力求内容的准确和形式的完美，是非常重要的。修改要坚持高标准，并运用一些切实有效的修改方法。记得编写《看云识天气》时以及后来的相当长一段时间内，我白天在办公室工作，晚上和星期日在宿舍里，学习叶圣陶和其他著名作家对自己作品的修改，对照同一作品的定稿版本和初稿版本，用鲁迅先生教诲的这种“极有益处的学习法”，去领悟语言大师们磨炼自己作品语言的种种技巧，然后用以修改自己所编写的课文，求得质量上的不断提高。当时，工作是紧张的，生活是清苦的，但自己居然学出了浓浓的滋味，沉迷于其中而不知时间之流逝，反复地修改而一次次地自得其乐。这种学习方法和修改习惯，虽时隔二十多年仍未能舍得丢弃，因为深感这对于自身担负的语文教学、教材编写和语言研究工作，都是挺有用的。

修改无止境。《看云识天气》在1978年被人民教育出版社选入当时全国统编教材时，以及以后的几次教材修订中，编者又作了一些修改。例如，1978年的修改，在最后一段添加了“我们要学会看云识天气，就要虚心地向有实践经验的劳动人民学习，留心观察云的变化，在反复的实践中掌握规律”这样几句，使全篇的表达更加周密，也增加了文章的力度。1988年的修改，上面这几句又改为“……就要虚心向有经验的人学习，……在反复实践中掌握它们的规律”。挤掉了水分，删去了重复出现的词语，文字精练多了。又如将这一段最后一句“我们要准确地掌握天气变化的情况，还得依靠当地的天气预报”，改为“……还得依靠科学的天气预报”；将第五段的“顷刻间，雷声隆隆，电光闪闪，马上就会哗啦哗啦地下起暴雨”，改为“顷刻间，电光闪闪，雷声隆隆，马上就会哗啦哗啦地下起暴雨”。这两处体现科学性的改笔，也是十分精当的。相信这篇课文今后还将得到修润，不断提高质量。

近几年，我几次被借调到人民教育出版社，参加有关教材的编写。当年学习编写《看云识天气》这篇课文所懂得的道理、掌握的方法，让自己在编写新教材的工作中获益匪浅。因此，那一段编写的经历虽然很平凡，但自己还是很珍惜它。

语文教师要重视教材建设①

教材是教学过程中的重要组成部分。语文教学改革要深化，语言训练要强化，语文教材必须配合。好的语文教材能引导教改方向，保证训练到位，并提供各种实施训练的方便。但一套理想的中学语文教材不是轻易能够编成的，需要依靠专业编写工作者的长期努力，还要依靠广大使用语文教材的中学语文教师（以及所教的学生）共同关心。

教材编写并非是神秘的高不可攀的事情。从广义角度说，凡是教师在课堂教学和课外活动中所运用的供学生学习使用的媒介，都可称为教材。语文教学中，教师常常根据实际需要，对语文课本内的课文作适当调整，重新编排单元，重新确定详教、略教的篇目，以及挑选合适的补充课文，推荐课外阅读的佳作，编拟适用的语言训练材料，拟制合乎学生水平的语文测试的系列题目，等等。这些也都不妨视为教材编写工作的组成部分。有些乡土教材、选修课教材和活动课程教材，区域性和针对性强，更是适宜于由任教的语文教师去自编。在多年的教学实践中，我对这些工作都充分重视并认真去做，收获不小。

另外，教师重视语文教材建设，还表现在关心现行课本，以教学效果来加以检验，肯定优点，发现问题，研究改进的途径和方法，及时反馈给教材的编写、出版部门，帮助改进。多年来，我结合教学工作，以及利用节日假期，应邀为数十本全国性和省区性的语文课本提出了修改建议，累计达数千条。这项实践不仅促进了有关教材的完善，也有利于自己语文鉴赏、评改能力的提高，有利于自己更好地熟悉教材的内容和形式，更好地把握和使用教材。

我还结合作文教学，经常以《我最喜爱的一册语文课本》《我最喜爱的

① 节录自《关于语文教学的思考与实践》。原载《中国著名特级教师教学思想录·中学语文卷》，江苏教育出版社 1996 年 7 月第 1 版。

课文》《我最喜爱的语文练习》《我理想中的语文教材》《向教材编者推荐一篇新课文》等为题目，布置学生做书面作文或口头作文。从学生闪烁的智慧火花中，深入了解他们的爱好和向往，了解现行教材跟青少年学生的关系，以促进自己的语文教学和教材编写工作。有时也鼓励他们择取作文中有利于语文教材建设的某些部分，向有关作家或编者提出建议。

以上这些工作，我在平时的教学中经常坚持去做。此外，由于工作需要，在1960年代初期和80年代后期以来，我有机会先后被江苏省教育厅和其他教育部门借调参加语文教材的编写工作。遇到这样的机会，我总是努力克服一些具体困难，全力以赴把编写工作做好，为国家的语文教材建设多作一点贡献；同时也为拓宽知识领域、磨炼语文本领、积累教学技能创造有利条件。

1962至1965年间，我先后参加了江苏省农村初级中学语文课本和江苏省农业初级中学语文课本的编写工作。尤其是后一套教材，两年多的时间里，我除了参加选材，修改课文，编写注释、练习和词汇、语法、修辞教材外，还编写了《看云识天气》《手扶拖拉机》《森林——农业的保卫者》《机电排灌》等近10篇课文。其中《看云识天气》是第一篇。根据编写组初步拟定的题目，我首先广泛收集资料。在图书馆里找了几本介绍云和天气预报的科技书，把有关看云识天气的材料分门别类地摘抄下来。接着对照气象理论，观察天空中云彩的变化，研究收集到的云彩照片和图集，加深印象。然后确定说明要点，列出详细提纲，排好材料，快速起草。草稿写成后，细细地反复修改，注意科学性、趣味性和可教可读性，讲究语言规范，又先后写出了二稿、三稿、四稿、五稿。每一稿都征求编写组几位同事、特别是农业中学来的同志的意见；最后请江苏教育学院中文系主任钱小云老师和南京气象学院的专家审定。在编写过程中，我同叶圣陶先生通过几封信，得到了他的热忱支持和宝贵指点。这篇自编课文1965年编入江苏省农业初级中学语文课本第二册。自1978年起至今，先后被人民教育出版社和各地的多套初中语文教材选用。

1986年以来，我又先后参加了人民教育出版社重点中学高中语文《写作》课本和初中语文《作文·汉语》课本的编写，参加了香港的中学语文课本《中国语文》的编写；1990年以来，又参加了国内两套九年义务教育初中语文新课本和一套高中语文选修课教材的编写。语文教材的改革是语文教学改革的重要组成部分，也可以说是教学改革系统工程中的基建工地，能投身于这块工地，参加规划图样、浇灌基础、构筑框架、砌砖盖瓦、装潢修饰等创造性劳动，是非常有意义的。尽管工作很重很累，耗费大量时间精力，我还是乐此不疲，尽心尽力、精益求精地去完成一个个任务。

近年来，语文教材正在加大改革的步子，我尝试着把自己多年教学实践中行之有效的“从修改佳例学习阅读、写作”等方法引进教材，在为几套教材编写的课文、拟制的练习中适当运用，受到了师生的欢迎和专家的好评。

随着语文教学改革的不断深入，我对编写语文教材又有了一些新的思考。我想，一套理想的中学语文教材，应当有利于强化语言训练。编写这样的教材，需要合理地解决下列问题：

1. 如何在教材中运用多种方式，激发学生热爱祖国语言的强烈感情？

2. 如何在范文阅读和语言训练之间，架起合适的形式多样的桥梁？

3. 如何按社会生活的实际需要去精选语言材料？如何使语言材料丰富多彩，既有传统性、典型性，又具时代性和多样性？

4. 如何发掘各类课文中有特色的语言训练材料？如何作合理的反复训练，以达到螺旋式的上升？如何既突出重点训练项目，又兼顾一般训练项目？

5. 如何把字词句章和读写听说的语言训练设计得精当、生动、活泼，具有可教可练性？

6. 如何在教材中运用多种方式培养自学能力，引导学生自觉、主动地去学习语言，养成良好的终身受用的习惯？

7. 如何在教材中科学地检测学生的语言能力，针对学生的实际水平起到深入学习和训练的导向作用？

8. 如何在教材中既继承祖国传统的语言训练经验（例如积累语感），又借鉴国外先进的语言训练方法（例如合理地采用标准化测试法）？

9. 如何在教材中引导学生学以致用，让他们在训练过程中就能尝到用所学语言知识和能力去解决学习、工作、生活中实际问题的乐趣，以不断激发加强训练、学好语文的动力？

10. 更解放一点思想，还可考虑如何编出一套操作性和鉴赏性相结合的语文教材，或称语言读本，或称语言练习教本，让学生在较短的时间内得到最严格的训练，以提高语文教学的效率？

当然，完美的语文教材不易编成，需要时间、精力和物力的大量投入。

但有志者不能等待。在使用现行语文教材和自编补充教材、训练材料时，可以试着先做一些变通或改革，以求强化语言训练，并逐步积累资料和经验，为理想教材的编写作准备。

语文教科书课文语言的加工修改①

教科书（课本）是教课之“本”。语文教科书所选课文，就语言表达而言，要能具有直接的良好的示范作用和潜移默化的教育功能，要能促进民族共同语的正确传承和健康发展。

课文有语体文，有文言文。文言文课文，主要是精选最佳版本的问题，一般不宜去对古人文章的语言作加工修改；少数通假字、古今字的斟酌取舍，部分文章的节选、删节等技术性问题，这里暂不讨论。本文所要探究的，是语体文课文的语言加工修改。

我们的语文教科书所选的课文，语言文字应当具有较高的质量：力求合乎现代汉语规范；具有准确性，富于表达力；在用词、造句、布局、谋篇等方面有一定典范性；适合教和学。但“文质兼美”又适于教学的文章，并不很多；由于历史的和作者个人的种种原因，入选的课文，语言表达往往会存在这样或那样的不足。因此，在教科书编纂工作中对某些入选课文作适当的语言加工修改是必不可少的。可以提出问题和建议，约请作者（包括作家）自改；可以约请语言表达的高手审阅，并按编者要求修改；可以由编者自改（个人改，集体改，个人先改再由集体研讨定稿等）；也可以编者先行修改，然后请作者审定；还可以广泛征求使用教科书的教师、学生的意见和建议，据此进行加工修改。不管用哪种方法，都应力求做到：该修改之处一个不漏；每处修改都有道理。修改稿尽可能请原作者审阅，取得同意。

一、适应社会政治变迁所作的语言修改

有些政治色彩很浓的词语，曾经在某个历史阶段或某个区域范围适用或流行，但一旦社会政治情况有了发展变化，这些词语再出现于课文中就显得不合时宜，需要加以修改。例如，1991 年秋开始使用的香港《中国语文》教

① 1997 年 12 月，作者应邀参加香港国际语文教育研讨会，该论文在大会宣读。入选香港大学课程学系 1998 年 12 月出版的《优质教育——中文教育新趋势》一书。刊登于《课程·教材·教法》1999 年第 8 期。

科书，中四年级的课文《蓦然回首》内，作者白先勇写的原文第十二段第一句，用了“戡乱”一词：

> 暑假，有一天在纽约，我在 Little Carnegie Hall 看到一个外国人摄辑的中国历史片，从慈禧驾崩、辛亥革命、北伐、抗日、到戡乱，大半个世纪的中国，一时呈现眼前。

原文是 1976 年写的。编入香港地区中学语文教科书的时候，编者持慎重的态度，经过同有关方面的协商，把政治内涵强烈、不利于海峡两岸关系正常化的“戡乱”一词，改为中性词“内战”（见《中国语文》第七册，麦克米伦出版（中国）有限公司 1991 年版，第 121 页）。

又如，人民教育出版社正在编写的高级中学语文课本，“写作与口语交际”教材部分，《写出事件的波澜》一课，其中的一篇“借鉴实例”的例文《鸡毛信》，原文是多年前写的，文中用了“蒋匪”“匪军”的字样（见 1948 年 4 月 25 日《晋绥日报》）。1997 年选用时，编者分别把它们改为中性词语“蒋军士兵”“蒋军”。之所以如此修改，是由海峡两岸当时的宽松态势决定的。

有关文风的修改，也往往同社会政治的变迁密切相关。例如，人教版语文教科书所选课文有些内容相当好，但由于受过去一定历史时期盛行的文风的影响，语言表达中会夹杂一些套话。在编纂过程中有必要把这些套话删去或改写。例如，入选语文教科书的《驿路梨花》，在 1977 年 11 月 27 日《光明日报》发表时，文章结尾一段是：

> 我望着这群充满朝气的哈尼小姑娘和那洁白的梨花，不由得想起了一句诗：“驿路梨花处处开。”<u>在我们伟大的祖国，……毛泽东思想代代相传，就像这驿道上的梨花一样，一茬接一茬，开得多么茂盛，多么美丽呵！</u>

加线句子的写法，在 60～70 年代颇为流行，几乎成了文章结尾的一种格式。这一句又太长，把一些含义也点得太明，作为课文，示范性就有所欠缺。人民教育出版社的初中语文课本《阅读》第一册（1982 年 2 月版），以及后来出版的多套《语文》教科书，选编这篇文章时，都把这个句子删去了。修改后的课文，以引用宋代诗人陆游的诗句“驿路梨花处处开”作结，既点了题，又平易自然，精练含蓄，使文章余味无穷，有利于启迪学生的联想。这类修改使课文的文风适应了时代的要求，语言的典范性得到了提高。

二、提高科学性、规范性、可操作性所作的语言修改

下面几种类型的修改，也是负责的语文教科书编者所十分重视的。

（一）对个别科学性、知识性差错所作的修改。

各类课文中涉及的社会科学知识，自然科学知识，以及引用的科学数据，运用的专门性名词术语等等，都应准确无误。对有些课文偶尔出现的这些方面的差错应当及时改正。例如，《人民英雄纪念碑》原文的几处词语修改，就体现了人民教育出版社编者的匠心：

> [原文] 第一幅浮雕是“焚烧鸦片烟”，记述鸦片战争前夕，一八三九年六月三日，群众在虎门烧毁鸦片的事迹。浮雕上，愤怒的群众正在把一箱箱毒害中国人民的鸦片运到海边，倾倒在放有石灰的窑坑里焚烧，一股股浓烟从石灰池上升起。（《人民日报》1958 年 4 月 23 日）
>
> [课文] 第一幅浮雕记述鸦片战争前夕，一八三九年六月三日，群众在虎门销毁鸦片的事迹。浮雕上，愤怒的群众正在把一箱箱毒害中国人民的鸦片运到海边，倾倒在放有石灰的窑坑里销毁，一股股浓烟从石灰池上升起。（初中《语文》第一册；人民教育出版社 80 年代以来的多套教科书版本）

“虎门禁烟”，是用石灰加水产生高温去“销毁”（熔蚀、毁掉）鸦片，而不是点了火去“焚烧”“烧毁”鸦片。修改时删去“焚烧鸦片烟”，并把“烧毁”和“焚烧”改为“销毁”，准确地反映了当时的重大行动，符合历史的真实，也合乎科学的常理。

（二）为语言规范化而作的修改。

“五四”时期的白话文运动是有很大功绩的。但由于历史的局限，“五四”时期及后来相当长一段时期的语体文，在规范化方面还存在一些缺点，语言具体运用中的分歧现象比较多；而“高度发展的语言”，应该是一种“统一的、普及的、无论在它的书面形式或是口头形式上都具有明确的规范的汉民族共同语”。① 语文教科书的课文语言具有很大的示范作用，应当在规范化方面发挥固有的作用。有些文章，由于作者语言习惯的原因，或者由于思考欠周密，下笔欠严谨，会出现一些同社会用语规范不相一致的现象。选为课文时，就必须遵照语言规范化的要求，作仔细认真的修改。

在加工修改的实践操作中，以下各种规范化修改是经常会遇到的：

1. 某些夹杂在语体文内的不相协调的文言词语、文言句式，应改用现代汉语的词语、句式；

2. 某些夹杂在语体文内的非本地人难以理解的生僻难懂的方言词语，应改为现代汉语通用的词语；

3. 同义异形词的书面形式的斟酌取舍；

4. 词的语素次序的调整；

5. 生造词语换成常用词；

6. 改正随意改动的成语和熟语；

7. 把造成歧义的不恰当的简称换用全称；

8. 名词词尾（“儿”“子”“头”等）的合理使用；

9. 各类代词的正确运用；

10. 虚词（主要是副词、介词、连词和助词）的修改；

11. 句子语序的合理调整；

12. 句子缺漏成分的配备；

13. 句内搭配欠妥词语的更改；

14. 各种标点符号的增删调换。

限于篇幅，这里不一一举例。以上是从教科书课文语言规范化修改的整体操作归纳的，就具体篇目内存在的疏漏而言，多数入选课文并不太多。少数文篇则多些，但内容、写法好，有入选教科书作为范文的价值，对这样的课文，需要编者在语言加工修改上多花点功夫。

（三）由于原文版本排印差错而作的校勘修改。

此类加工修改的对象，多数为错字、多字、漏字和标点疏漏。有些差错相当严重，假若隐蔽在普通的书报杂志中，造成的影响还有限；如果由于对

① 参见罗常培、吕叔湘《现代汉语规范问题》，《现代汉语规范问题学术会议文件汇编》，科学出版社 1956 年 7 月版。

原文忽略校勘，未加修改，而让差错进入了语文教科书，产生的负面作用就太大了。这类差错非改不可。例如，钱锺书的散文《读伊索寓言》，入选人民教育出版社新编的高中语文第二册，初稿选用的版本是海峡文艺出版社1991年出版的《写在人生边上》，第9段末句是这样的：

> 因此世界上没有自认为一无可爱的女人，没有自认为百不如人的男子。这样，彼此各得其所，当然不会相安无事。

我在审稿时，发现其他几个版本，如中国社会科学出版社的《写在人生边上》（1991年4月版），浙江文艺出版社的《钱锺书散文》（1997年7月版），上述文句都是："……这样，彼此各得其所，当然会相安无事。"两相比较，海峡文艺出版社的版本多排了一个"不"字，肯定句变成了否定句，造成理路欠通、文气欠顺。审改后，这处排印差错得到及时改正。课文加工修改，对这种地方，自然应该仔细校勘，切实改正，万万不能放过。

（四）为了提高课文的可操作性而作的修改。

课文跟一般文章不同，它必须十分重视教师便于教、学生便于学，即必须十分重视教学过程中的可操作性。一篇文章内容适宜，总体写法又有可学之处，入选了，但往往又会发现文章过长，不便于课堂教学；头绪过多，不利于学生接受；有的内容不适于青少年学生学习；有的地方划分层次时感到欠清晰；语句揣摩时也会遇到有的用词、造句、标点虽无差错但难于教学。发现这类问题，就需要作适当的加工修改：或节选，或删节，或删改。

例如，江苏版洪宗礼主编的初中语文教科书第四册，自编课文《爱莲三篇》，所选《我爱莲有实》《荷花飘香北海夜》《爱藕说》三篇近年来发表的短文，贴近生活，实用性强，各篇的内容和写法也都有可取之处，整体组合更是富有新意。但选来合编为初二年级一个单元的课文，篇幅显得长了点，文字也嫌深了些，有些句子太长，有些抒写过于华丽，有些语段层次还不够清晰。三篇短文作为报刊上的一般文章，那样写也无可厚非，但入选为课文，教学中会产生一定的困难。修改时，我们从提高可操作性着眼，在尊重原意的基础上，注意改得稍短一点，通俗一些，长句适当化短，文风力求朴实，并理清了某些语段的内部层次，以有利于师生的教和学。课文的可操作性增强了，教学效果就能显著提高。

（五）吸收作者对文章的最新改笔而作的修改。

语文教科书所选的课文，如果原作者后来在出版专集、编订文集时又作了修改，自然也应当作相应的修改。这是对作者的尊重，也是使教材精益求精的途径之一。因为作者，尤其是已有定评的作家，他们认真修改自己的作品，一般都是越改越好。编者把这些改笔及时引进教科书，对提高课文质量极有裨益。例如，叶圣陶的《多收了三五斗》，50 年代初期起，就入选人民教育出版社的初中语文课本，所用版本为开明书店 1951 年 7 月出版的《叶圣陶选集》。其中有这样几句：

> “听听看，今年什么价钱。”
>
> “比去年都不如，只有五块钱！”伴着一副懊丧到无可奈何的嘴脸。
>
> ……
>
> “那么，换中国银行的吧。”从花纹上辨认，知道手里的钞票不是中国银行的。
>
> “吓！”声音很严厉，左手的食指坚强地指着，“这是中央银行的，你们不要，可是要想吃官司？”

作家在 1958 年编订文集时，把具有贬义的“嘴脸”改为“神色”，把具有褒义的“坚强”改为“强硬”，对小说中不同人物——向米行粜米的贫苦农民“旧毡帽朋友”和为米行效劳、欺压农民的“账房先生”——的褒贬感情，表达得准确而鲜明，弥补了原作的不足。像这样的作家改笔，教科书的编者应当敏锐地发现，及时吸收，以提高课文的质量。令人遗憾的是，直到 90 年代中期，有的初中语文教科书内，仍然用的是《多收了三五斗》的老版本。这无疑是一种失误。相信有关的编者能够及时参照《叶圣陶文集》或 80 年代出版的《叶圣陶集》，按作家自己的改笔，加工修改《多收了三五斗》的课文语言，让这篇名作更好地发挥它在语言方面的示范作用和教育功能。

三、课文语言加工修改的原则

根据以上各种修改类型的阐述，结合语文教科书的编写特点以及语文教学的实际需要，可以归纳出课文语言加工修改的主要原则。

（一）适应性原则。

语文教科书是反映一个时代、一个国家、一个地区文化菁华的窗口。课文语言涉及的思想感情、内容要素，理应较好地适应所处的历史时代，自然地顺应社会的发展主流。除了注意把好选材关，从整体上适应外，还应对入选课文中的个别或少数跟新时代、新形势“格格不入”之处及时加工修改，作出妥善的处理。

（二）规范性原则。

语文教科书是供广大学生学习母语，保证民族共同语正确传承并促使其健康发展的重要工具。一般的出版物尚且要严防不合语言规范的现象产生，负有示范作用的语文教科书的课文，就更应当讲究语言规范。加工修改时，一定要严之又严，对原文中的错字和误用的词、句、标点，要作合理的修改。自然，“规范化”也往往含有社会用语约定俗成的一面。加工修改时，既要严格细致，又不能失之迂执。对某些尚有争议或某些两种格式暂且并存的语言现象，对体现作家个人语言风格的新颖写法，不宜妄加改动。同套教科书中，各册课本、各篇课文之间，某些词的词型的选定（如“粗鲁—粗卤”“烦琐—繁琐”“思维—思惟”“希罕—稀罕”“糟蹋—糟踏”“其他—其它”等等），应当力求一致，不宜忽彼忽此。

（三）科学性原则。

语文教科书帮助学生获得语言、文学以及相关的文化方面的教育，事关一代青少年的素质。它所传授的知识必须准确无误。课文语言加工修改时，对涉及的本学科和旁学科的有关知识，尤其是一些科学性很强的内容（如科学说明文中的某些部分），一定要慎之又慎，不让原文中可能存在的疏漏流入教科书。当然，更不能在修改时造成新的差错。有些课文修改后，最好能请有关学科的专家审阅定稿。

（四）可操作性原则。

语文教科书的使用对象是广大教师和学生。每篇课文，包括编者自写的知识短文，自然应当有利于教师的教和学生的学。课文加工修改时，要设身处地地为师生着想，发现原文篇幅长短、程度深浅方面的问题，以及语言表达上的难解之处（不是一般意义上的“教学难点”），要仔细研究，恰当修改，提高可操作性。语文教科书的每一篇课文，都应当尽可能地成为真正的适宜于教学的范文。

（五）尊重作者原意的原则。

语文教科书，尤其是中学的课本，每篇课文都署上作者的姓名，对课文的加工修改必须十分慎重，切不能损伤作者所表达的原意。可改可不改的地方，一般就不宜修改；每一处修改都应力求为原作增加光彩；有可能的话应当征求原作者对课文修改的意见。

四、课文语言的加工修改需进一步重视

语文教科书课文语言的加工修改，是一项繁重而细致的劳动。这项劳动的成果是一种宝贵的精神财富。但从目前一些语文教科书的编纂情况看，对课文语言修改的重视还不够，对语言修改成果的利用更是远未到位。我们细读国内的一些语文教科书会发现，有的还不太注意加工修改，对语言表达尚有瑕疵的文章，往往全部照用；有的虽能作些修改，但不尽恰当；有的对前后各篇或各册的语言修改（如词型、标点用法等），还不尽一致；有的校对尚有疏漏之处，形成了新的差错，影响了课文的语言质量。这些问题的解决，有赖于编纂人员认真、细心、负责的态度和较高的语言鉴赏、评析水平，以及高超的文字加工能力。时代在发展，未来的信息社会必然更加重视语言的学习和运用；对语文教科书课文语言质量的要求也必然会越来越高。相信今后各地在编纂21世纪新的语文教科书时，一定能充分重视并精心做好对课文语言的加工修改工作。

这里再提出两个值得探讨的问题。

（一）如何对待入选为课文的现代、当代名家作品的某些语言现象。

像鲁迅、胡适这样著名的语体文作家，语言表达功夫堪称一流。但由于历史和时代的原因，他们的早期语体文作品语言中，难免会出现跟当今规范用法不相一致的地方。例如，鲁迅早期作品中，称呼女性不是用“她”，而是用“伊”（如《一件小事》）。胡适早年作品中，结构助词“的”“得”往往不分；标点符号中的分号用得过于宽泛，今天应当用句号、冒号的地方他也常用分号（如《差不多先生传》）。如何对待这类语言现象呢？把当时流行的“伊”，直接修改为今天习惯使用的“她”，把“的”直接修改为“得”，把某些分号直接修改为句号、冒号，这样改并不可取。因为这会影响历史的真实，跟作品中当年的许多别的表达用法也显得不相协调。可假如照样采用，不予理会呢，也不好，容易给正在学习运用语言的学生造成一定的负面影响。我认为比较妥当的办法，一是在课文注解内，对这种个别现象作简要

的说明，让学生明白当时的用语现象，更明白这种说法在今天该怎么表达。例如，对《一件小事》中的“伊”，我在编写教科书时，在课文的同页注解内作了这样的说明：

> ［伊］音衣，她。“五四”时期的文学作品通常用作女性第三人称代词。（香港《中国语文》第三册，麦克米伦出版（中国）有限公司1991年版）

二是可以针对同类的有关语言现象，适当编拟练习题，让学生通过练习，既了解当时的语言现象，又懂得今天该如何规范使用。例如，对《差不多先生传》中的“的”和分号，我设计了这样一道课文研讨题目：

> 这篇文章写于几十年之前。在当时能用这样通俗易懂的白话写作，口语化程度又这样高，是很了不起的。当然也有个别的词和标点，跟今天的习惯用法不一致。细读下面两组文句，根据提示讨论分析。
>
> （1）他有一双眼睛，但看的不很清楚；有两只耳朵，但听的不很分明；……
>
> （提示：“看”和“听”后面加着重号的两个“的”，今天该用哪个词？）
>
> （2）后来他在一个钱铺里做伙计；他也会写，也会算，只是总不会精细；十字常常写成千字，千字常常写成十字。
>
> （提示：分号表示一句话中并列分句之间的停顿。这一例中加线的两个分号，以今天的习惯用法来考察，怎样改会使意思表达得更好？）
>
> （香港《中国语文》第三册，麦克米伦出版（中国）有限公司1991年版）

（二）如何充分利用语文教科书课文语言加工修改的材料。

作家修改自己所写文章或应邀修改入选课文留下的精彩改笔，是语言学习的宝贵材料。教科书编审人员反复琢磨后所作的课文语言修改，其中不乏精当之处，这些改笔，也是语言学习的很好材料。编者可以在语文教科书的练习里，教师可以在阅读教学和写作教学中，适量穿插作家（主要是著名作家）或课本编者精心修改文章的佳例，包括炼词锻句方面的，谋篇布局方面的，提炼标题、斟酌标点方面的，引导学生对照比较原稿与改稿，或初稿与定稿，分析研究修改的道理，有时还可要求写出分析修改道理的赏析、评析文字。这样做，有助于加深对课文的理解，提高阅读揣摩的能力；有利于积累和加强“语感”，领悟文章修改的具体途径，提高写作，尤其是自改的能力。鲁迅早在 1935 年就说过：“‘应该这么写，必须从大作家们的完成了的作品去领会。那么，不应该那么写这一面，恐怕最好是从那同一作品的未定稿本去学习了。……’这确是极有益处的学习法，而我们中国却偏偏缺少这样的教材。”① 其实，语文教科书课文语言修改的不少佳例，正是能使广大教师学生感到“极有益处”的“这样的教材”，值得我们采取多种形式加以充分利用。我在编写麦克米伦出版（中国）有限公司出版的香港《中国语文》第三、四册时，针对不同语体文课文的具体情况，以不同的练习方式，设计、安排了十几道“改文例析”题和“修改训练”题，目的正是为了给师生提供具体生动、可操作性强的“极有益处”的教材。实践证明，这样的练习教材，便于学生比较、评析，提高揣摩和修改的能力，并从中学习对语言表达一丝不苟、精益求精的精神，效果是相当好的。

语文教科书课文语言的加工修改，是编纂过程中的重要环节，是提高教材质量的切实保证，需要重视、研讨的事项和细节很多。本文所述，仅是个人在教科书编写和语文教学实践中的一些认识和体会。希望今后同编辑界、教学界、学术界同仁一起，不断提高课文语言修改的实践操作能力和理论研究水平，努力把我们的语文教科书编得更好。

① 见《不应该那么写》，《鲁迅全集》第 6 卷，人民文学出版社 1981 年版。

一套新颖、扎实的训练型教材①

——评上海市新编H版初中语文教材

上海市新编的九年制义务教育课本初中语文（H版）是一套新颖、扎实的训练型语文教材。在近年来涌现的各地编写的多套初中语文新教材中，它的改革步子迈得较大，特色比较鲜明。

阅读能力训练的新颖设计

这套教材总体设计的最大特点，是以训练阅读能力为主线，并灵活地安排表达能力训练和语文知识传授等辅线，全面提高学生的语文素质。每一册的几个主体单元均以某种基本阅读能力的训练为重点，单元中设计的范文教学和多种形式的训练，都注意反复强化这种能力。例如初中第一册（上海市六年级第一学期，以下类推），第一、三、六单元分别是“朗读（一）正确、清楚”“朗读（二）自然、流畅”“朗读（三）传情、达意”，重点训练朗读能力；第二、五单元分别是“默读（一）借助注释阅读”“默读（二）借助字（词）典阅读”，重点训练默读能力。每个单元的名称即鲜明地提出了该单元各篇范文教学的共同训练重点。单元标题下的说明，进一步以明确、简练的语言，围绕训练重点提出具体的学习要求，也兼顾对范文内容理解和学习方法、学习习惯等提出一些要求。单元中教读课文的“训练题”和自读课文的“自读检测题”，大部分围绕本单元的阅读能力训练重点拟制，引导学生紧扣范文的语言材料，分层次、多角度地进行练习。每个单元结束都有一次“单元综合训练题”，主要从综合、比较、联想、扩展的角度设计题目，再一次突出本单元的阅读能力训练重点。

这样组织单元，安排训练，既兼顾“面”又突出“点”；积累一个个

① 原载《语文教学通讯》1994年第8期。九年制义务教育课本初中语文（H）版，由华东师范大学、徐汇区教育局组织编写，主编徐中玉，执行主编徐振维，副主编陈文高，上海教育出版社出版。

“点”，连成教材的主“线”。学习的目标集中了，训练的头绪适当简化了。应该说，这种新颖的设计很有利于教师的教和学生的学。

再从初中各个年级阅读能力的训练看，这套教材的总体设计也很新颖。初中阶段前两年（六、七年级）阅读教材的主要任务是巩固提高学生在小学阶段已学的阅读能力。在积累语言材料的基础上，认识一些语言规律，养成良好的阅读习惯，掌握常用的阅读方法。初一年级重点训练朗读和默读能力，初二年级重点训练在阅读中理解词语、把握句意和分析文章条理的能力。初中阶段后两年（八、九年级）阅读教材的主要任务，是发展提高学生的阅读能力。除继续认识语言规律、培养基本阅读能力外，还要训练学生掌握速读的方法，提高感受、理解、品味的能力。初三年级重点训练速读能力，对词句和段篇的质疑能力，以及对选用材料、运用表达方式的理解能力。初四年级重点训练比较分析中心和题材的能力，培养联想、想象的能力，训练对各种文学体裁的阅读能力。四个年级八册教材的阅读能力训练，形成由易到难的坡度，由局部到整体的层次，并在安排中注意往复回旋，螺旋式推进。这样的总体设计和内容安排是符合语文学习的认知规律的。

叶圣陶先生曾经精辟地指出：“阅读是写作的基础”，“阅读的基本训练不行，写作能力是不会提高的。”（《叶圣陶语文教育论集》第491页）在教材中突出阅读能力的训练这条主线，不仅抓住了语文学习的关键，也为“表达”单元训练任务的完成打下了基础。

总体设计中另几项新尝试

这套教材总体设计中另外几点新颖之处，也很值得肯定。

每册教材都安排了表达能力训练序列，并作了新的编排尝试。如第一册根据学生实际自编了“写熟悉的事，说想说的话”“仔细观察”“选好观察的角度”“移位观察”“讲清事情过程，注意事物特点”等五个单元，由浅入深，简要生动地传授写作的基础知识和基本要领，评析写作例文，引导学生进行基本训练。每册“表达”部分中还安排了一个“说话训练”单元，训练学生的说话和听话能力；一个“应用文写作”单元，指导学生掌握现代社会生活中常用应用文的格式和写法。

每册教材的“阅读”部分，都安排了一个“课外阅读指导”单元，围绕着一个专题自编和选编几篇教材，分别介绍报纸、期刊、童话、故事、寓言、人物传记、报告文学、科技读物、社会科学读物、外国短篇小说等有关知识，分册提出课外阅读的具体要求，为学生导向；激发阅读兴趣，激励广泛涉猎，补课内阅读之不足。第一册“报刊的阅读”单元中，有自编教材《报纸、期刊介绍》《怎样阅读报纸和期刊》《名人谈读报》和选编教材作家孙犁的《报纸的故事》。在学生进入中学阶段的第一学期，就引导他们懂得报刊的重要功能，掌握阅读报刊的方法，养成每天读报、经常读一些期刊的良好习惯，无疑是十分重要的。

另一个设计新颖之处，是每一册都编入了一个“视听”单元。编者为了使学生的语文能力能够适应当今信息社会的需要，针对学生普遍喜爱观看影视、收听广播的实际情况，作了这一尝试。在我国语文教材史上，系列性视听教材的编写还没有先例。要在书面文章之外的新的领域里广泛搜求、精心选择材料，并恰当地编成适合教学的教材，难度之大是可想而知的。编者从确定每册训练重点，选择具体的录音、电视、电影材料作课文，到编写每一课的“视听提示”“训练题”和配制音像带等等，每一个环节都倾注了大量的心血。现在展现在我们眼前的一个个崭新的“视听”单元，每个单元都有五篇课文，体裁（样式）多样，内容丰富，覆盖面广，时代气息很浓，训练方式活泼多样，再配上现代化的视听手段，构成了一种新颖独特的语文教材。相信这些“视听”单元对提高学生的视听、说话能力，改革课堂教学，提高教学效率，将会起到越来越大的作用。

丰富多彩、新意盎然的选材

教材编者非常重视精选时文。例如第一册，阅读部分 30 篇课文中，老课文（包括古代、现代、外国的作品）占 11 篇，新课文占 19 篇。19 篇中除 2 篇古代作品和 1 篇外国作品外，其余大多数是 80 年代和 90 年代写的文章。这些新选的课文，有歌颂祖国壮丽河山、歌颂老一辈革命家、歌颂革命先烈和人民“公仆”的佳作，也有描写亲人深情、生物灵性、生态保护、成材经历的精品；有反映当今世界科技新成就、新构想的科学小品，也有介绍上海市新建设的新闻报道等。内容丰富多彩，写法多种多样，令人感到新意盎然。

第四册教材（试用本）“句意的理解”阅读单元中，编者还别出心裁地编入一篇自读课文《定义、法则六则》，选入了“国情”的释义、《中华人民共和国未成年人保护法》中的 4 则条文，以及“半径”“月食”的定义、阿基米德定律、勾股定理等，训练学生准确理解句意、周密表达句意的能力。

记得叶圣陶先生在1964年7月15日写给我的信中曾说："我觉得说明文极重要，……而选材至不易。报刊所载，类多不耐仔细揣摩，准确明白两皆有违。语文以外之其他课本大多为说明文，似可选少数章节入语文课本也。"但限于种种原因，这一意见多年来未见付诸实施。这次上海市初中《语文》（H版）新教材从政治、地理、数学、物理等相关学科中适当选编一些定义、法则，应该说是一个创举吧！

过去人们对语文教材有意见，其中一个主要的意见是认为教材内容陈旧，面对当前生活、体现时代精神的课文太少，至于"三面向"，距离就更大了。这个缺点，在上海市的这套新教材中已有所克服。阅读那一篇篇新选的范文，仿佛感受到一阵阵清新的风扑面而来。

扎扎实实的基本训练

国家教委1992年6月颁布的《九年义务教育全日制初级中学语文教学大纲（试用）》，突出了对能力训练（包括阅读训练、写作训练、听话训练、说话训练）的具体要求。上海市初中语文（H版）新教材引导学生扎扎实实地进行这四个方面的能力训练，可操作性强，我们不妨称它是一套训练型语文教材。

一是单元内部的各项训练安排得扎实。每个阅读单元之首简明扼要地提出重点训练的要求；教读课文的"训练题"、自读课文的"自读检测题"和单元末的"单元综合训练题"，构成本单元的训练系列。同阅读单元相配合的表达单元的写作训练或说话听话训练，也都落到实处：单元开头有训练要求，单元末尾有"练一练"，由浅入深地安排多种形式的练习。

此外，每个阅读（加表达）单元之后，都安插了两次"每周一诗"，每学期大致安排14首著名的古诗，把熟读、吟诵古诗名篇这一传统的训练方式，活泼、有序地固定在教材内。这样编排，既增加了单元的生动性，又引导学生进行了实实在在的读、背、赏析、积累的基本训练。

二是每一课的训练题编拟得扎实。教读课文的"训练题"一般有六七题，自读课文的"自读检测题"一般有五六题，其中围绕本单元阅读能力训练要求编拟的主干训练题占一半左右，另外几道题目则灵活安排内容理解、思维训练、语言运用、字词标点、层次结构等方面的训练，某些练习题的提示中，还简要介绍一些词汇、语法、修辞等有关的语文基础知识。这样编排，突出了单元阅读训练的重点，也兼顾了范文教学多方面任务的落实。

如第一册第24课《请种一棵爬山虎》的第三题，引了《辞海》中关于“爬山虎”的注释（120多字）和散文《爬山虎礼赞》中的一段（260多字），要求学生同课文（900多字）作比较，写出三者介绍爬山虎的各自的侧重点。这样的题目既突出了本单元的训练重点（默读时“借助字〔词〕典阅读”），导入了《辞海》的注释，启导学生阅读有关文章时应勤查《辞海》一类的工具书，同时又进行了比较阅读的初步训练，让学生由此及彼，接触多种样式的语言材料，具体了解由于写作目的和文体的不同，三篇文字的内容侧重点也会有所不同，从而加深对课文内容和写法的理解，丰富对不同风格语言的积累。这种“一箭双雕”“一箭数雕”式的训练题，在这套新教材中为数不少。

三是语文运用于生活的能力和自学能力的训练比较扎实。“表达”部分的写作训练单元，重视引导学生把写作同生活密切结合起来，去反映生活。“练一练”中许多训练题，都来自生活的实际需要。

这套教材第一册安排的“语文活动（3）”《剪报展览》和第二册安排的“语文活动（5）”《读书卡片展览》，以及一些表达单元中设计的“互赠格言”“打电话”“转述电话”“举行学校（社会）新闻发布会”“自办手抄小报”“举办‘我最喜欢的期刊’展览”等练习活动，也都是为了引导学生把所学语文知识和能力运用于生活，去解决实际问题，并在实践中获得进一步的提高。

这套教材还很重视落实对自学能力的训练。除了安排自读课文、自读检测题以循序渐进地培养自学能力外，一些单元综合训练题的设计也很注意这一点。例如第一册第五单元（默读时“借助字〔词〕典阅读”）的综合训练题第三题：“阅读下列短文，给每一段写一个小标题（填在线上），总结一下查字典要注意哪些问题。”下面附了一篇600多字的《查字典要注意的问题》，三段文字分别介绍了查字典的有关知识和方法。学生要解答这道题，必须先仔细阅读整篇短文，剖析层次并牢记要点，这就正好认真自学了这个单元需要学习的查字典的基本知识。这样编排，比把《查字典要注意的问题》单独作为本单元的一篇知识短文，效果要好得多。

扎实并不等于单调、呆板。教材对必要的反复也并不回避，但总的看来，编者比较注意训练形式和命题方式的多样化，有些题目还引导学生运用现代化手段（如录音机、电视录像片等）进行练习。此外编者还注意题量适当，不加重学生的负担。

相当成功的教材　值得学习的经验[①]

——评苏教版初中语文教材

会议主席盛情相邀，要我讲一讲。刚才边听边想，记下了几条，向各位老师、各位领导汇报一下。

赵社长在介绍这套教材出版过程中的几种版本时，说最早的一种是“菊花本”，接下来是“蒲公英本”，封面分别印有菊花和蒲公英的图案。江苏教育出版社对封面设计一向很讲究，这两种花型选得好，象征意义深远。这套教材的主编和编写人员，在编写、锤炼过程中，体现了菊花的种种美德；而这套教材今天的使用情况，就像蒲公英一样，已经飞向大江南北，生根开花。

江苏是全国的教材大省，历来有编写教材的传统。30 年代、40 年代，叶圣陶、朱自清等先生编出了一套套具有全国影响的好教材；50 年代后期到 60 年代初期，吴天石厅长主持教育工作期间，我们江苏又编写、出版过不少教材。洪宗礼同志主编的这套初中语文教材，诞生、发展于 80 至 90 年代改革开放的大潮之中，获得了相当大的成功，为泰州中学争了光，为泰州市争了光，为扬州市争了光，也为我们江苏省争了光。在某种意义上，还为我们祖国大陆争了光。记得几年前香港一家英国出版公司中文总编辑要我寄几套大陆的新教材给他，我寄去了已经出版的人教社的教材和洪宗礼的教材。他在回信中对洪宗礼这一套教材的一些新的编法给予了好评。

编教材不易。记得美国著名作家海明威说过：“写作是一件苦差使，尽可能不要卷进去。”这是他在回复许多向他请教如何成为作家的来信时经常用的一句话。编一套好的教材，比写作一部作品，难度往往要更大，可以说是一种更重的“苦差使”。香港出版界流传一句话：“要破产，编教材。”可

① 本文是作者 1996 年 8 月 14 日在苏教版初中语文教材建设总结表彰大会上的发言。原载《洪宗礼初中语文教材研究荟萃》，江苏教育出版社 1997 年 11 月第 1 版。

见编教材还要承担可能失败的风险。还记得有位名家说过："编字典不是人干的事，——是圣人干的事。"他的话分两截说，是为了突出编一部好字典，需要投入大量的精力、时间，克服种种的困难，不是常人所能忍受的，所以除了要具备丰富的专业知识、很高的技术水平外，还应当具备"圣人"的美德。跟编一部大型字典一样，编一套教材（以及多种不同角度的辅助用书），也是一项"系统工程"。在某些方面，编教材还有它独特的难度。因此，我认为，一套好的教材，也不是随便聚几个人分工一写一凑就可以编出来的；由于难度大，跟大范围应用的高考、中考命题一样，是"滚钉板"、硬碰硬的工作，需要为之作大量的投入，会在很长一段时间内，吃尽千辛万苦，经历种种磨难，非具备"圣人"的美德是办不成的。洪宗礼同志的这套《语文》教材，获得了社会的承认和好评，这成功之花的后面，是血和汗水，甚至还有泪水。

我和宗礼同志是多年的好友，从 80 年代初他写信告诉我"停写其他文章，立志编一套好教材"这个宏愿至今，他编这套教材的全过程我比较了解。他和编写组同志们在许多方面积累了宝贵的经验。刚才顾黄初教授、赵社长、朱主任已经讲了不少，下面结合自己编写教材的实践，说几点值得我学习的经验。

一　创新、求实的指导思想

"创新是一个民族的灵魂。"一套教材没有创新的设计，没有自己的特色，是很难有生命力的。1991 年 12 月底，江苏省中小学教材审查委员会中学语文教材审查组在江苏饭店审查洪氏教材，当时我们就感到这套教材从体系、体例到选材、练习等，都有新意和特色，是一套很有发展前途的新教材。这套教材不仅力求创新，又十分注意求实，重视科学性、针对性、可操作性，扎实、有效地指导学生进行读、写、听、说的学习、训练，指导课内、课外的语言实践。记得国家教委副主任柳斌同志 1995 年 4 月听取我们全日制普通高级中学《语文教学大纲》编订小组汇报后说："语文学科改革的动作、力度是很大的。从以知识为中心，转为以语言实践、能力训练为中心，有很大的变化。原先语文教学效率不高，跟对学科的性质、任务研究不诱有关系，现在有很大的变化。"他强调"语言实践"和"能力训练"，是很有道理的。对这两点，洪氏教材从 80 年代至今，一直都非常重视，事实证明，已经取得了良好的实际效果。限于时间，这套教材创新、求实的种种实例，这里就不一一列举了。

二　精益求精的精神，呕心沥血的态度，坚定不移的信念，坚韧不拔的意志

十多年来，宗礼同志和编写组的同事们，为这套教材倾注了大量的心血，反复斟酌，数易其稿；精心推敲，一字不苟。他们还多方征求对教材的修改建议，从善如流。这种精益求精的精神和呕心沥血的态度，是这套教材取得成功的重要经验。张志公先生 1987 年指导我们编写香港《中国语文》教材时曾说："科学性、准确性，力求无疵可指，'硬伤'应挑不出。""拿出去的教材，尽量做到无懈可击。"这也正是一切有志于编写高质量教材的编者所追求的目标。（当然，事实上由于各种原因，几乎任何一套教材都不可能避免出现一些差错。）宗礼每学期都把新出的教材寄给我，诚心诚意地要我提供修改建议。我的切身体验是，可以提出供考虑的修改之处越来越少，各方面都显示出这套教材越来越成熟。他们十几年如一日，重视质量，争创精品，努力向高峰攀登，立志编出好教材奉献于社会，这种坚定不移的信念和坚韧不拔的意志难能可贵，值得我们学习。

三　科学的理论基础

宗礼同志一贯认为，教材的编排体系，必须建立在深厚的理论基础之上。语文教材的具体编写，在基础理论方面，要符合认识论、辩证法、社会学、心理学、教育学以及方法论的原理；在学科理论方面，要融合语言学、文字学、修辞学、文章学等领域的研究成果。他强调教材必须"在理论上站得住"。宗礼同志多年任教，原先已经积累了丰富的教学经验和理论知识，这些年来为了编好教材又刻苦钻研，进一步提高理论水平。这就使所编教材的质量不断地上升到新的层次，经得起时间和实践的考验。

四　三个方面关系的恰当处理

近几年我常想，根据目前的国情，我们要编出一套好的教材，下面三股力量应当形成合力：优秀的专家牵头——热心的领导支持——目光远大的专业出版社支撑。

宗礼同志尊重知识，尊重人才，他任主编，不仅自己全身心地投入教材编写，还善于发现、团结一批有水平的同志，组成一支有实力的编写队伍；

还善于依靠广大使用教材的第一线的教师、教研员和学生。从编写、试教、使用到不断修改，从小型研究讨论到大型研讨活动，他精心组织，任人所能，用人所长，很有大将风度。有优秀的专家任主编，既能编出好的教材，又能团结好、锻炼出编写队伍和使用教材的骨干队伍，做到“出书出人才”。

在这套教材初创、发展的过程中，我省一些热心的领导给予了支持，包括省教委有关领导，省教研室、中语组、教材办公室，省教科所，一些地区和县市的教育局、教研室，许多中学的领导等等。宗礼同志珍惜这种支持，尽可能恰当地处理好同各方面的关系，使这套新教材健康地成长。

江苏教育出版社是我国第二批评选出来的全国 15 家优秀出版社中的一家，在全国几十家教育出版社中是很有实力的，出了许多优秀图书。江苏教育出版社的领导有远见，在洪氏教材刚成雏型、最需支持的时候，就投入大量的人力、物力，出版印数并不多的试教本。在教材逐步修改、定型的过程中，又继续大量投入，不断地修订、改版，保证了教材质量的提高。宗礼同志跟出版社合作融洽，在许多方面得到了江苏教育出版社对教材编写的大力支持。有这样的专业出版社支撑，有上面提到的热心的领导的支持，有宗礼这样的优秀的主编和编写组，这三方面形成合力，保证了教材的成功。

宗礼同志和教材编写组的同志是很有战略眼光的。最近，他们正在考虑 21 世纪新教材的编写事项，争取从理论到实践有新的突破。我衷心祝愿这套在 20 世纪 90 年代已经取得相当成功的教材，在 21 世纪获得新的更大的成功！

编好用好我省小语教材
切实提高语文教学质量[①]

江苏省教研室编写的九年制义务教育小学语文教材，到今年上半年，已经编写、出版了低年级和中年级的第一至八册，最近，高年级的第九册、第十一册也已印好。到明年春季开学，六年制的全套十二册和五年制的全套十册都将出齐。这是一件非常值得庆贺的事情，是我们江苏省教材编写史上很有分量的一章。

江苏是我国的人口大省，经济大省，文化、教育大省，也是教材大省。50、60 年代，吴天石厅长主持江苏教育工作时期，江苏省就编写了一批中小学教材，其中有些在全国产生了一定的影响。80 年代后期以来，省教委、省教研室遵照国家教委关于“一纲多本”的指示精神，采取多种形式，组织各方面力量，编写中小学各科教材，已经出版、使用的有二十来套。数量之多，远远超过任何历史时期。其中，小学语文教材是编得相当成功、很有特色的一套。第一至四册和第五至八册，已先后分别由江苏省教委中小学教材审查委员会和国家教委中小学教材审定委员会审查通过。

按国家教委基础教育司的指导性意见，全国各地编写的九年制义务教育教材，大致分为这样四种类型：第一类是面向全国大多数地区，适合一般水平的学校使用的教材，又称“通用类”。第二类是面向经济文化比较发达的地区，适合教育基础比较好的学校使用的教材，又称“沿海类”，或“大中城市类”。第三类是面向经济文化比较落后的农牧业地区、边远地区，适合办学条件比较差的学校使用的教材，又称“内地类”。第四类是适合我国少数民族地区学校使用的教材，又称“少数民族地区类”。苏教版小语课本，可以算是第二类。这套教材，是全国已经编写的二十来套小学语文教材中比较好的一套。

① 本文是作者 1998 年 8 月 22 日在苏教版小学语文教材培训会议上的讲话。原载《实验通讯》1999 年第 2 期。

著名语言学家吕叔湘先生说："编好语文教材，是做好语文教学工作的首要条件。"江苏省教委副主任周德藩同志也说过："构成课堂教学的基本要素是学生、教材、教师。学生是学习的主体，教材是施教的媒介，教师是课堂教学的主导。"说得很中肯。他们都强调了教材在教学过程中的重要性。苏教版小语教材为我们创造了这样的"首要条件"和良好"媒介"。了解这套新教材，用好这套新教材，将有助于大面积提高我省小学语文教学的质量。

这套新教材的几个特点

我先后参加了江苏省对苏教版小学语文教材的两次审查。回忆当时的感受，结合平时阅看中的体会，感到这套教材有以下几个特点：

一、编写指导思想明确，体系、体例、内容富有新意。

苏教版小语教材的编者，能根据教育"三面向"的要求，根据江苏省经济、教育的发展水平，依据九年制义务教育全日制小学《语文教学大纲》的有关规定，遵循语文教学的规律，汲取本省和兄弟省市小学语文教学改革的新经验、新成果，并借鉴传统语文教育的某些行之有效的方法，精心设计教材的体系、体例，合理安排和组织各方面的教学内容。这套教材的体系、体例、内容富有新意，整体结构比较周密、和谐。（可参阅每册课本开头的《编写说明》）这是编写成功的关键。拼音、识字、写字教材的编排，阅读课文的选编，作文和说话训练的安排，课文练习和单元练习的设计，都有创新之处。整套教材的新颖性、实用性、科学性和可操作性都比较强。

这套教材在整体上能达到这样的高度，同编者的精品意识和苦干精神是分不开的。为了选到一篇合适的课文，他们大量阅读筛选，"百里挑一"是常有的事。为了写好一篇自编课文，编好一道练习题，他们反复研究，反复修改，还广泛征求各方面的意见。编写第五册《飞驰在沪宁高速公路上》这篇新课文时，两位编者特地乘车在这条公路上来回一次，现场观察，实地感受，以便对初稿进行加工修改。编写第八册《"龙头"的风采》这篇新课文的过程中，主编同执笔的编者专程到北京西站，实地观察、拍照，改了八九稿。据我所知，这样的事例很多。好的教材、好的课文是"磨"出来的。50、60年代，老教育家、教材编写专家叶圣陶先生带领人民教育出版社的编者，编写全国通用的小学、中学语文教材，就经常在"磨"字即"修改"上下功夫，“磨”出了许多优秀的课文。近些年来，在商品经济大潮冲击下，愿意花力气这样“磨”的编写人员已经相对少了。相比之下，苏教版小语教材编者的精品意识和苦干精神就显得十分可贵。

二、拼音、识字、写字教材编排合理，别具匠心。

拼音、识字、写字教材的编写，有不少独创性的构思和设计。例如，第一册拼音教材中 146 个音节的筛选，标音、标形图和情境图、语境歌的设计，识字教材中的识、写分流，写字练习中的重视描红，注意笔顺示范，都很有特色。徐州市鼓楼小学在试用这套教材的实验总结中反映：过去的拼音教学，要让学生掌握 400 个音节，需要用 8 到 10 个星期时间，才能勉强完成教学任务。现在，新教材筛选为 146 个音节，同样是完成拼音教学任务，只需用 6 个星期，全体学生就能非常熟练地掌握了学习内容。比过去学得快，记得牢，又减轻了负担。由于新教材重视写字内容的安排，试用后这个学校学生的写字情况大为改观，同过去相比，不但字写得好，而且良好的写字习惯已初步养成，握笔姿势正确率达到 96．88%。

三、阅读课文富于时代气息，编写质量较高。

已经使用的第一至八册，以及即将启用的第九册、第十一册，阅读课文除选用少量传统名篇佳作外，自选、自写课文占了大多数。新课文注重语文因素，讲究语言规范，其中的大部分达到了情文并茂的境界。各册课文内容丰富多彩，贴近学生生活，面向现代化，时代气息浓厚，并适当反映了江苏的地方风貌和改革开放的成果。这里举两个例子，以了解这套教材“面向现代化，时代气息浓厚”的特点。今年 6 月 12 日，《文汇报》发表了中国社会科学院副院长刘吉研究员谈“知识经济”的长篇理论文章，他指出：“无论是教育内容、方式都应适应知识经济的需要，例如从小就要对孩子们讲金融知识、环保知识等。”苏教版小语新教材第九册，是今年春天编成、7 月出版的，其中的两篇自编新课文——第 10 课《信用卡》，第 14 课《访问环保专家方博士》，就分别介绍了有关的金融知识和环保知识。介绍环保知识、增强环保意识的新课文，在其他各册还有。从这类新课文的选、编，很能看出编者思考问题的宽广性和前瞻性，这正是教材能反映现代化实际、具有时代气息的重要原因。

新教材中有这样一类自写课文，很有特色，可以称之为“一箭双雕”“一箭三雕”式课文。就是用生动活泼的笔法，编写故事性、知识性课文，既可以用来进行识字、阅读等教学，又可以向学生传授有效的语文学习方法，或引导学生养成良好的学习态度和学习习惯。这一点，下面将详细介绍。此外，苏教版小语课本自编的新课文中，有关古代名诗的欣赏性课文，有关当代社会某些常见实用文写法的指导性课文，也写得相当好，生动，精要，管用，有新意。

四、课文练习头绪简化，重点突出。

这套新教材一个很显著的特点是，每篇课文后面的练习以及单元练习，能充分重视小学语文教学的学科性质和学生的年龄特征，突出基础知识和基本技能这条“双基”训练的主线，目标明确，头绪简化，重点突出。每篇课文后的练习，低年级的几册，重点训练识字、写字和朗读、背诵。中年级的几册，着重安排了朗读、背诵、复述和钢笔字描红、词语理解运用等练习，以及仿照课文写法并配合作文训练的“小练笔”。因课设题，训练读、背、说、写、理解、联想、比较、观察等语文基本能力。高年级，从已经编成的第九册、第十一册看，课文练习训练的重点，在中年级的基础上，着重增加了句式、标点、修改、篇章结构等练习，语文能力的要求有所提高。

这套教材的课文练习，题量不重，形式不烦琐，抓住小学生必需具备的几项基本的语文能力，作反复循环、螺旋式上升的训练。这一编写思路是符合语文训练的规律的，也有利于减轻学生的过重负担。

五、单元练习扩展基本训练，重视语言积累。

单元练习从第一册到第八册每册一般安排 8 次，九册、十一册，每册安排 7 次。针对各个年级学生的特点，设计字、词、句、段的基本训练，练习形式比较多样。每次单元训练都安排了“读读背背”（低年级四册是“先朗读，再背诵”）和“说话”两道练习题，我觉得这两项编得很有特色。“读读背背”尽量配合本单元课文内容，选编中外名言警句和谚语、格言，古今精萃短诗，以及姓氏歌、朝代歌，还有《三字经》《千字文》《今古贤文》中的精彩片段等，涵盖面广，有助于学生细水长流地积累语言，培养语感，陶冶品德。“说话”独立成一条贯串全套各册课本的训练线，选择日常口语交际的一些基本项目，作分步练习，循序渐进，反复训练，提高学生的说话能力，以适应现代社会的生活需要。这在我接触到的一些外省教材中也是少见的。

六、作文训练安排合理，注重实践。

这套新教材中，中、高年级的作文训练自成系列，各册的每个单元内安排一次，每次训练包括例文、习作要点评析和作业要求三个部分。例文精心选编儿童优秀习作或编者创作的从儿童角度写的短文，并用楷体字印在方格模拟作文纸上，对学生能更好地起到示范作用。“习作要点评析”简明扼要，通俗易懂，指点写作要领。“作业要求”结合例文提出本次仿写题目和写法要求。作文训练的这种“三步设计”，很好地体现了用示例引路、从仿写起步、逐步过渡到创造性作文的小学生作文训练规律，突破了过去一般小语教材中作文训练仅仅作为单元练习的一道题目，仅仅提出简单的命题要求这样一种程式。这套新教材的作文训练，有利于克服过去长期存在的作文教学的随意性，提高作文训练的效率。

这套教材的作文训练以及课文练习的“小练笔”中，有些练习细致地指导学生去进行实践，如引导他们去观察、访问、调查、搜集材料，请教老师或家长，然后根据命题要求写作。例如 第十一册“作文 5”，在介绍一组彩色树叶照片后，这样提出写作要求：

> 组织一次秋游，到野外去，到山上去，到植物园里去，到公园里去，观察一下植物的叶子，看它们的颜色有什么变化。即使是四季常青的树叶，只要你细心，也会发现它们的微小变化的。活动中，可以搜集各种植物的落叶，认真观察它们的形状、色彩，然后把它们夹在本子里，带回学校。在作文课上，先给同学们介绍你搜集到的树叶（不知道名字的，事先请教家长或老师），然后以《秋天的树叶》为题写一篇作文。

又如第五册第 24 课《航天飞机》的第 4 道练习“小练笔”：

> 在老师指导下，查阅有关航天飞机的资料，然后以“航天飞机简介”为题目，给学校或班级黑板报写一篇小文章。

这类注重实践的作文练习尤其具有新意，对引导学生从小重视生活积累，发展他们的创造力和分析问题、解决问题的能力，有切实的帮助。

苏教版小语教材图文并茂，印制比较精良。每册课本都配有相应的教学参考书、教学挂图、习字册、生字卡片、补充阅读、教学录音磁带和投影片等，配套材料比较齐全，方便师生使用。这些，也应该说是这套新教材的特点。随着电脑的普及，多媒体技术的进步，今后这套教材的配套材料，自然还会逐步加强教学软件的开拓设计，用更新的教学现代化手段，配合新教材的教学实施，切实提高语文教学的质量。

使用这套教材的几点建议

在座各位回到各地，要指导或带领教师们使用这套新教材，任务很重。如何更好地使用这套教材呢？除了了解编写意图，了解教材特点，把握整套教材的体系、体例外，这里再提几点建议：

一点建议是，**要突出一条主线，强化语言训练。**

苏教版小语教材十分重视突出语言训练这条主线。使用过程中，要充分利用新教材这一显著特点，扎扎实实地进行语言训练，有效地提高学生正确理解和运用祖国的语言文字的能力。

“正确理解和运用祖国的语言文字”这十四个字，在国家教委颁发的小学、初中、高中三个《语文教学大纲》中，都作了强调。小语“大纲”大家熟悉。九年制义务教育全日制初中《语文教学大纲》和全日制高中《语文教学大纲》，我都应聘参加了起草、编订工作。初中《语文教学大纲》规定：“在小学语文教学的基础上，指导学生正确理解和运用祖国的语言文字。”高中《语文教学大纲》规定：“在初中的基础上，进一步提高学生正确理解和运用祖国语言文字的水平。”培养、提高“正确理解和运用祖国的语言文字”的能力，是语文教学的根本目的和总体目标。其中，小学阶段是学习的关键时期。

我们要从提高人的素质、提高全民族的素质这个高度，来认识强化语言训练的重要性。国内外一些专家通过调查研究，提出了在当今信息社会里青少年应当具备的重要能力。在各种构想中，“语言能力”都受到高度重视。美国一位名叫霍华德·加德纳的心理学家，运用人类学、心理学和病理学、神经病学等领域各种不同的数据进行研究，认为当前青少年的智能应当包括七种彼此相互独立的能力，他把“语言能力：对文字意义和搭配的敏感性”列为第一种。语言能力必须从小抓起。我们要把强化语言训练，让广大学生具备教学大纲所规定的语言能力，提到培养具有良好素质的新一代人的高度来认识。

我们还应从语文教学、语言学习的特点，来认识强化语言训练的必要性。语文教学的主要内容和材料，是语言（书面、口头）和由语言构成的文章、文学作品。语言的教学、训练是整个语文教学的基础和核心。同时，语言作为一种“工具”，必须反复磨砺才能锋利。语言的学习有一个逐步积累、不断加深印象以形成能力、习惯的过程，这需要投入时间和精力。正如毛泽东同志所说：“语言这东西，不是随便可以学好的，非下苦功不可。”点到为止，只讲不练，或者满足于浅浅地练一练，都是难以奏效的。善于“磨”语言，善于引导学生投入语言训练，提高他们的语言能力，应当是我们语文教师的看家本领。只有加强日积月累、细水长流、反复回旋、逐步加深的训练，才能让学生形成良好的语言能力。省教委周德藩副主任 1996 年在徐州会议上提出了语文教改要坚持“两个不动摇”的观点：狠抓落实“双基”不动摇和语文姓“语”不动摇。这是方向性的问题。强化语言训练应该说是“两个不动摇”的具体操作。

小学的语文课要把重点放在语言文字的训练上，讲究方法的科学性，对课文不要去作架空的分析。斯霞老师说：“我不赞成多分析。”“短短的几句话，学生已经懂了，你还分析什么？不如让他多读读。”“他们读得熟了，意思也就大致明白了，到时候也能自然而然地用上了。”（《实验通讯》1996 年第 2 期）这是她几十年语文教学中积累的很重要的一条经验。当然，语言训练除朗读外，还有多种方式。比如叶圣陶先生就多次介绍过一种重要的语言训练方式：“甲、乙、丙三个词，在编一句话时，看用哪个词好或比较好；同样一句话，有三个说法，自己编编看，看哪个说法好或比较好。这就是选词、选句、选择句式。这是学习语言的重要训练，这个道理大概是颠扑不破的。”这一类训练，在苏教版小语教材中设计安排了不少，在课文教学和练习指导中，可以充分利用。另外，还可以针对本校、本班学生的实际水平和具体的课文，适当自行设计这一类训练，最终目的是帮助学生养成善于比较、推敲、选择、修改等语言能力。

语言训练要讲求实效，要加强实践性训练。原国家教委副主任柳斌同志说过：“语文教学的主要任务是帮助学生在语文实践活动中提高语言文字的应用能力。”他认为“目前讲语文知识太多，许多时间都花在分析段落、层次、结构技巧上，讲得多，做得少，考得多，训练少，动口动手实践训练少。所以，效率不高。语文学习应强调应用”。（《语文教学改革有待深入》，《语文学习》1994年第4期）这是很精辟的见解。一些教育发达国家十分重视语言的实践性训练。日本曾经对如何进行母语教育展开了长时间的热烈讨论，各方面观点存在分歧，但有一点大家的想法是一致的，就是：把“语言运用于生活的能力”看作是母语能力，要在读、说、听、写的语言活动中学习语言。这一共同认识构成了日本近几十年来母语教育观的基础。他们强调的，也是语言的实践性训练。

苏教版小语教材中，有一些训练题，不是单纯的语言文字的操练，而是设立一个情境，假设一种实际需要，引导学生运用听、说、读、写的语言手段，去解决生活实践中的一个具体问题。以第十一册为例，这一册就设计了不少这样的实践性训练。七次“作文”训练中，安排了五次。例如“作文1”，在介绍例文、指导写法后，提出了写作要求：

> 建议在班级里举行一次跳绳比赛。比赛可以按规定时间内所跳次数来决定名次。可以设个人奖，也可以设集体奖（以小组为单位）。
>
> 看完比赛后，按写“新闻报道”的要求，为学校广播室或黑板报写一篇报道。

又如前面介绍过的“作文5”，设计得也是很不错的。

这一册七次单元练习的“说话”训练中，也安排了五次实践性训练。例如，“练习1”的“说话”训练《学会做解释》，设计了三个情境，要求学生想想该怎样做解释，再当众演练；“练习3”的“说话”训练《我喜欢的一句名言》，要求先思考“这句名言给了你哪些启发”，再“在班级举行的名言交流会上说一说”；“练习4”的“说话”训练《请你当导游》，设计了“如果有客人到你的家乡去参观访问，老师请你当导游”的情境，要求从家乡的方方面面的情况中，“选择一个方面，先搜集材料，再练习当众作介绍”。这些精心设计的实践性训练，既练习了作文、说话的某些技能，又引导学生把这些语言技能运用于解决学习、生活中的实际问题。多做这类实践性的语言训练，对增强学习兴趣，锻炼实际本领，提高“语言文字的应用能力”，即把语言运用于生活的能力，是十分有利的。

另一点建议是，**要充分利用教材，培养学生良好的学习习惯。**

苏教版小语教材的一大特色，是在每一册中，都安排了培养学生良好的学习习惯的内容。一种安排方式是：在各册课本的开头，以“培养良好的学习习惯”为题，专门设立一个部分，分几个小专题，运用彩色照片，形象生动地给学生示范，传授几种良好的学习习惯。从第一册的训练学生“注意用眼卫生”“保持正确的读书姿势”“保持正确的写字姿势”到第八册的“坚持写日记”“爱护图书”，八册课本一共安排了二十来个专题；刚出版的第九册和第十一册，又分别安排了“读书要做笔记”“不懂就要问”和“认真完成作业”“学会使用工具书”四个专题。整套教材从课内学习到课外阅读，从读书到写字，从观察事物到查字典、写日记，等等，传授了近三十种习惯，分布在各个年级、各个学期，把小学《语文教学大纲》中有关语文学习习惯的要求，真正地编成了形象化的系列性的教材，并作为每册教材的有机组成部分。这在全国已经编成的二十来套教材中，是唯一的一家，受到各方面的好评。编者为了编好这个部分的教材，精心拍摄、选取照片，有不少照片是从几百张同类照片里挑选出来的，花了很多心血。

安排培养良好学习习惯的内容，另一种方式是自编一些阅读课文，这种课文除完成字词句和篇章方面的布点任务外，还通过古今中外一些名人学习成功的生动故事，传授良好的学习习惯。这样的“一箭双雕”式的课文，基本上每册课本都有。例如第一册第 19 课《怀素写字》，第二段通过合理想象，很细致地写了这样几句：

> 怀素写字非常认真，他总是先看清字的形状，记住字的笔顺，再一笔一画照着写。这样，怀素写字进步很快。

这里所传授的写字要“非常认真”，要“先看清字的形状，记住字的笔顺，再一笔一画照着写”，对刚开始学写字的小朋友，正是必须养成的良好的写字习惯。又如第三册第 14 课《梅兰芳学艺》，通过梅兰芳小时候在拜师学艺中苦练眼神、取得成功的事例，向学生传授了“勤学苦练”“持之以恒”的良好学习习惯。第九册第 11 课知识性课文《滴水穿石的启示》，用自然界中的一个事例和人类社会中的三个事例，生动地说明了养成“目标专一而不三心二意，持之以恒而不半途而废”良好学习习惯的重要性。但这种传授，不是空洞的说教，而是很巧妙地包含在生动的故事、生动的事例中，很自然地给学生以潜移默化的教育。这样的“一箭双雕”式的课文，每一册课本内都有一篇到几篇。前面说过，这一类课文的编写，也是这套新教材的一个特色。良好的学习习惯的养成，能使学生终身受益。中外教育家都十分重视这一点。我们要充分利用教材在这方面体现出来的优势，一步一个脚印地训练学生养成一个个良好的学习习惯，为他们今后一辈子的学习、工作、生活和发展，打下坚实的基础。

再一点建议是，**在使用这套新教材进行语文教学时，要重视培养学生的创新意识。**

今年2月4日，江泽民主席对中国科学院《迎接知识经济时代，建设国家创新体系》的研究报告作了重要批示："知识经济、创新意识对于我们21世纪的发展至关重要。"要"真正搞出我们自己的创新体系"。江主席还多次指出："创新是一个民族的灵魂，是一个国家兴旺发达的不竭动力。"从根本上说，"创新意识"的培养，应当从幼儿、儿童抓起。家庭教育、幼儿教育、小学教育是孕育人才的摇篮。国外学者预测未来教育发展的几大趋势，把"早期化"列为重要的内容。如何进一步强调并更加科学地实施幼儿教育、小学教育，将成为全社会关注的热点。知识经济时代对人才的要求，"创新意识"必然放在重要的位置。怎样从实际出发，行之有效地逐步培养少年儿童的创新意识、创造性思维能力，必将成为新世纪我国幼儿教育、小学教育的一个重要课题。

苏教版小语教材中，对培养学生的创新意识、创造性思维能力，已经有所注意。以第三册为例，第8课课文《动手试一试》，就介绍了著名科学家居里夫人小学时代进行创造性思维的事例；第19课课文《有趣的发现》，则介绍了著名科学家达尔文在科学考察中，创造性地思考问题，获得科学新发现的事例。相信今后随着时代的不断进步，教材的不断修订，这方面的教学内容会越来越加重分量。

我们在教学中培养学生的创新意识、创造性思维能力，途径是多方面的。例如，阅读教学中，鼓励学生提问，发表不同意见。作文教学中，引导学生学习新鲜活泼的写法，逐步提高写作的层次，不要老是模仿，写老一套、公式化的文章。练习作业要设计得有利于培养学生灵活思考的能力。有位外国教育家曾说："各科作业都是思维锻炼的体操，都是创造性思维的磨刀石。"语言学家张志公先生认为，语文练习不同于数学练习，有些题目的答案可以不止一个。有时候，学生的答案，可能会比老师准备的要好，就应当表扬鼓励。

当然，要培养学生的创新意识、创造性思维能力，教师是关键。江苏省教科所袁金华主任在1992年南通语文教改会议后概括了四句话："素质教育是语文教学的方向，课堂教学是语文教学的主阵地，语言教学是语文教改的着眼点，提高教师自身的素质是提高语文教学质量的关键。"概括得很精当，每一句都很有分量。最后一句就是强调了提高教师素质的重要性。我觉得，对将要跨世纪工作的中青年教师来说，提高自身素质，有一点是应当高度重视的，就是要了解知识经济时代对教育的要求是什么，教育将会发生哪些变化。要站在这个宏观高度上去看待、去解决我们当前小学语文教学中的微观问题。例如，一些发达国家的教育家认为，传统教学对待儿童有一条不成文的规律，你不会学，我来教你学，你不想学，我要强制你去学。但是，这种儿童观和学习观已经过时了，陈腐了，现在应当改变为，你不会学，我们教你学，你不想学，我们来让你喜欢学。他们的这个新观念，值得我们重视。这一教育观念的改变，是小农经济社会、工业化社会向知识经济社会过渡过程中必然会产生的。我们要在当前的小学语文教学中，当然，也包括初中、高中的语文教学中，研究所教对象的实际情况，利用新教材内含的有利因素，创造一些行之有效的方法，在"教会你学""让你喜欢学"这两个根本课题上多做文章，多出成果。

在座各位回去都将指导或带领老师们搞新教材的实验，这是一项很辛苦但很有意义的创造性劳动。教材实验将为新教材的进一步完善提供极为宝贵的经验，可以说是教材建设中必不可少的重要一环。一套教材，尽管编者绞尽脑汁，反复琢磨、推敲、修改，审查委员们一丝不苟提意见，帮助改进，也不可能做到十全十美；还需要在大面积的使用中，经过千千万万道眼光（教师、学生、教研室的研究人员等）反复扫描、聚焦、鉴别，不断肯定优点，不断消除差错，才能更好地提高质量。你们在使用中，在教科研中，发现有需要改进的地方，想到具体的修改建议，可以及时反馈给教材编写组的同志。

还有一点也很重要，就是有条件的地区、学校和任课教师，可以针对这套新教材，做一些教学科学研究。例如，苏教版小语教材中，拼音、识字、写字教材的安排，阅读课文的精选与编写，课后练习、单元练习的设计，培养良好的学习习惯方面教材的编排，作文训练教材的编写，说话系列训练的设计，等等。这些方面都有鲜明的特点，值得深入展开研究，总结已有的成果，提出改进的设想。又如，对如何使用好这套教材（或教材中的某个系列、某个方面、某个单元、某篇课文），也可以结合教学操作过程中积累的经验，做一些专题研究。

在编写、审查、教学、科研几方面共同努力下，这套很有特色、很有生命力的教材一定会精益求精，越编越好。我相信，到 21 世纪，苏教版小学语文教材必将继续在全国领先，更好地支撑我们江苏作为“教材大省”的地位，更好地促进我省小学语文教学质量的大面积提高。

◎ 自编课文选辑

看云识天气[①]

天上的云，真是姿态万千，变化无常。它们有的像羽毛，轻轻地飘在空中；有的像鱼鳞，一片片整整齐齐地排列着；有的像羊群，来来去去；有的像一张大棉絮，满满地盖住了天空；还有的像峰峦，像河川，像雄狮，像奔马……它们有时把天空点缀得很美丽，有时又把天空笼罩得很阴森。刚才还是白云朵朵，阳光灿烂；一霎间却又是乌云密布，大雨倾盆。云就像是天气的“招牌”，天上挂什么云，就将出现什么样的天气。

经验告诉我们：高空的薄云，往往是天气晴朗的象征；那些低而厚密的云层，常常是阴雨风雪的预兆。

那最轻盈、站得最高的云，叫卷云。这种云很薄，阳光可以透过云层照到地面，房屋和树木的影子依然很清晰。卷云丝丝缕缕地飘浮着，有时像一片白色的羽毛，有时像一块洁白的绫纱。如果卷云成群成行地排列在空中，好像微风吹过水面引起的粼波，这就成了卷积云。卷云和卷积云的位置很高，那里水分少，它们一般不会带来雨雪。还有一种像棉花团似的白云，叫积云，常在两千米左右的天空，一朵朵分散着，映着温和的阳光，云块四周散发出金黄的光辉。积云都在上午开始出现，午后最多，傍晚渐渐消散。在晴天，我们还会遇见一种高积云。这是成群的扁球状的云块，排列得很匀称，云块间露出碧蓝的天幕，远远望去，就像草原上雪白的羊群。卷云、卷积云、积云和高积云，都是很美丽的。

当那连绵的雨雪要来临的时候，卷云聚集着，天空渐渐出现一层薄云，仿佛蒙上了白色的绸幕。这种云叫卷层云。卷层云慢慢地向前推进，天气就

① 本文系作者根据有关材料编写。1965 年选用于农业初级中学《语文》第二册，江苏人民出版社 1965 年 2 月第 1 版。1978 年起先后被人民教育出版社和江苏、山东、广东等省以及香港地区的语文教材选为课文。

要转阴。接着，云越来越低，越来越厚，隔着云看太阳和月亮，就像隔了一层毛玻璃，朦胧不清。这时的卷层云得改名换姓，该叫它高层云了。出现了高层云，往往在几个钟头内便要下雨或者下雪。最后，云压得更低，变得更厚，太阳和月亮都躲藏了起来，天空被暗灰色的云块密密层层地布满了。这种新的云叫雨层云。雨层云一形成，连绵不断的雨雪也就开始下降。

夏天，雷雨到来之前，在天空先会出现积云。积云如果迅速向上凸起，形成高大的云山，群峰争奇，耸入天顶，就变成了积雨云。积雨云越长越高，云底慢慢变黑，云峰渐渐模糊，不一会，整座云山崩塌了，乌云弥漫着天空，顷刻间，电光闪闪，雷声隆隆，马上就会哗啦哗啦地下起暴雨来，有时竟会带来冰雹或者龙卷风。

我们还可以根据云上的光彩现象，推测天气的情况。在太阳和月亮的周围，有时会出现一种美丽的七彩光圈，里层是红色的，外层是紫色的。这种光圈叫作晕。日晕和月晕常常出现在卷层云上，当卷层云后面有一大片高层云和雨层云时，是大风雨的征兆。所以有“日晕三更雨，月晕午时风”的说法。说明出现卷层云，并且伴有晕，天气就会变坏。另有一种比晕小的彩色光环，叫作华。颜色的排列是里紫外红，跟晕刚好相反。日华和月华大多出现在高积云的边缘。华环由小变大，天气将趋向晴好。华环由大变小，天气可能转为阴雨。夏天，雨过天晴，太阳对面的云幕上，常会挂上一条彩色的圆弧，这就是虹。人们常说“东虹轰隆西虹雨。”意思是说，虹在东方，就有雷无雨；虹在西方，将会有大雨。还有一种云彩常出现在清晨或傍晚。太阳照到天空，使云层变成红色，这种云彩叫作霞。出现朝霞，表明阴雨天气就要到来；出现晚霞，表示最近几天里天气晴朗。所以有“朝霞不出门，晚霞行千里”的谚语。

云能够帮助我们识别阴晴风雨，预知天气变化，这对工农业生产和人们的生活有着重要的意义。我们要学会看云识天气，就要虚心向有经验的人学习，留心观察云的变化，在反复实践中掌握它们的规律。但是，天气变化异常复杂，看云识天气有一定的限度。我们要准确地掌握天气变化的情况，还得依靠科学的天气预报。

降伏旱魔①

晴空无云，经久不雨，河水悄悄地变浅，禾苗慢慢地变枯，旱魔咄咄逼人地袭来了。旱魔，这人类的大敌，在历史上曾经带来多少次饥馑、疫病和惨重的死亡！

人类需要水，一切生物都需要水，没有水就没有生命。一棵白菜通常含有百分之九十五的水。要叫一亩小麦茁壮成长以至成熟，前前后后得让它喝上几百吨水。

地球上的水很多，总共约有十八亿立方公里，能够满足我们的需要。问题是分布不匀，有的地方水多，有的地方水少。约有四分之三的水储存在海洋里，只有四分之一散布在大陆上。而大陆上的水，又有四亿多立方公里隐藏在地下，有两千多万立方公里被冻结在两极地区和高山之巅，只有几十万立方公里的水在江湖中。按照我们的需要来说，这些水也并不算少。可是江湖也分布不匀，有的地方是水乡泽国，有的地方却是戈壁荒漠。

因此，绝大部分地区就只好依靠雨雪来滋润土地，灌溉田园。可是，天公喜怒无常，时而风调雨顺，时而风雨失时；有的地方霪雨连绵，有的地方终年少雨。我国台湾、广东等地，每年降水量达二千毫米以上，而西北高原地区，每年降水量竟不到这个数字的十分之一。就是在同一个地区，一年之中，也有雨多雨少的差别，有时一夜豪雨，竟比几个月下的雨还要多。在较长时间内，更可以看出，有的年份雨水特别多，而有的年份很少下雨。

江湖和雨水的分布既然这样不匀，旱魔便有隙可乘，向人们袭击，愈是水少的地区，旱魔就愈猖獗。

难道我们只能听任自然的摆布吗？

“我就是玉皇！我就是龙王！”解放了的我国人民，已经向旱魔发动了

① 本文系作者根据有关材料改写。1964 年选用于农业初级中学《语文》第一册，江苏人民出版社 1964 年 11 月第 1 版。

进攻。

旱魔怕水，有了水就可以战胜旱魔。在无雨成旱的情况下，到哪儿取水呢？无雨并不等于无水。我国境内，每年下的雨水达六万二千多亿立方米，相当于全国耕地所需水量的十倍。可惜由于地势不平，大量雨水一泻千里，白白地流归大海。然而高山多峡谷，正好兴修水库，把水留住。再建起道道水闸，重重河网，让水流听人使唤，我们就有取之不尽、用之不竭的水源。最近几年中，一万多座大大小小的水库出现在祖国的大地上。尽管长期不雨，灌溉所及的地区，依然一片葱绿。

森林也可以说是一种水库。它能拦蓄大量的雨水。据估计，每一公顷森林比裸地可以多储水三千吨。这使得林区上空水气较多，容易降雨。要是我们给荒山穿上绿袍，使大地变成园林，同样可以制止旱魔的进攻。据 1958 年统计，解放后全国造林已近五亿亩。

除了兴修水库和植树造林之外，我们还可以利用地下的天然水库。地下水分布很广，水量之多仅次于海洋，而比江湖多几百倍。天上落下的雨水，有很大一部分渗透到地下去；空气中的水气在气温骤降时，也会钻到地下去凝结成水。它们深藏地下，不易蒸发，虽经大旱，也难枯竭。现在，沉睡在地下的水，正被我们开发出来。在 1959 年和 1960 年的抗旱斗争中，地质部门派出了大批职工，同广大群众一起，在许多地区找到了地下水源，开凿机井，引水灌溉，解除了千万亩农田的旱灾威胁。

地下有天然水库，高山上也有天然水库。我国西北群山顶上，终年积雪，冻结着一亿立方米以上的水量。我们可以用飞机撒下黑色粉末，覆盖在冰雪表面，使冰雪吸收的热量增加，加快融化。在祁连山麓，成万亩农田已在痛饮这来自高山的甘泉。

此外，我们还可以用人工降雨和其他的方法给旱魔以打击。

人们是能够降伏旱魔的，为什么历史上却不断出现旱灾呢？这是由于剥削制度束缚了人民的力量，助长了旱魔的凶焰；也由于科学技术水平太低，不能充分利用降伏旱魔的有利条件。

党领导我国人民消灭了剥削制度，把人民组织起来，形成了巨大的力量。工业和科学技术的发展，又为征服自然创造了物质条件。只有在今天，我们才能够从各个方面，用种种方法，跟旱魔进行胜利的斗争。虽然这仅仅是开始，旱魔对我们暂时还会产生一定的威胁，但是，我们相信，降伏旱魔的理想终会实现，水旱无忧的日子终究要到来。

手扶拖拉机①

我国土地辽阔，地形复杂，农田种类很多。在一望无际的平原地区，大型拖拉机可以充分发挥它的威力，但是，在高低不平的丘陵山区和田块小而河道多的水网地区，大型拖拉机就不完全适用。这些地区要逐步实现耕作机械化，便需要一种小型的拖拉机。

上海、常州等地制造的工农—7 型手扶拖拉机，就是一种小型拖拉机。近几年来，这种拖拉机在北京、上海、山东、河南、四川、江苏等地分别进行试验，有的地方已经完成一千五百小时的长期使用试验，效果都很好，受到各地农民的欢迎。目前已经由国家科学技术委员会正式定型，列为我国六种定型拖拉机之一。

工农—7 型手扶拖拉机是一种手扶轮式小型拖拉机，由七马力柴油机作为动力。它带有两只轮胎式驱动车轮，装有旋转耕耘犁刀。拖拉机开动后，发动机的动力通过三角皮带一方面驱动车轮前进，一方面转动犁刀，进行耕作。拖拉机后上方的扶手架上有各种手柄，可以用来操纵拖拉机前进、后退、转弯、变速等；后下方有耕耘尾轮，可以用来调节耕耘的深度。

工农—7 型手扶拖拉机全重不到五百公斤，机身小巧玲珑，运转轻便灵活。它能在农村的小路上自由行驶，遇到沟渠，只要临时铺上两块木板就能通过；遇到河流，利用普通民船就可以摆渡。它能轻捷地爬上山坡耕耘梯田，它还能顺利地进行水田作业。手扶拖拉机在耕地时可以原地转弯，留下的地头极少。因此，就是在半亩大小的田块上，它也能进行耕作；就是在树木成行、隙地窄小的果园里，它也可以从事松土、除草等工作。

工农—7 型手扶拖拉机的耕作功能良好。用它耕地，深度达十二至十六厘米，能适应一般农作的需要。它耕过的田地，土块细碎均匀，相当于一耕

① 本文系作者根据有关材料编写。原载农业初级中学《语文》第三册，江苏人民出版社 1965 年 7 月第 1 版。

两耙的耕作效果，耕后只需稍加平整，就可以栽植播种，特别适宜栽种蔬菜。把手扶拖拉机的旋转耕耘犁刀拆掉，装上铧犁，翻耕的深度可以达到二十厘米，能满足有些地区在秋、冬耕时晒垡的要求。拆下轮胎车轮，装上水田铁轮，再把耕耘尾轮换成尾橇，手扶拖拉机就能下水田耕作，效率也较高。

工农—7 型手扶拖拉机每小时耕地一亩到一亩半，相当于三头牛或三十个劳动力的工作量。这种拖拉机的耗油量较低，每耕一亩田只用柴油零点六到一公斤，成本要比牛耕低一半左右。

工农—7 型手扶拖拉机用途很广。除了牵引耕耘装置进行耕作外，它还能配上适当的农具，从事开沟、作畦、割草等作业。它还能用作农村运输工具，牵引载重量达七百五十公斤的拖车，为生产队运输粮食和各种农作物。它还能带动水泵、脱粒机、磨粉机、切碎机，担任抽水、脱粒、磨面、切碎饲料等工作。它的发动机还可以很方便地拆下来，运送到其他地点，单独作为动力使用。

上海、常州等地的拖拉机厂，正在努力增产这种手扶拖拉机，大力支援农业，为加速我国农业机械化而贡献力量。

蜜　蜂[1]

在天气暖和、百花盛开的季节，每天太阳刚刚升起来，蜜蜂就已经在工作了。它们嗡嗡地飞来飞去，遍访着花儿。它们一趟又一趟地采集花蜜花粉，从早晨一直忙到傍晚。蜜蜂，真不愧为昆虫世界勤劳的标兵。

蜜蜂过的是群体生活。一个蜂群通常由一只蜂王和一两万只工蜂组成。工蜂最少也有几千只，多的时候有五六万只。在夏季，蜂群里还会出现雄蜂，一般只有几百只。

蜂王、雄蜂和工蜂，它们各担任些什么职务呢?

蜂王的职务是产卵。蜂王也叫母蜂，是蜂群内发育完全的雌性蜂。它的身体比雄蜂和工蜂都大，腹部异常发达，翅膀只能遮住腹部的一半。一只蜂王在一年中能够产十五万到二十万个卵。夏天最适宜蜂王产卵，一昼夜竟能够产一千五百到两千个卵。一千五百个卵加起来的重量约等于蜂王本身的体重，这就可以看出蜂王产卵能力之强了。

雄蜂身体粗壮，比工蜂长，比蜂王短。蜂王和工蜂都长有尾刺，唯独雄蜂没有这种武器。雄蜂在蜂群里唯一的作用是同蜂王交配。它们既不到花朵上去采蜜，也不做巢内的工作，却吃着由工蜂采制的蜜，而且吃得又多。因此，只有在蜂群繁殖的季节里，工蜂才保留它们，一旦蜜源稀少或气候渐渐寒冷、蜂群要准备越冬的时候，工蜂就将雄蜂统统驱逐出去。

工蜂在蜂群里占绝大多数，它们是蜜蜂队伍里的劳动者。工蜂会做多少工作啊！外出采集，修筑蜂巢，喂饲幼虫，守卫巢门，调节巢内的温度，抵御外来的敌害，等等，都是由它们担任的。工蜂中间也有分工。幼蜂一般在巢内从事各种工作，所以又叫内勤蜂。日龄二十天左右的工蜂，就担任守卫工作，并且通过飞行练习，转变成为外勤蜂。外勤蜂从早到晚飞东飞西，到

① 本文系作者根据有关材料编写。原载农业初级中学《语文》第三册，江苏人民出版社 1965 年 7 月第 1 版。

处去采集花蜜和花粉，给整个蜂群准备食料。

工蜂是采蜜和酿蜜的能手。外勤蜂飞出巢门以后，一面轻轻地唱着，一面仔细地寻找，发现了花儿，就赶紧停下来，钻进花朵里去，把长而细的口器伸入花冠，吸取甘甜的蜜汁。它们从这朵花到那朵花，一滴一滴地吸着，直到花蜜装满了身上的蜜囊，才飞回家去。采蜜是十分繁重的劳动。一只外勤蜂每飞行一次，大约可以带回五十毫克花蜜，能酿成蜂蜜二十毫克。所以每酿制一斤蜂蜜，外勤蜂需要进行二万五千次以上的采集飞行。

外勤蜂在花间采蜜的同时，就已经在酿蜜了。花蜜进入蜜囊，拌和着蜜蜂唾液腺的分泌物，开始起化学变化。它们一回到蜂巢，马上就把这些花蜜吐给内勤蜂。内勤蜂用口器将花蜜反复咀嚼，再加进唾液，然后将这种加工过的花蜜吐到巢房里，鼓动翅膀通风换气，排除其中过量的水分，这才酿成了蜂蜜。

蜜蜂给人们的好处很多，养蜂是一项极有价值的副业。蜂蜜是营养丰富的食品，也可以作为健身治病的药物。蜂蜡是蜜蜂的另一种重要产品，在电气、航空、汽车制造、纺织以及国防工业方面，都有重要的用途。此外，养蜂还能获得蜂毒、蜂胶和王浆，它们在医疗上都有一定的效用。

养蜂不仅能够获得许多有用的产品，而且能够促进农业增产。我们知道，大部分的果树、瓜类和大田作物，都是异花授粉的，有的借助于风，有的借助于水，而大多数由昆虫授粉。蜜蜂从这朵花飞到那朵花采蜜或采粉，无形之中就起了传授花粉的作用。蜜蜂周身长着又细又软的绒毛，容易粘着花粉，传播出去。据观察统计，一只蜜蜂一次飞行就能带瓜类作物的花粉四万八千粒，而一只蚂蚁只能带三百三十粒。蜜蜂可算是授粉昆虫中效率最高的一种了。蜜蜂还有这样的特性：如果它已经开始采集某种植物的花蜜花粉，它就坚持下去，直到这种植物停止开花为止。因此，蜜蜂能够出色地完成授粉工作。

利用蜜蜂授粉，能够有效地提高农作物的产量和质量。1960 年，上海、四川、河北、江西、湖南、浙江等地的十四个养蜂场，联合进行了油菜田蜜蜂授粉的试验，结果证明，利用蜂群授粉的油菜比隔绝蜜蜂授粉的油菜，一般都要增产百分之四十以上，而且油菜籽的质量好，出油率高。蜜蜂授粉对荞麦、棉花、向日葵、紫云英等各类作物以及各种瓜果，也都有显著的增产作用。难怪有的科学家说，在养蜂生产中，由于蜜蜂授粉使农作物增产的经济价值，比从蜂群获得的蜂蜜和蜂蜡的总值要高出五倍到十倍。

我国是世界上最早养蜂的国家之一，已经有三千多年养蜂的历史。但是，在解放前的旧中国，养蜂事业和其他事业一样，很难得到发展。解放以来，我国的养蜂事业出现了崭新的局面。现在，南起海南岛，北到黑龙江，东自江苏，西至新疆，到处都有养蜂场。今后，我国的养蜂事业将会更加迅速地发展起来，更好地为我国的社会主义建设事业服务。

森林——农业的保卫者①

提起森林，我们往往会联想到木材、油料、果品、药材……森林，这绿色的宝库，为人们提供了多少有用的东西啊！

不仅如此，森林还会给农业带来许多好处。森林能够抵御水旱风沙对农田的侵袭，它是农业的出色的保卫者。

干旱，是农业生产的大敌。它使播下的种子不能发芽，成长的作物变得枯黄；它使河流干涸，土地龟裂。但是，在有森林的地区，旱魔就再也不能猖狂。森林，是巨大的造雨器。森林里的一棵棵树，就像一架架抽水机。它们的千百万条根须延展在地下，一刻不停地从土壤深处吸取水分。这些水分，树木本身只需要极少的一点儿，绝大部分都化为水蒸气，通过树叶上的小孔，日夜不息地向外散发。据统计，一公顷森林，在一年中竟能蒸发一千吨到三千吨的水。这样，森林地区的湿度就比无林地区大得多。另外，由于林木不断地蒸发水分，消耗了大量的热，再加上茂密的树叶遮挡着阳光，所以林区的温度要比无林地区低。空气湿度大，温度低，水蒸气凝结成雨的机会就多了。因此，林区常常是云多、雾多、雨雪多。据调查，森林地区的雨量要比无林地区多百分之二十左右。因而森林附近的农田，终年不会感到缺水。

森林还是天然的蓄水库。在无林地区下雨，大量的雨水很快就从地面流走了；而在森林地区，从地面直接流走的雨水，大约只有降雨量的百分之一。林区下雨的时候，林木繁茂的枝叶先要截留一部分雨水。余下的雨水，绝大部分被地面上那层又厚又松的腐枝烂叶和苔藓一类的植物所吸收，然后慢慢地渗透到土壤里去。这些水，除了少量供给林木生长的需要外，大部分继续深入土壤下层，成了储量丰富的地下水。地下水用每年大约两公里的缓

① 本文系作者根据有关材料编写。原载农业初级中学《语文》第四册，江苏人民出版社 1965 年 2 月第 1 版。

慢速度，源源不断地补充给河水。所以，即使长期不下雨，林区和林区周围依然清水长流，灌溉着万顷农田。

森林又是保持水土的绿色巨人。陡急的山坡，如果没有森林覆盖，一场大雨下来，不但很容易引起山洪暴发，而且土壤也会受到急流的冲刷，日久年深，山坡上的泥土就会冲光，河流就会淤塞。过去，我国西北黄土高原森林稀少，水土流失的现象十分严重，每年被雨水冲走的泥沙竟达十四亿吨。如果不采取水土保持的措施，在三十九年内，泥沙将会把巨大的三门峡水库填满。有了森林，情况就不同了。森林里的繁枝茂叶，能够阻挡暴雨的来势，林区地面的堆积物和苔藓之类的植物，能够迅速吸收暴雨降下的大量雨水，林木庞大的根系，又把土壤缠得紧紧的，巩固了地表的土层。所以，在森林地区下雨，不会造成水灾或水土冲刷。据计算，一厘米厚的表土，在光秃秃的无林地带，只要三年就被水冲走了；而在森林里，则需要八万年。营造水土保持林，可以大大减少水土流失，促进农业生产。江西省宜春县雷桥公社马卫塘大队，解放前到处都是“剥皮山”，每逢大雨必成灾。解放十几年来，全大队营造了水土保持林六千多亩，使境内的荒山基本上绿化了。粮食的单位面积产量，比过去增加了近一倍。

森林还能为农田防风。风刮得太多太猛，不仅会增加植物和土壤的蒸发量，使地表干燥，庄稼缺水，而且会刮倒作物，摧毁幼苗，扬去种子，剥蚀表土。冬天，狂风扫过田野，还会卷走百分之九十到九十五的积雪，影响来年小麦的产量。有了防护林带，就可以阻挡风暴的袭击。据计算，林带防风的范围，在迎风的一面，约可达到林带高度三倍到五倍的距离；在背风的一面，约可达到二十五倍的距离。假定林带有十二米高，那么，它就能够保护迎风一面三十六米到六十米以内，背风一面三百米以内的庄稼。冬天，有林带的卫护，百分之九十以上的积雪被留在田里。大量的积雪犹如厚厚的棉被，可以保持地温，使小麦不受冻害；冬雪融化又慢，可以防止春寒和春旱，增加冬小麦的收成。

森林还能防御沙荒，改造沙土。沙是风带来的，狂风一起，沙粒随风飞扬，风愈大，沙的打击力愈强。有时，一次大风沙的袭击，竟能把庄稼的幼苗全部打死。风又推动沙丘缓缓前进，埋没农田，吞并庄园。但是，不管风沙如何猖獗，只要有了防护林带，就可以制服它。沙荒地区的林带就像绿色的屏障，挡住了风。风力减弱了，沙粒就无法飞腾，草木的种子也可以固定地生长起来，阻止沙丘的移动。同时，林木的枯枝落叶腐烂以后，还会使沙土渐渐变成庄稼所喜爱的壤土。吉林省扶余县扶余镇人民公社，过去沙荒极其严重。十几年来，全公社共营造防护林八千多亩，现在平均树高已有十米左右，有效地挡住了风沙，促进了农业的发展。1963 年，全公社平均单位面积产量，比造林前增加了百分之四十五。原来被风沙埋没的一万多亩农田，也恢复了耕种。

森林，有力地抗击着水旱风沙这农业的四大敌人，保障了农业生产的丰收。江河有了它，水流可以四季丰盈；山坡有了它，肥沃的泥土不会冲失；大风在它面前低头，荒沙在它脚下驯服。森林，真不愧为农业的坚强的卫士。我们要爱护森林，大力造林，让郁郁葱葱的绿色林带遍布祖国的山岭原野。

卫星测天气①

我们生活在形形色色的大气现象之中。晴天，天高云淡，碧空如洗；阴天，浓云密布，天色阴沉；雷雨天，乌云压顶，电闪雷鸣……天气的变化往往从云的变化表现出来，所以人们常说“云是天气的招牌”。过去，只能从地面上看云，看到的范围并不大，而且每当低空阴云密集，就难以观察到上面云层的情况。用肉眼看云识天气，有很大的局限性。怎样才能准确预测天气呢？人们先是用风筝，后来又用气球、火箭、气象飞机等携带探测仪器到空中观测大气现象，收集有关数据，使天气预报的水平不断提高。20 世纪 60 年代气象卫星的出现，开创了天气监测和预报的新纪元。

气象卫星是人造地球卫星家族中的重要成员。它巡游在高空，可以由上而下探测很大范围的云况和其他天气现象，把地球上的风云变幻看得真真切切，再通过精密的信号传输系统，将清晰真确的图像传回地面。气象技术人员将卫星云图同地面观测资料结合起来研究分析，就能够作出相当准确的天气预报。气象卫星虽然还不能为人类呼风唤雨，但是人们可以凭借卫星云图“指云报雨”。

气象卫星的研制和运用，发展十分迅速。自 1960 年 4 月美国发射第一颗气象卫星——“泰罗斯”1 号以来，全世界已经把一百多颗气象卫星送上浩瀚的太空。1988 年 9 月 7 日和 1990 年 9 月 3 日，我国先后成功发射了两颗“风云”1 号气象卫星，1997 年 6 月 10 日，我国又成功发射了“风云”2 号气象卫星。它们都对人类的气象事业作出了贡献。

气象卫星按运行轨道可以分为两种。一种叫静止气象卫星，高度约为 36000 公里左右。它绕地球一周的时间为 24 小时，正好跟地球自转速度相同，因而从地球上看，好像卫星始终静止于地球赤道上空的某一点。这种气

① 本文系苏教版初中语文教材编写组特约作者根据有关材料编写的。原载《语文读本》八年级下册，江苏教育出版社 2003 年 12 月第 1 版。

象卫星可用于探测云状、云量、云顶高度、云的移动形势和风速、温度、湿度、冰雪覆盖率等。另一种叫极地轨道气象卫星，高度约为 800 至 1000 公里。它每天环绕地球的南北极旋转，运行 14 圈，可以对世界各地巡视两遍。在地球自转过程中，地面高、低纬度地区的气象情况，都不断地进入卫星的视野。由于这种卫星采用的是太阳同步轨道，所以每天几乎在同一时间经过同一地区的上空，这样，获得的气象资料就具有可比较性。这两种卫星相互配合，可以从太空观测到地球表面每一个地区的大气现象。

气象卫星是怎样工作的呢？气象卫星不同于探空气球和气象火箭，不是直接运用气象仪器探测，它使用的是航天遥感技术。气象卫星在高空利用传感器，接收被测物体发射或反射的电磁波信息，加工处理成能够识别的图像或电子计算机用的记录磁带，揭示被测物体的性质、形状和变化动态。气象卫星不但白天工作，在黑夜也能用红外辐射进行探测。它有两个杰出的作品，叫“可见光云图”和“红外云图”。目前，世界上 120 多个国家的 1000 多个自动云图接收站，80 多个高分辨率云图接收站，都在不间断地接收气象卫星发回的图像数据和转发的遥测数据信息，并记录入磁带，立刻转送到地面遥感数据处理中心进行加工处理。我们每天从中央电视台天气预报节目中看到的卫星云图，就是上述两种原图经过计算机加工处理而制成的。

怎样看这些卫星云图呢？通常在黑白两色的卫星云图中，白色部位便是云雨之处，而且越白说明雨量越多，云顶的温度也越低。在彩色卫星云图中，绿色表示陆地表面，蓝色表示海洋，颜色深浅则表示温度的高低。彩色卫星云图中的白色也代表云雨，浓白说明云层很厚，意味着将有大雨、暴雨、冰雹甚至台风等。如果出现白色旋涡云团，而且圈数很多，结构紧密，则肯定是台风即将袭来，还会带来暴雨；如果在白色云团中心有一个小而清晰的黑色小圆点，说明该处是台风风眼，没有云雨。白色旋涡云团呈“6”字形分布时，台风将北上；如果呈“9”字形分布，台风将西行……

神通广大的气象卫星，离不开电子计算机的辅佐。为什么这么说呢？原来气象预报的准确性除了跟气象信息搜集的点的密度有关，还跟计算水平有很大关系。每天天气预报的预测信息，都是数据处理中心的电子计算机根据从气象卫星和地面观测站收集来的大量数据计算出来的。如果用一台小型计算机，24 小时的气象预报信息恐怕要算上 10 天，这样的预报实际上已经没有什么实用价值了。过去，由于计算机运算性能不佳，数据处理速度慢，而天气预报又有时间限制，因而信息搜集的点不能设得很多，天气预报的准确性就受到影响。现在一些大型电子计算机具有强大的运算能力，我国的曙光型电子计算机，每秒钟能运算4032亿次，短短一秒钟内，能发送1000万份“伊妹儿”；用几个小时，就能处理好全国范围内浩如烟海的气象数据。有了这样的“超级电脑”，气象信息搜集的点的密度和处理的速度可以大大提高，天气预报的准确性就有了保证。

气象卫星有哪些功能呢？

气象卫星是人类预测天气的好帮手。它每天遨游太空，鸟瞰大地，一丝不苟地对地球大气进行观测。它探测的范围大，收集的资料多，绕地球运行一圈收集的气象资料，比地面上所有气象观测站一昼夜所收集的资料还要多得多。而且卫星获得的大量气象资料，往往是地面上常规的探测方法所得不到的。气象学家和气象技术人员分析、运用这些资料，大大地提高了天气预报的时效和准确率。

气象卫星还有一项巨大功能，就是帮助人类增强对灾害性天气的预测和防御能力，防患于未然。有了气象卫星，美国每年因灾害性天气给农业造成的损失，能减少50亿美元。1970年11月12日，孟加拉国的大风暴潮造成了30万人死亡。后来装备了气象卫星，建立大风暴警报系统后，1985年遭受同样规模的灾害，只死亡了一万人。我国自运用气象卫星以来，在西太平洋和南海上，没有漏报过一个热带低压和台风，使商船、渔船和沿海居民减少了生命财产的损失。1989、1990、1991年，我国国家地震局根据气象卫星监测到的一些大气异常现象，成功地进行了大同、高阳、北京、台湾等地的地震预报。难怪人们爱说：气象卫星是监视灾害性天气的“空中千里眼”。

为了获得更加丰富的全球气象观测资料，进一步提高气象预报的准确性，需要各种探测手段的配合，更需要世界各国气象科学技术人员的合作。从20世纪60年代起，在气象学领域内产生了一些大型的国际合作计划，其中规模最大的一个，称为“全球大气研究计划”。从1978年12月1日到1979年11月30日，进行了这项计划的第一次全球性大规模的综合观测试验。世界气象组织150多个成员国的5000余名气象科学人员，参加了这项活动。除9200个地面观测站的常规气象观测外，还使用了5颗静止气象卫星，5颗极地轨道气象卫星，上百架装有特殊仪器的飞机，50多艘专用观测船，300多个高空气球，300多个海洋浮标等特殊观测工具，还有成千架班机和大量商船自愿参加辅助观测。这次大气试验的观测系统，设计得十分严密：上有卫星俯视全球，中有气球、飞机往来巡视，下有船舶、浮标均匀分布在广大海域上，层层设防，严密监视。这样，就把全球大气的一举一动，无论巨细，尽收眼底，一览无余。观测所得资料，大部分通过卫星收集，然后转发地面接收站。这次国际性的合作研究，使天气预报的质量和时效有了明显的提高，还使人们对气候变化的物理原因有了进一步的认识。

在科学探索的领域内，万物之灵——人类是永不满足的。为了更好地发挥气象卫星的作用，更准确地预测天气和气候变化，一些气象学家和航天技术专家正在联手研究，构想更先进的气象观测系统。其中一个设想是除了地面观测站外，在太空分三层部署观测工具：第一层是飞船和航天站，部署在200至400公里高空，监视迅速掠过的气象现象，如沙暴、尘暴、潮汐、飓风、海啸等；第二层是极地轨道气象卫星，部署在1000至1500公里的高空，提供大气变化过程的资料，以供准确预报全球范围和局部范围的天气状况；第三层是静止气象卫星，部署在36000公里高空，不间断地观测大气中的动力学过程，提供相关资料，使科学家们能够更加精确地预报天气的变化过程。

依靠气象卫星这样的高科技探测工具，人类正在将自古以来流传的“天有不测风云”，改写成“天有可测风云”。

语序不合理[1]

把一些词语组合起来，应当注意语序的问题。词语排列的次序很重要，哪个放前边，哪个放后边，安排得适当，读起来就通顺，意思就明白；安排得不合理，读起来就不顺，意思就表达不清楚，甚至会引起别人的误解。比如“校长把我们几个班级的干部叫到办公室开会”这句话，作者的原意，要去开会的是“几个”“班级的干部”，可是从字面看，也很容易理解为“几个班级的”“干部”。如改为“校长把我们班级的几个干部叫到办公室开会”，语序就合理了，表意也就明确。下面举一篇初一同学的日记，请注意其中加线的部分。

今天的作文指导课，孙老师给我们讲了怎样写人物小通讯，我听了挺觉得管用。今天的日记就写一些听课的心得。

写小通讯一定要注意内容的真实性。譬如，报道我们班三好学生李方同学贯彻和学习《中学生守则》的情况，就应该先实事求是地了解他的事迹，因为写进小通讯里的事情不能虚构，更不能夸张。

写小通讯还要注意事例的代表性。再拿写李方同学做例子，他是怎样服从（这里的“服从”应改为“遵守”）《中学生守则》的，如果能从课内学习、体育锻炼、校外生活、课外学习这几方面各举一个事例，要比单写课内外学习方面的事例更有说服力。

这堂课对我很有兴趣。对，明天我就试着写一篇小通讯，报道李方同学的先进事迹。当然，要注意事例的代表性和内容的真实性，争取写得好一点，让学生会黑板报刊登。

① 原载三年制初中语文课本《汉语·写作》第二册“修改训练”单元，人民教育出版社 1987 年 6 月第 1 版。

这篇日记写了听课的心得，内容很好，要点也清楚；但作者对词语排列的次序往往疏忽，有几处需要调整一下。

有一处语序不合表达的习惯。第一段加线的那个句子里，“挺”这个词要调到“管用”前面。试比较：

a. 我听了挺觉得管用。
b. 我听了觉得挺管用。

a. 我读了很感到激动。
b. 我读了感到很激动。

a、b 两句，哪一句读起来上口，听起来顺耳，意思也显豁一些呢？当然是 b 句。a 句不合一般人说话的习惯。

有一处语序不合时间顺序。第二段的“贯彻和学习《中学生守则》”，应当调整为“学习和贯彻《中学生守则》”。一般都是学习在先，贯彻在后，没有必要颠倒了说。

另有两处语序不合事理。这类毛病特别要注意。第二段末尾的“不能虚构，更不能夸张”，从字面看，用了“更”，“夸张”似乎要比“虚构”严重。其实，“虚构”是凭空造出，“夸张”是在原有基础上夸大。写报道真人真事的小通讯，“虚构”比“夸张”更不足取。这一句中，“虚构”和“夸张”对调一下位置才符合事理。最后一段开头加线的那句也有这个毛病。由于“谁对谁”的位置排倒了，主动者变成了“这堂课”。这显然讲不通，改成“我对这堂课很有兴趣”才行。

还有一处并列性词语排列的层次不清。几个并列词语排在一起，得讲究层次。是从小到大还是从大到小，是由近到远还是由远到近，是先内后外还是先外后内，是从甲方面到乙方面到丙方面还是倒过来说，等等，要根据具体记叙、说明的需要，选择合理的语序。第三段加线的部分，先提学习，再提锻炼、生活，最后又提学习，层次有点乱。如果按“学习——锻炼——生活”这样的次序，改为“课内学习、课外学习、体育锻炼、校外生活”，层次就清晰多了。

语序的安排，有时也跟整段或整篇文章的层次有关。这篇日记的第二段讲“写小通讯一定要注意内容的真实性”，第三段讲“写小通讯还要注意事例的代表性”，先讲的显得更重要一些。第四段加线的“注意事例的代表性和内容的真实性”，却倒着说了。要是调整为“注意内容的真实性和事例的代表性”，既突出了“内容的真实性”的重要，又顺着次序呼应了第二段和第三段，比起原来的语序要好得多。

合理地安排语序，跟恰当地选用和搭配词语一样，也是运用语言的基本功。我们要通过阅读和写作实践，包括修改语言的磨炼，掌握这项基本功。

修改示例

下面共安排了三则示例。学习时可选择其中的一两则，对原稿和改稿进行比较分析。

一　叶圣陶对《蚕和蚂蚁》的修改

（略）

二　叶圣陶对《稻草人》的修改

（略）

三　朱德熙对《一枚珍贵的扇贝》的修改

（略）

修改练习

（略）

口语能力的锻炼[①]

现代生活中，人际交往的范围越来越宽，当众说话的机会越来越多，交谈、论辩、演讲等活动显得越来越重要。随着生产和科学技术的飞速发展，录音、录像、广播、电话等的普及，人机对话的出现，口语应用的范围更加扩大，社会对人们运用口语的要求也越来越高。提高口头语言的表达能力，已经引起广泛的重视。国内外许多专家学者通过调查研究，都把“口语表达能力”或“口才、演讲能力”列为当代青年必须具备的重要能力之一。有位语文专家说：“说和写是语文表达之健飞的两翼。”提高口语表达能力跟提高书面语表达能力一样，都应当引起高度重视。

我们运用口语、培养口语表达能力，首先要注意合乎规范。我国是一个地域广大、人口众多的国家，为了更好地交流思想，应当使用国家推行的汉民族共同语——普通话。语言合乎规范还在于规范地用词造句，准确地传递信息。

其次要注意通俗易懂。口语交际的目的是同对方沟通思想，交流信息，语言一定要容易为听话对象所接受。特别是在公众场合讲话，不要随便使用深奥难懂的文言词语和文言句式，也不要过多地引用专业性的名词术语。

再次要注意一定的艺术性。说话感情要真挚，态度要自然，语音要清晰，音量要适宜；要根据不同对象和情境，选用合适的词语，把话说得得体。在这基础上，再讲究修辞方法的精心选用，幽默语言的适当运用，手势、身势的恰当配合，以及巧妙的随机应变，不断提高口语水平。

口语表达能力的提高要靠自觉、艰苦的锻炼。要抓住学习活动和日常生活中的各种机会，争取多说话，尤其是当众说话。说话的时候，不随便，不马虎，而是有意识地练“围绕话题，中心明确”，练“条理清楚，句子连贯”，练“词语准确、得体”，练语音、语调、节奏，练减少乃至消灭“这个

① 原载四年制初中《语文》课本第八册，人民教育出版社 1993 年 4 月第 1 版。

这个”“那个那个”一类的“口头禅”……为了使自己的口语表达生动感人，还应重视积累丰富的语汇，在头脑里建立起词语的“仓库”。只有经常自觉地刻苦锻炼，才能养成张口能说的习惯，进而达到“出口成章”的境地。

口语表达能力的练习，可以采用多种多样的方法。课堂上的提问和答问，有声有色的朗读，具体生动的讲述，发挥想象力的复述，临时构思的口头作文，讨论会上的即席发言，公众集会上的即兴演讲，跟同学、亲友就某个共同关心的问题展开的讨论、辩论，等等，这些都是有效的练习方法。我们还可以借助录音机来练习说话：把自己讲的一段话录下音，播放时仔细听，找出说得不够好的地方，再练习几遍后重新录音，再听再分析再改正，直到把这段话说得自己满意为止。此外，多听口语表达能力强的人（老师、同学，电视、广播节目主持人，演员、演讲者等）的说话，学习他们的长处，弥补自己的不足，也是十分重要的。只要我们持之以恒、循序渐进地坚持锻炼，口语表达能力就一定能够得到明显的提高。

示　例

一　名家口语技巧实例

（略）

二　苦练口语表达能力的实例

（略）

三　“自说自语”法锻炼实例

（略）

四　“写—背—讲”三步循环法锻炼实例

（略）

练　习

（略）

语段的修改①

写文章是组词成句、组句成段、组段成篇的过程。语段既是词、句的综合运用，又是文章的基本结构，在全篇文章里具有特殊重要的地位。把语段写好了，才有可能把整篇文章写好。我们起草和修改文章，要把语段作为重点。

修改语段，除了斟酌用词是否恰当，造句是否通顺，标点符号是否正确外，还要着重注意前后词语是否照应，句子之间是否连贯，整段文章表达的中心意思是否突出，层次是否清楚。

一是修改照应不妥的词语。

一个语段里，前后的词语往往需要相互照应，使意思表达严密。照应上有疏漏，就得改一改。我们先看课文《宇宙里有些什么》中的两处修改：

【原稿】几万年，好辽阔的宇宙海洋啊。虽然恒星都很大，差不多每一颗都能装下几百万个地球（只有极少数比地球小）。可是，在辽阔的宇宙空间中，这些恒星只不过像大海里的砂砾，也许还要小。

【改稿】得走几万年，多么辽阔的宇宙空间啊！尽管恒星都很大，差不多每一颗都能装下几百万个地球（只有极少数比地球小），可是在辽阔的宇宙空间里，这些恒星不过像大海里的水滴，也许还要小。

原文前面用“宇宙海洋”，后面则用“宇宙空间”。改文把“宇宙海洋”

① 原载义务教育课程标准实验教科书《语文》八年级下册“修改文章专题训练”，江苏教育出版社2009年10月第7版。

改为“宇宙空间”，不仅使这篇科学说明文更符合科学性（因为“海洋”仅是地球上的一部分，用它来比喻无穷无尽的宇宙并不贴切），而且使同一语段内前后用词一致，表意周密。改文还把“砂砾”改为“水滴”，使它同“大海”配合得更好，避免了照应上的疏漏。

二是调整排列不当的句序。

叶圣陶说：“文章的第二句和第一句接起来，一定有必然的道理。第二句是从第一句来的，第三句是从第二句来的。这就叫思路。”句序反映思路。我们在修改时，发现由于思路不清造成的句序不当，就需要调整思路，换用恰当的句序。这个调整的工作很重要，有的层次紊乱的语段，按照清晰的思路、一定的顺序调整句序以后，就变得井井有条。我们读下面一段习作：

> 书桌上新添了一盏漂亮的台灯。一个绢做的灯罩，像顶大帽子，斜戴在灯泡上面，漂亮极了。它的灯座是一块黑黑的、亮亮的玻璃盘，稳稳当当，显得庄重而朴素。从底盘开始，有根装电线的铁管穿过玻璃圆柱，直通顶部灯头。再上面是灯泡。玻璃盘上镶着一只精巧的开关。开关旁挺立着台灯的身躯——灯杆，白色的玻璃圆柱，晶莹发亮。

这个语段说明台灯，第一句总写后，第二句先写顶部的灯罩，接下来马上写底部的灯座，然后又写顶部的灯头、灯泡，回过头来再写底部灯座上的开关，接着写中部的灯杆。七个句子的排列，显得很乱，读起来感到不顺畅。如果把观察、介绍台灯的次序理顺，对语段的句序作些调整，情况就不同了：

> 书桌上新添了一盏漂亮的台灯。它的灯座是一块黑黑的、亮亮的玻璃盘，稳稳当当，显得庄重而朴素。玻璃盘上镶着一只精巧的开关。开关旁挺立着台灯的身躯——灯杆，白色的玻璃圆柱，晶莹发亮。从底盘开始，有根装电线的铁管穿过玻璃圆柱，直通顶部灯头。再上面是灯泡。一个绢做的灯罩，像顶大帽子，斜戴在灯泡上面，漂亮极了。

改文第一句总写后，先用两个句子写台灯底部的灯座和开关；接着从开关写到中部的灯杆，再延伸写顶部的灯头、灯泡和灯罩。修改后，观察、介绍的顺序是从下而上，句序比较合理，层次比较清楚，表达效果比原文要好得多。

三是删改不符合语段中心意思的语句。

语段表达的意思，应当比较集中，一般来说，一个语段表达一个中心意思。段内的语句要围绕中心意思去组织，中心意思要统领全段的语句。修改的时候，如果发现有的语句跟语段的中心意思不相符合，就应当作适当删改，使全段保持行文的集中和精练。我们读下面一段文章：

> 参加社会活动，与人交往，从守时、惜时上可以看出一个人的道德品质。准时到场，“宁可我等他人，不可他人等我”，这也需要一点自我牺牲精神。少闲扯，少废话，不啰唆，多为对方着想，用制作“压缩饼干”的办法对待时间和使用时间，这既是一种自我修养也是尊重别人。有位作家说得好，无端地耗费别人时间，就是浪费他人的生命。一位外国科学家也说：“合理安排时间，就等于节约时间。”由此可见，守时，讲信用；惜时，讲风格。这不是道德又是什么？

这个语段的中心意思是从守时、惜时可以看出一个人的道德品质。第一句提出这个看法，接下来从守时、惜时两个方面进行分析，再引用名言来加强说服力，最后呼应开头作一归纳。段内多数句子都围绕了中心意思，但“一位外国科学家也说：‘合理安排时间，就等于节约时间。’”这一句，却把重心移到安排时间、节约时间上去了，偏离了语段的中心意思，也影响了层次的清晰和语句的连贯。修改的时候，应当把这一句删去。

语段修改可以有许多着眼点，方法也是多种多样，不止上面介绍的这几种。我们要在写作实践中逐步积累经验，提高语段修改能力。除了多写多修改外，还要重视多读多分析。课内外阅读中，可以经常选择一些不同类型的语段，仔细分析它的中心意思和层次结构、句与句的关系、词语的照应等，从中学习组句成段的方法，增强自己的修改能力。

想一想·做一做

（略）

作点辩证分析[1]

有的同学写议论文，往往只是提出论点，再举出事例作论据就算完事。这样的文章，说服力不强。议论文光有观点、有事例还不够，还要有所分析，讲点道理，论证自己的观点，使读者信服、接受。

那么，怎样分析呢？除了注意紧扣论题，切合事实，力求深刻，并议出新意外，特别值得重视的，是在议论中要根据实际情况作一点辩证分析。

讲道理、作分析，常常会出现这样一种情况：提出的论点是正确的，但分析论证的时候，对事物的某一点强调得太过分，成了站不住脚的“过头话”。例如，有篇《不能重理轻文》的习作，提出“中学生不能重理轻文”，论点是对的，但在分析中却把学好数理化给忽略了，强调说：“只有学好语文，才能成才，才能为社会主义建设作出贡献；否则，四个现代化的社会主义强国就难以建成。”这样分析说理，有简单化的毛病，让人难以接受。世界上任何事物都不是孤立地存在的，它们总是互相关联着的。数理化和语文，都是现代化建设必不可少的。这篇习作如果能在承认学好数理化的重要性的同时，议论学好语文的重要性，并说明学好语文会对学好数理化起促进作用，分析说理的效果就会好得多。

避免说“过头话”，需要了解事物的本质和内在联系，把握好分析、判断的分寸。《人民日报》曾经发表过一篇题为“地方也能大办科学事业”的社论，其中有这样几句话：

> 有些同志以为研究生产中的一般技术问题，不能算作科学研究，这是极其错误的。因为从来的科学研究基本上都是直接或间接为生产服务的。

① 原载高中《语文》（必修）第四册“写作”单元，人民教育出版社 1998 年 6 月第 1 版。

加线的一句，在初稿中是这样写的："因为从来的科学研究都是为生产服务的。"初稿为了强调"研究生产中的一般技术问题"的重要，说了"过头话"。事实上有些科学研究并不是为生产服务的，或者不是直接为生产服务的。比如历史分期问题的研究，北京猿人化石的发现，对某一星球的研究，等等。修改时虽然只是加了"基本上""直接或间接"这八个字，但订正了初稿的偏颇之处，使文章的分析说理更加正确、周密。

讲道理，作分析，还会出现另一种情况：只注意事物的一面，不注意事物的另一面；重视了某一方面的因素，而忽略了其他方面的因素。这种片面性的议论，自然也不会有很强的说服力。例如，一位同学写《学贵善疑》这篇议论文，初稿列举事实并引用名言，分析论说了两个分论点："前人的经验、理论无论多么完美，都难免会有失误。生疑是合乎情理的，因而是必然的"；"古今中外一切真理的发现，无不从'疑'字开始"。后来在教师指导下，又补加了一个议论层次：举出一些科学的实例，分析论说"善疑并不排斥吸收。相反，一个人要提出自己的独到见解，必须首先很好地掌握前人的正确理论。"从而作出推论："'疑'，是建立在前人正确经验的基础之上的，要吸收其积极因素，怀疑以至否定其消极因素。两者是辩证的。"修改后，克服了原文单从一个方面去议论的片面性，补说了极为重要的另一方面，文章的分析说理就显得周密多了。

作家何其芳在为《不怕鬼的故事》这本书写序言的时候，原稿只从"不怕"两字做文章，只讲"战略上藐视"。毛泽东审阅后指出："除了战略上藐视，还要讲战术上重视。对具体的鬼，对一个一个的鬼，要具体分析，要讲究战术，要重视。不然，你就打不败它。"他向何其芳建议："你可以再写几百字，写战术上重视。"根据这个意见，作者修改了稿子，增加了"战术上重视"的内容，使分析说理符合唯物辩证法，避免了片面性，从而增强了这篇序言的指导意义。

分析说理的时候，除了要避免说"过头话"、作片面的议论外，还要避免静止地看待和分析问题。世界上没有一成不变的事物，如果用静止的、孤立的眼光看待事物，就不能洞察它的本质和规律，分析起来就无法得出正确的结论。例如，"艰苦奋斗"这个口号，从提出到现在已经几十年了。在当前搞现代化建设，物质条件得到很大改善的时代，怎样看待"艰苦奋斗"，还要不要发扬"艰苦奋斗"的精神呢？一篇谈"艰苦奋斗"的文章，这样分析：

在不同的时代，不同的条件、环境之中，艰苦奋斗有各个不同的形式，但是其内涵却是相同的——处艰难困苦之中而奋斗不息。我们的女排，为“三连冠”流下的汗水无计其数。我曾经见过姑娘们训练，一般的须眉男子也未必吃得了那份苦。然而姑娘们的伙食却是极佳的，而且人们都唯恐她们吃得不好。自然姑娘们也大可不必用针线包去补运动服，用不着穿草鞋去扣超手球。而要夺得“三连冠”，艰苦奋斗的精神则是须臾不可或缺的。

事物的内容在一定条件下是与特定的形式密切联系的，但绝不会囿于某种形式。艰苦奋斗的“苦”，过去与敌人进行战斗，有时是“夏吃杨梅冬剥笋”，“野菜和水煮”（陈毅诗句）。现在生活不断改善，能吃到珍肴美味，但也是经过改革开放，在艰苦劳动中创造出来的。不同的时代，不同的条件、环境中，对艰苦奋斗各有不同的要求，在形式上也不必强求一致。延安时代党中央是住在窑洞里的，而倘若有人非要把人民大会堂修得如窑洞一样，准会被认为是思维不正常。草鞋在一定条件下表现了艰苦奋斗，而深圳人创造了“蛇口速度”，在穷乡僻壤建起一个现代化城市，尽管出入有车，也是地地道道的艰苦奋斗。

发扬传统与时代的发展是统一的。作者对“艰苦奋斗”作了历史的考察，指出它的形式会随着时间的推移、条件的不同而发生变化，引导读者认识到：衡量是否艰苦奋斗的标志，并不是“野菜和水煮”或者“珍肴美味”，而是主要看处于艰难困苦之中，能否有一种自强不息的奋斗精神。作者用发展的观点分析说理，揭示了“艰苦奋斗”的本质特点，具有较强的说服力。

学会在议论中作一点辩证分析，首先要重视辩证地看问题，学会用实事求是的态度，客观地、全面地分析事物，学会用发展的眼光，由此及彼、由表及里地深入分析，抓住问题的实质。还应注意积极参加对某些问题的讨论，借此提高自己分析问题、认识事物的能力，使自己的思想不断充实和严密起来。另外，要多读一些写得好的议论文，学习别人作辩证分析的方法和经验；自己写作的时候，要周密思考，细致修改，避免“过头话”、片面性的议论和静止孤立的分析。我们要在思想的磨炼和读、写的实践中，不断提高辩证分析的能力。

写作练习

（略）

鉴赏实例

（略）

课外练笔

（略）

论证的结构[①]

确定论点之后，选择恰当的表现形式，组织好论证部分的结构，是写好议论文的重要环节。这里介绍两种常用的论证结构：并列式和递进式。

并列式论证结构的特点是：用来证明论点的几个层次之间，是并列的关系。可以是正、反两方面的并列，例如正面摆事实、讲道理和反面摆事实、讲道理两个层次的并列，这样论证，比单从正面或单从反面去论证论点，内容更充实，说服力更强；可以是几种不同论证方法的并列，例如举例证明论点、类比证明论点、说理证明论点三个层次的并列，这样论证，比单用一种方法去证明论点，要更有说服力；也可以是几个分论点的并列，例如为了证明总论点（中心论点），从三个不同角度并列地提出三个分论点（小论点），并逐一进行论证，分论点论证得充分有力，总论点自然就会令人信服。

在实际写作中，为了更加充分地表明自己的意思，更加透彻地证明文章的论点，我们常常需要同时运用几种并列式的写法。例如，我们学过的课文《理想的阶梯》，为了透彻、全面地论说总论点“奋斗，是实现理想的阶梯”，在论证部分提出了三个分论点：“理想的阶梯，属于刻苦勤奋的人”，“理想的阶梯，属于珍惜时间的人”，“理想的阶梯，属于迎难而上的人”。三个分论点构成并列式。而在每个分论点的论说部分，又根据具体表达需要，灵活地安排了并列式。例如，举例论证和说理论证的并列，正面论证和反面论证的并列，两个或三个典型事例的并列等。整篇文章的论证结构十分清晰，读者很容易读懂。

运用并列式论证结构，要注意几个层次之间真正做到“并列”，不要有逻辑划分上的不合理。例如，如果准备确定甲、乙、丙三个分论点，就要考虑每一个分论点应相对独立，彼此不能有概念上的交叉或包容。这在编拟提

① 原载高中《语文》（必修）第四册“写作”单元，人民教育出版社 1998 年 6 月第 1 版。

纲和推敲分论点的文字表达形式的时候，都要充分重视。有篇议论文习作《读书的好处》，列了四个分论点："读书可以开拓视野"，"读书可以陶冶性情"，"读书可以提高阅读和写作能力"，"读书可以增长才能"。这四个分论点的配合就不太恰当，因为"才能"中包含"读、写能力"，第三点"提高阅读和写作能力"，不宜跟第四点"增长才能"并列。把第三个分论点并入第四个分论点，作为其中论说的一个方面，三个分论点的并列关系就稳妥得多。

递进式论证结构的特点是：用来证明论点的几个层次之间，是逐层推进、逐步深入的关系。可以是两层递进，例如先写"为什么要做"，再写"怎么样去做"；可以是三层递进，例如先写"是什么"，再写"为什么"，最后写"怎么样"；有时还可以根据实际论说的需要，构成四层甚至更多层次的递进。例如，胡绳写的《想和做》这篇议论文，论证部分用了三层递进：先论说"想和做为什么一定要联结起来"，再论说"想和做怎样才能够联结起来"，最后又推进一步，联系学校实际，深入论说学生应当学会把想和做联结起来。前面的论说是后面论说的基础，后面的论说是前面论说的深入。各层之间顺序合理，联系紧密，论证的说服力很强。

运用递进式论证结构，要注意层次间的逻辑推进关系，安排好前后的顺序。一篇议论文习作《谈生活目标》的论证结构提纲，这样安排论说的四个层次：①每个人都有自己的生活目标→②不同的生活目标反映不同的世界观→③只有为人民谋利益的生活目标才是高尚的生活目标→④不同的人有不同的生活目标。很明显，层次的安排需要调整，按照递进式论证结构的要求，第④层次应当移到第②层次之前，以便构成"逐层推进，逐步深入"的论证结构，顺理成章。

掌握了并列式和递进式的特点，我们在构思、列提纲和动笔写作的时候，就可以针对具体的论证对象，去选择最适用的最有表达力的结构方式。例如，如果觉得某个事物、某种事理有几个方面需要同时加以重视，或者觉得某种观点需要从几个方面或用几种方法反复加以证明，以加强说服力，那就采用几层并列的结构方式；如果觉得某一个意思不先论说清楚，后面很多意思就很难说清，或者觉得一个意思论说清楚后，还需要深入一步对另一个意思作点论说，那就采用逐层递进的结构方式。

议论文的论证结构有它的复杂性，实际安排运用中，并列式和递进式常常需要相互配合。例如，有篇议论文《说"问"》，它的论证结构的主线是三层递进式；前两层的论证中，又分别用了并列式。文章条理清晰，结构严谨。下面是它的论证结构提纲：

一、“问”有什么好

1. 问能解惑

(1) 引用名言论证（孔子、韩愈的话）

(2) 列举事例论证（孔子的“每事问”，顾颉刚的“打破砂锅问到底”）

2. 问能知新

(1) 说理论证（解决疑问才能获得新知）

(2) 举例论证（爱迪生从小好问，不断有所发明）

二、怎样才能“问”得好

1. 要问得深入

(1) 正面举例论证（中外科学家的事例）

(2) 反面举例论证（现实生活中的事例）

2. 要谦虚诚恳

(1) 说理论证（求知过程中态度的重要）

(2) 举例论证

① 正面举例（态度谦虚诚恳得到教益）

② 反面举例（态度傲慢轻率没有收获）

三、当今信息时代更加需要勤问

说理论证（展望21世纪人们的求知途径）

善于安排论证结构，写出条理清晰、逻辑严密、论证有力、说服力强的议论文，是我们学写议论文的目标。合理的议论文论证结构，实质上是思维合乎逻辑的体现。提高安排议论文论证结构的能力，需要从加强思路锻炼入手。要养成编拟提纲的习惯。在思考的基础上，列出一个论证结构提纲，有助于斟酌、检验思路是否周密，层次是否合理。另外，阅读优秀的议论文，要注意分析它的论证结构，有时还可以编拟文章的论证结构提纲，看看作者是怎样恰当地展开思路、安排层次的，从中学习一些具体的写法；自己写作议论文，要在起草和修改时，注意层次的安排是否合理，看看需要作什么增删或调整。经常这样思考、揣摩、斟酌，安排论证结构的能力就能不断得到提高。

写作练习

（略）

鉴赏实例

（略）

课外练笔

（略）

社会科学小论文①

训练重点

一　了解社会科学小论文的特点和写法

二　尝试写作社会科学小论文

基础知识

科学小论文，是近些年来在各地中学开始流行的一种写作样式。我国自80年代初以来，一些全国性团体单位和地方有关部门，多次组织中学生参加自然科学或社会科学小论文写作竞赛，促进了教学改革，发现了一批批的人才。许多著名科学家对中学生写的科学小论文给予很高的评价。中学生在学习有关学科基础知识的过程中，适当地参加一些科技活动或社会实际，做一些小型科学研究，并结合活动和研究写作科学小论文，是很有意义的，对提高写作水平，发展创造能力，增强科学文化素质，养成实事求是、严谨踏实的科学态度，都有积极的作用。

社会科学小论文并不神秘。同学们结合政治、语文、历史、地理、外语、心理等学科的学习、钻研，对某种科学知识有了新的认识，或者结合社会实践，对社会生活中的某些现象和“热点”问题进行观察、调查、考察等科学研究活动，取得了某种新的成果，就可以用社会科学小论文这种写作样式介绍出来，进行交流。

写作科学小论文，跟我们平时写作一般议论文一样，也应当注意合理地提出问题、分析问题、解决问题，也要讲究语言表达的准确、简明、连贯、规范。但科学小论文不是要求当堂完成的命题作文，而是在课余自选课题，

① 原载高中《语文》（文科·限选）第五册“写作”单元，人民教育出版社1999年7月第1版。

进行科技活动或研究探讨后写出的论文。它的写作周期较长，运用材料较多，写作容量较大，在分析、归纳、概括、逻辑推理以及写作形式等方面的要求也比较高。我们要了解社会科学小论文的特点和写法，经过努力，写出自己满意的科学小论文来。

社会科学小论文的特点，一是“小”。同正规学术论文相比，科学小论文的选题较小，内容较浅，因而篇幅也不长。二是科学性。科学小论文的材料，应当是真实可靠的，不允许夸大或虚构；观点应当是在科研过程中实事求是地提出来的，而不是任意的猜测或臆断；语言应当是准确、清晰、严密、合乎逻辑的，不能模棱两可、含糊费解、粗疏缺漏。社会科学小论文的科学性还表现在理论联系实际，用科学的理论去解决学习、生活、工作和社会上的实际问题。三是创造性。是否具有一定的创造性，是衡量社会科学小论文质量的重要标准。要在科学小论文里，提出自己在观察、调查或考察中获得的新发现，在社会实践活动中所得到的新成果，在深入钻研某种科学知识中积累的新见解，给人以一定的启发。

按写作方法分，常见的社会科学小论文大致有三种。一种是理论证明型小论文。它常用来阐释比较广泛的社会现象和现象之间的关系，或论述某类事物的意义和影响，或用哲学观点去阐释某种现象或问题，等等。写作这一类型的小论文，要特别注意所提观点的正确性和理论推导的严密性。例文(一)《学习领域中的普遍联系》，就是这一类型的小论文。

另一种是调查、考察型小论文。它常用来表述小型社会实践活动中调查、考察的情况和分析的结果。写作这种类型的小论文，除了注意对观察、调查、考察过程作周密而简明的介绍外，还要适当作一些理论分析，提出恰当的结论或解决问题的建议，以增强小论文的科学性。例文（二）《浅谈东渡港的淤积》，就是这一类型的小论文。

还有一种是评论、探讨型小论文。它常用来表述对文学佳作、流行歌曲、影视节目等文学艺术作品的研究结果，运用课内学到的基本知识和方法，对某种作品的内容、主题、形象塑造、创作方法、社会效果等，进行比较深入的分析评论，提出自己的见解；也常用来对某个历史人物、历史事件、文化现象、社会问题等，作比较深入的探讨研究，发表自己的看法。写作这种类型的小论文，要重视充分地掌握材料，善于分析、使用材料，力求使自己的评论或探讨有一定的新意。例（三）《把对联纳入语文教学中来》就是这一类型的小论文。

一篇社会科学小论文的写作，大致分为选择题目、搜集材料、提炼观点、安排结构、起草修改这样几个步骤。

选择题目的时候，首先要重视科学性的原则，不能选择违背社会发展规律或带有迷信色彩的课题。同时要注意结合自己的特长，选择感兴趣的题目。研究的题目要有一定的新意，尽可能从别人尚未发现、尚未研究、尚未重视的方面去考虑选题，尤其要结合自己在观察、调查、考察和学习、钻研中所得到的新发现、新成果、新认识、新见解去选择题目。题目还应当确定得小一些。研究范围和研究角度要小，题目一大，写的时候容易造成面面俱到，泛泛而谈，很难深入到问题的实质。例如，对中学生来说，选择“论哲学原理对数学发展的指导作用”“试论鲁迅作品的艺术特色”“历代农民起义失败的历史教训”这样的题目，就不如选择“用哲学观点指导学习数学”“鲁迅散文《朝花夕拾》的语言特色”“××地区清末农民抗租斗争失败的历史教训”。后面这些选题，缩小了问题的范围，专门研究某一个“点”，容易把握，写深写好的可能性就比较大。

搜集材料首先要注意材料的准确性，必须核实观察、调查、考察所得到的事实、数据，核实查阅报刊书籍、科学文献所得到的资料、例证，以免材料出现差错而影响小论文的科学性。还要注意材料的新鲜性，尽力搜集自己所能发现的同研究题目有关的新的第一手材料。此外，掌握材料应力求全面，要根据题目所确定的研究对象和范围，搜集尽可能多的材料。材料太少，没有选择的余地，写出来的科学小论文就缺乏说服力。

提炼观点，就是对材料进行分析、比较、概括后提出的自己的看法。可以是对观察、调查、考察中发现的新情况、新问题的分析结论，可以是在某门学科学习、钻研过程中形成的创造性见解。当搜集材料的工作进行到一定阶段，要对已经积累的材料加以分类比较，仔细筛选，实事求是地进行分析、归纳，找出具有规律性的共同点，以形成正确的合乎科学性的观点。有时还需要继续搜集新的材料，以更好地提炼观点。观点的表述，要精确、清晰、简练，不能含糊费解。

安排结构，应当针对不同类型的科学小论文灵活掌握。常见的小论文，一般由三个部分组成。开头部分（或称“引言”），提出问题，或紧扣题目对全文内容作一概括介绍。主体部分，分析问题，说明有关的观察、调查、考察等情况，为归纳科学的结论作准备。结尾部分（或称“结论”），解决问题，作出结论。小论文的结构当然不必都是“总—分—总”的格式。先分层论述，说明有关情况，后总结观点的“先分后总”结构，以及先总说观点，后分层论述、说明的“先总后分”结构，也是比较常见的。结构是为恰当地组织材料、鲜明地提出观点服务的，无论怎样安排，都应当注意条理清楚，观点与材料一致，反映出科学论证的过程，使科学小论文具有说服力。为了使结构合理，拟个详细提纲是很有必要的。

如果搜集的材料相当丰富，不妨多花一点时间写一篇比较完备的科学小论文。这样的论文，一般由以下部分组成：标题；摘要（或“内容提要”）；绪论（引言）；主体部分，分析、论证有关问题；结论。主体部分往往分成几个小部分，每个小部分列一个小标题，论证一个观点。有的论文篇末还需要附上参考文献（或“参考书目”）和附录（或“附件”）。

起草修改，按照提纲写出初稿并修改，不仅是细致的语言表达工作，而且是研究深入化和思维周密化的过程，要力求准确和严密。跟写一般的说明文、议论文相比，科学小论文写作中的表述和修改显得更为重要。因为科学研究活动是十分复杂精细的，反映科研的过程和成果不能粗心大意。要学习许多科学家的精益求精的写作态度，认真起草，仔细琢磨，反复修改，一丝不苟。对观点是否正确、可靠，材料是否恰当、翔实，结构是否合理、周密，观点和材料是否统一，数据和引文是否准确，语言是否准确、简明、连贯、规范，图、表是否清晰、适用，都应花力气仔细检查，仔细推敲。

从选择题目到论文定稿的全过程中，要多征求教师、同学和有关的科技人员的意见，集思广益，提高科学小论文的质量。

写作练习

一、片段作文

1. 比较下列各组题目，看看每组中的 B 题，是怎样使题目定得比 A 题“小”一些的。

A. 论学习的辩证法

B. 学习过程中的“多”和“少”

A. 加强××市的文化建设

B. 开发××市的旅游文化资源

A. 历史教学必须改革

B. 改进历史教学之我见

A. 朱自清散文的艺术特色

B.《荷塘月色》《松堂散记》语言的绘画美

A. 孙犁作品中人物形象初探

B.《荷花淀》中的妇女形象

A. 微型小说的创作规律

B. 十篇微型小说佳作的结尾写法

A. 试论文言通假字

B. 中学语文教材中文言通假字的几种类型

A. 论商业领域汉字使用的规范化问题

B. ××商业街滥用简化字的情况调查

2. 写作科学小论文，要讲究观点和材料的统一，用观点统率材料，用材料支撑观点。下面这段论述文字中，哪个句子表述了作者的观点？后面的文章用了几个材料（事例）来对它加以证明？其中有个事例并不能证明这个观点，你认为这个事例该提炼出什么观点才比较适宜？

一项重大科学成果的取得，往往需要几代人的共同努力。1834年，贝塞尔观察天狼星自行时，发现它并不沿着直线运动，却描绘出波浪形的曲线。他怀疑这是由于天狼星被另一颗紧挨着它的星所摄动而产生的。经过详细的计算，1844年，他在理论上断定了这颗星的存在。直到1862年，也就是他死后16年，这一光辉的预言才被美国的克拉克用新制的18英寸天文望远镜所证实。类似的事情在科学史上是屡见不鲜的。19世纪初，病人手术后伤口化脓的现象十分严重，构成对生命的极大威胁。英国外科医生里斯特日夜思索化脓的原因，久久不得其解。后来读到法国细菌学家巴斯德的著作，深受启发，终于发明了碳酸杀菌的消毒方法。1874年，他给巴斯德写了一封热情洋溢的感谢信："请你允许我趁这个机会恭恭敬敬地向您致谢，感谢您指出细菌的存在是腐败的真正原因。只是根据这唯一可靠的原理，才使我找出了防腐的方法。"

二、整篇作文

自选题目，利用最近一段课余时间（半个月或一个月），尝试写作一篇社会科学小论文。

题目的选择很重要，可结合自己特别有兴趣的某门学科的学习、钻研，或者结合学科课外兴趣小组的课题研究活动，或者根据自己平时对某种社会现象、“热点”问题的观察、研究，选择研究范围和研究深度适合自己水平、条件的题目。然后参照课文中提出的一些要求和注意点，去认真搜集并分析材料，提炼出有一定价值的观点，安排好合适的结构，快速起草并细心修改，最后认真誊清。课文后所附例文可供参考；还可以结合课外阅读，参读一些报刊上新近发表的社会科学小论文。

借鉴实例

例文（一）

学习领域中的普遍联系

广东省潮州市华侨中学　翁红梅

（略）

［评析］

这篇小论文获得全国首届中学生哲学、政治经济学小论文评选一等奖。作者理论联系实际，运用政治课学到的辩证唯物主义观点，去研究分析学习生活中的实际问题，经过逐层深入的论证，阐明了课内与课外、学科与学科、智育与体育、才能与品德之间的密切联系。说理周密，条理清晰，对比举例更增强了小论文的说服力。

例文（二）

浅谈东渡港的淤积

福建省厦门市双十中学高三　陈锦辉

（略）

［评析］

作者联系本地区开发建设中的实际问题确定研究课题，又两次到东渡港，围绕“泥沙淤积”问题，进行深入细致的实地调查考察，并查阅有关文献资料，搜集到大量的材料。这就为写好小论文，论述造成东渡港淤积的原因，提出解决问题的办法，打下了坚实的基础。这篇科学小论文被评为华东六省一市中学生作文比赛一等奖。

例文（三）

把对联纳入语文教学中来

北京大学附属中学高二 柳立文

（略）

［评析］

这篇文章获得第七届全国青少年发明创造比赛和科学讨论会科学小论文一等奖。标题表明全文的主要观点；总起之后，分三点详细论述在语文教学中学习对联的直接好处；最后又简要地补充这样做的另外几个好处。文内选用了从搜集到的大量对联中精选出来的许多佳例。为了显示论文的要点，在正文前列出了“内容提要”。

语言表达和思维锻炼[①]

语言表达跟思维锻炼关系密切。叶圣陶说："要是我的语言杂乱无章，人家决不会承认我的思想有条有理，因为语言杂乱无章正就是思想杂乱无章。要是我的语言含糊朦胧，人家决不会承认我的思想清楚明确，因为语言含糊朦胧正就是思想含糊朦胧。要是我的语言干巴巴的，人家决不会承认我的思想好像刚开的花朵，因为语言干巴巴的正就是思想干巴巴的。"（《语言和语言教育》）这段话告诉我们：要使自己的语言有条有理、清楚明确、生动活泼，需要加强思维的锻炼，提高思维能力。

语言和思维的关系

马克思指出："语言是思维的物质外壳。"斯大林分析说："语言是同思维直接联系的，它把人的思维活动的结果、认识活动的成果用词和句中词的组合记载下来，巩固起来，这样就使人类社会中的思想交流成为可能了。"（《马克思主义与语言学问题》）这些论述表明，思维是语言的内在基础，语言是思维的外在体现或反映。没有语言，思想就不能产生和存在，更谈不上思想的表达和交流；而离开了思想，语言只剩下空洞的声音，不再是人类的交际工具，也就无所谓语言了。

语言和思维是密不可分的。在语言表达中，用词语表示概念，用句子作出判断，用句群进行推理。概念表达有差错，就会造成用词不当；判断出问题，就会造成搭配不妥；推理有毛病，就会造成句群组织不合理。

思维活动在语言表达过程中起着重要的作用。一些语言学家、心理学家的研究表明，人们在打算说些什么的瞬间，思维活动是先于语言表达的。在什么情况下说，如何开始，先说哪一句，后说哪一句，选用哪些关键的词

① 节选自高中语文选修课教材《语言表达》，人民教育出版社、江苏教育出版社1995年6月第1版。

语，重要句子采用怎样的句式，这些都要在头脑里经过思维加工安排。思维能力的强弱，直接影响着语言表达的质量。所以有的学者形象地说“思风发于胸臆”，才能“言泉流于唇齿”（如果指书面语言，就是“言泉流于笔端”）。说话的滔滔不绝，写作的一挥而就，来自涌泉般的思绪，即高效率的思维活动。

一般来说，抽象思维能力强，语言表达就深沉准确，逻辑严谨，语句简洁，要言不繁；形象思维能力强，语言表达就绘声绘色，声情并茂，生动形象，容易吸引人。不少人苦恼于语言表达（说和写）的速度赶不上思维活动的速度。而有些人却能做到“眉头一皱，妙语如珠；出口成章，下笔成文”，这是强大的思维力爆发的一种表现形式。有位老干部对邓小平的口才十分钦佩，他在一篇文章中写道：

> 新中国建国初期，邓小平是中共中央西南局书记，兼西南军区政治委员。一次在重庆市人民政府的大礼堂听他作报告。从下午一点到六点多钟，他站在讲台上，手上不拿讲稿，发言提纲也不带，也很少见他喝水，一气讲了五个多小时。语言逻辑性很强，条理分明，有如长江之水，滔滔不绝。这真使我目瞪口呆，佩服得五体投地。我从未见过作如此长报告而不停顿的人，他不仅是杰出的政治家，也是一位伟大的演说家。散场出来，大家议论：“我们的邓政委好厉害！”

这样好的口才，同很高的政治理论水平、丰富的工作经验自然是分不开的，跟卓越的思维能力也是密切相关。思维敏捷，语言的反应就快；思维清晰，语言就容易流畅；思维有条理，语言就容易顺理成章。高超的语言表达能力，靠长期的思维锻炼和语言实践才能够获得。

思维能力的基本要求

如同语言能力一样，思维能力也是现代社会衡量一个人的基本素质的重要标准。为了提高语言表达的效果，更需要不断提高自己的思维能力。在学习、生活和运用语言的过程中，努力使思维符合以下基本要求。

一是思维的敏捷性。思维的敏捷性就是思维速度快，对外界的信息能迅速作出反应。在生活节奏越来越快的现代社会中，思维的敏捷性对语言能力的提高，具有特别重要的意义。拿书面语言表达来说，反复斟酌、仔细推敲固然仍很需要，但更多的场合要求的是快速写作，在限定的一段时间内，写出合乎要求的通顺的文章。例如，近些年来我国高等学校招生考试中对考生写作能力的考核，就是在一个小时或稍多一点的时间内，按规定要求写出一篇或两篇总字数不少于600或800字的文章，有时字数还要求更多一些。各种工作岗位上，要求在极短的时间内，根据下达指令写出合适的事务性文章，更是十分正常的现象。要较好地进行这一类限时性的书面语言表达，就需要敏捷的思维能力。

至于口头语言表达，例如即兴讲话、临场致词、应酬对答乃至经济、外交等方面的谈判，必须根据对象的实际情况，根据获得的各种最新信息，适时地变换语言内容和表达方式，以便始终处于有利地位，这就不仅需要能够熟练地驾驭词语、句式，更需要具备敏捷的思维。思维迟钝就不可能及时组织语言材料，提高讲话效果，赢得交谈的优势；有时甚至只能眼睁睁地坐失良机，留下遗憾。周恩来总理是杰出的政治家、外交家，他以思维敏捷、语言得体名闻中外。五十年代的一天，周恩来设宴招待外宾。正当宾主围着工艺品般的佳肴赞不绝口时，突然，用笋片刻成的一个中国民族图案，在汤里一翻身竟变成了“卐”。来宾大吃一惊，面面相觑。这时，周恩来神态自若，随即解释道：“这不是法西斯标志，这是我们中国的传统的一种图案叫‘万’字，象征‘福寿绵长’的意思，是对客人的良好祝愿。”转而，他又爽朗地说：“就算是法西斯标志也没有关系嘛，我们大家一起来消灭法西斯，把它吃掉。”顿时，宾主哈哈大笑，一会儿就把这道菜吃个精光。宴会洋溢着友好的气氛。

二是思维的清晰性。德国哲学家叔本华有句名言：“谁思想得清楚，谁就说得清楚。”语言含混（不是修辞上的有意说得含蓄、模糊），反映出思维的含糊和混乱。“想清楚然后写”，这是许多作家教诲青年习作者的话。叶圣陶说：“不想就写，那是没有的事。没想清楚就写，却是常有的事。自以为想清楚了，其实没想清楚，也是常有的事。”“谁都可以问一问自己，平时写东西是不是想清楚然后写的？要是回答说不，那么写不好的原因之一就在这里了（当然还有种种原因）。往后就得自己努力，养成这个好习惯。”（《想清楚然后写》）这些话对口头语言表达自然也是适用的。

思维清晰，能促进语言表达质量的提高；同时，语言表达，尤其是写作过程，也有助于把零乱的思想条理化，使自己的想法经过提炼而清晰起来，并得到进一步的发展、丰富。

我们要通过锻炼，提高自己思维的清晰性，反映在语言表达中，就是逐步做到用词造句准确无误，明白易懂；由句子构成的语段中心明确，条理清晰。

这里再说一说我们经常提到的“思路”。思路就是写作或说话的时候思考问题、分析问题的途径，也是思考、分析问题的逻辑思维的方向。事物总是按一定的顺序有条理地联系在一起，只有按合理的顺序，才能正确地认识事物之间的联系，然后才有可能用语言恰当地表达出来。思路的锻炼，可以结合阅读进行。叶圣陶说：“看整篇文章，要看明白作者的思路。思想是有一条路的，一句一句，一段一段，都是有路的，这条路，好文章的作者是决不乱走的。看一篇文章，要看它怎样开头的，怎样写下去的，跟着它走，并且要理解它为什么这样走。”（《认真学习语文》）从阅读理解中学到的安排思路的方法，在自己写文章和说话的时候，要经常注意运用。这有助于提高思维的清晰性和语言表达的条理性。

三是思维的宽广性。思维的宽广性是指善于多侧面、多角度地思考问题，展开联想、比较，进行辩证分析，从而作出准确的选择，提高语言表达的效果。

宽广性思维不局限于就事论事，而是把所考察的事物放入更为广阔的背景加以研究，这样就容易得出正确的全面的认识，作出恰当的语言表达。在成段成篇的语言表达中，思维的宽广性显得尤其重要。我们读到好的文章，听到好的演讲，假如能细细揣摩，就会知道，那广阔的思路，活泼的思想，恰如其分的旁征博引，丰富多彩的词语句式，都跟写作者和演讲者思维的宽广有关。如果思路狭窄，联想板滞，不善比较，缺乏选择，只会就事论事地思考问题，表达的内容就会干枯乏味，语言形式就会单调呆板。1991 年全国高等学校招生考试的一道作文试题，要求把黑板上画的一个圆，想象成另一个物体，描写出一个画面或一个镜头、一个场景，写成一篇 200 字左右的想象作文。一些思路狭窄的学生，不善于尽可能多地想象出一些“圆”的物体，再从中挑选最适合自己作语言表述的那一个，自然就写得不理想了。而那些思路宽广、思维活跃的考生，能从日常生活、大千世界的形形色色的“圆”中，精心择取，选材和描述都富于新意，考出了自己的最佳水平（参见示例四）。由此可见，思维的宽广性对提高语言表达能力也是十分重要的。

除以上三点基本要求外，还应注意思维的灵活性，善于根据具体情况随机应变；注意思维的创造性，不满足于现成的方法和答案。这些也都同提高语言表达能力密切相关。

加强思维锻炼

语言是思维的外衣，思维能力是语言能力的重要基础。古人说“慧于心而秀于口”，就是这个道理。培养语言表达能力要着眼于思维锻炼。许多语文专家认为：“思路需要锻炼，也是可以锻炼的。”思路是思维的线索，所以他们强调的实际上是思维锻炼。

要爱动脑子，自觉进行思维锻炼。思维是复杂的脑力活动，自然比较艰苦，但我们应当从求学时代起就养成喜欢思考的良好习惯。美国发明家爱迪生的实验室里贴着一条雷诺兹爵士的语录：“人总是千方百计地逃避真正艰苦的思考。”在这一句后面，爱迪生加上自己的一句话：“不下决心培养思考习惯的人便失去了生活中的最大乐趣。”把思考看成是生活中的最大乐趣，有了这种热爱的感情和高度的自觉，思维锻炼就能不断取得成果。

要多动脑子，勤于进行思维锻炼。平时各门学科的学习和训练是锻炼的基本途径。此外，还应当抓紧阅读、写作、说话、观察、收听广播、观看影视等各种机会，作思维能力的自我锻炼。比如，在阅读或聆听过程中，对别人的书面或口头语言表达，如果感到好，要想想好在哪里，为什么好；如果感到有欠缺，要想想欠缺在哪里，怎么会造成的。在写作和说话过程中，对自己的语言表达，要多想想怎样尽可能好一点。从选词、造句到构段、谋篇，只要时间许可，就努力做到反复斟酌，精益求精，通过联想、比较、类比、对比、选择、判断、分析、归纳等思考活动，提高语言表达的效果。即使时间紧迫，也要充分发挥思维的敏捷性、灵活性，使语言表达尽可能符合自己的意图，收到较好的表达效果。只要经常这样认真地多想多练，思维能力就会得到提高。

要善动脑子，不断提高思维的效率。要适当学习一些思考的方法，并逐步养成习惯。例如，由近及远、由表及里、由此及彼地进行思考；先分析后综合，先综合后分析；从具体到抽象，从抽象到具体；展开合理想象开拓思路；从一个事物联想到其他事物；对相近或相反的事物作比较或对照；等等。这对提高思维的效率和语言表达的水平，是很有帮助的。

［示　例］

一　斯大林谈列宁演说的逻辑力量

使我佩服的是列宁演说中那种不可战胜的逻辑力量，这种逻辑力量虽然有些枯燥，但是紧紧地抓住听众，一步一步地感动听众，然后就把听众俘虏得一个不剩。我记得当时有很多代表说："列宁演说中的逻辑好像许多万能的触手，从各方面把你钳住，使你无法脱身：你不是投降，就是完全失败。"（《论列宁》）

二　陈景润花七年时间简化高难度专题研究的思路

数学家陈景润在1956年就初步解决了难题（1+2），但是因为思路不简洁，写了200多页稿纸，"走远了，绕了点道儿"，所以他没有发表，又用七年时间寻找了一条简洁的思路，最后获得成功。

三　思维敏捷、语言恰当使事业成功的实例

这位朋友把包柏漪介绍给大出版家、76岁的坎菲尔德，说："这是贝蒂小姐，她想写一本关于新中国的书。""噢？是吗？"坎菲尔德眼睛一亮，拉着柏漪的手走到一边，也不和来宾握手了。他略微打量着眼前这位小姐，然后认真地说："如果你能在五分钟内把故事梗概告诉我，并且让我听了感兴趣，我就给你出书。"

柏漪做到了。……1964年，《第八个月亮》（意思是中秋，也就是团圆，小妹故事的笔录）出版了，迅速被译成了15种文字。

［注：包柏漪，美籍华裔作家。］

四　"圆"的想象作文考试部分佳作的选材和描写要点

由"圆"想到——

1. 校门　学校圆穹式的校门，"那是一个美丽的花环般的，透着庄严的'圆'，在大操场的尽头，也在每一位学生的心中。""这是知识之门，这是人才之门。"

2. 井口　"圆圆的这口老井，没有任何特别的装饰，古朴而自然，镶嵌在地里，宛如一面魔镜，似有深邃的思想，用淙淙的水声，述说着一部完整的历史。"

3. 磨盘 “于是，以磨盘为圆心，以木枷为半径，驴，开始用它的一生来画圆。”“驴，走啊走啊，拖着沉重的磨盘，却永远走不出自己画的圆。”

4. 车轮 “圆，一个插满辐条的圆，缓缓地行进在崎岖的黄土路上。”“克服艰难险阻，永不停息地向着目的地前进。”

5. 蒲扇 “那个圆，就像奶奶手里的蒲扇。”“夜深了，那把圆圆的蒲扇还在摇，摇出了奶奶对我深深的爱，浓浓的情。”

6. 父亲的草帽 “我的视野里出现了一个圆，在绿色的齐膝深的秧苗里，那个泛着微黄的圆是那么引人注目。”“就是它，为父亲遮住了风风雨雨，挡住了毒日的侵袭，使父亲收获着一个又一个希望。”

7. 家乡的石拱桥 “那是一座用白石砌成的小石拱桥，它的圆拱恰好是半个圆，倒映在清清的溪水中，构成了一个整圆。这是人类和大自然共同创造出来的，什么人也画不出比它更和谐的圆了。”

8. 地球 “空中悬着一个圆——蔚蓝色的。噢，那是我们赖以生存的地球。”

[思考和练习]

一 阅读下面几则论述，理解含义，体会语言和思维的关系。

1. 著名诗人但丁说：“语言对于思想是一种工具，正如一匹马对于一个军人一样，最好的马才适合最好的军人，最好的语言也才适合最好的思想。”
2. 美学家朱光潜说：“思想就是使用语言。”“思想和使用语言是同时发生的同一件事情。”“思维是一个不断逐步澄清和反复试验的过程，总是让模糊的处于意识的边缘的思想进入意识的中心，通过去掉不正确的和不相干的东西，为图像的最后完成和问题的彻底解决铺平道路。”
3. 美国学者布鲁思·卡顿说：“成功的文章的精髓，是以最清楚的方式表达要说的话，以便读者能够准确地理解作者努力表达的思想。因此，不用说，你有一些要首先表达的东西。如果你的思想一开始就混乱不清，那么你笔下的东西也必定是混乱不清的。”

4. 作家老舍说：“思想内容与语言是血之与肉，分别不开的。没有高度的语言艺术，表达不出高深的思想。”

二　思考材料、酝酿表达时，往往需要展开联想。例如，从蚕可以想到丝绸，想到桑叶，想到养蚕女，……又可以从丝绸想到服饰，想到丝绸之路，……还可以从蚕想到奉献精神，想到居里夫人，或者想到作茧自缚、固步自封等等。试从下列命题中自选两个，展开各种联想，写出所想到的“点”。

路：

灯：

小草：

风帆：

三　把下列各题的五个词语，分别按由大到小、由重到轻、由深到浅、由先到后等次序重新排列，并选出排在第三位置的词语，将英文字母填在□内。

1. A. 呼呼　B. 寂静　C. 轰隆　D. 簌簌　E. 淅沥　□

2. A. 寒冷　B. 凉快　C. 温暖　D. 酷热　E. 严寒　□

3. A. 强劲　B. 清劲　C. 和缓　D. 凛烈　E. 轻微　□

4. A. 愤怒　B. 怯懦　C. 微愠　D. 和顺　E. 忍让　□

5. A. 深绿　B. 墨绿　C. 浅绿　D. 绿色　E. 黑色　□

6. A. 写稿　B. 钉装　C. 编辑　D. 印刷　E. 排版　□

四　下面两段话，由于作者思路不清，造成句序不当。试按照一定的思维顺序重新排列句子，使条理清晰、表意严密。（解题时在后面的方框内填进句子的序号）

1. ① 邻居刘伯伯家里有一棵枇杷树。② 这是一种四季常青的果树。③ 叶片大如手掌，碧绿发光。④ 每年腊月，绿叶丛中盛开一簇簇白花。⑤ 来年初夏，树上结满了圆圆的果实。⑥ 黄澄澄的，真是好看。⑦ 叶的形状像琵琶，听刘伯伯说，枇杷的名字就是由此得来的。⑧ 树干粗壮，枝叶茂盛。⑨ 花的香味可浓呢。

□→□→□→□→□→□→□→□→□

2. ① 一切科学的研究，就其来源说是实践，就其功用说是指导实践。② 但是总的说来，还是要对指导实践起作用。③ 如果科学研究离开了指导实践，它还有什么用呢？④ 语言科学的研究最终也要归结到指导运用语言的实践上来。——⑤ 当然，对于指导实践不能理解得太狭窄。⑥ 有的研究课题在指导实践上不是那么直接，不是那么立竿见影。

□→□→□→□→□→□

［方法和习惯］

一　逐层切分

从报刊书籍中找一篇千字左右的议论文或说明文，仔细读一两遍后，作逐层切分的练习。首先切分为大段，再把大段切分为小段，然后在分为小段的较长自然段里切分层次：先切分为几层，对句子较多的层次再切分为小层，直到句子为止。用这种逐层切分的方法，剖析文章的结构，学习作者展开思维的方式，丰富自己的思路。切分中发现原文有表达不严密之处，想一想怎样作增删或调整。如果觉得有兴味，有收获，可以经常这样练习，养成习惯。

二　重排句序

阅读议论文或说明文，遇到说理步骤严密或说明顺序合理的语段，可以按句子为单位抄录在卡片（或纸条）上，每张抄录一个句子。然后把卡片打乱，重新排列句序，从各种组合中，找到自己认为最合理的一种，再同原文的句序对照比较。如果自己排的句序不及原文句序合理，就重排次序；如果自己排的句序比原文句序合理，就研究如何对原文提出修改建议。经常练习，能锻炼思维的缜密，也有助于开拓思路。几位同学各找一段制成卡片，交换重排句序，展开讨论、评析，收效会更大一些。

［参读文章］

叶圣陶谈想和说、思维和语言的关系

（节选自《关于使用语言》，《叶圣陶语文教育论集》）

（略）

学会写作科学小论文①

从这一课开始，我们一起来学写科学小论文。通过课文学习，分步练习，自写准备，初步学会独立写作一篇科学小论文。

科学小论文难写吗?

提到科学小论文，有的同学可能会觉得“高不可攀”。其实，**科学小论文并不神秘。**同学们结合数学、物理、化学、生物、地理、历史、语文、政治、外语、劳技等学科的学习，进行观察、实验、制作、调查、考察和分析、归纳等科学研究活动，获得了某种成果，或者对某种科学知识、社会现象有了新的认识，需要介绍出来，就可以采用科学小论文这种写作样式。近些年来，我国许多中学的同学们参加全国性或各地区的多种形式的科学小论文竞赛，涌现了不少获奖优秀作品，其中有相当一批还受到专家和有关部门的高度评价。事实证明，中学生经过努力，是能够写好科学小论文的。

在学习过程中，假如能够注意以下几点，我们一定能够写出比较好的科学小论文。一是**要尽可能多读一些各种类型的小论文，**包括科学家早年写的短篇论文和中学生自己写的优秀的科学小论文，把它们作为学习的蓝本。通过观摩、习作，达到独立写作的程度。二是在写作过程中，**要跟同学多商量，向老师多请教，并重视反复修改。**尤其重要的是，**要在观察、实验和调查研究方面多下功夫，积累尽可能多的资料，**获得丰富的感性认识。这是形成、发展和检验小论文科学观点的实践基础，也是写好自然科学小论文和社会科学小论文的重要途径。许多著名科学家撰写有重大科学价值的论文或专著，他们在观察、实验和调查研究中洒下的汗水，要比写作时洒下的汗水多得多。我们写作科学小论文，如果能重视这一点，在学校、家庭、社会的有

① 节选自高中语文选修课教材《科学小论文写作》，人民教育出版社、江苏教育出版社 1999 年 6 月第 1 版。

关领域去实践、去发现、去创造，到具体撰写的时候，就会顺利得多。

科学小论文有哪些特点?

要学会写作科学小论文，首先必须了解并掌握它的特点。

跟我们学写过的一般议论文相比较，科学小论文不是课堂教学中要求当堂完成的命题作业，而是在课余自选课题，进行小型的科技活动或社会实践，取得一定的成果后写出的论文。它的写作周期较长，运用材料较多，写作容量较大，在分析、归纳、概括、逻辑推理以及写作形式等方面的要求也比较高。但科学小论文同一般的议论文又是有联系的，二者都要求在写作中提出问题、分析问题、解决问题，都要求讲究语言表达的准确、清晰、连贯、规范。科学小论文的写作训练，可以说是一般议论文写作练习的延伸和发展。同学们已经有了一般议论文的写作能力，在此基础上，再掌握一些科学小论文的特点和写法，积极投入实践，就完全有可能写出自己满意的科学小论文。

科学小论文有哪些特点呢?

一是**“小”**。论题小，篇幅小，结构也比较简单。正规的学术论文、科学报告，论题相对的要大一些；篇幅一般总要在五六千字以上，有的要写到几万字（如博士学位论文）；结构也比较繁复。不过，科学小论文的论题、篇幅虽小，它的知识容量和所产生的作用不一定就很小。例文（1）《一个弯曲的砾石》，是对我国桂林附近发现的一个弯曲得很奇怪的小石头的研究报告。这篇论文是著名地质学家李四光写的，全文才 1100 多字，从篇幅和题目看，可以说是“小论文”了，但它在地质力学研究史上却有着很重要的地位。例文（2）《检查语法错误的两种方法》，是语言学家朱德熙写的，篇幅不大，却科学地总结了两种检查语法错误的方法，对广大读者正确使用语言起了切实的指导作用。例文（3）《微波处理豆类促进发芽》是中学生尝试写作的科学小论文，只有 600 来字，加上三张简单的表，一张简单的图。作者在生活中发现问题，进行实验，分析比较，有所发现，然后写成小论文，把自己的发现简要而清楚地报告出来，有一定的实用价值。例文（4）《蝴蝶泉边的发现》也是中学生学写的科学小论文，约 1000 来字。作者抓住“为什么蝴蝶泉边的蝴蝶那么多”和“蝴蝶泉上垂吊的是不是蝶类”这两个问题，根据考察所得，作了论述分析，得出了自己的结论，对读者有一定的启示。

二是**科学性**。科学小论文是小型科学研究成果的科学记录。它的观点，应当是在科研过程中实事求是地提炼出来的，而不是任意的猜测或臆断；它的材料，应当是真实可靠的，不允许夸大或虚构；它的语言，应当是准确、清晰、周密的，不能模棱两可、含糊费解、粗疏缺漏。例文（4）《蝴蝶泉边的发现》的作者，对蝴蝶泉的地理位置、生态环境作了调查了解；对“蝴蝶会”的盛况作了实地观察；对蝴蝶泉边蝴蝶所以多的原因作了详细考察，包括“请教了从事林业工作和生物研究的同志”，“自己去查找一些资料”等。在这些研究活动中，获得了大量真实的材料。作者再通过分析研究，找到了蝴蝶泉边蝴蝶多的三点原因，提出了“成串垂吊在蝶泉之上的，竟都不是蝶类，而是蛾类”这一新看法。在表述这些原因和看法时，引用了一些数据，作了科学的分类，使用了有分寸的词语，写得比较准确、周密。这样的生物考察小论文，应该说是合乎科学性的要求的。

三是**创造性**。衡量科学小论文的价值，主要看它的创造性。国家领导同志多次指出：**“创新是一个民族的灵魂，是一个国家兴旺发达的不竭动力。”**科学研究是对新知识的探求。要在科学小论文里提出自己通过自然科学或社会科学方面的科研活动得到的新成果、新认识，才能给人以启发，才能对科学技术的发展和社会的进步起一定的作用。当然，中学生搞些小型科研活动或社会调查，学写科学小论文，仅是未来科学研究的预演，不能过分强调有大的创造性发现，但我们还是应当力求有创见或有新意。如果在观察或考察中善于总结自己的新的发现，在实验或制作中善于创造自己的新的方法，在调查研究中善于形成自己的新的设想或新的建议，在深入钻研某种科学知识的过程中善于积累自己获得的新的见解，把这些新成果或新认识写进科学小论文里，这样的小论文就具有创见或新意，就可以说是有了一定的创造性。例文（4）《蝴蝶泉边的发现》这篇科学小论文的价值，就在于作者运用实地考察和查阅资料所得到的新材料，纠正了传说和古籍中认为垂吊于蝶泉上的是“彩蝶”“真蝶”这一原有的结论，提出并论证了自己的“新发现”，作出了新的科学结论。

怎样写好一篇科学小论文?

写出一篇有一定质量的科学小论文，需要花费不少心血。

首先，**要积极投入课内各科学习和课外科技活动与社会实践活动。**通过这些学习和活动，丰富自己的学科知识，学会用科学的思想观察自然现象和各种事物，善于在学习、观察过程中提出别人没有提出的问题，并针对发现的问题确定小型研究的方向，灵活地运用各种知识和技能，去合理地解决这些问题。

其次，**要注意充分发挥自己的思维能力、动手能力和创造能力。**写作科学小论文，常常要面对自然现象和各种事物，去进行分析比较，求其异同，进而发现和认识事物的本质和规律。这就需要重视形象思维和抽象思维的交互使用，需要充分注意思维的深度、广度、灵活性和独创性。在写作过程中，需要动手操作，去观察，去实验，去制作，去调查，去考察。要勤于亲自动手操作，接触自然，接触社会，学到丰富的新鲜的知识，获得第一手的资料、数据，为科学小论文的写作打下厚实的基础。创造能力的发挥是写好科学小论文的关键。动手要力求“手巧”，动脑要力求“心灵”，使自己所写的小论文，从题目、材料、观点到研究方法、文章写法，具有一定的新意。

再次，**要发扬求实、认真、精益求精的学习精神。**“科学是老老实实的学问，来不得半点虚假。”（毛泽东）无论是观察、实验、调查、考察，都要尊重客观事实，认真负责地对待每一个数据、每一条材料；写作过程中，反复思考、琢磨、提炼、修改，一丝不苟，精益求精。

最后，**要善于虚心向老师请教，跟同学商量。**我们在选修课上学写科学小论文，不同于课内限时命题作文，而是一项开放式的写作学习活动。向老师请教、跟同学商量的本身也是一种学习内容，能够帮助我们养成善于跟别人合作的良好习惯和能力。当然，这样做也有助于提高这次所写科学小论文的质量。

一篇科学小论文的写作，大致分为**选择题目、搜集材料、提炼观点、安排结构、起草修改、答辩定稿**这样六步。从下一课起，进行分步学习和练习。我们在写作的全过程中，要经常注意上述科学小论文的特点和写作要求，努力写出自己的质量较高的作品。

〔专家指点〕

（略）

〔名家范例〕

（略）

〔分步练习〕

一　阅读《蝴蝶泉边的发现》和《微波处理豆类促进发芽》，说说这两篇科学小论文的科学性、创造性体现在哪些地方。

（例文略）

二　科学小论文跟用文艺笔调写的科学小品有所不同。阅读下面两篇同是写蚕的习作，思考后面的问题。

（例文略）

三　发展创新思维，培养创造力，是科学小论文写作训练的一个重要目的，也是我们青少年开发自身潜能的重要途径。人人都有创造力，从小多锻炼，创造力就会越来越强。下面四个实例中，关键的一步都空着，等待你去创造性地解决难题。试先独立思考，在横线上填写你的设想，再跟同学交流；然后查对书后的“参考答案”，看看自己有没有想出比“答案”更有新意、更加实用的“点子”。

1. 圆杆的铅笔容易滚动，一不小心，掉在地上，铅芯就断了。有人把圆柱形笔杆改成__________、__________，铅笔就不会再滚动了。

2. 圆珠笔的笔杆短短的圆圆的，有人把笔杆__________，并把笔杆的尾部做成__________，两侧__________，用它既可以__________，又可以__________，一物两用，方便多了。

3. “软图钉”是一位小学同学的发明，在全国发明比赛中获得了银牌奖。这位同学在使用双面胶水纸时得到灵感，用__________代替原有的铁图钉，用起来既方便又省力，还不会生锈。

4. 用普通的绣花针绣花，每绣完一针就要把绣花针反过来，才能绣第二针。一个刺绣工人每天这样反过来倒过去几万次，十分累人，还影响了绣花速度。一位同学经过观察与思考，发明了______________________的“__________绣花针”，在全国发明比赛中获得了一等奖。

四　我们中学生能写出像样的科学小论文来吗？有些同学可能会担心。请读一读下面两则材料，再跟同学交流自己的感想。

1. 江苏省常熟市何市中心小学学生陆宏达，从小随大人下地干活，对危害农作物（尤其是棉花幼苗）的蜗牛深恶痛绝，却又苦于一般农药奈何不了它。一天，他忽发奇想：要是有一种虫子能吃蜗牛那该多好！经过夏秋两个季节仔细寻觅观察，他终于发现了一种小黑虫是蜗牛的天敌，并掌握了它的生活习性，提出了“以虫治虫”的大胆设想。在老师和科研单位的帮助下，陆宏达的愿望实现了，还写出了科学小论文《我对蜗牛天敌的新发现》。他和生物兴趣小组几位同学的研究项目，荣获全国青少年生物百项活动第二届评选优秀项目二等奖，第五届江、浙、沪亿利达青少年发明二等奖。他被誉为“发现蜗牛克星的第一人”。（据《科学大观园》杂志1998年第1期）

2. 1994年8月，第七届全国青少年发明创造比赛和科学讨论会评出了19篇一等奖科学小论文，其中四篇是小学生写的。题目是：

（1）湖北省武汉市武昌区张家湾小学六年级沈威（12岁）写的《我们编出了“全天亮于九等的类彗天体表”》；

（2）北京市西城区中华路小学四年级步骄（女，9岁）写的《门前的小树为什么死了——对北京潘家园东路新种槐树死因的调查报告》；

（3）广西壮族自治区南宁市郊区沙井中心小学五年级梁有才（12岁）主写的《改进修剪技术，提高茉莉花产量》；

（4）河南省鹤壁市第八小学五年级宋松（女，11岁）写的《对鹤壁市上峪西岭南、北坡观察调查报告》。

小学生能够做到的事，我们高中同学自然应该做得更好啊！只要像他们那样积极投入，像他们那样认真细致，并善于取得有关学科教师和科研部门的帮助指导，我们肯定能够写出有一定质量的科学小论文。

〔自写科学小论文准备〕

在学习科学小论文写作技能的过程中，我们除进行分步练习外，最重要的是要运用学到的全程写作的有关本领，去一步一步地独立完成一篇自己的科学小论文。你打算结合哪门学科的学习，去进行小型科研或社会实践活动，并选择题目？请先考虑起来。可以跟同学商量商量。如果觉得自己有兴趣、有能力完成两篇，也可以考虑选择两个题目。

〔中学生实例借鉴〕

福建省厦门市双十中学高三学生陈锦辉撰写的《浅谈东渡港的淤积》，是80年代涌现的较早一批科学小论文中的一篇。他以正确的知识、明确的条理和简洁平实的语言，把造成厦门东渡港淤积的四个原因和相应的四项解决办法论述得相当完整。《青年报》社负责华东六省一市中学生作文比赛的同志，看到这篇文章，感到很有新意。一个中学生能关心本地区开发建设中的实际问题，并通过社会实践，得出研究成果，提出重要建议，这种精神十分可贵。他们立即向厦门市人民政府郑重地作了推荐。在该届作文比赛的总评会上，这篇科学小论文被评为“最佳奖”作品。

荣誉的获得决不是偶然的。从文章的酝酿到定稿，作者付出了艰辛的劳动：他两次参观东渡港，认真聆听有关领导和指导老师对港区地理知识的讲解，仔细观察港区的地理景况，借助地图绘制港区略图，多次请教本校地理老师，反复查阅有关资料，在写出初稿后，又进行了字斟句酌的修改。作者对东渡港十分热爱，对主航道淤积问题非常关心，乐于做生活的有心人，勇于做知识的追求者，并善于提出自己的见解，终于取得了可喜的成绩。

〔例文〕

（略）

练　笔[1]

练笔，就是经常动动笔，写一点东西，练习写作的本领。

课外练笔是课内作文的补充。我们知道，写作需要熟练的技能，技能不熟练，一下笔就会碰到这样那样的困难。课堂作文，在老师指导下，经过有计划、有步骤的训练，可以使我们学到一些作文的基本知识，获得写作的初步能力。但由于课时有限，不可能经常练习。单靠每学期写几篇课内作文，写作技能很难达到熟练的地步。怎样解决这个问题呢？在课外多练笔是个行之有效的办法。俗话说："熟能生巧。"每天或每两三天写一点东西，哪怕写得很短，只要坚持不懈，慢慢地，写作技能就会熟练起来。许多在写作方面有成绩的人，包括一些作家，都在青少年时代认真地练过笔。经常练笔还有许多别的好处，例如可以帮助我们养成自觉写作的习惯，提高观察和思考的能力，帮助我们积累一些有用的资料。

坚持练笔并不难。从内容说，你想写什么就写什么，眼前看到的，回忆想到的，自己经历的，旁人告诉的，觉得有意思，都可以选作练笔的材料。从写法说，记叙、描写、抒情、说明、议论，根据需要自由选择；也不受题目的限制——先定了题目再写，写完以后再定题目，或者暂时不定题目，都可以，只要写的是你真实的经历和感受就行。从篇幅说，长短不论，可以用较多几天的练笔时间，记一件比较复杂的事情，写一个详细的创意计划，也可以花几分钟的时间，描写一个小小的场景、一段精彩的对话，记下一点读书的体会、一条钻研的心得。每天或两三天这样自由地练笔一次，我们是应该能够做到的。

课内认真写好作文，课外自觉地练笔，养成良好的写作习惯，坚持几年，你一定会感到大有收获呢。

① 节选自香港《中国语文》实验教科书第一册，香港文化教育出版社2000年8月第1版。

〔练笔示例〕

一　写景：珍珠乐园

珍珠乐园大门口是一座巍峨堡垒式的建筑物，有浅蓝色、尖形的屋顶。置身其间，恍如进了童话世界里的城堡。进入珍珠乐园，正面是一座用假山堆砌而成的喷水池，水花飞溅在岩石上，阳光折射得亮晶晶、金闪闪。喷水池的两侧是环绕整个乐园的道路，宽阔而清洁。道路的两旁是修剪得整整齐齐的树木和花圃，而机动游戏错落有致地分布在其中。（曾志华）

二　写人：好朋友祖儿

我的好朋友，真是数之不尽，但最好的就只有一个，她就是祖儿。

她有一双水汪汪的黑眼睛，高高的鼻子，一张每分每秒都挂着微笑的小嘴。她是一个性格开朗、乐观和积极进取的女孩，也是一个非常冷静的女孩。有一次，黄昏的时候，我们在山顶迷路了。当时，大家都心乱如麻，只有祖儿仍十分冷静地想办法。大约七时，我们终于找到出路回到了家里。（李慧妍）

三　写一项实践：制作小风车

星期天，我照爸爸指点的方法，制作了一架小风车。

我首先找来了材料：一张正方形硬纸，一把剪刀，一个大头针，一根细长的小木棍。接着开始做了，我用剪刀在纸上小心地剪出四道缝，再把四个角向中心一叠，然后用大头针从纸的四个角的重叠处穿过去，插在木棍的顶端。这样，一架小风车就做成了。

我把小风车插在窗台上。看，在阵阵微风中，它飞快地转动着，引来了全家人的喝彩声……（王晓明）

四　写读书体会：读《再寄小读者》

《再寄小读者》这篇课文，我读得特别仔细。读过这篇文章，有这样三点体会：

一、我进一步明白了学习语文的重要性：“语文是一门基础学科。学好了语文，我们才会读书看报，才会写信写日记，才会写好作文。”我现在上语文课，很专心听老师讲解，并随时把要记的记在笔记本上，课后，再认真整理消化。

二、我开始懂得了留心生活同写好作文的关系。读了这篇文章，我才知道过去觉得作文难、没有什么好写的原因，是由于自己不留心周围的事情。身边发生过的很多值得记忆的事情，我没有记下来，提起笔来就觉得无话可说了。今后每天写篇日记，日记水平提高了，作文水平同样会提高的。

三、我开始懂得抓紧平时积累知识的重要。文章中提到的那位能写千把字日记的小朋友，我要向他学习，使自己“脑子里积攒的词语很多，又会灵活运用”，能像他那样逐渐找到“提高阅读和写作能力的门径”。（王佩冰）

〔写作练习〕

预备一个专门的本子，从本周起，每天或两三天练笔一次。有的可以起草、修改后誊写到练笔本上，有的可以尝试直接下笔成文。要抓紧开头一段时间，督促、激励自己，坚持，坚持，再坚持，培养兴趣，养成习惯。

从最近写的练笔中选出两篇，做些加工修改，誊写后作为本次课内作文。

投入专题研习[1]

专题研习是指就特定的题目进行研究，是一种“自主、合作、探索”的学习方法。

专题研习的过程，是自主地发现问题、探究问题、获得结论的过程。它要求我们在教师指导和同学合作帮助下，通过自己动手，对某个题目进行比较深入的钻研，获得一定的心得，撰写出相关的小论文或小型研究报告。专题研习有助于提升我们的学习能力和学习信心，发掘兴趣和潜能，并在研习过程中，学习掌握问题的重心和从多角度看问题。

本单元我们先学习依据文献资料进行专题研习的一般方法；在此基础上，下学期再学习透过社会实践活动进行专题研习的方法。

假如我们本次要研习的是“成语与文化”这个范围内的专题，该怎样一步步地往下做呢?

首先，要理解研习这个专题的具体目的。例如：我们平时在阅读和聆听时，经常会遇到成语；在口头表达或书面表达时也常常会用到成语。研习这个专题，可以帮助我们提高阅读欣赏能力和语言表达能力，增强文化素养，增加对成语的感悟、了解和积累。

其次，要调动自己以往已经积累的知识，并查检有关文献资料，了解研究对象的一般常识。例如：

我们常用的语言中包含着大量的成语。成语是中华文化宝库里光彩夺目的明珠。

成语，是人们多少年来习用的定型的词组或短句。

成语里的大部分是从古代文学语言中当作一个意义完整的单位承继下来的。成语往往包含着一个完整的思想内容，寓意深刻精辟，表达简练生动，

① 节选自香港《中国语文》实验教科书第五册，香港文化教育出版社2002年8月第1版。

富有概括力、表现力和生命力。大量的成语蕴含着丰富的文化内容。

接下来就是按照专题研习的过程，认真、投入地一步步往下做。

专题研习的过程，一般包括选择题目、搜集资料、提炼观点、安排结构、起草修改、交流评估这样几个步骤。让我们投入本次专题研习的实践，体验创造性学习过程中的喜悦，初步掌握专题研习的一般方法，积累一些自己的做学问的经验。

〔分步思考练习一〕

一　有关成语的文献资料比较多，从家里或图书馆搜集几种，准备下一步研究之用。

二　选取中国语文实验教科书中的几篇课文，或者某张报纸的副刊、某本杂志的几篇作品，摘录或圈划出其中的成语。

三　阅读下列有关文献中的几则资料，力求对成语有更多的了解。边读边对自己感兴趣的内容做些圈划，对文化含义浓的成语做些批注，写在文旁的空白处。

（略）

四　阅读下面一篇相声，感受成语的表达作用，圈画出演员用到的同义成语、褒义成语和贬义成语，并在文旁做些批注。

（略）

五　除了“成语与文化”这个专题，你认为根据自己的条件，还可以依据文献资料进行哪个专题的研习？（如：“语文教科书的选文内容”“语文教科书的选文体裁”“报章杂志中的错别字”等等。）试初定一个，写在下面的横线上。

（略）

◎ 教材分析文章选辑

浅析《反对党八股》的语言特色[①]

《反对党八股》这篇著名的讲演词，充分体现了毛泽东同志准确、鲜明、生动的文风。深入细致地研究这篇文章的语言特色，不仅能帮助我们更深刻地理解文章的思想内容，而且能有效地指导我们的语言实践。

通俗易懂

毛泽东同志在《反对党八股》中采用了大量的群众语汇，这是文章语言通俗易懂的重要原因。人民群众的语汇是“很丰富的，生动活泼的，表现实际生活的”。本文中所用的群众语汇，有谚语，例如“老鼠过街，人人喊打”“到什么山上唱什么歌”“看菜吃饭，量体裁衣”；有歇后语，例如“懒婆娘的裹脚，又长又臭”；有运用很广泛的成语，例如“装腔作势”“无的放矢”“莫名其妙”“对牛弹琴”“津津有味”“一针见血”“祸国殃民”；还有一些表达力很强的方言词语，例如把枯燥无味、“只有死板板的几条筋”的语言比作“瘦得难看”的“瘪三”，把只会作空洞乏味的宣传的人称作“蹩脚的不中用的宣传家”，其中的“瘪三”和“蹩脚”，就是上海一带的方言词。以上种种群众语汇，经过毛泽东同志的恰当选用和巧妙安排，既显得生动别致，饶有风趣，又通俗易懂，在各个段、节里，明白如话地表达了思想内容。

运用简单明了的比喻来解释复杂深奥的事物和道理，也是通俗化的重要手段。本文中把党八股比作“老鸦声调”，就具体形象地揭示了党八股的可憎面目；把文章写好之后的再多看几遍，比作“洗脸之后”的“再照照镜子”，就浅近明白地说明了写作中修改润饰工作的必要性。又如通过“射箭要看靶子，弹琴要看听众”这两个联合使用的喻体，十分通俗地阐明了写文章做演说必须从读者、听众的实际出发的道理，说服力很强。

① 原载《中学语文教学》1985年第2期。

此外，在讲解深刻的道理时，选择一些具体事例加以说明，在表达中注意选用上口顺耳、意思显豁的短句子，这些也是《反对党八股》语言通俗易懂的因素。

生动有力

这篇讲演词中用了好多个设问句，例如第三自然段中的“我们为什么又叫它做党八股呢?”第十三自然段中的“为什么语言要学，并且要用很大的气力去学呢?”第十四自然段中的“什么叫问题?”这些设问句用在讲演词的许多层次之中，不但有助于醒目地引起下文，深入地展开论证，而且能使整篇讲演词避免平铺直叙而富于波澜起伏，显得生动活泼，容易引起听者或读者的注意，提高他们的兴趣。

本文中还运用了许多反诘句。有的反诘句同设问句呼应使用，例如第三十七自然段中的“我们怎么样?（设问）不是明明脑子里没有什么东西硬要大写特写么?（反诘）”更增加了语气的曲折变化。有更多的反诘句是单独使用，例如第十自然段中的“文章太长了，有谁来看呢?”第十二自然段中的“写文章做演说倒可以不看读者不看听众么?”从反面加以诘问，在否定之中表示肯定，语气更见强烈，使讲演词警辟有力。

感叹句的穿插运用，也是这篇文章语言生动有力的原因。毛泽东同志善于在一段逻辑性很强的叙述和议论之后，根据内容表达的需要，插用一两个感叹性的句子，使语调来一个轻松灵活的转换。《反对党八股》中这类感叹句很多，例如第三自然段中的“也算一个创作吧!”第十五自然段中的“须知这是要去影响别人的思想和行动的啊!”第二十三自然段中的“是‘很熟悉’啊! 是‘揭露无余’啊!”这种用法常常能起到使语言表达生动活泼、新鲜有力的作用。

这篇讲演词中还多次用了精心构造的排比句，层次清晰地揭示出论述对象的各个方面，把丰富的内容表达得完整周密，把复杂的语气组织得顺畅有力。例如：“它们不是生动活泼的东西，而是死硬的东西了；不是前进的东西，而是后退的东西了；不是革命的东西，而是阻碍革命的东西了。”这一组由两两相对的短小精悍的句子构成的排比句，分别从表现形式、历史和性质这三个方面，集中地揭露了新八股、新教条的实质，谨严有力，引人深思。

此外，毛泽东同志在这篇文章中，还“以毒攻毒”，“仿照八股文章的笔法来一个‘八股’”，针锋相对地揭露了党八股的“八大罪状”。这种“仿拟”的笔法，为讲演词增添了不少文采，形成了一种亦庄亦谐的气氛，使严肃深刻的暴露和批判，丝毫不显得枯燥乏味。

幽默讽刺

为了加强批判的力量，把党八股这种腐朽形式“破”得更深，本文适当运用了一些讽刺。由于毛泽东同志具有卓越的分析事物的能力和高超的语言表达技巧，因而这种讽刺表现得十分幽默风趣，鲜明有力。

运用拟人的修辞手法进行幽默的讽刺。例如：“主观主义和宗派主义的东西，表现在党八股式的文章和演说里面，却生怕人家驳，非常胆怯，于是就靠装样子吓人；以为这一吓，人家就会闭口，自己就可以‘得胜回朝’了。”让无生命的主观主义和宗派主义具有人的思想感情和动作行为，寥寥几笔，就勾画出了它的丑态。这样表达，形象生动，妙趣横生，语言幽默，讽刺强烈。

在白话文中偶尔适当地穿插运用一些文言成分，也能收到良好的幽默讽刺效果。例如：“现在许多人在提倡民族化、科学化、大众化了，这很好。但是‘化’者，彻头彻尾彻里彻外之谓也；有些人则连‘少许’还没有实行，却在那里提倡‘化’呢！”这里巧妙灵活地套用了“……者，……也”这个古汉语提顿判断句格式，使行文充满幽默感，是对那些口头上高喊“民族化、科学化、大众化”的人的辛辣讽刺。

运用对照手法新造一些词语，在特定的语言环境中，也能起一种很幽默的讽刺作用。例如，当时有些人“天天喊大众化”，却“连三句老百姓的话都讲不来”。毛泽东同志就针对这种情况，在“大众化”的反面，顺势拈连，构造出一个“小众化”：“实在他的意思仍是小众化”。同直接的严厉的批评相比，这种新颖别致的说法，一针见血的讽刺，对于帮助那些人认识自身的缺点，显然能起到更好的作用。

文情并茂的散文精品①

——《岚山花雪》赏析

袁鹰是我们熟悉的著名散文作家，他在60年代初期写的抒情散文《井冈翠竹》，我们在初中语文课本里学过。这一篇《岚山花雪》，是作者于80年代初写的又一篇文情并茂的散文。

说它“文情并茂”，因为这篇散文至少有下面四个特点：

一是题意深。文题定为《岚山花雪》，是有深意的。“岚山”，有日本朋友为纪念周恩来总理而立的诗碑；“花雪”，是日本诗人描写樱花随风而去、落英缤纷的壮丽情景所用的一个精彩的词语。“岚山”“花雪”组合成标题，极富文学韵味，并显示了这篇散文的主题——以赞美樱花落花似雪的壮美特色来赞颂周总理壮丽的一生。

二是构思巧。该文以作者在日本的游踪为线索。第1至4段，先记叙了在各地寻觅、观赏樱花的情景。随着时间的推移，写了在东京看到樱花“刚刚透出些信息”，赴箱根途中“瞥见路旁几树樱花正在放苞”，到京都“领略到名贵的品种”，在奈良的寺院，在伊势五十铃川，在志摩贤岛观赏“看不尽的樱花”。读这四段描写，我们会感到樱花在日本被普遍重视的地位，日本友人对中国客人的友谊，同时，也能体会到作者担心因天气不好影响观看下一程樱花的焦虑心情。

从第5段起，作者细致地描写了在岚山的龟山公园瞻仰周总理诗碑，观赏阵阵樱花“花雪”的情景，并触景生情，回忆了周总理60多年前在岚山观樱花、抒抱负的史实，详细地引用和评述了龚自珍的《西郊落花歌》。

在文章末尾三段，作者直抒胸臆，用形象化笔法，尽情赞颂了伟大革命家周总理的崇高品质。这三段中，“吟咏着、咀嚼着总理60年前的诗句，再

① 原载《中学语文〈课外阅读〉助读》高中第三册，陕西师范大学出版社1988年12月第1版。

联想到《西郊落花歌》”和“还是龚自珍写得好：落红不是无情物，化作春泥更护花”等句，使上文关于龚自珍诗歌的大段描写起了作用：龚的有关诗句，正是对周总理高风亮节的映衬和讴歌。倒数第2段用“花雪，花雪，岂不正是周恩来同志一生的写照吗?”一句，把岚山花雪同敬爱的周总理联结起来，以樱花的花雪，象征周总理的辉煌、壮丽而可歌可泣的一生。至此，读者会很自然地体会到上文多次反复写樱花，细致地写周总理三次游岚山和回国投身“五四”高潮的意图。末尾一段神话般的写法，联结“花雪”和周总理，紧扣题目，巧妙地完篇。

全文这样安排，体现了作者构思之巧。第12段的最后一句，更是“构思巧”的结晶：“从开始到最后，樱花总是给人留下最美满的印象，最圣洁的形象。”这一句为倒数第2段概括叙述周总理的一生，作了含蓄、双关的铺垫，使写樱花和写周总理，有机地统一了起来。

三是感情浓。开头几段侧重写日本友人对中国客人的深情厚谊，作者对樱花的喜爱之情。接下来越来越强烈地抒发了对樱花“花雪”的赞美和对周总理光辉一生的赞颂的感情，倒数第2段写“花雪”是“周恩来同志一生的写照”，更是集中抒发了这种无限的深情。最后一段，作者对岚山“花雪”直接呼告：“年年此日，请你铺在我们总理的诗碑上，陪伴他老人家魂游旧地，让大堰川的碧水照见他如霜的两鬓，让月渡桥的栏杆细数他凝重的步履，让他在无边的花雪中信步小憩吧。”句句都是肺腑之言，充满着对周总理的敬爱、怀念、体贴的感情，深深地感染着读者。

四是语言美。在这一篇中，作者对樱花倾注了满腔感情，把它当人一样地描写：“她娇小玲珑”，“笑盈盈地向过往行人报告花讯”；她“笑靥迎人”，“又增几分俏丽”；樱花在东风里“一起飘落”时，“像是听到司花女神的一声号令，成群结队，飞舞而下”。作者还根据内容的需要，选择充满美感的喻体，设计了赞赏樱花和赞颂周总理的一系列精彩比喻，字里行间充满了深情。请看：

转过一座山崖，崖下向阳处，倚着一株十分娟秀的樱花，很像一位婷婷的村姑。

京都的樱花比东京多得多，……平安神宫那八十株红枝垂樱，染成一片绚烂的朝霞，谁见过都会终身难忘。

它谢的时候，也不是零零落落，萎靡不振，而是像风吹雪一样，使你眼花缭乱，……

花雪，花雪，岂不是周恩来同志一生的写照吗？生前，满树生辉，红的如朝霞，粉的如胭脂，白的如碎玉，使人陶醉，使人振作，使人精神焕发，使人心旷神怡。

周恩来同志那最后的几年，……废寝忘食，呕心沥血，在日理万机的同时，还充当了护花使者。

这些拟人和比喻的写法，贴切而生动、形象，对表现文章的主题思想，起了很好的作用。

作者还善于炼词。第 1 段“天气骤然放晴，暮春的艳阳洒满一地”中，写阳光不用“照”，不用“射”，而用“洒”，写出了阳光的柔和宜人。第 4 段“到京都，终于遇到一场春雨，淅淅沥沥，洒了一夜”，写春雨不用“下”，不用“落”，而也用“洒”，写出了春雨的细密、轻柔。两个单音动词“洒”，用得别致而贴切。又如结尾部分“站在周总理诗碑前，凝望着岚山花雪，吟咏着、咀嚼着总理 60 年前的诗句”中，写欣赏诗句不用“琢磨”“揣摩”，而用“咀嚼”，何等新颖，又那样恰切，写出了这些诗句的耐人寻味和对作者深深的吸引。

作者对炼词——挑选最精当的词语，有特别的敏感。因此，文中写到，当他听说日本友人形容樱花落花，通常不用“花雨”而用“花雪”时，不由得非常赞赏：“我十分喜欢‘花雪’一词，它比‘花雨’明亮、俊美多了。”你看，对“花雪”这个炼词成果，评价分析得何等精当！

《岚山花雪》确是一篇文情并茂的散文精品，值得我们细细地品赏。

分镜头描写的“风光纪录片”①

——《五峰游记》赏析

李大钊同志是无产阶级革命的伟大先驱，我国早期的马克思主义者，也是“五四”新文化运动的领导者。在写作方面，他主要撰写政论、杂感和学术性的著作，但也写过一些散文。他的散文作品，正如有的评论家所说：“写得明白如话，清新隽永，蕴含着一种很深沉的哲理，给予读者深厚和扎实的感觉。在白话战胜文言的战斗中，这些篇章是很有文献价值的。”（见《现代六十家散文札记》，林非著，百花文艺出版社 1980 年 3 月第 1 版）《五峰游记》这篇山水游记，就是李大钊“五四”时期开始运用白话写作的最早的散文之一，很能代表他的散文特色。

作者在这篇游记中所写的，是从北京到河北昌黎五峰，沿途所见遗址名胜、自然风光，以及五峰的美丽景色。在描写自然风光一个个画面的同时，作者很自然地插写了社会生活的若干镜头，抒写了自己的感慨。在这部“分镜头”描写的自然风光、社会风光的“纪录片”中，时时流露着作者对社会人生的关切，这正是革命家的本色。

这篇游记以游踪为线索，先后写了“北京—滦州”（第 1 至 3 段）、“滦州—作者家乡河北乐亭”（第 4 至 8 段）、“乐亭—昌黎五峰”（第 9 至 19 段）的旅途所见所闻所思。因为文章题目是《五峰游记》，所以对五峰一带的景色作了详细的描写。

作者写沿途的景色、风光，用语极其俭省，行文凝练而生动。第 6 段写乘小舟沿滦河南行，只用短短 34 个字，就构成了一幅电影中的鲜明的画面：

河里小舟漂着，一片斜阳射在水面，一种金色的浅光，衬着岸

① 原载《中学语文〈课外阅读〉助读》高中第三册，陕西师范大学出版社 1988 年 12 月第 1 版。

上的绿野，景色真是好看。

小舟的“漂”，斜阳的“射”；“金色”的波光，映衬着岸上的“绿野”——有和谐的动态，有绚丽的色彩。这样的景色描写，简洁、朴素而又生动。

第11段写山上“崎岖”“曲折”的石径，写“密布”的松林，写“清妙的几间”山屋，写“潺潺作响”的石上流泉，很少几个句子，却展现了一组有声有色的电影镜头。

第19段写出了山中雨景的特色。四个句子分别写了“把全山包围”的“云气”，树林里“波涛澎湃”的“风声雨声”，“山间流下”的水所形成的“瀑布”，下雨给人带来的“大有秋意”的感受。这里描写的下雨的镜头，显然跟平原、城市的雨景不同。

精练而生动的自然景色描写，在第4段、第5段、第12段中还有，同样值得品味。作者除了“摄制”自然风光的一系列镜头外，还组接了几个“历史性镜头”，即在写景时触景生情，回忆该地的有关史实。例如，第5段写滦洲车站成为“历史上的纪念地”的原因，第9段忆写昌黎车站五警士被日军惨杀的历史事件，在凝练的笔触中，洋溢着作者的革命正气和民族自尊心。

这篇游记除了用“分镜头”的方式描写自然风光和回忆有关史实外，还密切联系当时现实，写了一些社会现象，抒发了自己的感慨和联想。如第5段写滦河的危害和益处；第8段写家乡境内“很不安静”，“正有‘绑票’的土匪在各村骚扰”，赌博的“花会”照旧开设。又如在第15段写五峰山中“今年果收都不佳”；第16段写游人来到山中，“不是吃喝，便是赌博”；第18段写“久旱，乡间多求雨的，都很热闹，这是中国人民的群众运动”。这些插述，虽是片言只语，却流露了作者对社会人生的关切，对一些腐败、庸俗的社会现象的强烈不满和愤慨，抒发了一位革命者忧国忧民、爱国爱民、救国救民的情怀，深化了文章的主题。

由于该文是在70年前的“五四”时期写的，属于白话文初创时期的作品，有的地方还留有文言文的痕迹，如第13段的“一狗，一猫”，现代普通话该说“一条狗，一只猫”，要有量词；有些地方用了当时流行的表达格式，如“他”“她”“它”不分，第5段称代滦河时用了六次“他”；如第11段“间或有一两人家很清妙的几间屋，筑在山上，大概窗前都有果园”中，“大概”一词，今天一般要用“大致”。但总的来看，这篇散文的语言是精练而流畅的。写景注意色彩、声音的配合，记事力求简明扼要，抒情融于写景记事之中。多数句子都很简短，口语味道较浓，语言的表现力很强，也通俗易懂。例如，写借居在五峰韩公祠后，从 14 段到 19 段，六个段总共才 200 来字，却细致生动地写了“山泉”“山树”“山中游客陋习”“山中宁静生活”“求雨”“山雨”六个方面的事，仿佛展现了六组电影镜头。每个段的字数很少，多者 40 余字，少者 20 来字，每段又都用短句子，读起来感到轻松活泼，而获得的信息量却很大。这在白话文刚刚兴起的年代是很难得的。

这篇散文的语言表达又极细密。试看第 7 段，写“从舟人摇橹的声中，隐约透出了远村的犬吠，知道要到我们上岸的村落了”，提到了“犬吠”；第 8 段接着写“到了家乡，才知道境内很不安静，正有‘绑票’的土匪，在各村骚扰”，读到这里，才感到上文写“犬吠”并非闲笔，也不是一般的写景。先点出“犬吠”，再写“犬吠”的原因——土匪正在各村骚扰，两者的衔接真可说是天衣无缝。再看看句内用词。“隐约透出远村的犬吠”中，因为是“远村”的犬吠，所以听起来感到是“隐约”透出。从两个词的配合，可看出作者行文的细密。像这一类语言表达的好例子，文中还有不少，值得我们阅读时细细品味。

一幅绚丽多彩的群鸟图[1]

——《小鸟》赏析

徐刚是一位出生在上海崇明县的年青诗人，他的散文作品，常常饱含着诗意，透露出江南的田园风光。抒情散文《小鸟》，用诗的语言，诗的节奏，诗的情调，描绘了一幅绚丽多姿的群鸟图，鲜明地对比了几种益鸟、害鸟的特征，并赋予深刻的象征意义，令人读来情趣盎然。

文章中提到哪些小鸟？详写了哪几种？

这篇散文一开始，作者从工作所在地——北京所见的小鸟写起。“春夏时节的早晨，总会有一些老人提着鸟笼在林荫道上散步。八哥、金丝鸟等等便都在笼子里发出各种叫声，还把翅膀扑打着，似乎要冲出笼子飞向蓝天似的。”触景生情，勾起乡思。作者在总写故乡小鸟种种自由飞翔的姿态后，很自然地以小鸟的歌声为线索，顺序写了麻雀、喜鹊、白头鸟、海鸥。在最后写人和小鸟关系时，又提到了猫头鹰和啄木鸟。这八种鸟中，详写的是中间四种。作者所以详写这四种小鸟，而且能写得那么丰富多彩，栩栩如生，是因为它们是故乡的小鸟，是用歌声“第一次叩动了我儿时心灵的门窗”的小鸟，是在长期生活和劳动中，仔细观察、详细了解的小鸟。

作者在详写这几种小鸟时，注意给它们配上富有特色的故乡的背景。你看，这些小鸟活跃在蓝天、竹林、稻田、茅草屋、芦苇荡、大海边、船弦上，有的搏击着台风、暴雨，有的跟大潮、波涛为伴……你听，写这些小鸟，穿插了故乡的民间传说、俗谚民谣：关于喜鹊滴血筑窝、海鸥不寻常身世的动人传说，“喜鹊叫，喜事到”的生动俗谚，“白头，白头，白想念头；早也唱歌，晚也唱歌；啾啾，啾啾”的诙谐民谣。这些描写，充满了乡土情味，使“群鸟图”具有一种特殊的吸引人的色彩。

① 原载《中学语文〈课外阅读〉助读》高中第三册，陕西师范大学出版社 1988 年 12 月第 1 版。

作者写各种小鸟，不管是详写还是略写，都能抓住它们的主要特征，这是仔细观察、分析的结果。例如写麻雀，突出它的“精明”、“机灵”、合群而好斗；写喜鹊，着重写它的“勤劳而机智”；写白头翁，侧重表现它的“乐观而自信”；写海鸥，则渲染它的“美”和对人类的深情。又如，写猫头鹰和啄木鸟，虽然都只有短短的一小段，但它们的特征也很鲜明：一个是“捕捉老鼠的能手”，一个是“一心一意地找害虫、吃害虫”的益鸟。开头一段提到的八哥、金丝鸟，则主要突出它们被关在笼子里的情态。

作者抓住这些小鸟的特征，以抒情的笔调，拟人的手法，赋予它们社会的人格的属性，着力写了鸟同人的关系。其中回忆儿时在家乡常见的四种小鸟时，还以孩童好奇、敏锐的眼光去观察，以质朴、纯真的心灵去感受。

写麻雀的部分，实际上回答了以小孩口吻提出的两个问题：“麻雀为什么要把窝做在屋檐下呢?”“海边的风光那么好，麻雀为什么不去呢?”在答问中，除细致、生动地写了麻雀的外形、习性、单调的“叽叽喳喳”的“歌声”外，还写了它的“成群结队地去偷吃稻子”“不会劳动，所以就无法高飞”的本性，以及人们对它不欢迎——“农民在稻田里扎起一个个草人赶麻雀”——的情景。写喜鹊的部分，除了它的“黑得油光闪亮”的外形，它的动听的“歌声”和“教人惊讶”的筑窝本领外，还写了“它只是在高兴、愿意的时候才唱几声，从来不唠唠叨叨”，“不会像鹦鹉那样学舌”，也不像麻雀，“只要有一点吃的，就唱个不停”，写了这种吉祥之鸟如何地备受人们的欢迎。写白头鸟的部分，除了写它的外形、筑窝本领外，侧重表现它在艰难困苦环境中的“餐风露宿的生活”，赞扬它那种不断开拓、“勇于生存”、“敢于歌唱”的精神和对开发芦荡的人们的贡献。写海鸥的部分，除了写它美丽的外形外，着重写了它身上的神奇的传说，它与渔民的“朝夕相伴”，它“对人类的向往”和人们对它的“强烈的感情”。在作者笔下，这些小鸟都像人一样，各有自己的思想和感情，各有不同的品格、信仰和追求，因而人类同它们之间，存在着各种不同的关系：讨厌麻雀，喜欢喜鹊，钦佩白头鸟，深深地爱海鸥……

在描写各类小鸟时，作者善于在每一部分结束时，用一个或两个小段，加进自己的抒情式的联想、评价，使上述那种人对小鸟的感情体现得更为鲜明，同时，也反映了人生的哲理，使文章更有深度。例如，写麻雀：“因为它不会劳动，所以就无法高飞!”写喜鹊：“每天黎明，喜鹊都要唱歌，而不管是晴天还是雨天，或者迷雾曾经一时遮住了太阳。”写白头鸟：“在艰苦的地方，它勇于生存；在寂寞的时候，它敢于歌唱。”“大海是它的知音!”写海鸥：“假若海上没有了它们，画家的画、诗人的诗，不知将逊色多少!”“愿一切真的、美的小鸟，不再遭到妒忌!”写猫头鹰、啄木鸟之后的共同抒情句：“没有它们，就没有青枝绿叶，就没有栋梁之材!”全文的结尾部分，在写了人类捕捉美丽的小鸟“装点自家的门面”“唱歌给自己听”或当作“装饰品”的陋习之后，用三个小段集中抒发自己的总的评价，集中表现了高尚的审美情操、社会理想和爱憎感情，深化了全文的主题思想。

这篇散文的五十多段中，有三十来段是一句成段。段很小，段与段的跳跃很快，因而节奏感显得强烈，颇有散文诗的韵味。

《小鸟》在写作上也还有一些可以商榷的地方。例如把猫头鹰、啄木鸟也归作“小鸟”，似不合一般人的习惯。再如，在详写故乡的四种小鸟之前，有一个总起的句子：“是小鸟的歌声第一次叩动了我儿时心灵的门窗。”但在写其中之一的海鸥时，却一点儿也没提到它的“歌声”，这同对麻雀、喜鹊、白头鸟的以歌声为线索的描写，不相协调。当然，瑕不掩瑜，精彩描绘了“群鸟图”的《小鸟》，仍不失为一篇很有特色的散文佳作。

一篇引人入胜的序言

——《血染的木棉》赏析[①]

一般的序言，都是评介性文章，以议论文体或说明文体为多。这一篇《血染的木棉》则不同，从命题到行文，都是典型的抒情散文。作者是著名散文作家、部队文艺工作者刘白羽。他为散文集《南疆木棉红》写这篇序言，把评述与抒情结合起来，既中肯地评论了散文集的优点，又自然地流露了阅读时的切身感受："从第一篇一开头，它就把我引入一个神秘而又令人向往地方的。""那英雄的悲壮气息浓郁地冲击着我。""我实在无法抑制自己，热泪不禁夺眶而出。""我时时为散文中一种英雄的、浓郁的深情所打动，所感染。""我喜欢他对战场景物的描写。"……尽情地抒发了对新一代最可爱的人无比热爱的感情，表达了对"把主宰战争的人们的心灵，传达给广大的读者"的作者和作品的赞赏之情。这样写序言，容易使读者受到强烈的感染，产生阅读这本散文集的迫切愿望。

从内容看，这一篇序言也不落俗套。作者摈弃了一般序言的写法，而是摄取《南疆木棉红》一书中几个具有代表性的感人至深的"镜头"，抒写自己阅读时的真情实感，形象地介绍这本散文集的"颤动人心的崇高美的魅力"，"英雄的、浓郁的深情"。

这几个"镜头"，就是集子里几篇散文的精彩片断：

序言先引用了第一篇散文的开头——"雾，浓浓的雾，遮盖了山，遮盖了水，遮盖了茂密的草丛和蒿林，南疆，被掩映在一片雾的世界中。"这仿佛是电影中的长镜头，作者用它介绍"南疆"那个"神秘而又令人向往的地方"的特点，因为整个集子里的作品都是反映这个地方所发生的"正义与邪恶的搏斗"。

① 原载《中学语文〈课外阅读〉助读》高中第三册，陕西师范大学出版社1988年12月第1版。

接着用“战士的散文是抒发英雄主义之情，抒发爱国主义之美”一句，总启下文的三个“镜头”：《“瓦尔特”之死》和《“KJ”行动》的两处引用，侧重于“抒发英雄主义之情”；《一撮泥土与万贯家产》中的引用，则侧重于“抒发爱国主义之美”。行文井然有序，引述又极精当。

下一个“镜头”写了女战士用录音机给不满周岁的儿子留下遗言，这段话是革命战士发自硝烟战火中的“最崇高的心声”，也是她们那伟大的母爱的流露。

最后一个“镜头”，引用了南疆战场的景物描写：“在硝烟炮火像飓风般扫过之后，这个亚热带世界姹紫嫣红的花朵大都落英凋谢了，只有挺拔高耸的木棉树擎着瑰丽斑斓的木棉花，像红红的火焰一样灿烂开放，耐久不衰。”并在引文之后、全文末句，把《南疆木棉红》中的散文比作“火红的木棉”，将“永远巍立在人们心中”。这个抒情味极浓的句子，是对这本散文集的最高的评价，用它结尾，用它点题，真是巧设匠心！

以上六个“镜头”，即六处引用和由它们生发的抒情性的分析、评价，构成了整篇序言。其中首尾两处是景物描写的引文，富有南疆的特色和鲜明的象征意义；中间四处是对我们的战士的言、行描写的引文，几种不同类型的战士形象跃然纸上：热爱边防、献身国防、为国捐躯的“瓦尔特”式的侦察兵；一个个迅如疾风地在深夜潜行的突击队员；三次拒绝出国去接受丰厚的遗产，毅然在南疆前线经受白热化战争锤炼的年青战士；冒着生命危险，在前沿接送伤员的女化验员……

这篇序言不仅介绍、赞美了《南疆木棉红》的内容和写作成功之处，还简要地点出了作者王晋军获得成功的原因。从生活积累看：作者本身也是一位“战士”，他“从前线向祖国亲人发出了至深的、亲密的、诚挚的寄语。他把主宰战争的人们的心灵，传达给广大的读者。”“是前线勇士的血泪濡染了他的心灵，而后，他发出英烈们心灵的折光。”从写作技法看：能够“抒发英雄主义之情，抒发爱国主义之美”，“不但描写了战争的艰险、豪壮，他还十分注意捕捉战士心灵中的诗意美”。这些评析，要言不繁，穿插得也很自然。

木棉，在南方素有“英雄树”“英雄花”之称。王晋军把散文集定名为《南疆木棉红》，显然是将守卫祖国南疆的人民军队广大指战员比作“木棉”。“木棉红”的“红”字，象征了旺盛的斗志，卓越的战绩，对祖国的忠诚，对人民的热情。刘白羽以《血染的木棉》为题，看来是从《南疆木棉红》化出来的。“血染”两字，点明了南疆战斗的激烈、残酷，指战员们付出的代价之巨大。从序文最后一句的赞语看，这个标题中的“木棉”，不仅指在南疆浴血奋战的我们的可敬可爱的指战员，也指在南疆的血与火中写成的《南疆木棉红》中的一篇篇优秀的散文。语含双关，巧妙关联，比喻恰当，使这个仅有五个字的标题，具有极为深广的内涵。

一篇不满两千字的序言，包含如此丰富的内容，足见作者的写作技巧是很高明的。读了这篇序言后，读者忍不住要把《南疆木棉红》找来细读一番的。

修辞学园地上的一枝奇葩

——读《通感》①

我国近代文坛和学术领域中有这样一位名家：他学贯中西，博古通今；他的小说《围城》、学术专著《谈艺录》等已驰名中外。他就是钱锺书先生。从他的《通感》这篇学术论文里，我们就可以了解他在文学和语言上的造诣之深。

“通感”这一修辞方式，我国过去的许多修辞学、文章学著作都没有提到过。钱先生这篇论文，发前人所未发，具有开创性。这正是成功的学术论文的第一要素。记得60年代初，《通感》在《文学评论》上首次公开发表后，文学界、语文界多少同志争相阅读，先睹为快。自那以后，一些修辞学著作便把“通感”列为“修辞格”的一种，可见这篇论文的影响之大。

要在学术领域有开拓性的发现，作出有价值的首创性的论断，是很不容易的。我们从该文节选的部分里可以看出《通感》的作者在搜集研究资料方面花了很大的功夫。他不仅读了我国古代的大量诗词文集、诗话词话，还读了外国的许多心理学、文艺学、语言学、史学著作（文中的几个注解，都是钱锺书在原文中自己加的。从这些注解，可知钱先生阅读面之广。——笔者）；不仅从名著佳作中大量举例，也列举了不少日常生活中的用例；不仅重视书面的语言资料，还注意口头的语言材料。作者在广泛阅读、搜集，大量掌握例句的基础上，进行周密的思考、精心的选择和精当的分析，并全面地了解了前人的研究成果，终于提炼出了独到的见解，写成这篇著名的学术论文。

原论文6000多字，结构严谨，论证严密，分析透辟。就是这节选的前半部分也体现了这些特点。

① 原载《中学语文〈课外阅读〉助读》高中第三册，陕西师范大学出版社1988年12月第1版。

第1段只有一句话："中国诗文有一种描写手法，古代批评家和修辞学家似乎都没有拈出。"虽只28个字，却是长期研究、接触尽可能多的资料之后才得出的结论。正因为前人"都没有拈出"，作者写此文才更有价值；而句中"似乎"一词，又可见其思考之周密，判断之谨慎——尽管已有极大的把握，仍避免把话说死。

第2段写得极妙。作者从宋词名句"红杏枝头春意闹"中"闹"字的奇特用法引起的争论，引出清代纪昀对苏轼诗"小星闹若沸"中"闹"字的误解。这个"闹"字用法如何正确剖析，顿时成了读者的注意点。作者接下去以"宋人诗文里常把'闹'字来形容无'声'的景色，李、方、纪三人不免少见多怪"一句，开启下文，一下子排引了十个用"闹"字的同类例子，令人叹为观止，不由得不信服作者的观点。接着，作者用"'闹'字是把事物的无声的姿态说成好像有声音的波动，仿佛在视觉里获得了听觉的感受"一句作一小结。然后再举"闹"字的"同义字"——"聒"的同类用法例子，同西方语言用例作一比较。最后，水到渠成地在段尾提出了"通感"的术语。

第3段从人们的日常经验出发，分析了产生"通感"这种描写手法、修辞方式的心理基础。举了口语中"光亮""响亮""热闹""冷静"和诗词中"暖热""清寒""暖红""寒碧"等例，作了极有说服力的证明。这一段末尾举的哲学家培根对"通感"现象的巧妙描写，是很难得的例证；引用时安放的位置也恰到好处。这一段是上段论述的深入。

第4段更深入一层，举描写歌声、乐声为例，论述了前人初步研究"通感"现象的发展经过，从古希腊的亚理士多德到近代西洋钢琴教科书，从《诗经》《礼记》到孔颖达、杜预、马融、元稹等人的著作，旁征博引之自由酣畅，分析阐述之精辟透彻，都是很少能从别的学术著作中读到的。

第5段更扩大范围，论述"好些描写通感的词句都直接采用了日常生活里表示这种经验的习惯语言"。所举五个诗文例句，分别说明了描写通感的词句"根据日常语言"和"和通常语言很接近"。"促织声尖尖似针""呖呖莺歌溜得圆"等引例，是那么新鲜、贴切；"'暖响'不过是'热闹'的文言"的比较，是那么精当、易懂，足以看出作者的深厚功力。

综上所说，《通感》有独创的见解，有丰富的例证，论述周密，分析透辟，确实是一篇很有价值的学术论文。

《通感》的学术性和实用性都很强，阅读中我们虽然不可能一下子就全部掌握它的深邃的内涵，但理解了“通感”修辞手法的基本定义，了解了诗文和口语中的若干实例，可以帮助我们更好地去鉴赏文学作品，更好地去品尝富有表达力的日常口语。“通感”的修辞方式运用得好，可以收到极佳的表达效果。用它描写事物，能够把最深刻、最美妙的感受描摹出来，创造出令人神往的境界。被描写的对象，会显得那么形象、具体，仿佛看得到色彩，听得出声音，感觉得到冷暖粗细，几种感觉在相互交通。读到这样的描写，自然会留下鲜明、深刻的印象。例如，我们曾学过散文名家朱自清的《荷塘月色》，都很欣赏下面这两个例句。

1）微风过处，送来缕缕清香，仿佛远处高楼上渺茫的歌声似的。

2）塘中的月色并不均匀；但光与影有着和谐的旋律，如梵婀玲上奏着的名曲。

这两个有名的句子，一般都会说成是用了比喻的修辞方式。掌握了“通感”知识后，才觉得把这两句中用的修辞方式看成“通感”更为恰当。例1）中，作者在荷塘欣赏月色时，闻到了荷花的缕缕清香，在沉醉地欣赏之际，嗅觉移挪到了听觉，花香成了从高楼上飘来的时断时续的歌声。读到这里，除了感受到扑鼻的清香外，同时仿佛听到了悦耳动听的歌声，获得了高度的美的享受。例2）中，作者见到荷塘中“并不均匀”但十分美丽的月色时，感到与普通月色不同，觉得“光与影有着和谐的旋律”，并进一步展开联想，好似在悉心静听“梵婀玲上奏着的名曲”。光和影本身是无声的，它又怎么能如“梵婀玲上奏着的”、有“和谐的旋律”的“名曲”呢？这是由于作者陶醉于荷塘月色之中，将视觉挪移到听觉了，他把见到的月色、影子变成了一个个的乐符，连缀成了美妙、动听的乐曲。这种语言表达技巧，可以说到了传神的微妙的境界。

在阅读《通感》并读了本文之后，你能从课内外阅读的文学作品中，从日常的习惯语言里，举出几个钱锺书先生论文中没有用过的“通感”修辞例句吗？

《一件小事》课文总结性简析①

一件小事

鲁　迅

课文研讨总结

一　课文主旨

《一件小事》是用写生活中实事的手法，透过详述一件事写几个人物的记叙文，也是中国现代文学史上第一篇正面歌颂底层劳动者并提出知识分子向劳动民众学习的作品。

作者写的确是一件小事：一位老女人横过马路时，衣服被人力车车把挂住，跌倒了。人力车夫听说她摔坏了，便二话没说，搀扶她到巡警分驻所去。文章透过这一件小事，写了“我”、人力车夫和老女人、巡警这几个人，其中着重写了人力车夫和“我”，歌颂了人力车夫正直无私、勇于负责的高尚品格，也表现了“我”的复杂的思想变化过程，反映了一种可贵的“自省”精神。一件平凡的小事，在作者笔下却发出了耀眼的光辉。作者凭借他那敏锐的眼光和高超的艺术表现力，择取并表现了这一件小事，反映了深远的题旨，取得了“以小见大”的艺术效果。

二　写作手法

这篇课文写法上的主要特点，是对照手法贯串全篇。开头的“国家大事”不留痕迹和“一件小事”却于“我”有意义，这是一组对照。这组对照在结尾再次出现，首尾呼应：几年的“文治武力”已全然淡忘，独有“一件小事”却反更分明。这组对照对突出全文题旨和使结构更加严谨都很有作用。第二组对照，是“我”和人力车夫对待老女人的态度：前者冷漠，后者热情；前者“憎恶”，后者关心；前者渺小，后者“高大”。这组对照，对于

① 节选自香港《中国语文》教师手册第三册，麦美伦出版社 1991 年第 1 版。

表现人力车夫的高尚品格和“我”开头抱有的狭隘心理，是很有力的。第三组对照，是“我”思想感情前后的变化：“我”先是怪车夫多事，自讨苦吃，而自己是完全正确的；后来则感到车夫“高大”，变成对自己的巨大“威压”，他的品质绝非金钱所能估价，而自己惭愧、自责，认识到根本没有裁判车夫的权力；进而“我”又“怕敢想到我自己”，到后来又“努力要想到我自己”。这组对照，深刻地表现了“我”对于自己身上“坏脾气”的觉悟，表现了“我”敢于正视自己、敢于自我反省的可贵精神。

三　语言运用

这篇课文的语言十分精练。全文仅九百多字，却表现了丰富的内容，记叙了一件事情的详细经过、来龙去脉，描写了人物的动作、心理和语言、外貌，交代了时代的背景和当时的环境。即以环境描写说，作者并不多写景色、天气等等，仅只用简短的文字五次写“风”，每次写风都同事情的发生、发展有密切的关系，而总共只用了二十几个字，从中可见作者的匠心、功力和行文简练俭省的风格。此外，本文的语言也十分准确，这一点尤其表现于动词的恰切选用和词语次序的合理安排。

《春》课文总结性简析[①]

春

朱自清

课文研讨总结

一　体裁与课文主旨

《春》是一篇写景抒情的散文。作者抓住春天的特点，透过准确、生动的描绘，展现了春天的景色之美，抒发了对春天的赞美之情，表现了春天给人们带来的活力和希望。

二　写作手法

文章以“盼春”（第一段）开头，以“颂春”（最后三段）结尾，中间“绘春”一大段落是主体部分。

第一段一开头就连用两次“盼望着”，表达了希望春天早日到来的急切的心情。接着用“东风来了”，形象地写出春天的气息——同凛冽的西北风相比，东风温暖、柔和，仿佛是春天的使者。所以接下来很自然地用上以拟人法写的“春天的脚步近了”一句，总起全文，点到了题目“春”。这一段一共才十七个字，四个极短的句子。节奏相当明快。

第二段到第七段“绘春”是课文的重点。作者有层次地作出画面的描写，运用绘声绘色的方法，选用恰当的词语，尤其是精选动词，细致地描绘了春天的景物。

第二段是这一大段的总起。先用拟人的方法总写春回大地、万物复苏的情态，接着抓住春山、春水、春日的特点，勾画了春景的轮廓，为下文具体描绘春草、春花、春风、春雨、迎春五幅图画，铺设了广阔的背景。春草图

① 节选自香港《中国语文》教师手册第四册，麦美伦出版社 1992 年第 1 版。

（第三段），着力写出春草勃发，“偷偷地从土里钻出来”。质地，“嫩嫩的”；色泽，“绿绿的”。描画出绿草如茵的景象。随着写人在草地上的活动与感受，从侧面揭示出春草勃发给人的欢乐。春花图（第四段），作者选择开花时节相近的桃花、杏花、梨花作为描写对象。“红的像火，粉的像霞，白的像雪”，写色彩缤纷。接着展开联想，从花香写到秋天果实累累，再引出蜂闹蝶飞，渲染百花争春的气氛。春风图（第五段），先从触觉突出春风轻柔温暖的特点，“像母亲的手抚摸着你”。接着从嗅觉写春风吹来的新翻泥土的气息、青草的气味和花香。最后从视觉、听觉着手，写出与轻风流水应和着的鸟鸣和牧童的短笛声。难以捉摸的无形、无味、无色的春风，在作者笔下变得有声有色，有情有感。春雨图（第六段），着力写出春雨的“轻柔”“湿润”，赞美春雨在默默无声中带给大地的无限恩泽。文章从四个侧面描画出春天的自然美之后，又描绘了第五幅迎春图（第七段），写人们迎春的情景。人是画面的主体，人也充满了春意。“城里乡下”，概括了广阔的范围，“家家户户”表明人数之多；接下来几句形象地写出了春天给人们带来了活力，在人们的心田播下了希望的种子。

以上五幅画面，描绘了浓郁的春意，融入了作者对春的喜爱和赞美之情。在此基础上，结尾三段文字用三个比喻句赞颂春天。“刚落地的娃娃”比喻春天的“新”，像新生命的开始，给人以无限希望；“小姑娘”比喻春天的艳美，令人喜爱；“健壮的青年”比喻春天充满活力，给人以力量和信心。这个结尾，正是对五幅春景图含义的概括，点明了全文的主旨。

三　语言运用

本文的语言准确生动。作者善于选用恰当的词语写出春天景物的特征。例如写春草，“小”“嫩嫩的”“绿绿的”“软绵绵的”“偷偷地”等，都非常准确。文中选用的动词较多，都非常恰切，写春天和小草刚从土里长出来，用“钻”字；写春天花下的蜜蜂飞舞，是“嗡嗡地闹着”，一个“闹”字写尽了春意；写春天的细雨，是“密密地斜织着”，一个“织”字写出了雨的细密和持久；“人家屋顶上全笼着一层薄烟”中的“笼”，“小草儿也青得逼你的眼”中的“逼”，也都用得极为准确生动。本文还大量运用叠字（欣欣然、嫩嫩、绿绿、嗡嗡、密密等），叠词（盼望着，盼望着，稀稀疏疏、抖擞抖擞等），通篇几乎都是对称的或排比的短语、短句，读来音韵和谐，语调轻快、活泼。此外，比喻、拟人等修辞方式的运用，也增强了语言的生动性。口头词语如“瞧去”“不错的”“可别恼”等的灵活穿插，使文章语气活泼，读起来倍觉平易和亲切。

《趵突泉的欣赏》课文总结性简析[1]

趵突泉的欣赏

老　舍

课文研讨总结

一　课文重点及主旨

《趵突泉的欣赏》是一篇记游写景的描写文。作者被济南趵突泉的奇特的美所吸引，仔细观察后写成这篇文章。作者写趵突泉，未到泉池，就先远远地写了从趵突泉流出的一溪“清浅鲜洁”的“活水”，赞叹这泉为济南城增添了无穷的美色。写三个大泉，抓住它“一年四季，昼夜不停，老那么翻滚”的特征；写几个小泉，抓住它活泼多变、姿态不一的特征；用极精练的文字，将趵突泉奇特的美景栩栩如生地描画了出来，让人感到“自然的伟大”，“只有自然有这样的力量”。

二　写作手法

这篇课文写得很有感染力。作者在描写自然景色时，穿插了几次主观的评述，如“设若没有了这泉，济南定会丢失了一半的美”“泉太好了”“你立定呆呆的看三分钟，你便觉得自然的伟大，使你再不敢正眼去看”“只有自然有这样的力量”“这比那大泉还更有趣”“我还是爱原来的那三个”。虽然只有一句两句，却是画龙点睛之笔，把趵突泉大泉、小泉的妙处烘托了出来。这些主观评述同对景物的描写交融在一起，使文章更具魅力。

三　语言的运用

课文的语言颇有特色。作者仅用五百来字就细致地描写出趵突泉奇特的美，足见语言的精练；大泉、小泉的水质、流量、喷涌的姿态等，仿佛就展现在读者的眼前，足见语言的生动；读起来琅琅上口，好读易懂，足见语言的通俗。语言运用方面最为突出的是善于自然地运用排比，恰切地构设比喻，参差灵活地安排不同的句式，使语言准确、形象，活泼、流畅。这些，都值得在反复朗读中细细体味。

① 节选自香港《中国语文》教师手册第三册，麦美伦出版社1991年第1版。

《我爱乡居》课文总结性简析[①]

我爱乡居

李牧华

课文研讨总结

一　课文主旨

《我爱乡居》是一篇写景抒情的文章。作者对乡村怀有深深的爱，对自己的乡居也十分的满意，因此写得极富感情，于细致的景物描写中，处处流露出浓郁的喜爱乡居之情。作者还运用对比的手法，把台北市区同郊外乡间作对比，把乡居的好处更鲜明地表现了出来。这篇抒情诗式的精粹散文，让读者具体形象地感受到现代社会的乡居情趣。

二　写作手法

这篇课文描写乡村的自然风光和景色，用了“绘声绘色”和“画面描写”的方法。阅读文章时，读者仿佛亲耳听到各种各样的大自然的悦耳的声音，亲眼见到各种各样的大自然的悦目的色彩，眼前呈现一幅幅乡村清晨、黄昏、夜晚的美丽的图画。这是本文写作上的成功之处。

三　语言运用

这篇课文的语言，是作家精心锤炼过的。对偶、排比、比喻、夸张、引用等修辞方式的运用，描写色彩、声音的词语的选用，使文句显得整齐、匀称，流畅、有力，生动、形象，值得反复朗读，细细体味。

① 节选自香港《中国语文》教师手册第三册，麦美伦出版社 1991 年第 1 版。

《生物的“睡眠”》课文总结性简析[①]

生物的“睡眠”

林续中

课文研讨总结

一 课文主旨

《生物的睡眠》是一篇介绍自然界生物奥秘的说明文，也是一篇以文艺笔调说明有关科学知识的“科普小品”。全文层次清晰地介绍了有关动植物“睡眠”的知识，从一个角度揭示了生物世界的奥秘，激发读者热爱科学、热爱生物世界的情趣。

二 写作手法

这篇课文采用了“从一般到特殊”的说明顺序和“举例说明”的方法。前面大半篇中，先说明介绍日常生活中常见的大多数动物的“睡眠”现象，举了三个例子：蝙蝠的冬眠，海参的“夏眠”，蜗牛的“冬眠”“夏眠”；再说明介绍日常生活中不常见的甚至是罕见的个别动物的“睡眠”现象，举了两个例子：四只癞蛤蟆在石灰岩里“睡”了一百万年以上；一只青蛙在矿层里“冬眠”了两百多万年。后面小半篇中，先说明介绍日常生活中常见的大多数植物的“睡眠”现象，举了谷子、麦子、玉米、油菜等种子为例；再说明介绍日常生活中不常见的甚至是罕见的个别植物的“睡眠”现象，举了一个例子：一些古代莲子在地下泥煤层里“沉睡”了一二千年之久。这篇课文还用了“分类说明”的说明方法：先是将全文分为动物、植物两大类去说明；在说明动物和植物的“睡眠”时，又分别都从一般和特殊两种情况去分类。

课文在作说明时，注意抓住对象的特征。例如同是写动物的“睡眠”，蝙蝠

① 节选自香港《中国语文》教师手册第三册，麦美伦出版社 1991 年第 1 版。

是“双脚抓住岩石、木棍等东西，成团成簇地倒挂着睡觉”，蜗牛则是“动不动就关起门来睡大觉”；又如同是动物的行动，蝙蝠是“忽东忽西、忽高忽低地飞翔”，海参是“在海底下蠕动”，蜗牛则是“缓慢地伸出身子，背着‘房子’”。课文内许多语句都写出了不同的动植物的不同特征。

三　语言运用

这篇课文是用文艺笔调写的，主要用了拟人、设问的修辞方式，还用了较多的表示语气的词和拟写声音的词，使语言生动，文气活泼。课文以短句为主，但也用了一些长句子，以表达比较复杂的意思。

《最苦与最乐》课文总结性简析[①]

最苦与最乐

梁启超

课文研讨总结

一　课文主旨

《最苦与最乐》是一篇讲演辞，生动地申述了做人做事的道理，也是一篇深入浅出的议论文。

文章提出了人生什么为最苦、什么为最乐的论题，强调了能完成对人、对己、对社会的责任就是最乐，不能完成这些责任就是最苦的独到之见。这篇讲演辞讲的是责任与人生意义这个严肃而深刻的问题，作者透过对人生最平常最切身的感觉——苦与乐的感受，阐述了自己的见解，就显得浅近易懂，使人容易领会和接受。

二　写作手法

本文作者梁启超是清末新体散文创作中最有成就的代表作家，他倡导文章通俗化，要求文章浅显易晓，条理清楚，形成一种新文体。他的文章，善于用排比句法，善于用设问句，气势旺盛，对读者具有吸引力。本篇课文充分体现了这些特点。

文章一开头就设问："人生什么事最苦呢？"接下来并不直接回答，而是再排用四次小设问——"贫吗？""失意吗？""老吗？""死吗？"对这些常人会作的解答一一予以否定后，才提出自己的看法："我说人生最苦的事，莫苦于身上背着一种未来的责任。"这种篇首设问的方法，新鲜有力，扣人心弦，使讲演辞一开头就具有强大的吸引力。

① 节选自香港《中国语文》教师手册第四册，麦美伦出版社 1992 年第 1 版。

第一、二段从人们生活中的切身感受举例剖析，详细论述了“人生最苦的事，莫苦于身上背着一种未来的责任。”接着，第三段又换个角度，用段首设问的方法提出“什么事最快乐呢”的问题，透过古语、俗语的引用，对人们常有的心理状态的剖析，证明“责任完了，算是人生第一件乐事”，并引申出“处处尽责任，便处处快乐；时时尽责任，便时时快乐”。段末再引用孔子的名言加强论证的力量。

在前三段论述责任与人生苦乐的关系的基础上，作者又深入一层，从凡人的苦乐，讲到君子的苦乐。第四段先段首设问：“然则为什么孟子又说‘君子有终身之忧’呢?”接着联系圣贤、豪杰的责任作解答，再引用曾子的名言作证明，指出他们肩负“忧民、忧国”的大的责任，所以“一辈子感受痛苦”。在段末又指出“终身之忧”对君子来说其实也是乐，因为“日日在那里尽责任，便日日在那里得苦中真乐”。

最后一段再根据常人会有的想法在段首设问：“既然这苦是从负责任而生的，我若是将责任卸却，岂不是就永远没有苦了吗?”透过说理，从社会义务角度得出人“到了长成，那责任自然压在你头上，如何能躲?”告诫人们都应当担负起自己作为社会一分子应负的那一份或大或小的责任。并警辟地指出：“尽得大的责任，就得大快乐；尽得小的责任，就得小快乐。”

这篇讲演辞就这样透过五次段首设问（第一段也是篇首设问），将议论的问题一次次鲜明地提了出来，透过自答，把早已准备好的见解、主张申述清楚。在论述中，有时还插入“为什么呢”的追问，透过自答，引出深入一步的论述。连续设问、逐层推进的议论方法，这篇讲演辞是运用得很娴熟的。再辅以通俗的说理，选用名言古语、俗语作论据，全文具有很强的说服力。

三　语言运用

本文语言的最大特点是口语化。这同“讲演辞”这种文体有关。除通俗的设问、明白如话的说理外，语气词“呀”“哩”的运用，民间俗语“心上一块石头落了地”的引用，口头词语“几千斤重担子压在肩头”“夜里头”“缠着我”“对不住”等的选用，短句子的大量运用（如开头几句），都提高了文章口语化的程度。作者所写的这类大致上明白如话的文章，在文言文尚在盛行的当时社会中，显得独俏一枝，为广大读者所喜闻乐见。

《爱莲说》课文总结性简析①

爱莲说

周敦颐

课文研讨总结

一　课文主旨

这篇课文是古代文人写的借物喻人的议论短文。作者歌颂了莲花“出淤泥而不染，濯清涟而不妖”的品质，表现出作者不慕名利、洁身自好的生活态度。

这篇文章借赞莲花的可爱，勉励人们要具有不随世俗、不与黑暗势力同流合污的高尚品格，并暗讽那些争名夺利、趋炎附势的人们。作者以人们喜爱什么花来表明其品德的高下：他认为菊花虽好，却幽居独处，孤芳自赏；牡丹虽艳，但富贵荣华，正同世俗；只有莲花，洁身自好，清高不凡。莲之胜菊，正在于身处污浊环境而能保持高洁的操守。这种思想在当时确是难能可贵的。就是在今天，也仍有借鉴作用。如果我们人人都注重品德修养，培养高尚无私的情操，做到“出淤泥而不染”，就能使社会精神文明发扬光大。当然，由于时代的局限，作者在文中也微露出那种一为“君子”便自以为超凡入圣的清高孤傲思想，这是不足为训的。

二　写作手法

《爱莲说》在写法上也有不少值得借鉴的地方。首先是文章立意高远，不同凡响。文章写的似乎是生活小事，表达的是个人生活情趣，角度很小，但开掘很深，对当时社会上人们不同的处世态度作了精辟的概括，极其严肃地提出了一个为人立本的道德标准。古代咏莲的作品很多，但像作者这样能以小见大、言近旨远的却罕见。这与作者独具卓识的思想境界有关。正因为

① 节选自香港《中国语文》教师手册第三册，麦美伦出版社 1991 年第 1 版。

立意高远，见解精辟，所以本文多年来流传于世，给人以深刻的启迪。

本文写法上另一个特点是借物喻人的议论方法用得极为恰切。第一段先叙述不同的人有不同的爱花情趣这个事实；第二段在此基础上设立比喻，展开议论，显得十分自然。本文的比喻贴切形象。把菊花比喻为“隐士”，用它的抗霜耐寒，表现人的孤傲；把牡丹比喻为“贵族”，用它的浓艳耀眼，表现人的庸俗；把莲花比喻为“君子”，用它的清逸高洁，表现人的清高。特别是描写莲花的一个长句子，处处紧扣“君子”的性格特征，分别喻写了君子的几个方面的特点，把莲花的特征和君子的品格结成一体，使后面文字的“莲，花之君子者也”的议论显得有根有据，有说服力。

本文还有一个写作特点也值得一提，就是衬托（反衬）手法的巧妙运用。全文先后三次用菊和牡丹来衬托莲花：第一次衬托，表现自己的喜爱与众不同；第二次衬托，表现莲花的品格高出百花；第三次衬托，借以慨叹没有人和自己的爱好相同。三次衬托，各有各的作用，而每次衬托，都使题旨深化一步。

三　语言运用

《爱莲说》语言精练，句法灵活。全文只有两个自然段，一百一十九个字，却波澜起伏，婉转曲折，内容丰富。行文时句法灵活多变，时而用对句，时而用排比，时而用长短相间的散句。十来个句子中，交替使用了判断句、陈述句、反问句、感叹句等不同句式，从而产生了文字活泼灵动、诵读时琅琅上口的艺术效果。

《邹忌讽齐王纳谏》课文总结性简析[①]

邹忌讽齐王纳谏

《战国策》

课文研讨总结

一　主旨与段意

《邹忌讽齐王纳谏》是一篇先秦时期的文言记事文，节选自《战国策》。本文写了邹忌从个人小事联想到国家大事，进谏齐威王；齐王虚心纳谏，广开言路，励精图治，使齐国国势大振。课文中的邹忌不仅有自知之明，而且关心国事，敢于进谏，善于劝谏；齐王则虚心纳谏，从谏如流。这在古代社会是难能可贵的，因而这个故事流传至今，成为千古美谈。

这篇课文的中心就如标题所示：邹忌讽齐王纳谏。全文共有四段，段与段之间联系紧密。中心部分是第三段讽谏齐王，但第一、二段并没有直接写这件事，而是从邹忌与徐公比美写起，看起来好像与中心无关。其实，邹忌却正是从这里得到启发，并且以此点为基础讽谏齐王的。因此，作者花了较多笔墨，有声有色地描写这段“比美”与“自省”过程。

二　写作手法

这篇课文讽喻手法用得很巧妙。邹忌从妻、妾、客的赞美、奉承自己，体察到直言不易，从而以小喻大，规劝齐王除蔽纳谏，说理亲切诚恳浅易而发人深思，说服力很强。齐王能纳谏，固然同他的虚心有关，但邹忌的巧用讽喻、善于劝谏，也是一个重要原因。

这篇课文后半篇写齐王下令后，情况三变，四国来朝，写得细致生动，“战胜于朝廷”的结论显得自然而有力。但应该指出，末尾所说“燕、赵、

① 节选自香港《中国语文》教师手册第三册，麦美伦出版社 1991 年第 1 版。

韩、魏闻之，皆朝于齐”，属于夸张手法，并不符合历史事实。

三　语言运用

这篇课文语言精练准确而生动灵活。文章既写了家事，又写了国事；既有概括的叙述，又有细致的描绘，可是篇幅却很短。邹忌跟妻、妾、客的三问三答，内容相同，但表现不同，每句只是一两个字的增减变化，就恰当地表现了人物彼此间亲近、疏远的关系。邹忌对妻、妾、客赞美、奉承话的两次评价（第二段内的内心独白和第三段讽喻齐王时的说明），同样的内容用了略有不同的写法，避免了行文的单调呆板和重复。写下令纳谏之后的情况，“令初下，群臣进谏，门庭若市。数月之后，时时而间进。期年之后，虽欲言，无可进者”，二十多字就生动地交代了三个阶段的巨大变化。写纳谏的效果，只说邻国如何，国内的情况当然就可想而知了。最后一句的评论，简简单单的几个字就概括了无数的事实和深远的道理，显得精练含蓄，发人深省。

《中国百年语文教科书课文选评》11篇评析①

《时光老人的礼物》介评

《时光老人的礼物》，原作者是中国现代诗人袁鹰，入选香港新亚洲文化企业有限公司1999年出版的《小学中国语文》五上第一册。这套阅读课本根据香港课程发展议会颁布的《目标为本课程——中国语文科学习纲要》（1995年）所制订的学习目标，并参照《小学中国语文科课程纲要》（1990年）编辑。《时光老人的礼物》同另一篇课文《勤劳和懒惰》，组成课本的第二单元“品德教育”的一个学习单位——“勤劳”。该套教科书把多篇课文连同有关的写作、聆听或说话的学习课业，用同一个主题或课题作为联系，组成一个有同一学习重心的“学习单位”，多个学习单位再组成有同一学习重心的“学习单元”。每篇课文的辅助系统包括“学习重点”、插图、“讨论”、“生字”、“新词”、“活动”（包括“朗诵”“说说看”“生活报告”）。

在小学语文教科书中选用现代诗人、作家的作品，往往会遇到程度深浅、篇幅长短方面的问题，需要编者酌情处理。对篇幅较长、程度较深的作品，一般会采取节选、缩写、改写的方法，使编成的课文适合学生的年龄特征和认知水平。

袁鹰的《时光老人的礼物》，是写给祖国大陆的少先队员读的，原诗共56行，不分节。选作课文时，删去了30行，选用的26行分成六小节，前五节每节四行，最后一节六行；每节内大体押韵。全诗分两层。第一层（1—2节），写时光老人带来美好的春天，一年的大好时光，使天地间充满生机，人间充满希望。第二层（3—6节），写好少年珍惜这份礼物，不懒惰不糊涂，爱惜时间，不负期望。原诗以“少先队员”“我们”“我”第一人称进行倾诉、表达，描写祖国大地上日新月异的变化，抒写为建设祖国抓紧时光锻炼

① 原载《母语教材研究》第4卷《中国百年语文教科书课文选评》，江苏教育出版社2007年9月第1版。

身体、学习知识的决心。课文改为第三人称，展开对“懒惰的人”“糊涂的人”和“好少年”对待时光老人不同态度的对比描写，让学生具体地感受时间的珍贵，懂得爱惜时间的重要。这样处理后，课文显得中心集中、层次清晰、浅显明白、好读易背，也切合香港地区的实情，适合该地区的小学生学习。

编者为把原诗改写成适合教学的课文，花了很多功夫，有不少精当的改笔。例如，原诗“你把一年的大好时光，/同样地给我们每人一份。/三百六十五天，/谁也不多，谁也不少”这几句，课文改为：“你把一天的好时光，/公平地分给我们每个人一份；/二十四小时的光阴，/谁也不多，谁也不少。”把以“年”作计时单位改为以“天”来计算分析，更能突显时间的宝贵和生活节奏之快，更有利于培养学生惜时、勤劳的好习惯。又如，把“少先队员”改为“好少年”，把“难道能向祖国交上白卷”改为“绝不会向你伸出空空的双手”，避免了不适合香港地区的称谓和说法，使课文更适宜于教学。诗人、作家个人的作品入选中小学语文教科书，作为理应起语言示范作用的课文，往往需要作一些必要的语言加工。《时光老人的礼物》节选的六节 26 行诗句中，词、句、标点的修改有二十来处。这些修改，大多合情合理，体现了教科书编者一丝不苟的编写作风和较高的文字水平。

《时光老人的礼物》的修改，也有个别地方不尽合理。例如课文第二节末句，把原诗“让种子闻到泥土的香味”中的“香味”改成“香气”，不仅含义变窄，而且“气”同本节第 2 句末字“水”不能协韵，似可不改。

［课文（略）］

《田园诗二首》介评

宿新市徐公店
出　郊

《田园诗二首》，一首为宋代诗人杨万里的《宿新市徐公店》，另一首为明代诗人杨慎的《出郊》，入选台湾地区南一书局 2004 年 8 月出版的小学《国语》课本第九册（五年级上学期）。这套教科书依据台湾地区《中小学九年一贯课程暂行纲要》（2000 年）和《语文领域课程大纲》编撰，“力求生活化、文学化，注意统整性、连贯性”，“采用单元活动设计方式编写，以单元主题概念贯串各课程内容”。《田园诗二首》与《孙悟空三借芭蕉扇》和《巨人与小孩》组成课本的第一单元“文学的花园”。在单元的三篇课文之后，编有“语文天地”，“包括两部分，一为复习课文之字词、文法句型为主，二为一系列之听、说、阅读、写作教材”。

这篇课文的辅助部分，除“生字”、插图外，另在每首诗后设“赏析”一栏，每篇一百几十个字，通俗简洁地解释、分析诗句的含义和表达的效果。

课文围绕同一主题“田园”选择的这两首古诗，每首都是四句，篇幅短小，通俗易懂，好读易背，适合小学五年级学生的认知水平；语言生动形象，富有情趣，容易激发儿童的学习兴致。《宿新市徐公店》描写春夏之间的自然景色和孩童的田间追蝶行动。景色多彩多姿，孩童天真活泼，黄色的蝴蝶飞进金黄色的菜花田里，融为一色。四句诗每一句都形象鲜明。《出郊》描写郊外远处近处山坡、平地上的秧田，提炼的两个比喻“如楼梯”“如棋局”贴切而形象；“白鹭忽飞来，点破秧针绿”中的“点”字，写出了白鹭轻轻落在刚栽新秧的水田时，动作之轻盈美妙。

编者从我国古代诗歌宝库中精选这类语言形象、诗意很浓又蕴含生活情趣的诗篇，编成适合小学生诵读的教学课文，是很有意义的。

［课文（略）］

《孙悟空三借芭蕉扇》介评

《孙悟空三借芭蕉扇》，入选台湾地区南一书局2004年8月出版的小学《国语》课本第九册（五年级上学期）。本课与《田园诗二首》和《巨人与小孩》组成课本的第一单元“文学的花园”。在单元的三篇课文之后，编有“语文天地”，“包括两部分，一为复习课文之字词、文法句型为主，二为一系列之听、说、阅读、写作教材”。

《孙悟空三借芭蕉扇》根据我国古典文学名著《西游记》中第五十九至六十一回的故事内容节缩改写而成。

祖国的古典文学名著是语文教材的不竭源泉。但古代文学作品一般篇幅较长，故事情节复杂，语言也比较艰深，不尽适合小学生的认知水平。如何恰当地改编为适合小学生阅读的课文，成了语文教科书编写工作者的一项重要的任务。

本篇课文选择的名著片断适合教学，其主要特点：一是故事情节曲折引人，能激发儿童的兴趣；二是故事内容健康向上，能陶冶儿童的品德；三是故事人物相对集中，能方便儿童的记忆。

课文的节缩改写十分精当。原著中“三借芭蕉扇”的故事曲折复杂，铺展了三个章回。课文改编时择其大概，抓住“三借芭蕉扇”的主干情节，删去了大量具体细致的描写渲染，删去了原著中诸多角色的动作和对话，如问讯时的少年男子，林中的伐木樵夫，铁扇公主身边的毛女、女童，火焰山的土地神，与牛魔王同居的玉面公主，牛魔王去“乱石山碧波泽”赴宴时的众多妖精，同牛魔王决战时的众多神仙……仅用一千来字，即浓缩了原著两万多字的内容，基本情节则不变，故事有头有尾，角色形象也鲜明，使“三借芭蕉扇”这个精彩绝伦、家喻户晓的神话故事，成为一篇适宜于小学语文教学的课文。

课文改编的内容重视品德陶冶。例如，原著突出的是孙悟空在“三借芭蕉扇”过程中透露的勇敢、机智和神奇功夫，改写的课文除了这些，还注意突出了“三借芭蕉扇”给当地百姓带来的福祉。课文开头写：在浇熄大火之前，火焰山“一年四季火势不断，附近的人家一直都是生活在这种痛苦里”。课文结尾写：“从此以后，这一带的土地变成良田，可以栽植作物，附近的人家都非常感谢他们”。这样既使故事的表达前后呼应，又突出了孙悟空他们“三借芭蕉扇”是除害消灾、为民造福的正义之举。这种在原著基础上的适当延伸，对提高课文的思想品德教育功能，无疑是有益的。

课文改编的语言力求通俗生动。如把“蟭蟟虫儿”改为“小虫子”，“茶沫漕螬”改为“茶沫”，不用“灵吉菩萨”而用“一位神仙”，不用“罗刹女”而用“铁扇公主”，降低了专门名词的难度；还把原著语言中的某些文言成分转化为现代汉语，使课文通俗易懂，适合小学生阅读。原著有处“一扇息火，二扇生风，三扇下雨”的简括叙述，课文改写为“搧一下，能搧灭火焰山的烈火；搧两下，能刮起大风；搧三下，就会下起大雨”的具体描写，使课文语言显得生动形象，小学生容易接受。

［课文（略）］

《奇妙的海底世界》介评

《奇妙的海底世界》，入选香港现代教育研究社有限公司2002年出版的《现代中国语文》（修订版）小学五下第一册。这套教科书是根据香港课程发展议会颁布的《小学中国语文课程纲要》（1990 年）和目标为本课程《中国语文科学习纲要》（1995 年）的要求，并完全配合香港课程发展议会 2001 年提出的“学会学习”课程发展路向编写出版的。教材涵盖阅读、写作、聆听、说话、文学、中华文化、品德情意、思维、语文自学九个学习范畴，旨在为香港小学生提供一套能愉快有效地学习、发展语文能力及共通能力的学习材料。课文《奇妙的海底世界》同另一篇课文《大地的话》，以及聆听课业《小溪的自述》、写作课业《沙漠的骄子——仙人掌》，组成该册课本“生活常识”单元中的“自然世界”单元。课文的辅助部分包括单元之首的“学习重点”图解、“生字”“重点词语”“句式”“好句欣赏”“讨论”“活动”等。

《奇妙的海底世界》是一篇形象地介绍自然世界奥秘的说明性文章。标题中的“奇妙”和开头一段中的“多姿多彩”总领全文；第二段起分别说明“雄伟壮观”的海底地形面貌，“色彩缤纷、充满动感”的“海底花园”（植物），以及多种多样的海洋动物；结尾一段以“你可会开启它的门户，进一步认识这个宝库呢”的问句，激发学生探索自然世界的兴趣。对小学生来说，通过课文把视野从身边的“陆上世界”扩展到广阔无涯的海底世界，自然是充满好奇、充满乐趣的。在探索“奇妙”所在的过程中丰富生活常识，学习语文知识，练习语文能力，效果一定会好得多。

《奇妙的海底世界》的语言表达注意适应儿童的年龄特征。课文运用了举例子、作比较、设比喻、列问句等方式，使说明文字显得明白晓畅、生动活泼，很适合儿童朗读。

感到不足的是：课文第三段写“海底花园”的“水生植物”，而举的是“浅海区域随着水流漂浮”的紫菜、海带；课文第四段举的蓝鲸、浮游生物等，是“海洋动物”，但并非生活在“海底世界”。这两处举例若能作适当更换、补充，本篇课文就更为完美了。

［课文（略）］

《看云识天气》介评

《看云识天气》，是朱泳燚根据有关资料编写的，原用于江苏人民出版社 1965 年出版的农业初级中学试用课本《语文》第二册，自 1978 年起，先后被人民教育出版社和江苏省等地多套初中语文教科书选用；2002 年香港启思出版社（牛津大学出版社［中国］有限公司）根据香港课程发展议会 2001

年编订的《中学中国语文课程指引》编写出版的《生活中国语文》，将《看云识天气》编入第四册。

这篇说明文是20世纪60年代中期，教科书编写工作者自写课文的一次尝试。江苏省农业初级中学语文教材编写组在下乡调查研究时，农业中学教师一再建议，语文课本应增加实用性比较强的科学说明文，有些教师还提出了具体的课文题目，其中包括从各种不同的云去识别天气这样一篇。当时报刊上科学说明文不多，适合做课文的尤其少，大家决定自己编写，课本主编指定朱泳燚具体负责这项工作。

编写者首先广泛收集有关看云识天气的资料，观察天空中云彩的变化，研究分析收集到的云彩照片；然后确定说明要点，列出详细提纲，排好材料，快速起草；再反复修改，先后写出了二稿、三稿、四稿、五稿。每一稿都注意征求编写组几位同事、特别是农业中学来的教师的意见，最后由主编审阅后定稿。

为写好适合中学语文教学需要的科学说明文，《看云识天气》的编写注意了科学性、趣味性和可教可读性。

科学性，即准确地进行表述，这是科学说明文的灵魂。《看云识天气》编写中，选用材料尽量避免出现差错，避免造成科学性方面的失误；起草、修改时注意准确用词造句，合理构段，周密表达，科学地反映出云和天气的关系；定稿后又请南京气象学院专家审阅，得到"本文无科学性差错"的鉴定后才付印。

趣味性，是科学小品一类说明文具有感染力的重要因素。《看云识天气》在构思和编写时，对如何开头，如何过渡，如何写各种类型的云，都反复斟酌，力求写得生动活泼。正文中用"我们"作为观察、说明的主体，使学生读起来感到亲切一些；长句、短句、整句、散句适当配合，使文气显得生动活泼；引用一些谚语、俗话，使文字精警有趣；用拟人、比喻、排比、摹声、绘色等修辞方式进行描写说明，使行文不致呆板枯燥。第一段末尾，草稿是这样写的："云的生成，云的形状和云的变化等等，都标志了大气内部的变化情况，不同的变动，就产生了不同的云。因此，在某些情况下，云确实可以作为天气变化趋向的指示标。"用了专业术语和长句子，书面语气息较浓，文气显得板滞，同上面几句不相协调。二稿改为"各式各样的云，都有它的姓名，我们都能熟识它的个性。从种种不同的云，我们能识别天气的变化。"字数从70多压缩为40多，长句也改短了，但语气仍嫌平板，读起来兴味不大。到第三稿，再改为“云就像是天气的‘招牌’，天上挂什么云，就将出现什么样的天气。”字数又减少了十多个，并用生活中常见的事物“招牌”设喻，较有趣味地点出了云和天气的关系。

可教可读性，是一篇说明性课文有无生命力的关键。为了使教师便于教，学生便于学，《看云识天气》编写时定的要点是：结构严谨，层次清晰；抓住特征，准确表达；用多种方法说明，语言力求生动活泼。为了突出“结构严谨，层次清晰”这一点，起草前先列提纲，从简单提纲到详细提纲；经过反复斟酌确定详细提纲后，就紧扣住提纲去写；撰写时注意安排好全篇的总起、分说和总结，以及段内的起句和结句，中心句和支撑句；定稿后，试着逐段逐层分析，务求做到两点：一要可以归纳出一个合理的清晰的简纲或详纲，二要可以顺利地一层一层地切分到每个句子。这样有目的地编写，对教学过程中的分段分层和学习有条有理地说明事物的方法，就比较有利一点。

一篇自编课文往往需要经历长期的锤炼，需要吸收教学第一线师生的意见作必要的修改。《看云识天气》在 1978 年被人民教育出版社选入当时全国统编教材时，以及以后的几次教材修订中，编者和原编写者又作了一些修改。例如将第五段的“顷刻间，雷声隆隆，电光闪闪，马上就会哗啦哗啦下起暴雨”改为“顷刻间，电光闪闪，雷声隆隆，……”，将全文末句“我们要准确地掌握天气变化的情况，还得依靠当地的天气预报”，改为“……还得依靠科学的天气预报”。这两处体现科学性的改笔，又一次提高了课文的表达质量。

［课文（略）］

《可爱的诗境》介评

《可爱的诗境》，作者易家钺，现代作家，曾任香港浸会学院中文系主任。本文 1990 年入选香港教育署《中学中国语文科课程纲要》中三年级“建议采用”篇目；2001 年 6 月入选香港教育署《中国语文学习参考篇章目录》（初中阶段试用）。启思出版社（牛津大学出版社［中国］有限公司）1991 年出版的香港中学《中国语文》课本，将《可爱的诗境》编排在第五册。

20 世纪 90 年代初至本世纪初这一轮的香港中学语文教科书，针对学生的实际水平和教学需要，每一课的编写都比较细致。启思出版社的这套课本，集中体现了这一特色。除课文外，编有十一个引导、辅助学习的项目。“作者”和“题解”提供的资料力求准确、简要；“学习重点”根据课文内容和形式的特点确定；“预习”注意训练学生独立思考和自学的能力；“注解”随课文在页末加注，力求精要、好懂，注音兼顾粤音和国音，粤音以直音注音，国音以《汉语拼音方案》注音；“课文讨论”和“语文运用”两项，根据各篇课文的特点和内在质素，具体、细致地编拟问题和练习，兼顾课文的内容和形式，读、写和听、说，覆盖了字、词、句、章，标点和语法、修辞；“课文总结”以学生填表笔答形式对本课的学习作一小结，以帮助复习巩固；“学习活动”结合课文内容，每课设立两种可行的语文活动，使语文学习向课外延伸；“阅读指导”和“写作指导”以课文为例，上升到一般的规律，指导学生掌握某种阅读或写作方法；此外，多数课文的末尾还设有“文化知识”一项，编入与课文有关的文化知识，丰富学生对中国文化的认识。在短短一篇课文的编排中，课本提供了相当详细的辅助系统。由于该轮教科书按《课程纲要》规定的教学篇目较少（中一、中二、中三每学年 34 篇），教科书编者采取上述“单篇深钻详析”的编写方式，是有一定道理的。

《可爱的诗境》想象丰富，立意新颖，不落俗套。与一般以凄凉、肃杀为基调的写秋文章不同，作者把秋天描写得生机蓬勃，充满诗意，令人向往。在“诗境”前加上“可爱”二字，倾注了感情，表达出作者对秋天的无比喜悦之情，为全文定下了一个由衷赞美、乐观向上的基调。抱着这样美好的心情去观赏秋天景色，景被情美化了，因而在他眼里就出现了令人陶醉、逗人留连的诗境，在笔下就展示出大自然和人的心灵之美，给人以力量和美的享受。

这篇文章除内容健康向上外，写法和语言也很有特点。全文仅 500 多字，十分精练、生动地描画了一幅幅生机盎然的秋之图画。开头结尾新颖活泼。“我曾徘徊池边”“我曾小立断桥”“我曾慢步登楼”三个段首提示句构成排比，既别致地引出下文，又使全文层次清晰。比喻、对偶、排比、设问、拟人等多种修辞手法的综合运用相当娴熟。精心锻造的语句，简洁、精巧而内涵丰富。这些，是这篇文章适宜于教学，因而屡屡被香港地区教科书选为课文的重要原因。

［课文（略）］

《我的空中楼阁》介评

《我的空中楼阁》，作者李乐薇，中国台湾作家。这篇课文入选台湾地区“国立编译馆”主编出版的初级中学选修科目《国文》教科书第二册（1998年8月初版）。这套选修课本依据1994年10月台湾地区修正发布的《中学选修科目国文课程标准》编辑而成，目的是“充实教学，加强自学能力，激发欣赏各类文学作品的兴趣与潜能，增进阅读、思考、发表及应用之能力，以陶冶心性，涵育真善美的情操”。这套文选型的选修课本共三册，每学年一册，每册选编三四十篇不同文体的范文，供初中师生使用。入选的课文，每篇前面附有“课题”和“作者”，作为研读课文的参考。后面附有“注解”及“赏析”，以帮助学生掌握课文的要旨，还附有“讨论与练习”，用意在“促使学生共同研究，深入探讨，以加强辨析和发表的能力；并透过各种练习，以收到运用纯熟、触类旁通的效果”。每篇课文最后都附有“进阶读物”，方便学生于学习课文之后，进一步阅读相关作品。

《我的空中楼阁》是一篇融诗情、画意和哲理为一炉的佳作。作者以独到的眼光去观察，以热爱的心灵去感受，以精细的匠心去表达，使全文新意盎然，学生读起来自然就容易产生兴趣。

叙事抒情的课文贵在写出真情实感，表达独特的审美情趣。作者身处现代社会，但文中只字不提城市的高楼大厦、繁华街道、热闹生活，而是对自己那座位于山上、融于自然美景之中的平凡的小屋，寄以无限的深情，把它比作“快乐的起点”“幸福的终点”“生活中的第一件艺术品”。写小屋和山、小屋和树、小屋和花，写山上的空气、光线、环境、交通，写“空中楼阁”命名的缘由，于清晰的条理和活泼的文字之中，流露出对家居、对自然的挚爱深情，以及对清静、安宁的乡居生活的热烈向往。

本文标题新奇引人，构思精巧。全文步步深入，逐层点题。先写远观小屋，似枝头的鸟、蝶凌空而起，已埋下点题的伏笔；继而写出入小屋的山路，就像是“幸福的阶梯”“空中走廊”，逼近了题意；再写夜晚的小屋，喻写为“空中楼阁”，直接点明了题目。文章首尾部分均以独句成段，遥相呼应。开头两个自然段总领全文，以别致新奇的比喻，将高山和小屋连缀起来，摄入同一画面，准确凝练地突出了小屋和谐自然、雅淡清新的风度。最后三个自然段收束得简洁明快、完美和谐，把整个大自然化作一幅巨画，这一气势博大的暗喻，与文首“山如眉黛，小屋恰似眉梢的痣一点”的新鲜精巧的明喻相映成趣，首尾相通，浑然一体。作者热爱大自然的情怀在此得到了升华。

本文语言生动活泼、清新明丽。句式整散结合，长短交错，读起来朗朗上口，具有音乐美；文句蕴含古典韵味，善于点化古典诗词语句，具有诗意美；比喻、排比、对偶、对照、映衬等手法运用娴熟，表达效果理想，具有修辞美。

以上特色，使这篇文章多年来先后入选台湾地区的初中国文选修教材、香港和大陆的高中语文课本。

[课文（略）]

《蚂蚁雄兵》介评

《蚂蚁雄兵》，作者曾志朗，台湾地区高雄人，心理学专家。本文选自作者所著科学普及读物《用心动脑话科学》一书，入选台湾地区“国立编译馆”主编出版的初级中学选修科目《国文》教科书第一册（1998 年 8 月再版）。这套选修课本依据 1994 年 10 月台湾地区修正发布的《国民中学选修科目国文课程标准》编辑而成，目的是“充实教学，加强自学能力，激发欣赏各类文学作品的兴趣与潜能，增进阅读、思考、发表及应用之能力，以陶冶心性，涵育真善美的情操”。这套文选型的选修课本共三册，每学年一册，每册选编三四十篇不同文体的范文，供初中师生使用。这篇文章后来又分别入选翰林出版公司与南一书局根据《中小学九年一贯课程纲要》编写的初级中学《国文》第二册和第五册（2004 年修订版）。

《蚂蚁雄兵》是一篇精彩的科普小品，具有故事性强、科学味浓、写法曲折动人、语言生动活泼等特点，适宜选作初中学生的语文教材。

课文描写了非洲撒哈拉沙漠中银蚁“逆境求生”，“冒热出击”，巧胜“守洞待蚁”“虎视眈眈”的蜥蜴的故事，十分新奇引人。故事中还饶有情趣地说明了银蚁“跳跃而去”“换脚前进”“手舞足蹈”的奥秘，以及选择正午时候“出巡”寻食的原因，生动地介绍了新鲜的科学知识。

科普小品贵在写法有新意。课文从本地的“阳光猛照的日子”写起，发出“你能想象在摄氏六十度的沙漠里，竟然还会有生物敢顶着阳光出巡吗”的激问，然后很自然地引出“非洲银蚁冒热在沙上寻食的壮举”。在讲完智胜蜥蜴、“出巡”寻食的故事后，课文以“更重要的是这些瑞士的研究者还有一个令人大开眼界的发现”一句一转，补充了银蚁那“小小的蚂蚁脑”

“竟然能完成如此复杂的计算工作”的特殊功能，再引瑞士科学家的感慨话语作为全文结句。这样安排全篇格局，曲折动人，引人入胜，使本文成为说明性课文中的上品。

课文的语言很具特色。标题“蚂蚁雄兵”新奇、形象，以蚂蚁之小而称之为“雄兵”，自然会吸引读者去阅读正文。课文叙述银蚁的壮举时，运用了对比的修辞手法：在烈日下，“众物皆瘫”，银蚁则“唯我独行”；蜥蜴被烤得“全身动弹不得”，银蚁却“横行而过”“跳跃而去”，突出了银蚁这小小生物的特殊的生理功能和强大的生命力。课文还运用了拟人的修辞写法：说银蚁的觅食活动是“出巡”，是“冒热出击”，写银蚁“得意着跳跃而去”，让蜥蜴感到“简直是欺人太甚”，行文生动有趣。课文末尾引用的瑞士科学家设的一个恰当的比喻，形象地突出了银蚁“利用日光反映在沙漠上的两极光弧来帮助确定行走的方位”的特殊功能之强。此外，课文的炼词炼句也显示了作者的语言功力。

选择科学说明文做课文，不仅要让学生学到有关的科学常识、了解自然的奥秘、丰富相关的语文知识并提高语文能力，还应当激发学生开启科学之门的兴趣。《蚂蚁雄兵》课文的“题解”中点出：“由这个例子可见：大自然里还有许许多多的秘密，正等着我们去发现；也启示我们不要轻忽任何一条小小的线索，我们将会获得更多探索自然奥秘的乐趣。”在“赏析”文字末段，则再一次启导学生：“只要大家肯用心、肯用脑，相信这大千世界将有无穷的自然奥秘等着我们去探索呢！”在课末的“进阶读物”一栏中，进一步将学生的目光引向《蚂蚁雄兵》所引原著、作者所写的科普读物《用心动脑话科学》，以及《十万个为什么·动物篇》一书，十分自然地一步一步将学生引上热爱科学之路。

［课文（略）］

《中山先生的习医时代》介评

《中山先生的习医时代》，作者郑子瑜。孙中山先生在香港声望很高，这篇文章叙述孙中山青年时代在香港雅丽医学院求学的故事，自然十分适合当地中学生学习。从 20 世纪 70 年代起，已先后入选三轮香港地区的中学语文教科书。

香港教育图书出版社 2002 年出版的《新理念中国语文》，把本文选作中一下册的“讲读课文”，同另外几篇“导读课文”“自读课文”构成一个单元。该套教科书按2001年香港课程发展议会颁布的《中学中国语文课程指引（初中及高中）》的精神编纂。“讲读课文”的编写，除课文外，还有辅助系统“学习重点”“课前准备”“讲课提要”“注释”“学习活动”“延伸活动”共六项。同香港地区上一轮中学语文教科书的课文辅助系统相比，减少了头绪，突出了重点，重视语文学习态度的培养，语文学习方法的训练，语文基础知识的传授，品德情意的陶冶，以及语文课外延伸活动的安排。而所重视的这几点，都注意紧扣课文的内容和形式，以充分发挥范文的教学效能。

《中山先生的习医时代》叙述了孙中山先生在香港雅丽医学院学习的一段经历，表现了一代伟人青年时代的学习精神、工作态度和革命思想。材料安排大体上以时间为序，从入学写到毕业，反映了中山先生从习医到立志革命不断成长的过程。

本文写伟人不用空洞的赞语，而是选用多件平凡而真实的小事来表现人物。例如，课文用多个事例来说明中山先生的学习精神：买了很多中、西文书籍，每次一读就读得很久，读书很认真，一定要弄到透彻了解，才肯放手；知道了一种新学理后，一定要经过亲自试验才肯相信；每天陪医师诊视门诊病人时，一一研究他们的呼吸次数、冷热度数和脉搏的变化等等，记在自己所预备的卡片上。这几个事例十分具体地说明了中山先生读书认真、勤奋好学。课文又用多个事例来说明中山先生的工作态度和专业能力：尝试着替病人开药方，被师长们称赞为“合格医师”；有时医师们在外面遇到奇难杂症或到中国籍的病人家里诊病时，都会请先生作陪诊和通译；动手术时，只有先生一人被挑选充当助手；最后先生以各科满分名列榜首。这几个事例十分具体地说明了中山先生专业能力很强，出类拔萃。课文语言平实、流畅，仿佛一位中山先生的熟友在向你娓娓介绍伟人的一段生平，一个个真实的事例亲切而传神。本文“学习活动”所设计的题目，主要就是引导学生去感受、理解有关的事例，从而感悟中山先生勤奋好学、服务民众的精神，并学习选择有代表性的事例去表现人物的写作方法。

［课文（略）］

《我们对于一棵古松的三种态度》介评

《我们对于一棵古松的三种态度》，作者朱光潜（1897—1986），美学家、教育家。本文节选自作者的《谈美》，最早发表于20世纪30年代初的《中学生》杂志，1933 年入选台湾地区新课程标准教科书《初中国文读本》第四册；台湾地区“国立编译馆”1985 年初版、1997 年改编三版的高级中学教科书《国文》，将这篇文章编入第二册（但多节选了后面两段文字）。该套教科书依据台湾地区 1983 年 7 月修订公布的《高级中学国文课程标准》编辑，目标在“提高学生阅读与写作能力，激发爱国淑世精神，进而弘扬中华文化”。每册课文分精读、略读两类。课文辅助部分有“题解”“作者”“注释”和“问题与讨论”。各课所附之问题与讨论，旨在“培养学生思辨与表达之能力”，供教师“视实际教学需要，弹性运用”。

同入选 1933 年《初中国文读本》第四册的课文相比较，入选高中《国文》第二册的课文，除因适应高中学生水准而增加了最后两段含义较深广的文字外，还对语言、标点作了一些修改。例如，所有异体字的“牠”改为通用的“它”；在“意象的孤立绝缘”中的“孤立”后面添加一个顿号，使表意清晰；删去“第一次遇见火就伸手去抓它，被它烧痛了”中的前一个“它”，使语句简洁；在“所以在实用的态度中和科学的态度中所得到的事物的意象都不是独立的、绝缘的”这个长达 34 个字的句子中，“态度中”和“意象”之后添加了两个逗号，增加句内停顿后，这个长句子就好读多了。

作者是著名的美学家，擅长写普及型理论文章。本文将美学问题和日常生活联系起来，通过剖析木商、植物学家和画家面对一棵古松所持有的三种不同态度，形象地说明了美学中“实用的、科学的、美感的”三种观照态度，深入浅出地阐述了美学的原理，具有很强的说服力和感染力，是一篇用贴切有力的例子通俗地阐释美的涵义的好文章。所写的事例尽管是虚构的，但仿佛像真的一样，因为它说出了生活的真理。作者要表现的是实用的、科学的、美感的三种态度的区别，最终目的是要告诉读者“美感的经验是人生中最有价值的一面”，“只有艺术作品真正是不朽的”，应以一种审美的心态去面对现实生活，给现实人生增添美好的色彩。作者在说理中融入了充沛的感情，审美的愉悦，因而使文章更加能感染人、鼓动人。

本文以一种亲切平和的话语方式来谈美说文、纵论人生，具有独特的说理风格。文章语言不仅活泼形象，新鲜有味，而且通俗易懂，深入浅出，以看松树的不同眼光、态度来说明实用、科学与审美的本质区别，把深奥的美学道理讲得简明、生动，使人感到趣味无穷。优美流畅的语言与深刻的道理相得益彰。

［课文（略）］

《早起》介评

《早起》，作者梁实秋（1903—1987），文学评论家、散文家、翻译家。本文选自作者1963年出版的杂文集《秋室杂文》，入选台湾地区“国立编译馆”出版的高级中学《国文》教科书第二册（1985年初版，1993年九版）。这套教科书依据台湾地区1983年7月修订公布的《高级中学国文课程标准》编辑，每册课文分精读、略读两类。第二册共18篇精读课文，12篇略读课文，《早起》是略读课文中的一篇。课文辅助部分有“题解”“作者”和“注释”，无精读课文所设的“问题与讨论”。

梁实秋有良好的古文基础，又精通英语，熟知西洋文化，阅历丰富，中外兼通，写起散文来旁征博引，内蕴丰盈，文笔机智，谐趣横生，严肃中见幽默，幽默中见文采。《早起》这篇文章充分体现了作者的散文特色，文化品位高。教科书编者选为课文是适宜的。

《早起》虽是“随想随写”的小品，涉及的题材平凡不过，但在作者的笔下却饶有趣味。本文以引用曾国藩的名言“作人从早起起”起笔，以进一层阐释曾国藩这句名言收笔，中间写到了文人志士对早起的重视，写到了自己养成早起习惯的历程，也写到了早起的种种好处和晚起的浪费光阴等害处。其中着重抒写了在清晨迎接新鲜的一天时的欣悦情怀：醒来听见鸟啭枝头，起来看见草上的露珠和砖缝里蚯蚓盗出的沙土，看见街上老老少少、各种各样的人在眼前活动起来，情不自禁地叹道：“这是一个活的世界，这是一个人的世界，这是生活！”这富有感染力的文笔，启导读者去感受人生的精彩况味，去养成早起的良好习惯。青少年学生中不愿早起、爱睡懒觉的现象比较普遍。本文用优美的笔触展现唯有早起方能见到的自然美景和人间景观，再加上对晚起者的幽默而善意的取笑，令人读后不由得产生强烈的共鸣。

本文文笔细腻，语言形象。例如不说“哭着回来”，而是说“眼泪扑簌的回来”，不说“等到将近中午”，而是说“等到太阳晒满半个院子”，以具象化的描写性语句，使行文轻松活泼，富于感染力。又如凭借细致的观察，抓住“草上露珠还没有干”“砖缝里被蚯蚓盗出一堆一堆的沙土”这两个一般人常见而并不注意的细节，简洁而生动地写出了清早街上清新可爱的自然景象。

本文的引用手法十分恰当巧妙。作者学贯中西，知识渊博，引用古今名人的嘉言懿行，引用中外的诗句、谚语，都很熨贴自然。看似信手拈来，实则功力非凡。开篇第一句即引用曾文正公的“作人从早起起”，以名人名句点题，并以“这是每人每日所做的第一件事。这一桩事若办不到，其余也就可想”两句作延伸议论，突出题旨，显得精警而有力。接下来引用《治家格言》“黎明即起”的名句，引用祖逖“闻鸡起舞”的故事，引用西方谚语“早出来的鸟儿能捉到虫儿吃”，都同样具有切合题旨、精警有力的表达效果。这类精萃的语句，经作者的巧妙引用和阐发，会给学习这篇课文的学生留下深刻的印象。

［课文（略）］

语言学习与研究

祖国的语言文字美妙无比，

语文教学的大千世界奥妙无穷。

我愿同全国语文界的有志者一起，

用心血浇灌出母语教学园地的成功之花。

——心声

略谈双提分承[①]

双提分承，是造句的一种方法。就是在同一句或同一段中，前面提起两件事，后面按照前面提起的次序，分别深入说明或加以补充，双管齐下，次序一致。这种手法运用得好，能够在简短的文字中表达比较复杂的意思，使文章结构更加谨严。

在论说文、通讯报导、记叙文等文体中，运用双提分承比较多。例如：

(1) 在“五四”以前，中国文化战线上的斗争，是资产阶级的新文化和封建阶级的旧文化的斗争。在“五四”以前，学校与科举之争，新学与旧学之争，西学与中学之争，都带着这种性质。（毛泽东《新民主主义论》）

(2) 大、小碑座的上、下四周，雕刻着以牡丹花、荷花、菊花等组成的八个大花圈，陪衬着百花组成的卷草花纹，这些花朵象征着品质“高贵”、“纯洁”和“坚忍”，表示全国人民对英雄们的永远怀念和敬仰。（周定舫《人民英雄永垂不朽——瞻仰首都人民英雄纪念碑记》，1958 年 4 月 23 日《人民日报》）

两个例句中，单线上的词语彼此呼应，双线上的词语也彼此呼应：条理清楚，简洁精练。

在小说中也会用到这种笔法。例如：

(3) 我在娘家这几天，就有人到贺家墺去，回来说看见他们娘儿俩，母亲也胖，儿子也胖；……（鲁迅《祝福》）

运用双提分承的笔法，最需要注意的是逻辑性，前后要呼应；否则，容

① 原载《中国语文》1959 年第 6 期。

易引起误会。如在这一句中：

(4) 我们历来就主张，在人民民主专政下面，解决敌我之间的和人民内部的这两类不同性质的矛盾，采用专政和民主这样两种不同的方法。（毛泽东《关于正确处理人民内部矛盾的问题》）

如把“敌我之间”和“人民内部”的位置前后掉换，或把“专政”和“民主”的位置前后掉换，就会造成意义上的错误，变成用专政的方法解决人民内部矛盾，用民主的方法解决敌我矛盾了。在口头上和书面上，常会遇到“双提不承”的语句。例如：

(5) 姊姊和妹妹，一个十七岁，一个二十岁。

(6) 我们要在自己学习或工作的机关、学校里起带头作用。（以上口头）

(7) 这个决议系统地总结了人民公社发展的经验，从理论上和政策上对于人民公社发展中的各个基本问题，作了详细的规定和深刻的说明。（《有历史意义的纲领性文件》，《红旗》1959 年第 1 期）

在这些例句中，应该进行适当的词语调整，使句子结构严密，前后意义承接。如例（7），可把“政策上”与“理论上”掉换位置。在“政策上”作了“详细的规定”，在“理论上”作了“深刻的说明”，这才讲得通。

但不能一概而论。有一些词语，在某种情况下，无法再把位置前后掉换，也不能硬性规定，强要拆开。例如：

(8) 工人阶级和民族资产阶级之间存在着剥削和被剥削的矛盾……（毛泽东《关于正确处理人民内部矛盾的问题》）

这一句中，运用了双提分承的笔法，看起来好像前后“不承”，应该改动，其实不然。因为用“和”连结词语，按照习惯，总是把主要的放在前面，所以“工人阶级和民族资产阶级之间”存在矛盾，不能改为“民族资产阶级和工人阶级之间”存在矛盾。同时，“剥削与被剥削”已成为固定的短语，改成“被剥削与剥削”就十分别扭。所以例 8 的写法是非常妥当的，不能片面地强调逻辑性而进行修改。照原句这样读起来，也不会产生什么误会。

鲁迅作品中色彩词的运用[①]

一

作家在文学作品中，常常渲染音响，给读者以听觉上的刺激；也常常描绘色彩，给读者以视觉上的刺激。汉语中许多象声词是渲染音响的要素；而色彩词，则是描绘色彩的不可缺少的材料。所谓色彩词，就是指以颜色来表示物体性状的词。

客观世界是丰富多彩的，不同的物体具有不同的色彩。有些物体彼此间色彩的区别很明显，像蓝天与白云，红花与绿叶，黑墨与黄纸，等等。有些物体彼此间的色彩虽有区别，但不很显著。同样是红，有的是血红，有的是紫红，也有的是猩红；同样是蓝，有的是乌蓝，有的是深蓝，也有的是宝蓝。作为画家来说，他假若要把客观事物正确地反映到画纸上来，一定要调配多种的色彩，运用最适当的色彩。作为作家来说，他假若要借助颜色正确地反映不同物体的不同性状，使作品增加真实感，就必须掌握大量的色彩词，并能够运用最适当的色彩词。

鲁迅先生是我们祖国杰出的语言大师，他的文学语言具有很多特色，本文准备谈谈鲁迅先生文学作品中运用色彩词的情况。

二

鲁迅先生善于准确、鲜明、生动地大量运用色彩词，这些色彩词加强了作品的鲜明性和形象性。

首先，鲁迅先生常常运用色彩词加强作品中景物描写的气氛。读者读到这些景物描写，仿佛亲临其境，眼见其物。这样，就大大增加了作品的感染力和真实感。例如：

① 原载《中国语文》1959 年第 10 期（庆祝建国十周年专号）。

(1) 秋天的后半夜，月亮下去了，太阳还没有出，只剩下一片乌蓝的天；……（《药》）

(2) ……从篷隙向外一望，苍黄的天底下，远近横着几个萧索的荒村，没有一些活气。（《故乡》）

(3) 窗外沙沙的一阵声响，许多积雪从被他压弯了的一枝山茶树上滑下去了，树枝笔挺的伸直，更显出乌油油的肥叶和血红的花来。（《在酒楼上》）

(4) 故乡的风筝时节，是春二月，倘听到沙沙的风轮声，仰头便能看见一个淡墨色的蟹风筝或嫩蓝色的蜈蚣风筝。（《风筝》）

例（1）中“乌蓝”这个色彩词，确切地描绘了秋天日出前一瞬间天空的情景。读者读到例（2）中“苍黄”这个色彩词，眼前好像呈现了一片冬天肃杀的景象；鲁迅先生用“苍黄”形容深冬时候的天色，不仅十分准确，而且与他当时的心情也紧紧地配合起来，造成一股悲凉的气氛。例（3）中“乌油油”的肥叶和“血红”的花在积雪中十分鲜明，为深冬雪后的园子增添了不少活气。例（4）向读者展示了一幅春日的活泼的有声有色的图画，“淡墨”“嫩蓝”两个色彩词用得十分明朗自然。

鲁迅先生除了精练地以一两个色彩词描写景物外，还善于运用一连串的色彩词仔细地、多方面地描写景物，渲染出作品的情调和风味。例如：

(5) 这时候，我的脑里忽然闪出一幅神异的图画来：深蓝的天空中挂着一轮金黄的圆月，下面是海边的沙地，都种着一望无际的碧绿的西瓜，……（《故乡》）

(6) 粉红的天空中，曲曲折折的漂着许多条石绿色的浮云，星便在那后面忽明忽灭的䀹眼。天边的血红的云彩里有一个光芒四射的太阳，如流动的金球包在荒古的熔岩中；那一边，却是一个生铁一般的冷而且白的月亮。（《补天》）

(7) 不多久，牛就放开了脚步。大家在关口目送着，去了两三丈远，还辨得出白发，黄袍，青牛，白口袋，接着就尘头逐步而起，罩着人和牛，一律变成灰色，再一会，已只有黄尘滚滚，什么也看不见了。（《出关》）

例（5）中，“深蓝”的天空、“金黄”的圆月、“碧绿”的西瓜，配合成一幅神异、鲜明的图画，我们仿佛真的看到了沿海农村的景色；作者让我们尽情地享受着大自然的美。读完例（6），闭上眼睛想一想，“粉红”的天空、“石绿色”的浮云、“血红”的云彩、冷而且“白”的月亮，交映得多么艳丽生动，给我们视觉以明亮的感觉。在这段文字中，鲁迅先生发挥丰富的想象力，借助色彩词描绘了上古时代天空奇丽的景致，有力地衬托了《补天》全篇的神奇、幻想的情调和风味。例（7）里用的都是单音色彩词，“白”“黄”“青”“灰”相映，也是一幅鲜明的图画；或者说，这是彩色影片中的一个“淡出”的镜头。

其次，确切地运用色彩词，突出人物形象，是鲁迅先生常用的描绘人物的方法之一。这里先举大家都熟悉的《祝福》中的有关描写为例：

(8) 有一年的冬初，四叔家里要换女工，做中人的卫老婆子带她进来了，头上扎着白头绳，乌裙，蓝夹袄，月白背心，年纪大约二十六七，脸色青黄，但两颊却还是红的。

在这短短一段文字中，作者用了六个不同的色彩词，这样，把年轻时候的祥林嫂的外貌活生生地勾画了出来。我们甚至可以这样说：鲁迅先生在这里替祥林嫂拍了一张彩色的全身照片，并且把这张照片清晰地印在读者的脑海里。又如：

(9) 虽然我一见便知道是闰土，但又不是我这记忆上的闰土了。他身材增加了一倍；先前紫色的圆脸，已经变作灰黄，而且加上了很深的皱纹；眼睛也像他父亲一样，周围都肿得通红，……（《故乡》）

旧社会里一位终年辛勤劳动、终日吹着海风的在饥饿线上挣扎的朴实的农民，好像就站在我们眼前。“灰黄”的脸，“通红”的眼睛，这两个色彩词用得多么传神！再看下面这一段话：

(10) 女孩——约十岁，紫发，乌眼珠，白地黑方格长衫。（《过客》）

鲁迅先生一共只花了十五个字，就勾出了这位女孩的外形。值得注意的是十五个字中有四个是色彩词，描绘了这位女孩的头发、眼睛和衣着，使她形象鲜明地出现在读者面前。

鲁迅先生还常常反复运用相同的色彩词描绘人物，突出人物形象。在《铸剑》中，鲁迅先生这样描写那位协助眉间尺复仇的壮士：

(11) 前面的人圈子动摇了，挤进一个黑色的人来，黑须黑眼睛，瘦得如铁。

(12) 人迹绝了许久之后，忽然从城里闪出那一个黑色的人来。

(13) 最先头的一匹大狼就向黑色人扑过来。

(14)“那是一个黑瘦的、乞丐似的男子。……”

(15) 中间夹着一个黑色人。……那人的衣服却是青的，须眉头发都黑；……

(16) 炭火也正旺，映着那黑色人变成红黑，如铁的烧到微红。

在这一篇小说中，鲁迅先生用“黑”做“基调”，描写了壮士的形象。凡是提到壮士，都称“黑色人”“黑色的人”“黑瘦的、乞丐似的男子”；因为他的发、须、眉和眼睛都黑，身体和脸容都是黑瘦的。这样反反复复地用相同的色彩词强调地描写，有助于突出这位壮士的刚强、豪壮、坚毅和不畏强暴的性格，这位为民除害的勇士的形象就深深地留在我们的印象中。

在《孤独者》中，鲁迅先生对主角魏连殳形象的描写，也采用了类似的手法。

第三，值得提一提的是，鲁迅先生运用色彩词描绘景物和人物，贯串着强烈的爱憎精神。鲁迅先生总是恰当地运用色彩词，表现了被描写对象的性状，同时，也常常表现了自己的态度。

鲁迅先生回忆闰土时，运用色彩词描绘了一幅神异、鲜明、美丽的农村风景，也表现了少年鲁迅对农村的强烈的喜爱和向往。从对祥林嫂的细致的以色彩词为主的描绘中，也可以看出鲁迅先生对这位被压迫被剥削的劳动妇女的同情。又像在《伤逝》中描写子君时这样写：

(17) 于是就看见带着笑涡的苍白的圆脸，苍白的瘦的臂膊，布的有条纹的衫子，玄色的裙。

“苍白”，是作品中主角涓生对柔弱的子君的脸色、肤色的感觉，包含着涓生对子君的爱怜的心情。在这个描写中，也渗透着鲁迅先生对这位以后遭到悲惨结局的青年女子的怜惜的心情。

相反，当描写那些吃人的、害人的、卑鄙的东西时，鲁迅先生运用色彩词的态度就完全不同。

在《狂人日记》中，对那些“吃人的人”，鲁迅先生通过“狂人”的口这样描写：

(18) 那青面獠牙的一伙人，……

(19) 他便变了脸，铁一般青。

(20) 他……满脸都变成青色了。

(21) 我看出他话中全是毒，笑中全是刀，他们的牙齿，全是白厉厉的排着，这就是吃人的家伙。

对封建社会的现实，鲁迅先生通过“狂人”的口加以评价：

(22) 黑漆漆的，不知是日是夜。

(23) 屋里面全是黑沉沉的。横梁和椽子都在头上发抖；抖了一会，就大起来，堆在我身上。

从上面这些借助色彩词的描写中，鲁迅先生一针见血地写出了那些“吃人的人”的丑恶的形态，残忍的本质；也暴露了封建社会、封建家庭的黑暗。

又如在《理水》中，对那位自以为是、污辱大禹为虫的“鸟头先生”，鲁迅先生这样描写：

(24)“这这些些都是费话，”……学者吃吃的说，立刻把鼻尖胀得通红。

(25)“人有叫作大大猴子的吗？……”学者跳起来了，连忙咽下没有嚼烂的一口面，鼻子红到发紫，吆喝道。

(26)“哼！”鸟头先生气忿到连耳轮都发紫了。

(27) 看客也渐渐的走散，鸟头先生就红着耳轮和鼻尖从新吃炒面，……

通过几个平平常常的色彩词的巧妙运用，鲁迅先生把一个心胸狭窄、刚愎自用、知识浅薄的“学者”的丑态充分揭露了出来，让读者感到他的卑鄙和可笑，因而更加感到中华民族古代代表人物夏禹的伟大和可敬。

从上面的例句和分析中，可以很明显地看出，鲁迅先生对不同的事物有着不同的运用色彩词的手法；这中间充分体现了鲁迅先生一贯所有的强烈的爱憎精神。

三

从前面的分析中，我们可以知道，鲁迅先生运用色彩词是十分丰富、准确、鲜明、生动的，因而使文学作品更加真实，更加生动，更加有力量。鲁迅先生为什么能够这样善于运用色彩词呢？这是与他生活经验的丰富和写作态度的认真分不开的。

鲁迅先生从小就喜欢和劳动人民接触，从小就爱好大自然，这就是供给他无穷无尽的色彩词的源泉。据鲁迅先生亲友回忆，鲁迅先生从小就“非常喜欢美术，搜集过很多民间绘画，也绘制过很多美术作品，又很喜欢花草……幼年的鲁迅真可以说是个小小的植物学家”（见《文学知识》1959 年第 5 期，张能耿：《鲁迅的青少年时代》）。后来，从日本留学回国后，鲁迅先生“一面努力于文学的创作、翻译及古代作家著作的搜集整理工作，另方面他又致力于考古学及生物学知识的探求。……星期日，他也常下乡去拓印碑帖，或与三弟周建人先生一起，带着工具到乡下去采集植物标本。采来后又细心的整理与保藏起来。”（同上面引文）爱好绘画，学习绘画，喜欢花草，注意研究植物，这种种实践活动使鲁迅先生获得了许多有关色彩方面的知识，掌握了丰富的色彩词。

鲁迅先生谆谆教诲青年：“留心各样的事情，多看看”，“不生造除自己以外，谁也不懂的形容词之类。”（见《答北斗杂志社问》）他自己就是一切毫不马虎，踏实细致，写作态度十分严肃认真的。他的许多杰作可以说明这一点；他在作品中运用色彩词的丰富、准确、鲜明、生动，也是有力的证明。

文学语言规范化的宝贵尝试[①]

——学习鲁迅对手稿、初稿的文字加工

作为新文化运动的旗手，鲁迅先生不仅以频繁的创作实践积极倡导白话文，而且相当重视作品语言的规范问题。他的文学语言的规范化程度，就是在不断地比较、辨析，审慎地选择、锤炼的过程中逐步提高的。这一点，从他对自己作品手稿和初稿的加工修改中，可以看得特别清楚。

在鲁迅先生精心斟酌的大量改笔中，有相当一部分，不是为了修辞性炼词炼句的需要，而是为了克服自己所受的某些语言混乱现象的影响，使作品的用词、造句尽可能合乎一定的规则。这在同时代的作家中是十分突出的。从鲁迅先生的这些文字加工中，我们可以了解杰出的作家是怎样为文学语言的规范化而付出辛勤劳动、进行宝贵尝试的；可以获得许多有用的资料，了解“五四”以后的一段时期内，文学语言发展的某些情况。这对促进今天的现代汉语规范化工作，将会有所裨益。

下面，我们就从收集到的鲁迅先生的数千条改笔中，挑选词汇、语法规范化方面的部分实例，归纳成八个方面，作一排比分析。

一　语序的调整

“五四”前后一段时期，一部分联合式双音词的语素次序还不固定，AB与BA式并见的用例比比皆是。鲁迅先生的作品中也时有出现。曹先擢同志在《并列式同素异序同义词》一文中，曾列举了鲁迅先生用过的“赏鉴—鉴赏”“灵魂—魂灵”“健康—康健”“安慰—慰安”等十五组例子。[②] 这些并用例反映了某些词的语素次序在凝固过程中的暂时的不稳定。但是，鲁迅先生对这种现象不是漠然置之的。他在修改作品语言时，对这一类“同素异序”的词，经常要斟酌再三，决定取舍，而且选取的则常常是后来流行的格

① 原载《中国语文》1983年第1期。
②《中国语文》1979年第6期。

式。例如：

(1) 人们有时却极容易得到安慰（慰安）……（手稿选集三编：《写在〈坟〉后面》）①

(2) 天气愈冷了，我不知道柔石在那里有被褥（褥被）不？（手稿选集：《为了忘却的记念》）

(3) 假如你去请教作者本人罢，他一定不加解释（释解）……（手稿选集三编：《“寻开心”》）

例（1）是把文言词的语素次序改为现代语词的语素次序；例（2）是把南方方言词的语素次序换成北方话词的语素次序；例（3）是选定已逐渐为大家所习惯采用的语素次序。

词序在汉语中有很重要的作用。从下列调整词序的几类改例，可以了解鲁迅先生对词序规范化的精心探索。

调整数量词的位置，使多层定语配置合理：

(4) 鬼王拿的是［原无］一块小小的（小小的一块）虎头牌。（手稿选集续编：《无常》）

调整词序，使分类排列合理：

(5) 在才可辨色的昏暗中，塑着各种鬼：吊死鬼，跌死鬼，虎伤鬼，科场鬼（缢死鬼，虎伤鬼，跌死鬼，科场鬼）……（同上）

调整词序，以显示上下句的提承关系：

(6) 所谓“雅人”，原不能一天雅到晚的，即使睡的是珠罗帐，吃的是香稻米，但那根本的睡觉和吃饭（吃饭和睡觉），和俗人究

① 本文所引例句，正文为手稿或修订稿中改定的文字，括号内是手稿或报刊上最初的文字。出处里省去了手稿或全集前的“鲁迅”二字。“手稿选集”及其“续编”“三编”“四编”，分别为文物出版社 1962 年、1963 年、1973 年、1975 年版。全集为人民文学出版社 1956 年版。

竟也没有什么大不同……（全集第6卷：《论俗人应避雅人》；初稿见1935年3月20日《太白》半月刊第2卷第1期）

把文言词序改为现代汉语词序：

(7) 至于默默［原无］抗战的烈士，却很少能有一个遗孤（遗孤一个）。（手稿选集三编：《半夏小集》）

二　单音词的双音化

“五四”以后，文学作品语言中单音词的双音化，是众多的作家、作者长期语言实践的产物，也是现代汉语向精密化、口语化方向发展的一个标志。鲁迅先生由于所处时代是在好几十年之前，他作品语言的双音化程度自然不及今天一些作品中的高，但他在单音词的双音化方面，也作了许多尝试。单音词改为双音词，在鲁迅先生的修改例中占了很大比重。

我们先看下面一个句子的修改：

(8) 看鸟雀下来啄食，走到竹筛底下的时候（筛下时），将绳一拉，便罩住了。（手稿选集：《从百草园到三味书屋》）

“筛—竹筛”“下—底下”“时—（的）时候”，这三处把单音词换成双音词后，不但使表意精确明白，而且读音和谐多了。这恐怕是双音化修改的基本原因。又如：

单音实词的双音化：

(9) 阅历加多，才知道（知）他还是仁厚的……（手稿选集续编：《写于深夜里》）

(10) 一看见（见）宫里面（内）大家的愁苦的情形……（手稿选集：《眉间尺》）

(11) 我当初很觉得奇怪（怪）……（手稿选集三编：《附记》）

单音虚词的双音化：

(12) 现在你已经(已)成人了。(手稿选集:《眉间尺》)

(13) 吴的朱育,唐的武则天,都曾经(曾)造过古怪字。(手稿选集:《门外文谈》)

(14) 然而又因此(因)看见世态的炎凉。(手稿选集三编:《文坛三户》)

(15) 只删存一个或者(或)三四个字。(手稿选集四编:《题未定草(八)》)

三　文言成分的约制使用

鲁迅先生的古文根柢很深,当时所处的时代和语言环境又使他一时不能全部摆脱文言的影响而创立一种很口语化的白话文体,再加上有时为了表达的需要还会有意运用一些文言的词、句,所以,在他的作品里,文言成分的比重还是比较大的。但是,从先生修改手稿、初稿的情况来看,对待文言成分,除少数场合是换进外,大量的是换掉。下面是换进例:

(16) 还怕他鬼魂作怪,将他的身首分埋在前门和后苑(后园)了!(手稿选集:《眉间尺》)

(17) 还有文侩,勾结小报,竟也作文奚落先生以自鸣得意,真可谓(这真是)"小人不欲成人之美",而且"蚍蜉撼大树,可笑不自量"了!(手稿选集三编:《关于太炎先生二三事》)

(18) 于是他自称"第三种人",他"为艺术而艺术",他即使写了出来,也不过是三只眼,长颈子而已[原无]。(手稿选集四编:《叶紫作〈丰收〉序》)

(19) 那地方原是繁盛之区(繁盛区),靠天的结果,却被天风吹了沙埋没了。(手稿选集四编:《靠天吃饭》)

少数换进,有时是为了适合作品所反映的时代的特色,如例(16),"后苑"是当年皇宫里的专用名词;有时是为了熔炼行文的风格,如例(17)(18),融进了亦庄亦谐、幽默讽刺的风格色彩;有时是为了使语言音节和谐,如例(19)。

多数换掉,充分显示了鲁迅先生在文学语言中约制文言成分使用的意图。这类改换中的绝大多数是为了使语言通俗，这更表明了鲁迅先生的这一主张：“将活人的唇舌作为源泉，使文章更加接近语言，更加有生气。”①

实词修改例如下：

(20) 给他说得体面（冠冕）一点，就是敌人罢……（手稿选集续编：《〈坟〉的题记》）

(21) 这样地经过了煮熟一锅（釜）小米的时光……（手稿选集：《眉间尺》）

(22) 甚而至于要榨出皮袍（皮裘）下面藏着的“小”来。（全集第1卷：《一件小事》；初稿见《晨报》周年纪念增刊号）

虚词修改例如下：

(23) 以文字论，就（即）不必更在旧书里讨生活……（手稿选集三编：《写在〈坟〉后面》）

(24) 为他自己计，这固然是没有（并无）危险的尊号，但也不是（并非）十分值得欢迎的头衔。（手稿选集三编：《在现代中国的孔夫子》）

(25) 虽然每一县一定有圣庙，即文庙，但（然而）那里面（其中）大抵并没有圣像。（同上）

上一节提及的单音词的双音化改例中，有不少实质上也是把文言词改为现代语词。

四　方言词语的合理运用

对文学语言中方言词语的运用，鲁迅先生多次阐明过自己的观点。他认为应当吸收方言土语里“意味深长的话”（“炼话”）②，又认为“太僻的土语，是不必用的”③。合理运用方言词语的这两点主张，也体现在鲁迅先生

①《写在〈坟〉后面》，《鲁迅全集》第1卷。
②《门外文谈》，《鲁迅全集》第6卷。
③《答曹聚仁先生信》，《鲁迅全集》第6卷。

修改自己作品语言的实践之中。

有时换进某些富于表达力而外地人也能读懂的江浙一带（或别地）的方言词语。例如：

(26) 这回编者的对于主角阿Q所说的绍兴话，取了这样随手胡调（胡写）的态度，我看他的眼睛也是为俗尘所蔽的。（手稿选集三编：《答〈戏〉周刊编者信》）

(27) 轻捷的叫天子（云雀）忽然从草间（里）直窜向云霄里去了。（手稿选集：《从百草园到三味书屋》）

例（27）并未改掉方言词语，因为“叫天子”这个名称相当形象地描摹了这种鸟儿的鸣叫姿态和飞翔高度；但可能各地称呼不一，所以修改时在它后面加了一个括号注，指出它的学名，以便别处的读者也能懂得所写的是什么鸟。

有时要换掉某些比较冷僻的、外地人不太容易理解的江浙一带的方言词语。例如：

(28) 如果不怕刺，还可以摘到覆盆子（角公角婆）像小珊瑚珠攒成的小球……（同上）

五　成语的定型化修改

鲁迅先生对成语有这样的评价：“成语和死古典又不同，多是现世相的神髓，随手拈掇，自然使文字分外精神”①。这里所说的“成语”，恐怕还包括一些谚语、俗语等在内。他在行文时，往往“未忘积习而常用成语”②。我们仅以先生创作的三十三篇白话小说为例，其中共约运用各种成语三百多条，四百余次；各种谚语、俗语三十多条次。③

鲁迅先生在运用成语时，相当重视书写形式的规范，即尊重约定俗成，

① 《〈何典〉题记》，《鲁迅全集》第7卷。

② 《叶永蓁作〈小小十年〉小引》，《鲁迅全集》第4卷。

③ 据日本上野惠司编《鲁迅小说词汇索引》，日本龙溪书店1979年4月版。

不轻易改变原有成语的固定形式。成语的定型化修改主要有下面几种类型。

一是改掉生造的新语，换用合适的同义的成语。例如：

(29) 有些人们却一心一意（专心一意）在造专给自己舒服的世界。(手稿选集续编：《〈坟〉的题记》)

(30) 一个村妇再醮了两回，原是穷乡僻壤（荒村僻壤）的常事……（手稿选集三编：《论“人言可畏”》)

(31) 于是真的有些抚今追昔（抚今追忆），“缠绵悱恻”起来。(手稿选集三编：《文坛三户》)

(32) 后来白话渐渐通行了，势不可遏（势不可御）。(手稿选集三编：《写在〈坟〉》后面)

下面两例是谚语、俗语的定型化修改：

(33) 只剩下领队的洋烈士的那一架，双拳不敌四手（两拳不敌四手)，终于给日本飞机打落……（全集第 5 卷：《航空救国三愿》；初稿见 1933 年 2 月 5 日《申报》《自由谈》)

(34) 写完题目，就有些踌躇，怕空话多于本文，就是俗语之所谓“雷声大，雨点小（雷声大，雨点细）”。（手稿选集续编：《因太炎先生而想起的二三事》)

一是调整成语内部颠倒的词序，代之以习用的词序。例如：

(35) 其实世界上也不会有完全归化的译文，倘有，就是貌合神离（神离貌合）……（手稿选集四编：《〈题未定〉草》)

(36) 事实不为轻薄阴险小儿留情，曾几何年，他们就都已烟消火灭（烟灭火消）……（手稿选集四编：《忆韦素园君》)

一是把结构松散的词组换成成语。例如：

(37) 那是不足为奇（无足怪）的，因为地上曾经大被焚烧，自然失了他的肥沃。(全集第 2 卷：《失掉的好地狱》；初稿见 1925

年6月22日《语丝》第32期）

(38) 譬如祖母的脚是三角形，步履维艰（步履艰难）的，小姑娘的却是天足，能飞跑……（全集第3卷：《这个与那个·读经与读史》；初稿见1925年12月10日《国民新报副刊》）

一是把成语中不必要的嵌字删去。例如：

(39) 这哥哥才是徐培根，航空署长，终于和他成了殊途同归（殊途而同归）的兄弟……（手稿选集：《白莽作〈孩儿塔〉序》）

这种成语的“定型”使用与许多同志已经探讨研究的成语的“翻造”使用，应该说是鲁迅先生运用成语过程中相辅相成的两个方面。前者是为了合乎规范，避免不必要的分歧现象；后者是为了表达生动、奇特。

六　代词的精确选用

鲁迅先生很早就注意到他称代词的分化。他在修改时，曾把某些句子中用的“他”改为“它”，以表示动物或植物，区别于称代人的“他”。例如：

(40)“活该！”他一想到夜夜咬家具，闹得他不能安稳睡觉的便是它们（他们），很觉得畅快。（全集第2卷：《铸剑》；原稿见手稿选集：《眉间尺》）

对某些小节中本名尚未出现就已用的“他”，修改时改用本名，使表意明确。例如：

(41) 先生（他）自己也念书。后来，我们的声音便低下去，静下去了，只有他还大声朗读着……（手稿选集：《从百草园到三味书屋》）

对代词“他（他们）”，鲁迅先生在修改中多数场合是添用，而且常常加在表修饰的地位，以明确人称，避免误解。例如：

(42) 闰土说着，又叫水生上来打拱，那孩子却害羞，紧紧的只贴在他［原无］背后。（全集第1卷：《故乡》；初稿见1921年5月《新青年》第9卷第1号）

(43) 此后回到中国来，我看见那些闲看枪毙犯人的人们，他们［原无］也何尝不酒醉似的喝彩，——呜呼，无法可想！（全集第2卷：《藤野先生》；初稿见1926年12月《莽原》半月刊第23期）

为了避免费解，鲁迅先生修改时还采用在代词后面添加本名的方法，让代词和本名同时出现。例如，在《白莽作〈孩儿塔〉序》（手稿选集）一文中，就把“这我很了然”添改为“这心情我很了然”；把“因为这属于别一世界”添改为“因为这诗属于别一世界”。

七　虚词的恰当调配

鲁迅先生作品的语言，上下句勾连紧密，文气曲折有致而连贯，这与一些虚词的恰当安排很有关系。试读下面几个添加副词、连词的例句：

(44) 马褂问过他的姓名，年龄，籍贯之后，就又问道……（手稿选集续编：《写于深夜里》）

(45) 此后是大臣，太监，侏儒等辈，都装着哀戚的颜色。（手稿选集：《眉间尺》）

(46) 要精密，当然不得不繁，但繁得很，就又变了“难”，有些妨碍普及了。（手稿选集：《门外文谈》）

(47) 评论者倘不了解以上的大略，就不能批评近三年来的文坛。即使批评了，也很难中肯。（手稿选集四编：《后记》）

(48)《阿金》是写给《漫画生活》的；然而不但不准登载，听说还送到南京中央宣传会里去了。（手稿选集三编：《附记》）

例（44）是添加副词“又”，使上下句承接关系明朗。例（45）是添加副词“都”，表明了总括关系。例（46）添加连词“但”，使上下句转折关系明确。例（47）加进连词“即使”后，同“也”呼应，明白地表示了分句间的假设关系。例（48）连加“然而”“不但”，增设了转折关系，明确了递进关系，就使前后各分句的文气显得强烈而有起伏。

八　其他修改

（一）改掉临时生造的词语。例如：

(49) 这也是关于取用文学遗产的问题，潦倒而至于昏聩（盲目盲心）的人，凡是好的，他总归得不到。（手稿选集四编：《题未定草》）

这一例舍弃“盲心”这个生造词，而把“盲目盲心”改为文言词“昏聩”。这就是先生自己所说的：“没有相宜的白话，宁可引古语”，“生造出来的字句，是不大用的”①。

（二）避免某些集体名词同数量词结合。例如：

(50) 将这些体式上截然不同的东西，集合了做成一本书（书籍）样子的缘由……（手稿选集续编：《〈坟〉的题记》）

（三）注意词的划类使用。例如：

(51) 他口里的阎罗天子仿佛也不大高明（神明），竟会误解他的人格……（手稿选集续编：《无常》）

“神明”是名词，不宜充当形容词，所以改用“高明”。

（四）重视词语搭配的习惯性。例如：

(52) 这一部书是道学先生的悖慢淫毒心理的结晶，和“性灵”缘分浅得很（很少的）……（手稿选集三编：《寻开心》）

（五）防止产生误解。例如：

① 《我怎么做起小说来》，《鲁迅全集》第5卷。

(53) 我……也曾因此弄坏了泥墙，却从来没有见过有一块根(块根)像人样。(手稿选集:《从百草园到三味书屋》)

(54) 自然，他们有作品。但中国也有的。中国的［原无］作品“可怜”得很，诚然，但这不只是文坛可怜，也是时代可怜……(手稿选集三编:《七论“文人相轻”——两伤》)

例(53)原稿的“块根”，容易误解为植物学名词中的“块根”；例(54)原稿的“作品”，容易同上文“他们有作品”中的外国人的“作品”相混。这两处经过添改后，表意就十分明确、周密。

作品文字的修改是非常繁复、艰苦的劳动。在以文学为武器冲锋陷阵的紧张战斗中，鲁迅先生能够字斟句酌地考虑词汇和语法的规范，精细地进行探索，发现问题，研究问题，尽可能合理地解决问题，这种精神值得我们学习。他在许多方面的讲究语言规范的宝贵尝试，值得我们在研究现代汉语规范问题时作为借鉴。

当然，由于写作时代的限制(须知，在五六十年前，“语言规范化”问题还远远不像今天这样，成为广泛深入地研究的社会性问题)，也由于创作时间的紧迫(有时要通夜写作、修改成篇，及时发表，投入战斗)，鲁迅先生在面广量大的文字加工中，难免有少数疏漏的地方。就手稿的修改说，有原稿上明显有误而未加修改的，有前后改笔未能统一起来的，也有原来通顺而修改后显得不那么通顺的。但这些疏漏占的比重甚小，而且其中有一些在以后出版的先生亲自审订的版本中，也作了修正。应该说，鲁迅先生在文学语言规范化方面所作的尝试，是卓有成效、意义深远的。

鲁迅的炼词艺术①

炼词，是写作活动中词语改换的一种高级手段。俄国文学批评家别林斯基在评莱蒙托夫的诗时说："每个字都应该求其尽力发掘为整个作品思想所需要的全部意义，以致在同一语言中没有任何其他的字可以代替它。"（《别林斯基论文学》，新文艺出版社 1958 年版，第 225 页）炼词就是要找出那最准确的"没有任何其他的字可以代替它"的"唯一的词"。

炼词，是艰苦的劳动。清代袁枚《随园诗话》说："刘彦和所谓'富于万篇，窘于一字'，真乃甘苦之言。"（卷二）古人所谓"吟成一个字，捻断数茎须"，"为求一字稳，耐得半宵寒"等说法，形象地说明了炼词、推敲时呕心沥血的情景。

我国杰出的语言大师鲁迅先生重视炼词，也善于炼词。他不仅在写诗时经常炼词，使诗歌语言达到更加完美的境界；而且在小说、散文和杂文的修改中，也非常注意炼词，有许多佳例。这些艰苦劳动的结晶，文学语言的精华，值得我们学习和借鉴。

鲁迅先生作品的炼词，大都是炼动词、形容词和名词。其中尤以精心选择恰当的动词为最常见。我们先读小说《肥皂》中的几个例句：

(1) 初稿："他们还嚷什么'新文化新文化'，'化'到这样了，还不够?"他两眼直看着屋梁，尽自说下去。(《晨报副刊》1924 年 3 月 27—28 日)

定稿："他们还嚷什么'新文化新文化'，'化'到这样了，还不够?"他两眼钉着屋梁，尽自说下去。(《鲁迅全集》第二卷)②

(2) 初稿：伙计本来是势利鬼，眼睛生在额角上的，早就努着

① 原载《语文知识丛刊》1982 年第 3 期。

② 本文中所说"初稿""定稿"，分别指最初发表在报刊上的文字和收编在集子中的同篇文字修订稿；"原稿""改稿"，分别指鲁迅先生手稿上的原文和改笔。

狗嘴的了；……（同上）

定稿：伙计本来是势利鬼，眼睛生在额角上的，早就撅着狗嘴的了；……（同上）

(3) 初稿：于是这葵绿色的纸包被打开了，里面还有一层很薄的纸，也是葵绿色，挖开薄纸，才露出那东西的本身来，……

定稿：于是这葵绿色的纸包被打开了，里面还有一层很薄的纸，也是葵绿色，揭开薄纸，才露出那东西的本身来，……（同上）

(4) 初稿：破絮一般的白云间露出星点，……（同上）

定稿：破絮一般的白云间闪出星点；……（同上）

例（1）摹写眼睛的动态，用“钉着”代替“直看着”，就把道学先生四铭那种道貌岸然、高谈阔论、旁若无人的神态，刻画得惟妙惟肖。例（2）把嘴巴的动作“努着”改为“撅着”，更能显出“势利伙计”那种瞧不起人的神色和不乐意的表情。例（3）描写手的动作，将草率、粗糙的“挖开薄纸”改为小心、细致的“揭开薄纸”，能够更好地反映出四铭太太对那块肥皂（小说中的重要物品）的爱惜之情，也为下文“裹好薄纸”作了很好的铺垫。例（4）把“露出”改成“闪出”，使星星的特征更为突出，动态更为鲜明。

再看下边的例句：

(5) 初稿：它们自身正在崩溃下去，无法支持，为挽救自己的未来，便憎恶苏联的向上。……终于只得准备动手去打了，一定要去掉它才睡得着。（《我们不再受骗了》，《北斗》月刊 1932 年 5 月 20 日第 2 卷第 2 期）

定稿：它们自身正在崩溃下去，无法支持，为挽救自己的未来，便憎恶苏联的向上。……终于只得准备动手去打了，一定要灭掉它才睡得着。（《鲁迅全集》第四卷）

“去掉它”和“灭掉它”都有“除掉它”的意思，但“去掉它”显得较平，“灭掉它”则动态更强。这一句用“灭掉”代“去掉”，更能一针见血地揭露出帝国主义反动派准备武装侵略苏联、扼杀当年的革命新芽的恶毒企图。

(6) 原稿：美国的D医师来诊察了。……虽然誉我为最能抵抗疾病的典型的中国人，然而也宣告我的就要死亡；并且说，倘是欧洲人，则在五年前已经死掉。

改稿：美国的D医师来诊察了。……虽然誉我为最能抵抗疾病的典型的中国人，然而也宣告我的就要灭亡；并且说，倘是欧洲人，则在五年前已经死掉。(《死》，《鲁迅手稿选集》)

这一句把“死亡”改为“灭亡”，显然是故意使用大词小用的修辞手法。这样幽默风趣地写，不仅是增添了文句的生动性，而且更加有力地表露了鲁迅先生那种临危不苟、藐视疾病的高度的乐观主义精神和韧性的战斗精神。

(7) 初稿：还不够，就有燃烧弹，硫磺弹；从飞机上掷下去，……(《火》，《申报》月刊1933年12月15日第2卷第12号)

定稿：还不够，就有燃烧弹、硫磺弹，从飞机上面扔下来，……(《鲁迅全集》第四卷)

“掷下去”是从飞机的角度去写，“扔下来”是立足于地面上来写的。两种说法都可以，但改用后一种更能写出敌机的肆虐。“掷”换成“扔”也改得好：“扔”有胡乱、丢出去的含义，这更能写出敌寇残杀无辜百姓的暴行。

(8) 原稿：孙行者神通广大，不单会变鸟兽虫鱼，也会变庙宇，眼睛变窗户，嘴巴变庙门，只有尾巴没处安放，就变了一枝旗竿，放在庙后面。但那有只有一枝旗竿的庙宇的呢？

改稿：孙行者神通广大，不单会变鸟兽虫鱼，也会变庙宇，眼睛变窗户，嘴巴变庙门，只有尾巴没处安放，就变了一枝旗竿，竖在庙后面。但那有只竖一枝旗竿的庙宇的呢？(《化名新法》，《鲁迅手稿选集续编》)

把“放”改为“竖”，可以同“旗竿”配得更紧，也更富于具体的动态。后边的一个“有”改为“竖”，除了有上述作用外，还能避免同一句中紧挨着的两个“有”字的重复出现。

(9) 原稿：夜正长，路也正长，我不如忘却，不说的好罢。但我知道，即使不是我，将来总能有记起他们，再说他们的时候的。

改稿：夜正长，路也正长，我不如忘却，不说的好罢。但我知道，即使不是我，将来总会有记起他们，再说他们的时候的。(《为了忘却的记念》，《鲁迅手稿选集》)

这一例是能愿动词的炼词。“总能有”带有希望、等待的意味；“总会有”则表示了充分的肯定和坚强的信念。改“能”为“会”，更能表现出鲁迅先生在目睹许多青年被国民党反动派残杀之后，化悲愤为力量，对革命胜利的坚定信念。

我们再看形容词的锤炼。

(10) 初稿：现在新的，年青的，没有名的作家的作品站在这里了，以清醒的意识和坚强的努力，在榛莽中露出了日见生长的健全的新芽。(《一八艺社习作展览会小引》，《文艺新闻》1931 年 6 月 15 日第 14 期)

定稿：现在新的，年青的，没有名的作家的作品站在这里了，以清醒的意识和坚强的努力，在榛莽中露出了日见生长的健壮的新芽。(《鲁迅全集》第四卷)

用“健全”修饰“新芽”，也堪称恰当；改用“健壮”，突出其“壮”，就同“新芽”配合得更贴切，也更能显示出进步的年青作家（木刻家）的旺盛的生命力和远大的发展前途，进一步表达了鲁迅先生爱护青年、鼓励后进的心情。

(11) 初稿：“好！该死！”他想着，心地非常舒服，一面就轻轻地坐起来。(《眉间尺》，《鲁迅手稿选集》)

定稿：“好！该死！”他想着，心里非常高兴，一面就轻轻地坐起来。(《铸剑》，《鲁迅全集》第二卷)

眉间尺痛恨“夜夜咬家具，闹得他不能安稳睡觉”的老鼠，这回老鼠掉进水瓮，他自然十分痛快。把“舒服”改为“高兴”，更能表现他当时的心情。

(12) 原稿：从此就看见许多新的先生，听到新的讲义。

改稿：从此就看见许多陌生的先生，听到许多新鲜的讲义。（《藤野先生》，《鲁迅手稿选集》）

原句用两个单音形容词“新”，稍嫌空泛；改句分别采用“陌生”和“新鲜”，显得具体、贴切多了。

(13) 原稿：不幸七年前迁居的时候，中涂毁坏了一口书箱，失去半箱书，恰巧这讲义也遗失了，责成运送局去找寻，毫无回信。

改稿：不幸七年前迁居的时候，中涂毁坏了一口书箱，失去半箱书，恰巧这讲义也遗失在内了，责成运送局去找寻，寂无回信。（《藤野先生》，《鲁迅手稿选集》）

“毫无回信”稍有指责运送局的意味在内，但还不如用“寂无回信”写出其置之不理来得幽默。同时，“毫无……”常指数量、程度，从“回信”这件事来看，配“寂无”比配“毫无”更要契合一些。

名词的炼词佳例，往往是把一般性的名词改为形象化的说法，以加强表达效果。

(14) 初稿：从周朝人的文章，一直读到明朝人的文章，非常驳杂，脑子给古今各种马队践踏了一通之后，弄得乱七八遭，但痕迹当然是有些存留的，这就是所谓“有所得”。（《人生识字糊涂始》，《文学》月刊 1935 年 5 月第 4 卷第 5 期）

定稿：从周朝人的文章，一直读到明朝人的文章，非常驳杂，脑子给古今各种马队践踏了一通之后，弄得乱七八遭，但蹄迹当然是有些存留的，这就是所谓“有所得”。（《鲁迅全集》第六卷）

“痕迹”是一般化的说法，改用“蹄迹”，就具体、生动得多，而且同上句的“马队”“践踏”等比喻性词语相互呼应，加强了这段话里设喻的效果。

(15) 原稿：譬如牢监，的确是给了人一块地，不过它有限制，只能在这地方行立坐卧，断不能跑出铁栅外面去。

改稿：譬如牢监，的确是给了人一块地，不过它有限制，只能在这圈子里行立坐卧，断不能跑出设定了的铁栅外面去。（《门外文谈》，《鲁迅手稿选集》）

“地方”是一般性的说法，改用“圈子里”，就描画出了打譬中所用的“牢监”的特征，使人联想到上文提及的“平民千字课”给广大群众带来的局限性。末句添加“设定了的”，同“圈子里”相呼应，使行文周密。

（16）原稿：到处的断头台上，都闪烁着太阳的标记的罢，……

改稿：到处的断头台上，都闪烁着太阳的圆圈的罢，……（《我要骗人》，《鲁迅手稿选集续编》）

用“太阳的标记”称当年侵略中国的日本帝国主义的国旗，稍嫌平实；修改时用形象的说法“圆圈”代替“标记”，就注入了一股蔑视日帝的强烈的感情。

（17）初稿：天色将黑，他睡眼朦胧的在酒店门前出现了，他走近柜台，从腰间伸出手来，满把是钱，在柜上一扔说，“现钱！打酒来！”（《阿Q正传》手稿，转引自《语文学习》1960年第3期）

定稿：天色将黑，他睡眼朦胧的在酒店门前出现了，他走近柜台，从腰间伸出手来，满把是银的和铜的，在柜上一扔说，“现钱！打酒来！”（《鲁迅全集》第一卷）

这一例的修改极妙。把一般的名词“钱”改为借代说法“银的和铜的”，不但使相邻句子中的两个“钱”字避免了重复，而且使语言表达具体形象。“从腰间伸出手来，满把是银的和铜的”这个细节，从阿Q的银、铜不分，杂乱无章，显示出他随随便便、懵懵懂懂的性格，有助于突显人物形象。

此外，鲁迅先生也悉心锤炼方位词、量词和某些虚词。“眼看朋辈成新鬼，怒向刀边觅小诗”改为“忍看朋辈成新鬼，怒向刀丛觅小诗”（《为了忘却的记念》)，这脍炙人口的炼词佳例，后一句就是通过“刀边→刀丛”中一个方位词的修改，更加突出了当时处境的险恶和反动派白色恐怖的严重，更能表现出作者勇于斗争、顽强不屈的硬骨头精神。

炼词是为炼意服务的。炼词首先要炼意。如果思想性不强，意境不高，单单在字句上下功夫，就创造不出高度准确、鲜明、生动的文学语言来。鲁迅先生的炼词，为我们树立了榜样。从上面许多炼词例句可以看出，经过先生精心锤炼的文句，不仅有“一字不易”的特点，而且思想性也升华到了一个新的境界。

删削减缩　力求精练

——学习鲁迅的语言修改艺术①

俄罗斯著名作家契诃夫有一句名言："简练是才能的姊妹。"② 要使作品的语言表达简洁精练，最重要的当然取决于作者思想方法正确，善于选取和舍弃；知识经验丰富，能够"厚积而薄发"。有了这些前提，还要加上一条：勇于对自己的作品认真地加以删削减缩。诚如契诃夫所说，润色作品就是"用刀子把一切多余的东西都剔掉"③，要"极力压缩，过滤，删削"④。古今中外的许多作家都善于熟练地使用删缩这种手段，进行不倦的艺术加工，把作品的语言质量提高到新的水平。这是值得我们从事语文教学和文稿写作的同志学习的。

我国伟大的文学家鲁迅先生是善于删缩的作家中杰出的一位。他说过："我力避行文的唠叨，只要觉得能够将意思传给别人了，就宁可什么陪衬拖带也没有。"⑤ 他还以自己的经验告诫初学写作者说："写完后至少看两遍，竭力将可有可无的字，句，段删去，毫不可惜。"⑥ 鲁迅先生由于注意写作前的充分酝酿和严密构思，所以在起草时文笔就很简洁明快（这在先生的许多手稿上可以清楚地看出），但是为了把文章"锻炼成极精锐的一击"，更好地发挥它们的战斗作用，在写完草稿、印成初稿之后的修改中，还常常要精益求精地再作一番删削减缩。千锤百炼，方能锻出纯钢；反复打磨，才会琢成精品。鲁迅先生的修改实践也充分证明了这一道理。

① 原载《教学与研究》1984 年第 6 期。
②《契诃夫论文学》，人民文学出版社 1958 年版第 6 页。
③《契诃夫论文学》，人民文学出版社 1958 年版第 243 页。
④《谈契诃夫的短篇小说》，《吉林大学学报》（社会科学版）1979 年第 3 期。
⑤《我怎么做起小说来》，《鲁迅全集》第五卷，人民文学出版社 1981 年版。
⑥《答北斗杂志社问》，《鲁迅全集》第四卷，人民文学出版社 1981 年版。

鲁迅先生对作品语言的删削减缩，经常使用的方法主要有下边这几种。①

（一）删去某些可以由句内其他词语表示意义的词语。例如：

（1）原稿　他的著作还有两种有害的缺点：一是嗤笑解剖学家，二是用人类道德于昆虫界。

改稿　他的著作还有两种缺点：一是嗤笑解剖学家，二是用人类道德于昆虫界。（《名人和名言》，《鲁迅手稿选集》三编）

（2）初稿　他们往往要亲看着黄酒从坛子里舀出，看过壶子底里有水没有，又亲看将壶子放在热水里烫着，然后放心：在这严重监督之下，羼水也很为难。（《孔乙己》，1919 年 4 月《新青年》第六卷第四号）

定稿　他们往往要亲眼看着黄酒从坛子里舀出，看过壶子底里有水没有，又亲看将壶子放在热水里，然后放心：在这严重监督之下，羼水也很为难。（《孔乙己》，《鲁迅全集》第一卷）

例（1）中用的“缺点”一词已含有“有害的”意思在内，所以删去了这个定语。例（2）中用了“将壶子放在热水里”，已经具体描写了“烫酒”的方法，初稿中再加“烫着”确无必要。

（二）删去某些可以不用而句义已经明白的词语。例如：

（3）初稿　这上面的夜的天空，奇怪而高，我生平没有见过这样奇怪而高的天空。他高到仿佛要离开人间而去，使人们仰面不再看见。（《秋夜》，1924 年 12 月 1 日《语丝》第三期）

定稿　这上面的夜的天空，奇怪而高，我生平没有见过这样的奇怪而高的天空。他仿佛要离开人间而去，使人们仰面不再看见。（《秋夜》，《鲁迅全集》第二卷）

（4）初稿　他看见一地月光，仿佛满铺了无缝的白纱，玉盘似

① 本文中所说“原稿”“改稿”，分别指鲁迅手稿上的原文和改文；“初稿”“定稿”，分别指最初发表在报刊上的文字和收编在集子中的同篇修订稿。

的月亮，现在头上的白云间，看不出一点缺。（《肥皂》，1924 年 4 月 28 日《晨报副刊》）

定稿　他看见一地月光，仿佛满铺了无缝的白纱，玉盘似的月亮现在白云间，看不出一点缺。（《肥皂》，《鲁迅全集》第二卷）

例（3）中，上句已突出了“高”，本句又有“仿佛要离开人间而去，使人们仰面不再看见”这些对“高”的心理感受的具体描绘，所以删去了初稿中的“高到”。例（4）删去初稿中的“头上的”，也是为了力求行文精练，因为“白云”总是在上方的。

（三）删去句子里某些可用可不用的虚词。例如：

（5）原稿　和提倡文言文的开倒车相反，是目前的大众语文的提倡，但也还没有碰到最根本的问题：中国等于并没有文字。

改稿　和提倡文言文的开倒车相反，是目前的大众语文的提倡，但也还没有碰到根本的问题：中国等于并没有文字。（《中国语文的新生》，《鲁迅手稿选集》）

（6）初稿　我想，倘没有十月革命，这些作品是不但不能和我们见面，而且也未必会得出现的。（《记苏联版画展览会》，1936 年 2 月 24 日《申报》）

定稿　我想，倘没有十月革命，这些作品是不但不能和我们见面，也未必会得出现的。（《记苏联版画展览会》，《鲁迅全集》第六卷）

例（5）初稿用“最”修饰“根本的问题”，以突出“问题”的重要，也是可以的；例（6）初稿并列使用“而且”和“也”，同“不但”呼应，这种复用格式在口语中也时有听到。作家在修改时分别删去副词“最”和连词“而且”，因为例（5）的“根本的问题”语意已明，例（6）的“也”同“不但”已经足以表示递进关系。删去这两处虚词后，两个句子显得干净利落。

（四）删去同一句里某些重复出现的字面。例如：

（7）原稿　你收着。明天，我只将这雌剑去献给大王去。

改稿　你收着。明天，我只将这雌剑献给大王去。（《眉间尺》，

《鲁迅手稿选集》）

(8) 初稿　她看见学程为难的情形，很觉得他可怜，便排解似的而且不满似的说。(《肥皂》，1924年3月27日《晨报副刊》)

定稿　她看见学程为难，觉得可怜，便排解而且不满似的说。(《肥皂》，《鲁迅全集》第二卷)

一删去重复的字面，句子读起来就显得简洁流畅，不至于拗口。

(五) 删去某些句、节。

鲁迅先生写作中删去整句整节的较大“手术”是极少的。偶有所见，细细研析，都觉得删削极为合理。例如《什么是“讽刺”?》原稿最后一节是“‘讽刺’只是刺，‘冷嘲’是大冷天的冰。”单独来看，也不失为一对较好的比喻，还带有警句的味道。但过细一想，放在该文中作为小结，作为对“讽刺”和“冷嘲”的定义，则还不够理想。再说，原稿开头一节和倒数第二节，已经分别对“讽刺”和“冷嘲”作了恰如其分的说明，读者能够明白。因此，鲁迅先生在修改时索性删去了这个显得冗余的小节。（见《鲁迅手稿选集》）

(六) 采用“以少代多”的压缩法。

鲁迅先生指点一位青年作者如何缩短文章时说：“所谓‘减少’，是减少字数，也就是用几句较简的话，来包括了几行的原文。”① 鲁迅先生自己就很善于运用这种“以少代多”的修改方法，使文字达到高度的精练。谋篇方面的例子不多见，但对句子的“压缩”则是大量的。例如将“解剖学上的图”减缩为“解剖图”（《藤野先生》，见《鲁迅手稿选集》），“许多时之后”减缩为“许久之后”，“水沸的声音”减缩为“水沸声”（《眉间尺》，见《鲁迅手稿选集》），“没有一个决断”减缩为“不下断语”（《我要骗人》，见《鲁迅手稿续编》），等等。又如下面两例：

(9) 初稿　总长冤他有神经病，只要在地位不至于动摇的范围以内，他决不开一开口；……（《端午节》，1922年9月《小说月报》第十三卷第九号）

①《给叶紫的信》，《鲁迅全集》第十二卷，人民文学出版社1981年版。

定稿　总长冤他有神经病，只要地位还不至于动摇，他决不开一开口；……（《端午节》，《鲁迅全集》第一卷）

（10）初稿　第二段是威压。倘使这欺骗不能奏效，或者被人看穿了，就脸孔一翻，化为威吓，……（《“吃白相饭”》，1933 年 6 月 29 日《申报》）

定稿　第二段是威压。如果欺骗无效，或者被人看穿了，就脸孔一翻，化为威吓，……（《“吃白相饭”》，《鲁迅全集》第五卷）

例（9）将“只要在地位不至于动摇的范围以内”改为“只要地位还不至于动摇”，从十五个字（十个词）减缩到十个字（六个词）；例（10）将“倘使这欺骗不能奏效”改为“如果欺骗无效”，从九个字（六个词）减缩到六个字（三个词）。这样删缩后，原句句意并未减损，而字数则分别减少了二分之一和三分之一，改句简短、精练，也更口语化了。

鲁迅先生的大量修改中，也有一些删改，并不是侧重于求得语言的精练，所以要删去某些词语句子，其目的或是为了使表达更符合客观实际，或是为了避免人、地、事的不必要的点明，或是为了筛掉个别流行的套语和粗俗词语，以使语言既达又美，或是为了使上下平行句句式对称，以增加语言的音节美。限于篇幅，这里就不一一详述了。

鲁迅先生在行文和修改时，既认为不必要“故意减缩”，因为“意在简练，稍一不慎，即易流于晦涩”；又明确地指出“繁冗则自应删削”①。在 1933 年 2 月给张天翼的信里，鲁迅先生热诚地建议他把稿子“再细细的看一看，将无之亦毫无损害于全局的节，句，字删去一些，一定可以更有精采。”② 鲁迅先生自己的创作实践，有力地证实了恰当的删削减缩确实是使作品“更有精彩”的有效手段。

①《两地书》第“一二”，《鲁迅全集》第十一卷，人民文学出版社 1981 年版。
②《鲁迅全集》第十二卷，人民文学出版社 1981 年版。

认真对待作品语言的范例[①]

——学习《叶圣陶文集》的文字修改

在老一辈作家中，叶圣陶先生是以讲究语言、修辞严谨著称的。[②] 读叶先生早年的各个集子，我们已经有这种感觉；读 1958 年出版的《叶圣陶文集》（以下简称《文集》），特别是学习其中的修改之处，印象就愈加深刻。

叶先生自己曾说过："语言是作者可能使用的唯一工具，成败利钝全在乎此。"[③]《文集》的"前记"提到：在编集时，"把各篇都改了一遍"，"改动不在内容方面，只在语言方面"（第 1 卷），"逐篇看过，把字句改过"（第 2 卷），"各篇都作了文字上的修改"（第 3 卷）。前人说"旧句时时改"[④]，强调写作须日锻月炼，"精益求精，不肯放松一字"[⑤]。叶圣陶先生对旧作语言的细致修改，体现了他一贯的实事求是的工作作风，为我们树立了认真使用祖国语言的范例。

现从《文集》1、2、3 卷中，选出二十八篇短篇小说，同以前出版的各个集子中的同篇小说作了一番对照比较，共摘得修改文字三千余条。[⑥] 下面选择一部分例句，分文言、方言、规范、修辞四个方面，谈谈自己学习的初

① 原载《中国语文》1979 年第 1 期。《叶圣陶文集》，人民文学出版社 1958 年版。

② 徐迟同志说："老一辈作家中，叶圣陶修辞严谨。"（见《笔谈散文》，百花文艺出版社 1962 年 12 月第 1 版）

③《关于使用语言》，《人民文学》1956 年 3 月号。

④ 白居易《诗解》诗。

⑤ 况周颐《蕙风词话》卷 1 · 三四。

⑥ 这二十八篇小说是：第 1 卷的《一生》《苦菜》《隔膜》《阿凤》《一课》《晓行》《饭》《义儿》《小铜匠》《校长》《马铃瓜》《金耳环》《潘先生在难中》《外国旗》；第 2 卷的《前途》《城中》《在民间》《搭班子》《多收了三五斗》《一个练习生》《寒假的一天》《一篇宣言》《抗争》《夜》《赤着的脚》《某城纪事》；第 3 卷的《我们的骄傲》《春联儿》。（加点的字，为本文引用该篇时的简称。）其中《一生》《苦菜》《隔膜》《阿凤》《一课》等五篇，同《隔膜》集中同篇小说对照比较；《晓行》《饭》《义儿》《小铜匠》等四篇，同《火灾》集中同篇小说对照比较；其余十九篇同《叶圣陶选集》中同篇小说对照比较。这三本集子的版本如下：《隔膜》，上海商务印书馆 1926 年 12 月第 7 版；《火灾》，上海商务印书馆 1927 年 1 月第 4 版；《叶圣陶选集》，开明书店 1951 年 7 月初版。

步体会。

一 改掉文言

叶圣陶先生早年动笔写白话小说，正是白话文初具雏型的时候，而叶先生的古文根柢很深，因此在作品中就难免夹进若干文言成分。到 1958 年选编《文集》，修改的一个重要着眼点就是文言成分，尽量避免“半文半白”的味道。《文集》对文言成分的修改，大致有下面几种类型。

（一）过时的文言词语改用现代词语。对那些在现代语，尤其是口语里已经不尽适用的文言词语，《文集》中几乎一律改换。例如：箸→筷子（膜），干脩→干薪（抗），喷筩→喷壶（校），角隅→角落（事），宴飨→宴请（旗），著花→开花（抗），拭眼泪→擦眼泪（耳），谦㧑→谦逊（城），如是→这么（城），孰知→谁知（风），正欲→正要（晓），等等。

文言虚词的改换，各篇都有，最多的是：颇→很，不复→不再，愈益→更加，尚→还，如其→如果，等等。

（二）文言单音词改成现代语双音词。近几十年来，现代汉语词汇双音节化趋势越来越明显，大量的文言单音词在今天已经不能或者不大能独立使用，须要同另外的字配合成一个双音词，才能自由运用。也就是说，在“五四”时期及以后一段时期内可以通用的不少“词”，用今天普通话标准来衡量，就只能算是“字”（语素）了。对这些文言单音词，《文集》中采用下列方式加以修改：

改用另一个包含着这个文言单音词的现代双音词，即 A→AB 或 BA。这种改法最常用，占了文言单音词→现代语双音词改例的十之七八。例如：相→相貌（练），唇→嘴唇（练），饵→钓饵（抗），权→权力（事），烛→蜡烛（瓜），呈→呈露（抗），相→端相（耳），兴→兴盛（事），续→继续（潘），随→随即（潘），已→已经（宣），恰→恰好（城），略→略微（民），尤→尤其（抗），且→并且（儿），固→固然（事），觉→觉得（瓜），后→后来（旗），齐→一齐（瓜），等等。

改用其他现代语双音词，即 A→BC。例如：呈→显出（城），实→简直（潘），若→如果（练），略→稍稍（民），等等。

（三）文言句式改用现代语句式。一种是把某些文言的词序改成现代语的词序。例如：

(1) 原句：眼光集注于她们；……（民）

改句：眼光朝她们集中；……

(2) 原句：又会饮在同一的河上，……（收）

改句：又在同一的河面上喝酒，……

(3) 原句：他……宛如肺病的患者。（寒）

改句：他……宛如害肺病的人。

(4) 原句：胜利每为三叔所操，……（儿）

改句：胜利每每操在三叔手里，……

一种是把某些文言的数名短语改成现代语的数量名短语。例如：

(1) 原句：车夫刚欲拔脚前奔，一个背枪的印度巡捕一臂在前面一横，……（潘）

改句：车夫刚要拔脚前奔，一个背枪的印度巡捕一条胳臂在前面一横，……

(2) 原句：一声声都代表各人涌到了喉际的一语"痛快"!（抗）

改句：一声声都代表各人涌到了喉际的一个词儿——"痛快"!

当然，《文集》的修改也并不是否定文言成分，对少数在现代语中仍然有用的文言词语和句式，《文集》中仍然保留，但绝大部分都是以今易古。这样修改以后，作品的文句通俗易懂，朗读时上口，听起来顺耳。

二 改掉方言

叶圣陶先生是江苏吴县人，早期作品带有吴语区的方言成分。某些吴语方言词语目前广泛流行，已经被吸收进普通话词汇，对这类词语，《文集》仍旧保留，不加删改；在少数场合，《文集》还适当换进了一些。另有一些方言词语，不是吴语区的人很难透彻地领会，《文集》都改用普通话词语。

(一) 某些方言词语改成普通话词语。一种情况是把那些会使外地人费解的方言词语换成普通话词语。例如：

(1) 电灯亮了一歇了，仿佛比平时昏黄一点，……（潘。一

歇→一会）

(2) 这样的被袱，就是买一条新的，那里消二十块钱？（耳。消→要）

有些方言词语，外地人也懂，但是为了表达得更好，也常常改成普通话词语。例如：

(1) 朱姊承应了，又提高了喉咙喊：……（民。喉咙→嗓门）

(2) 在浙江路的小客栈里被叮得满身是红块，……（练。红块→红疙瘩）

吴语的动词“弄”，几乎在各种场合都适用，含义极其宽泛。对这个词，作者在修改时适当加以节制，往往挑选普通话中的相应动词来代替。例如：

(1) 他们母子三个住在旅馆里怎么弄得下去！（潘。弄→挨）

(2) 谁愿意让这世界弄成个率兽食人的世界么！（城。弄→搅。另外，让→把，么→呢，删“这”）

(3) 兄弟弄一爿五十千的小杂货店，……（事。弄→开）

(4) 他想这几个孩子总该有个好的学校，而要学校弄得好，莫过于由自己的手来办理。（校。弄→办。另外，删“的手”“理”）

(5) 实际上这地方大可以不欠薪，不打折扣；所以弄到这般地步，都是他们的荒唐。（抗。弄→搞）

又如某些联合式双音词内部语素次序，吴语和普通话不同，《文集》修改时常把它们调整过来。例如：

(1) 他当然同别的孩子一样，欢喜奔跑，欢喜无意识地叫喊，欢喜看不经见的东西，欢喜附和着人家胡闹。但是他不欢喜学校里的功课。（儿。五个作动词用的“欢喜”均改作“喜欢”）

(2) 阿弟摸着额角，颓然，像完全消失了气力。（夜。气力→力气）

这里附带谈一下“欢喜”和“喜欢”。吴语区只有一个“欢喜”；在普通话里，“欢喜”通常用作形容词，动词多用“喜欢”。

(二) 某些方言句式调整为普通话句式。方言句式同普通话句式的差别，主要表现为词序不同。例如：

(1) 原句：今天你比我来得后了。(城)

改句：今天你来得比我晚了。

(2) 原句：他走过去，转入又一条街，也不听见什么特别的风声。(潘)

改句：他走过去，转入又一条街，也听不见什么特别的风声。

(3) 原句：一件心爱的玩具不得到手，一处好玩的地方去不成功，都不值得伤心。(寒)

改句：一件心爱的玩具得不到手，一处好玩的地方去不成功，都不值得伤心。

叶圣陶先生曾说过：“有一点咱们应该注意，就是敏感地辨别普通话和方言土语，要依照普通话的语法，使用普通话的词，不要依照方言土语的语法，使用方言土语的词。推广普通话，汉民族使用统一的语言，在社会主义建设高潮的今天，是作为一种严肃的政治任务提出来的。文艺工作者跟其他文化工作者一样，应该而且必须担当这个任务。”① 叶先生对旧作中方言成分的合理修改，就是这方面的很好的实践。

三　注意规范

严格地说，上面所举的文言、方言的修改，也属于规范问题。为了论述方便，这儿分开来说。《文集》中着眼于现代汉语词汇、语法规范化的修改，为数很多。下边分几类简述。

(一) 较生的词换用普通话常用词。“五四”时期，文学语言中出现了大批新词，经过考验，有一大部分已经变成了现代汉语的常用词，也有一部分没有能够沿用下来。对于这一类没能沿用下来的词，《文集》中一律加以修

①《关于使用语言》，《人民文学》1956 年 3 月号。

改。例如：震摇→震动（饭），劳乏→劳累（瓜），诅骂→咒骂（耳），驳诘→驳斥（旗），废离→废弃（潘），灵捷→灵敏（潘），问说→问道（民），讲谈→讲话（骄），阻障→阻碍（寒），接续→继续（夜），等等。

另有一些词的修改，原因在于随着时代的不同，某些事物的名称改变了。例如：燐寸→火柴（瓜），站场→月台（潘），旁路→人行道（潘），洋式房子→洋房（抗），童稚期→儿童时期（城），等等。

这些修改，都使作品更容易为今天的广大读者所读懂。叶圣陶先生确实是以自己的语言实践贯彻了自己的主张："凡是使用语言的人，文艺作者当然包括在内，都得随时注意，自己在使用上有没有跟人家不一致的地方，要是有，赶快纠正。"①

(二) 词尾的合理运用。《文集》中对"儿、子、头、们"等名词词尾，都有许多修改。这里举"儿"为例。

普通话的"儿"，在不少场合表示微小或含喜爱的情味，但也有习惯性的一面，吴语区的作者初学用"儿"，常常没有把握。叶先生早期的作品，也有一些随意"儿"化的例子。编订《文集》时，对"儿"的使用作了调整。例如，"鼠儿的心，兔儿的胆"改为"老鼠的心，兔子的胆"（旗）；"心儿抖碎了"（旗），"呆着多皱的脸儿"（班），"尴尬着脸儿"（抗），这些语句中的"儿"都删去了。

(三) 代词的正确使用。文学语言里，代词的使用是很灵活也是很复杂的。"五四"时期的文学作品中，代词的使用也往往存在一些问题。这在叶先生早期的作品中也时有出现；《文集》的修改，对代词的规范使用非常重视。例如：

> 爸爸的感情激动极了，……仿佛那个花瓶就是书局的主持人，他对他提出了严重的质问。（练。他对他→爸爸对它）

他、它、牠的规范化。凡是"牠"都改成"它"，不再另分动物用的"牠"和无生物用的"它"。凡是原来用"他"称代动物、植物和无生物的，一律改用"它"。

① 《关于使用语言》，《人民文学》1956 年 3 月号。

又如“这”表示近指，“那”表示远指，对过去的事物，称代时用“那”不用“这”。例如：

(1) 泽如心里忽然一动，仿佛觉得来的又是刚才这一套。(班。这→那)

(2) 电文的意思不过是你们一地方有一班教职员最近发布一篇宣言，这篇宣言是谁的手笔，望调查清楚，立即电复。(宣。这→那；又，一地方→那里)

(四) 助词的规范化。结构助词“的、地、得”，时态助词“着、了、过”，以及某些语气助词的规范化改例很多，这里举“的”为例。

怎样恰当地使用“的”，这是一个很有考究的问题。叶先生自己说过，最平常的一个“的”字，有的地方必不可少，少了就使词跟词的关系不明，有的地方尽可不用，用了反而见得累赘。① 从《文集》的修改，我们可以了解作家是如何重视怎样恰当地使用这个助词的。

删“的”。一是删去专门名称中的“的”，使名词性词组固定化。例如：

(1) 一架手摇（的）水车设在岸滩，……(晓)

(2) 比方自动（的）教育哩，启发式教育哩，都是顶有道理的，兄弟都相信，……(班)

一是删去句中不起语法作用的多余的“的”。例如：

(1) 伊的儿子学习（的）木工，但是他爱好骨牌和黄酒胜于刀锯斧凿。(凤)

(2) 我以为我们与他们（的）中间并没有什么墙，……(匠)

一是删去用作句子成分的主谓词组中间的“的”。例如：

(1) 空气沉闷得很，人们略微感到呼吸（的）受压迫，大概快

① 《关于使用语言》，《人民文学》1956 年 3 月号。

要下雨了。（潘）

(2) 他的心思却浪花似地喷散开来，一阵接一阵，迅速且缭乱，无非是学校（的）腐败，生趣（的）盎然，孩子们（的）受不到好教育，前途（的）没有一丝儿希望……（校）

一是删去某些数量词和中心词之间的“的”。例如：

(1) 祸事像一群（的）陨石，不只打着一个人，却落在多数人（的）头上，那真不堪设想。（宣）

(2) 他说在广州遇到了八次（的）空袭，……（骄）

有必要时也加用“的”字，使修饰关系明确，节律顺畅。例如：

他想那人一定知道他就是名誉扫地〔的〕那（个）学校的校长了，……（校）

此外，《文集》的修改还十分重视三个结构助词“的、地、得”的分工：定语与中心词之间用“的”；状语与中心词之间用“地”；补语与中心词之间用“得”。这儿不一一举例。

（五）词序的合理调整。叶圣陶先生把调整词序比作疏通溪沟里的流水，他说：“念下去觉得连不上气，意思必然有不怎么贯通的地方。那大概得重新想，重新说，或者换几个语词，或者调一些句式，或者颠倒一下语句的次序。重新说得念下去顺溜了，意思就像溪里的活水似的流通了。”① 这段话里讲到的“颠倒一下语句的次序”，包括调整词序在内。在叶先生对旧作的修改中，除了前面已经提到的一部分方言词序的调整外，还有下边这些例子：

(1) 原句：太贵的在市场上封了王似的那些衣料固然不便采购，……（途）

改句：那些太贵的在市场上封了王似的衣料固然不便采购，……

①《一些简单的意见》，《中国语文》1953 年 1 月号。

(2) 原句：……同时又听见了一声十分恭敬的“某某某保!”(瓜)

改句：……同时又听见了十分恭敬的一声“某某某保!”

(3) 原句：那较高的女工伶俐地又问说：……(民)

改句：那较高的女工又伶俐地问道：……

(4) 原句：菊翁说这一句，颇自觉有点滑稽，……(城)

改句：菊翁说这一句，自觉颇有点滑稽，……

(5) 原句：异样的沉默经过两三分钟，忽然霹雳似的声音响了起来：……(练)

改句：经过两三分钟异样的沉默，忽然霹雳似的声音响了起来：……

(6) 原句：汽车奔驰而过，笨重的运货车有韵律地响着铁轮，……(夜)

改句：汽车奔驰而过，笨重的运货车的铁轮有韵律地响着，……

有关规范化的改例还很多。在成语、方位词、能愿动词、趋向动词、判断词、各类虚词以及标点符号等方面，《文集》中都有大量的细心修改的例证，在一定程度上向我们展示了“五四”以来汉语书面语逐步趋向完善的过程。限于篇幅，不再详述。

四 讲究修辞

鲁迅先生说过，“作文的人，不会修辞，也就不会达意。”① 一个作家要使自己的作品尽可能地完美，除了在选材、立意、剪裁、布局等方面必须下功夫外，还得注意修辞，对所用的语言着着实实地锤炼一番，达到准确、鲜明、生动的境界。

叶圣陶先生一贯主张写文章的人要认真锤炼语言。《文集》的改笔中，修辞方面的占了很大一部分。可以分几种情况。

(一) 为了确切。有些修改的文句，同原句比较，运用词语的准确性大大提高了。例如：

① 《致李桦》，《鲁迅全集》第十卷，人民文学出版社 1981 年版。

(1) 他跟着大队跑近前线，炮声越来越响了，清脆的枪声也渐渐地清楚了，淡淡的白烟也看见了，……（耳。看见→望见）

(2) 我们现在出来说话，也不是要压倒了谁，只是拥护我们固有的权利。（抗。拥护→维护；删“了”）

(3)“吓!”声音很严厉，左手的食指坚强地指着，“这是中央银行的，你们不要，可是要想吃官司？”（收。坚强→强硬）

(4) ……伴着一副懊丧到无可奈何的嘴脸。（收。嘴脸→神色）

例（1）把“看见”改为“望见”，更能表达出“远远地看去”的实际情况。例（2）把“拥护……权利”改为“维护……权利”，更符合今天词语搭配的习惯。例（3）把具有褒义的“坚强”改为“强硬”，例（4）把具有贬义的“嘴脸”改为“神色”，对小说中不同人物（为地主资本家效劳的米行“账房先生”和向米行粜米的贫苦农民“旧毡帽朋友”）的褒贬感情就表达得准确而鲜明。

作家对这一类近义词语的精选替换工作，值得我们重视。在二十八篇小说的修改中，叶先生琢磨和调换近义词语不下四百处。

《文集》的修改不但注意实词的安排，也重视虚词的配置。一个虚词的改换，常常使整个句子的表意更为妥帖。例如：

泽如的脸渐渐泛红了，泛红的缘故也像是害羞，也像是含怒，总之感情被激动了。（班。也→又）

有时在句子里适当增添一些词语，使它表达得完整清楚。例如：

(1) 不是一类人为什么得到同样的结果？这是她近年来时刻想起，〔老想不通，以〕致非常苦闷的问题。（夜）

(2)“小弟弟，好玩呢，洋铜鼓，洋喇叭，买一个去。”〔故意作一种〕引诱的声调。（收）

（二）为了精练。我国历代作家都重视炼句。以“意则期多，字唯求少”① 为准则，对句子作一番提炼工夫，使文句在表意确切的基础上，进一

① 李渔《笠翁一家言》。

步达到“句中无余字，篇中无长语”① 的境界。叶先生曾经很精辟地说过：“咱们写个作品，在语言的使用上也该遵守节约的原则。”② 他自己在修改实践中，也充分遵守了这个原则，竭力将可有可无的字、词删去。这里举几类例子。

一类是所删词语的意义已经包含在句内其他词语之中。例如：

(1) 水里的人已冒了几冒，沉（向底）下去了。(晓)

(2) 这事业……决不是一个人（独力）干得来的。(班)

一类是所删词语可以不用而句意已明。例如：

(1) ……许多小（学校）学生排了队，……(城)

(2) 迎上去走在前头的是两个女工，都是十七八岁（的样子），淡青的夏布衫，光润的发辫，面目间露着聪明（的表象），……(民)

一类是删去某些形容语、修饰语。例如：

(1) 一个学校的创设，虽然算不得一件大事，却在这城里多数人的心海里掀起（壮大的）波浪（来）了。(城)

(2) 警察虽然都从教练所里出来，实在合格的（却）很少；要办好这里的警政，非把他们（从新）严加甄别不可。(途)

一类是删去某些词，避免同一句内字面重复。例如：

(1) 你们好心肠要好到底，（我们）上礼拜的一块钱总得补给我们。(民)

(2)“看见了？”老妇人的眼睛张得可怕地大，心头是一种（悲痛而）超乎悲痛的麻麻辣辣的况味。(夜)

① 姜夔《白石道人诗说》。

②《关于使用语言》，《人民文学》1956 年 3 月号。

一类是用较少的字代替较多的字，使表达更加干净利落。例如：

(1) 原句：学务委员……不知为什么，总觉吴先生不适于自己的眼光。(饭)

改句：学务委员……不知为什么，总觉得吴先生不顺眼。

(2) 原句："我从小就种田，米麦菜豆都种过，都会。"他的语音含有诚恳的意思，……(菜)

改句："我从小就种田，米麦菜豆都种过，都会。"他的语音很诚恳，……

巴金先生曾经用"文字精练，不拖沓，不罗嗦，没有多余的字"① 这些话评价叶圣陶先生的行文。上面的修改例句可以证明。

(三) 为了生动。在准确、精练的基础上更进一步，把文句修改得形象化，生动化，这需要工力。《文集》修改中这方面的例子很不少。例如：

(1) 老妇人于是站起来走，把大男横在自己的臂弯里；……她来回地走着，背诵那些又古旧又拙劣的抚慰孩子的语句。(夜。走→踱步；走着→踱着)

(2) 我回想光绪末年的时候，一壁办学校，一壁捧着心理学教育学的书本子死读，穷，辛苦，都不当一回事，……(骄。死读→死啃。又，"心理学教育学"改为"教育学、心理学")

例 (1) 把两个"走"改成"踱步"和"踱着"，形象地刻画了老妇人哄婴儿睡觉时缓慢地走路的姿态。例 (2) 用"死啃"代替"死读"，把旧社会某些知识分子为富国强民而孜孜不倦地追求书本知识的情态逼真地描绘了出来。

除了改换词语，《文集》也常增添一些词语，增强语言表达的形象性。例如：

(1) 潘先生含糊回答了她；奔进里面四周一看，便开了房门的锁，闯进去上下左右打量着。(潘。闯进去→直闯进去)

① 《谈我的散文》，见《赞歌集》，上海文艺出版社 1960 年 4 月第 1 版。

(2) 这个骗局把我们抬得非常之高，结果却使我们弄得非常之窘；骗子从中得了好处去，还要在旁边暗暗地好笑。（抗。在旁边→闪在旁边。另外，删掉“去”字）

(四) 为了明快。上文所举的文言和方言方面的不少修改例句，也都起到了使文章通俗明快的积极效果。这儿再说说句式的换用。

文艺作品的语言不同于议论文、说明文的语言，一般以句子短、口语化为宜。《文集》修改句式的例子相当多，诸如将某些长句改成短句，将某些欧化句、倒装句改成顺装句等。这里分别举例。

将长句化为短句。例如：

(1) 原句：一个从后面挤向前来的三十左右的纠察队员表示殷勤地回答：……（民）

改句：一个三十左右的纠察队员从后面挤向前来，殷勤地回答：……

(2) 原句：像这样做的也不止他一个人，他的好些同学以及县立小学堂里的一部分学生，都与他一样地想试走这第二条进取之路。（瓜）

改句：像这样做的也不止他一个人，他的好些同学以及县立小学堂里的一部分学生，都与他一样，想试走这第二条进取之路。

将倒装句换成顺装句。例如：

(1) 原句：整齐的市街走过之后，道路就很不平，……（民）

改句：走过了整齐的市街，道路就很不平，……

(2) 原句：短发的女郎随即回答，用教师抚慰学生那样温和的调子：……（民）

改句：短发的女郎随即用教师抚慰学生那样温和的调子回答：……

(五) 为了和谐。叶圣陶先生很讲究文句的音响效果。他提出，文稿在加工的时候，要注意语言的声音，并说：“写稿的自己好好儿念一遍，就是自己先来检验一下，写下来的那些语言上不上口，顺不顺耳。……要是不怎么上口，不怎么顺耳，必然是语言有毛病，就得修改。……修改成什么样儿才了事呢？到自己满意，认为上口顺耳为止。”① 要上口顺耳，音节得和谐。前面提到的将文言单音词改成现代语双音词，也是音节和谐化的一种手段。有时候，《文集》还常把现代语的单音词换成合适的双音词，以加强节奏感。例如：

桌子倒时一定发〔出〕重大的声音，……（儿）

出于调整音节的考虑，《文集》有时也把原来的双音词改成单音词。例如：

(1) 我们有预算，学生缴（纳）的费恰抵平时的开支。（城）

(2) 那车夫摊开手心接（受）钱，……（民）

《文集》的修改中，还注意了适当采用词的重叠形式。例如：

(1) 泽如便站起来走到窗口。钱先生懊丧地望〔一望〕窗外，也慢慢（地）站了起来。（班）

(2) 仲芳……这才蒲卢卢〔蒲卢卢〕地吸（了）一袋烟，两个大而斜仰的鼻孔里就喷出淡白的两条烟须来。（城）

改句琅琅上口，节奏更为和谐。

叶圣陶先生对自己作品语言精益求精的修改，在这篇文章里不可能作详细的剖析。以上仅就有关的几个方面介绍了一些例子。当然，在《文集》的大量改笔中，也难免会存在疏漏的地方。例如，有些语言现象的规范化修改还不能全部统一起来；有极少数不够妥帖的文句和标点，还没有加以修改；偶尔也有几处是改得不尽恰当的。但这在《文集》的全部修改中毕竟只占少数。《叶圣陶文集》的改笔，是我们运用语言和锤炼语言的榜样，对我们学习如何一丝不苟、字斟句酌地使用语言，对我们了解现代汉语近几十年来的发展变化，都是很有启发的。

① 《一些简单的意见》，《中国语文》1953 年 1 月号。

学习《多收了三五斗》的语言修改①

《多收了三五斗》是叶圣陶先生在三十年代所写的短篇小说。这篇作品选材精当，立意深刻，布局谨严，语言流畅自然，很能体现叶先生创作的特有风格。全日制十年制学校语文课本将这篇名作选为课文，是十分恰当的。但课本编者依据开明书店 1951 年 7 月出版的《叶圣陶选集》排印（个别字句稍有改动），而没有采用人民文学出版社 1958 年 3 月出版的《叶圣陶文集》第二卷中的同篇文章。对这一点，我感到美中不足。

我们知道，《选集》所选各篇，基本上照解放前出版的几个集子中的作品排印，而在编订《文集》时，叶先生对旧作已“逐篇看过，把字句改过”。（见《文集 》第二卷作者“前记”）叶先生之所以要作这一次严细的修改，推测原因有以下几点：（一）国家出版社出版的带有定型色彩的集子，影响自然更大一些，有必要趁结集的机会，对旧作过细加工，精益求精。（二）1955 年 10 月召开了全国现代汉语规范问题学术会议。叶先生是为语言规范化大声呼吁的一位有声望的老作家。在这次会议之后不久编订《文集》，叶先生当然有使自己作品的语言文字尽量合乎规范化要求的良好意图。（三）叶先生是江苏吴县人，早年常在南方工作。解放后长期定居北京，普通话水平越来越高。回过头来看自己若干年前的作品，自然容易发现某些语句还不符合普通话的规律。“在应该积极推广普通话的今天，如果照原样重印，我觉得很不对。”（见《文集》第一卷作者“前记”）因此作了一次规模较大的加工修改。

对照《选集》和《文集》中的同一篇《多收了三五斗》，词、句和标点方面的修改，有好几十处，语言质量有了一个新的提高。我认为，中学语文课本今后再版时，如果能以《文集》中的《多收了三五斗》为依据，那是比较妥当的。对《文集》中该文的个别欠妥字句，当然还可以在征得作者同意后酌加改动，使课文臻于完美。

① 原载《语文学习》1980 年第 7 期。

不过，现下使用的课本中所排的还是旧作，该怎么对待它呢？我觉得在完成其他各点教学要求的同时，不妨遵照鲁迅先生赞赏并推广的外国作家提倡的学习方法——从作家“同一作品的未定稿本去学习”“苦心删改”的技巧，择取《选集》和《文集》中的某些文句，引导学生对照比较，学习老一辈作家锲而不舍、精益求精的写作态度，学习选词、造句和标点方面的一些知识和技能。——这也可以说是“因材制宜”吧。

下面分几种类型，酌举一些修改实例，并拟了几个“推敲练习”的题例，供教学时参考。

选词方面：

(一) 选用更加贴合事物性状的词：

《选集》原句：另一位先生听得厌烦，把嘴里的香烟屁股掷到街心，睁大了眼睛说：……（《文集》中把“掷”改为“扔”。“掷”的东西一般较大较重，“扔”的东西可大可小，可重可轻，而且往往是被丢弃的。这一句中同“香烟屁股”相配，用“扔”更为贴切。）

(二) 选用恰当表现褒贬感情的词：

《选集》原句：

“听听看，今年什么价钱。”

“比去年都不如，只有五块钱！”伴着一副懊丧到无可奈何的嘴脸。（《文集》中把“嘴脸”改为“神色”。“嘴脸”指“面貌、脸色”，带贬义；这儿是形容贫苦农民，用中性词“神色”较妥。）

(三) 选用现代的普通话词，避免某些文言词、方言词：

1.《选集》原句：故意把声音抑得低低，网着红丝的眼睛向岸上斜溜。（《文集》中把文言词“抑”改为“压”；又，“低低”改为“很低”。）

2.《选集》原句：女人在船梢头烧饭。一会儿，这只船也冒烟，那只船也冒烟，个个人流着眼泪。（《文集》中把吴语区习用的

“烧饭”改为“煮饭”，“流着眼泪”改为“淌着眼泪”，两处“只”改为“条”。）

（四）选用当今通用的词，避免过时的名词：

《选集》原句：……一顶结得很好看的绒绳的小团帽。（《文集》中把“绒绳”改为“绒线”。另一处“绒绳的帽子套在小孩的头上试戴”中的“绒绳”也改为“绒线”。）

造句方面：

（一）改掉某些文言句法结构：

1.《选集》原句：……菜叶和垃圾不复可见。

《文集》改句：……菜叶和垃圾就看不见了。（课本中改为“再也看不见了”，语气似嫌太重，太硬，不及《文集》的改句好。）

2.《选集》原句：女人臂弯里钩着篮子，或者一手牵着小孩，眼光只是向两岸的店家直溜。

《文集》改句：女人臂弯里钩着篮子，或者一只手牵着小孩，眼光只是向两旁的店家直溜。（“一手”是文言中的“数—名”结构，“一只手”是现代汉语中的“数—量—名”结构。）

（二）删掉句子里多余的词语：

《选集》原句：“我们年年种田，到底替谁种的？”一个人呷了一口酒，幽幽地提出他的疑问。（《文集》中删去“他的”。同一句中前面已点明“一个人”，后面的“他的”可省。）

（三）增添某些必要的词语：

《选集》原句：“小弟弟，好玩呢，洋铜鼓，洋喇叭，买一个去。”引诱的声调。

《文集》改句：“小弟弟，好玩呢，洋铜鼓，洋喇叭，买一个去。”故意作一种引诱的声调。（添加五个字，语句显得完整，也更能突出招揽顾客的旧社会商人的特点。）

(四) 讲究句子音节的和谐：

1.《选集》原句：酱赤的脸受着太阳光又加上酒力，个个难看不过，像就会有殷红的血从皮肤里迸出来似的。（《文集》中把“像”改为“好像”，读起来顺口。）

2.《选集》原句：“先生，种田人可怜，你们行一点好心，少赚一点吧。”（《文集》中把“行一点好心”改为“行行好心”，以免同后边的“一点”造成音节重复。）

3.《选集》原句：“逃荒去，……我们一起去!”（《文集》中把“一起去”改为“一块儿去”，免得三字韵母相近，连读拗口。）

标点方面：

(一) 增加必要的标点：

《选集》原句：“今天在这里的说不定也会吃枪，谁知道!”（《文集》中在“这里的”之后加一逗号，使句内层次十分清晰，读起来上口。）

(二) 更换更加恰切的标点：

《选集》原句：“这里到范墓要过两个局子，知道他们捐我们多少钱。……”（《文集》中把句号改为感叹号，语气斩钉截铁，更能反映出贫苦农民对当时反动政府设卡勒索的强烈不满。课本中改句号为问号，容易误解为疑问的语气，似不妥。）

推敲练习题（供学生练习用）：

老作家叶圣陶先生在编订《叶圣陶文集》时，对自己的旧作进行了细致的修改，为我们树立了认真对待作品语言的范例。请对照比较《多收了三五斗》中的下列修改例句，联系文章的思想内容，说说作家为什么要对一些词语、句式和标点作那样的改动。

1.《选集》原句："吓!"声音很严厉，左手的食指坚强地指着，"这是中央银行的，你们不要，可是要想吃官司?"(《文集》中把"坚强"改为"强硬"。)

2.《选集》原句：酒到了肚里，话就多起来。相识的，不相识的，落在同一的命运里，又会饮在同一的河上，……(《文集》中把"又会饮在同一的河上"改为"又在同一的河面上喝酒"。)

3.《选集》原句："今年春天，丰桥地方不是闹过抢米的事情么?"(《文集》中删去"的事情"三字。)

4.《选集》原句："真个没得吃的时候，什么地方有米，拿点来吃是不犯王法的。"理直气壮的声口。(《文集》中把"是不犯王法的"后面的句号改为感叹号。)

最后，顺便指出今年正在使用的初中语文第四册《多收了三五斗》一文中两处明显的误植：一是第115页中："还要添补上不知在哪里的多少张钞票给人家，人家才会满意，还要等人家说了才能知道。"这一句中后一个"还"，在《选集》和《文集》中均作"这"。二是第116页中，"接着是：鼕，鼕，鼕，——叭，叭，叭。"这一句里的三个"鼕"，《选集》中原作"鼕"，是作象声词用的"冬"的繁体字，《文集》中已改为"冬"。从简化和规范的角度看，以用"冬"为好。

语言修改重视思想性和科学性①

语言修改并不是单纯的技术性工作。叶圣陶先生在《文稿的挑选和加工》这篇文章中，指出“改稿子要注意四个方面”，其中第一个方面就是“要注意文章中的道理”。他说：“道理有大道理和小道理，政治、经济、哲学方面的道理是大道理，常识性的就属于小道理。大道理固然要注意，小道理也不能疏忽。假如说‘早晨，太阳光从西边的窗户射进来’，这个话就不合道理，非改不可。”“文章里有不合道理的地方一定要改。”② 这段话充分说明，叶先生是十分重视文稿修改中的大道理和小道理，即思想性和科学性问题的。

尽管《叶圣陶文集》第一卷的“前记”中有过修改时“内容悉仍其旧”这样的说明，但我们从接触到的修改实例可以看出，叶先生在语言修改中，即使是对个别词语、句子的改动，也很重视思想性和科学性。这一类改例虽不太多，却反映了作家世界观的发展，反映了作家对客观事物认识的提高，值得我们注意。

一　有关思想性的一些修改

叶先生从小“家境很清贫”③，中学毕业后又曾经在乡村当过一段时期的小学教员，同下层劳动人民接触较多，对他们的悲惨生活深表同情，这种思想感情在他初期的小说、童话中经常反映出来，构成了一些作品的进步性的基调。不过，由于当时思想的局限，有时在作品的个别语句中，会不自觉地流露出对劳动人民的还不够正确的看法。解放后，随着思想认识的提高，叶先生在编订《文集》《童话》时，对这个别语句作了妥善的修改。

① 节选自《叶圣陶的语言修改艺术》，宁夏人民出版社1982年3月第1版。
② 《文稿的挑选和加工》，《广播业务》1963年第6期。
③ 见顾颉刚先生为《隔膜》集写的“序”，《隔膜》第4页，商务印书馆1926年12月第7版。

例如，小说《晓行》中的“我”（小学教员）早晨散步，遇到两个农民在车水。双方交谈时，“我”问：“添水拔草等工作你们天天要做，四无遮盖的猛烈的太阳又专和你们为难。你们以为这些是苦楚不是？”一位年长的农民答话，原来有这么一句：

“我们从小到大都是这样，那会辨得出苦楚来？”

修改时改为：

“我们从小到大都是这样，管什么苦楚不苦楚？”

同是一个反问句，但内容大不相同。从原句看，是“辨不出苦楚”，这反映了一种麻木、愚昧的思想状态；而改句则避免了这一点。“管什么苦楚不苦楚？”——辨是辨出来了，但无可奈何地忍受着，把痛苦、不平积压在心头。这样的认识，符合二十年代初期中国农村一位普通老农民的身份。

再看下面这个例子：

原句：一阵的扰乱。兵士奔来奔去，用着长枪像拦猪一般拦住逃避的人。（《皇帝的新衣》）

改句：街上一阵大乱。兵士跑来跑去，像圈野马一样，用长枪拦截逃跑的人。

这两句写了那个残酷而荒唐的皇帝命令兵士镇压民众、满街抓人的情景。修改时把比喻“像拦猪一般”调换为“像圈野马一样”，不仅合乎情景，而且注意了用喻的褒贬色彩，突出了广大民众像“野马”一样奔腾不羁的情绪，为这篇童话结尾部分民众奋起反抗暴君的情节，伏下了很好的一笔。

又如，《隔膜》集内有一篇小说原来的标题叫《低能儿》。主角阿菊出身于穷苦劳动人民的家庭，“父亲是给人家做零雇的仆役的”，“还当码头上起货落货的脚夫”；“母亲是搓草绳的”。父母整天忙于谋生的劳动，顾不上对儿子诱导教育，所以阿菊的智力显得较低。但全篇用“低能儿”命名，把阿菊第一天进小学校时的“窘急，惶恐，怯懦”等等，都看作是“低能儿”的表现，就无形之中起了嘲讽的作用，影响了小说主题思想（学前教育重要，劳动人民子女生活困苦等）的表达。因此，在修改时，叶先生慎重地把标题《低能儿》改成了《阿菊》。

甚至于在很细微的地方，譬如说，对人物外貌的简单勾勒，叶先生也很注意不损伤劳动人民的形象。例如：

原句：那些人好几夜没有睡眠了，……脸上罩着灰色；眼睛网满了红的脉络，眼角积着许多的垢污。（《快乐的人》）

改句：养蚕的人好几夜没有睡了，……脸上泛着灰色，眼睛网满了红丝。

这一段中删去“眼角积着许多的垢污”这个分句后，并没有削弱对旧社会养蚕农民辛苦劳累的描写力，但避免了过于丑陋的具体描绘。

对于旧社会劳动人民深受压迫剥削的苦难生活，修改时则着力渲染，尽可能真实地反映出来。例如，童话《快乐的人》中，对描写纺纱厂女工劳动时间的句子，作了两处修改：

原句：早上六点半钟，她们便赶忙跑进厂去。傍晚太阳回去了，她们才归家。

改句：早上天还没亮，她们赶忙跑进厂去；傍晚太阳早回家了，她们才回家。

修改后，不仅全句统一用描摹景色来表示时间，显得协调，而且更能反映纺纱厂女工每天进厂劳动时间之长。这就突出了旧社会纺纱女工生活的悲惨，从侧面反映了资本家残酷剥削压榨工人的客观事实。

有时，即使是一个标点的改换，也是为了突显劳动人民的形象，提高作品的思想性。例如：

原句：“真个没得吃的时候，什么地方有米，拿点来吃是不犯王法的。”理直气壮的声口。（《多收了三五斗》）

改句：“真个没得吃的时候，什么地方有米，拿点来吃是不犯王法的！”理直气壮的声口。

在丰收之年反而被迫低价粜米，遭到厄运、生路断绝的农民，愤怒在增长，酝酿着自发的反抗和斗争。原句已经写出了这种情绪，但由于句末用的是句号，语气稍嫌平淡。修改时换用感叹号，突出了感情的强烈，语气的斩钉截铁，更好地表现了贫苦农民的反抗精神。

叶先生在修改中，对旧社会劳动人民的对立面——统治阶级及其帮凶、爪牙，则是磨快笔锋，着力揭露。我们试看童话《含羞草》中的两个改例：

(1) 原句：小草……忽见几个穿制服的警士走来，唤出那个穿短衣服的男子，喝问道，“早已关照你搬开，你为什么还赖在这里?”

改句：小草……忽然看见几个穿制服的警察走来，叫出那个穿短衣服的男子，怒气冲冲地说：“早就叫你搬开，为什么还赖在这里?”

(2) 原句：风趣的富人突着肚皮向我出神了，……

改句：华贵的阔老挺着肚皮向我出神了，……

例（1）把“喝问道”改为“怒气冲冲地说”，不单是为了改掉文言词语，还为了更加深刻地勾勒出反动警察驱赶穷人搬场时那种气势汹汹的神态，更加有力地揭示他们欺压劳动人民的嘴脸。例（2）把“风趣的富人”改为“华贵的阔老”，避免了描写旧社会的富人时使用带褒义的词语（尽管是以“玫瑰花苞”的口吻讲的）。

二　有关科学性的一些修改

《文集》和《童话》的大量修改中，有少数地方改动的原因，显然是为了纠正先前观察、认识的偏差和表达的疏漏，以便准确地科学地反映客观事物。例如：

(1) 原句：戈君的两颊上已经生满浓黑的短髭，额际上也有了好几条皱纹，……（《我们的骄傲》）

改句：戈君的两颊已经生满浓黑的短胡，额上也有了好几条皱纹，……

(2) 原句：洁白而镂花的上衣，露出嫩红的肤色；……（《云翳》）

改句：洁白而绣花的上衣，露出嫩红的肤色；……

(3) 原句：雕刻家到山中采了一块大石，就动手工作。……铁凿一下一下地凿，刀子一刀一刀地刻，……（《古代英雄的石像》）

改句：雕刻家到山里采了一块大石，就动手工作。……钢凿一下一下地凿，刀子一下一下地刻，……

(4) 原句：轨道两旁都是棉花田，此刻棉的枯干还没有割去，却掩不没铅色的泥地；很少的几处种着些菘菜。（《归宿》）

改句：轨道两旁都是棉花田，此刻棉的枯株还没有拔去，却掩不没铅色的泥地；很少的几处种着些菘菜。

嘴周围和连着鬓角长的毛叫“胡”，嘴上边的胡子叫“髭”；“镂花”是指在金属、木器等上面雕刻花纹，“绣花”则是在丝织品、棉织品等上面绣出图画或图案；在坚硬的石头上雕刻，“铁凿”显然不及“钢凿”锋利耐用；江南地区的棉农，收集棉株不是用刀“割”的，而是用手“拔”的。修改时，作家针对描述对象的不同特点，作了必要的词语更换，弥补了原文表达上的欠缺。

有些修改，如果没有细致的观察、比较，没有比较丰富的科学知识，是不能胜任的。例如：

(1) 原句：一阵的尘灰消散时，离壕沟七八尺远有一条炸断的手臂，断处渍着一滩紫黑的血，皮色灰白，瘦瘪得可怜。（《金耳环》）

改句：一阵尘灰消散时，离壕沟七八尺远有一条炸断的胳臂，断处渍着一滩殷红的血，皮色灰白，瘦瘪得可怜。

(2) 原句：“糖果!”“糖果!”孩子们的舌头上仿佛有甜的感觉，……（《熊夫人幼稚园》）

改句：“糖果!”“糖果!”孩子们的舌尖上仿佛感到有点儿甜，……

刚从伤口冒出的血是殷红的，而不是紫黑色的；人靠舌头感知味觉，但舌尖对甜味较敏感。这两例的修改，使文句表达显得极为精确。

童话《稻草人》中有几处关于稻螟虫危害水稻的细致描写，修改前后的文句对照如下：

原句	改句
他正在思想时，一个小蛾飞来了，是黄白色的小蛾。……	稻草人正在想的时候，一个小蛾飞来，是灰褐色的小蛾。……
那小蛾……就在一颗稻草上歇了下来，……	那小蛾……落在一片稻叶上，……
稻草人很愁闷地望那棵稻草。果然，在茎的中段折断了，断处上端的绿叶很可怜的垂了下来，而且干枯了。更仔细地望去，叶背还留着好些蛾子。……	稻草人仔细看那片稻叶，果然，叶尖卷起来了，上面留着好些蛾下的子。
不到几天，黄白色的小蛾布满在稻茎上了。……稻草人听得他们吸取稻汁的声音，也看见他们欢欣的飞舞。……	不到几天，在稻田里，蛾下的子变成的肉虫，到处都是了。……稻草人听见他们咬嚼稻叶的声音，也看见他们越吃越馋的嘴脸。
完了，一夜工夫，未长足的稻穗都无力地倒了下来，稻叶全转变成干枯的颜色。	没想到才几天工夫，完了，稻叶稻穗都没有了，只留下直僵僵的光秆儿。

显然，修改后的文句，对螟蛾的体色、特性、繁殖规律、危害过程等等的描述，是合乎科学性的。叶先生为了改好这几个地方，恐怕要比修改其他文句多花几倍的精力。

叶圣陶先生近年来在谈到写作时说："咱们干写文章的工作，总要尽可能有丰富的知识"，包括"自然科学、社会科学两个方面"。并指出："要有知识，就要随时随地吸收，随时随地搞清楚，不要含胡、笼统，以为大概是这么一回事就算了。"① 我们从他对自己过去作品的精心修改中，确也深深地体会到这一点的重要。

①《端正文风——在新华社国内记者业务训练班的讲话》，《中学语文教学》1979 年第 2 期。

鲁迅小说用喻的功能与特色[①]

鲁迅先生教导青年说：“正如作文的人，因为不能修辞，于是也就不能达意。”[②] 为了确切有力、生动活泼地表情达意，鲁迅先生很重视修辞技巧的运用。比喻，是先生所用的多种多样修辞手段中极为重要的一种，在所写的三十三篇小说中，共用了比喻三百多次。鲁迅先生善于大量地精妙地运用比喻，在小说中刻划人物，摹写景色，渲染气氛，描绘器物，收到了积极的效果。

传神地刻划人物

文学描写的首要任务是塑造人物形象。文学语言的确切选用，有助于形象的鲜明突出。作为文学语言重要组成部分的比喻，在这方面起着显著的作用。一个妙喻的设立，可以省却许多笔墨，把人物极其俭省地描画出来。比喻常用来描写人物的外形。鲁迅先生这样写中年闰土的双手：

> (1) 他头上是一顶破毡帽，身上只一件极薄的棉衣，浑身瑟索着；手里提着一个纸包和一支长烟管，那手也不是我所记得的红活圆实的手，却又粗又笨而且开裂，像是松树皮了。(《故乡》；一卷482页)[③]

用常见的松树皮比喻劳动农民的双手，不但使上句说的“那手……又粗又笨而且开裂”具体化了，形象化了，容易给读者留下鲜明的印象；而且从这个

① 原载日本《中国语研究》1994年10月（年刊），总第36号。

②《致李桦的信》，见《鲁迅全集》第十三卷第45页，人民文学出版社1981年第1版。

③“一卷”指《鲁迅全集》第一卷，“二卷”指《鲁迅全集》第二卷。人民文学出版社1981年第1版。下同。

描写劳动者外型特征——双手的比喻中，还传示了闰土以及当时广大贫苦农民所遭遇的辛劳困苦。这是成功的外形描写。

描写人物的外形，佳喻不少。鲁迅先生选择喻体时的周密考虑，设立比喻时的精心构思，值得我们学习。《祝福》中的柳妈和《长明灯》中的郭老娃都是老年人，鲁迅先生描写他们时，用喻却有所不同。喻写柳妈是：

(2) 柳妈的打皱的脸也笑起来，使她蹙缩得像一个核桃。（《祝福》；二卷 19 页）

喻写郭老娃是：

(3) 坐在首座上的是年高德韶的郭老娃，脸上已经皱得如风干的香橙，……（《长明灯》；二卷 62 页）

同是老年人多皱纹的面孔，有的比作“核桃”，有的比作“风干的香橙”，这充分显示了作者的匠心。常年当佣工的柳妈，脸上的皱纹一定是又粗又深，蹙缩时就更加显著；拿外壳上纹路凹陷回转的核桃相比，是恰如其分的。养尊处优的郭老娃年纪虽大，脸上的皱纹也决不会深凹；风干的香橙外皮上满布细纹，用来作比，真是再合适也没有。这两个同中有异的比喻用得贴切传神，在塑造外形方面效果是显著的。

比喻也常用来描写人物的动作。例如：

(4) 他的头一入水，即刻直奔王头，一口咬住了王的鼻子，几乎要咬下来。王忍不住叫一声“阿唷”，将嘴一张，眉间尺的头就乘机挣脱了，一转脸倒将王的下巴下死劲咬住。……于是他们就如饿鸡啄米一般，一顿乱咬，咬得王头眼歪鼻塌，满脸鳞伤。（《铸剑》；二卷 432 页）

(5) 只要和连殳一熟识，是很可以谈谈的。他议论非常多，而且往往颇奇警。使人不耐的倒是他的有些来客，大抵是读过《沉沦》的罢，时常自命为“不幸的青年”或是“零余者”，螃蟹一般懒散而骄傲地堆在大椅子上，一面唉声叹气，一面皱着眉头吸烟。（《孤独者》；二卷 90—91 页）

两个比喻同是拿生活中常见的动物做喻体。前一个比喻中的“饿鸡啄米”用来写眉间尺和“黑色人”两人的头同王头搏斗的状态。一个“饿”字，写出了他们对暴戾的国王的积仇和痛恨；一个“啄”字，写出了他们噬咬的快速和凶猛。后面那个比喻中的“螃蟹”，隐含一个“横”字，把当时那批自命不凡的“青年才子”的傲态，形象地勾勒了出来。

比喻还常用来描写人物的心理。心理活动是无形的东西，用语言来表达，往往会失之冗长，不易奏效。语言大师的鲁迅先生，长于用简练的语言活灵活现地进行心理描写。为了使描写简洁而形象，鲁迅先生常常设立比喻，借助有形的东西，去显现各种各样的心情和感受。我们试读：

(6) 眉间尺忽然全身都如烧着猛火，自己觉得每一枝毛发上都仿佛闪出火星来。(《铸剑》；二卷 421 页)

(7) 宣统初年，我在本地的中学校做监学，同事是避之惟恐不远，官僚是防之惟恐不严，我终日如坐在冰窖子里，如站在刑场旁边，其实并非别的，只因为缺少了一条辫子！(《头发的故事》；一卷 464 页)

前一个比喻句，是写眉间尺在听到母亲夜诉父仇时的心情的。鲁迅先生并没有用上“愤恨”“激怒”等字眼，但眉间尺那种激愤之情已跃然纸上。第二个比喻句，通过两个连用的处所比喻，把 N 先生因为缺少当时社会奉为神宝的辫子，受到种种歧视时的处境和心情，表现得细致入微，耐人寻味。

鲁迅先生刻划人物时，还经常把几个比喻互相呼应地使用。这些比喻有机地配置在作品的各个部分，逐次深入地加以描绘，在完整地塑造人物形象方面，起着重要的作用。我们看《祝福》中对祥林嫂的几处喻写。屡遭苦难的祥林嫂原来认为“捐了门槛可以不再到‘阴司’受苦”，在这个极其微小的企望也被粉碎之后，鲁迅先生这样描写她的变化：

(8) 第二天，不但眼睛窈陷下去，连精神也更不济了。而且很胆怯，不独怕暗夜，怕黑影，即使看见人，虽是自己的主人，也总是惴惴的，有如在白天出穴游行的小鼠；否则呆坐着，直是一个木偶人。(《祝福》；二卷 20—21 页)

这里接连用了两个比喻，前一个描写她怕见人的惶恐不安的心情；后一个描写她陷于极度失望时神情郁顿的姿态。这两个比喻互相补充，从内心到外形，比较完整地刻划了当时身心遭受严重摧残的祥林嫂的形象。小说里还有两处用喻，描写了这位女主角的面部表情。一次是写她第二次来鲁四老爷家后的情况：

(9) 上工之后的两三天，主人们就觉得她手脚已没有先前一样灵活，记性也坏得多，死尸似的脸上又整日没有笑影，四婶的口气上，已颇有些不满了。(《祝福》；二卷 16 页)

“死尸似的脸”这个以主人眼光所作的比喻，把祥林嫂在新寡、丧子等沉重打击下的极度悲郁的神气，俭省地写了出来。后来，当祥林嫂终于受到驱逐沦为乞丐之后，她是：

(10) 脸上瘦削不堪，黄中带黑，而且消尽了先前悲哀的神色，仿佛是木刻似的；只有那眼珠间或一轮，还可以表示她是一个活物。(《祝福》；二卷 6 页)

祥林嫂被封建势力和旧礼教残害得精神麻木，“木刻似的”就是这种精神状态在面部表情上的反映。鲁迅先生通过多次用喻的艺术手法，把这位在旧社会被蹂躏、被损害的劳动妇女的心情、姿态和肖像，用一次一次的“特写镜头”惟妙惟肖地作了描画，使这位典型人物的形象分外清晰，留给读者深刻的印象，久久不会磨灭。

描写其他小说中的重要人物——《故乡》中的闰土，《肥皂》中的四铭，《奔月》中的后羿，《非攻》中的墨子等等，鲁迅先生也用了这种反复用喻的手法，收效也是十分理想的。

如画地摹写景色

景色是文学描写的重要对象。写景同写人和情节发展有密切的关联。鲁迅先生善于写景，特别是善于运用比喻写景。喻景，不但能把景色绘声绘色地再现出来，而且笔墨也是极为精练。在先生的小说里，优美的写景比喻比比皆是。“玉盘似的月亮”(《肥皂》；二卷 54 页)，“鱼鳞样的白云”(《补天》；二卷347页），“踊跃的铁的兽脊似的”“起伏的连山”（《社戏》；一卷564页），“灰绿的轻烟”般的长满新芽的林木（《采薇》；二卷402页），在雪中赫赫地“明得如火”的红山茶花（《在酒楼上》；二卷25页）……这些比喻，寥寥几笔，就把景色画得如此醒目传神，刺激着读者的视感，启发着读者的想象。

在先生的作品中，也有好些比喻，用较多的笔触，描摹出一幅丰富完整的风景画。例如：

(11) 微风早经停息了；枯草支支直立，有如铜丝。一丝发抖的声音，在空气中愈颤愈细，细到没有，周围便都是死一般静。两人站在枯草丛里，仰面看那乌鸦；那乌鸦也在笔直的树枝间，缩着头，铁铸一般站着。（《药》；一卷448页）

(12) 粉红的天空中，曲曲折折的漂着许多条石绿色的浮云，星便在那后面忽明忽灭的䀹眼。天边的血红的云彩里有一个光芒四射的太阳，如流动的金球包在荒古的熔岩中；那一边，却是一个生铁一般的冷而且白的月亮。（《补天》；二卷345页）

铜丝般直立的枯草，铁铸一般站着的乌鸦，死一般的静寂，这些比喻配成了悲凉凄漠的画面，传示了当时特定环境中的悲郁沉重的情绪。第（12）例中，鲁迅先生的想象如天马行空，他选用了几个奇特而贴切的比喻，把远古时代的天空景色美妙地映现如画，使《补天》这篇历史小说，一开头就给人以瑰丽、奇壮、清新的感觉。

强烈地渲染气氛

小说中好的比喻，不仅能够生动形象地描写人和事物，而且还往往能够密切地配合故事情节，渲染出一种气氛，对作品起映衬、烘托的作用。鲁迅先生的许多用喻就具有这种妙处。《药》里的华老栓，秋天的后半夜上街去接买人血馒头的情景是：

(13) 仰起头两面一望，只见许多古怪的人，三三两两，鬼似的在那里徘徊；定睛再看，却也看不出什么别的奇怪。（《药》；一卷441页）

“鬼似的”这个比喻，描写了内心惶悚的人们在昏暗中走动的情态，表达了老栓自己的惶恐心情；而且很有力地衬托出封建统治集团屠杀革命者时的恐怖气氛。在《社戏》中，当“我”和友伴们去赵庄看了戏摇船回来时，作者这样描写：

(14) 他们一面议论着戏子，或骂，或笑，一面加紧的摇船。这一次船头的激水声更其响亮了，那航船，就像一条大白鱼背着一群孩子在浪花里蹿，连夜渔的几个老渔父，也停了艇子看着喝采起来。(《社戏》；一卷 567 页)

这里的用喻，生动地写出了航船行驶的轻快，也确切地表达了一群天真烂漫的少年的欢跃情绪，加浓了故事活跃愉快的气氛。读到这个比喻，一幅形象鲜明的“少年月夜归航图”，仿佛就展现在我们面前。

细致地描画器物

作家在小说中往往要描写一些器具和动物，为表现作品主题，创造作品情调服务。鲁迅先生在小说中描写器物时，也每每运用比喻的方法。“荸荠式的圆篮”(《祝福》；二卷 15 页)，洋溢着地方色彩；“砉的一声直跳上来，像飞起了一团雪”的白兔(《兔和猫》；一卷 549 页)，直是活泼可爱；……对于某些重要的器物，鲁迅先生还往往加以多次喻写。例如写《铸剑》中的那把宝剑：

(15) 你父亲用井华水慢慢地滴下去，那剑嘶嘶地吼着，慢慢转成青色了。这样地七日七夜，就看不见了剑，仔细看时，却还在炉底里，纯青的，透明的，正像两条冰。(《铸剑》；二卷 420 页)

(16) 眉间尺凝神细视，这才仿佛看见长五尺余，却并不见得怎样锋利，剑口反而有些浑圆，正如一片韭叶。(《铸剑》；二卷 421 页)

两次用喻，细腻地描画了宝剑的光芒、颜色和形状。我们读过以后，就很容易对这把导致故事情节发展的奇特的宝剑，留下完整而清晰的印象。

到此，我们对鲁迅先生小说中用喻的功能有了大致的了解。鲁迅先生三十三篇小说中共用的三百多次各类比喻中，以写人的比喻为最多，占一半以上。由此看来，比喻是鲁迅先生小说中用来进行文学描写，尤其是塑造人物形象的重要语言手段。

运用比喻这种语言手段，鲁迅先生是那样巧妙而纯熟，令人读时赞叹不已。鲁迅先生用喻的重要特点是贴切自然，灵活生动，这从上面的分析已经可以体会。下面再谈谈另外几点特色。

善于创新

鲁迅先生熟谙我国古代许多比喻，在作品中有时也插进一些传统用喻。例如，沿用“箭如流星”“樱桃小口”“一灯如豆”等比喻性成语的文句：“那箭便流星般出去了”（《奔月》；二卷 361 页），“樱桃似的小口一张”（《长明灯》；二卷 60 页），“豆一般大的黄色的灯火光”（《祝福》；二卷 21 页）。但这种沿用是很少的，在小说的全部比喻中，至多不超过十分之一。较多的情况是化新，最多的情况是创新。化新，是把传统用喻适当变化。例如，不说“味同嚼蜡”，而说“饭菜……入口如嚼泥土”（《在酒楼上》；二卷 24 页）；不说“挥金如土”，而说“水似的化钱”（《孤独者》；二卷 106 页）；不说“芒刺在背”，而说“脊梁上还有许多针轻轻的刺着”（《幸福的家庭》；二卷 39 页）；等等。创新，是自己选择材料，安排情境，设立新喻。鲁迅先生善于广泛而精密地观察周围的事物，多方面地挖掘比喻材料的来源。在先生的笔下，用作喻体的，有人物，有鬼神；有动物，有植物，有非生物；有器具，有时间，有地点，等等。由于譬况得贴切，我们不但不感到生硬，相反地，会产生一种新鲜有味、耐人咀嚼的感觉。在这方面只要举一个例子就足以说明问题：《故乡》中用画图仪器里的圆规（在写作的一九二一年来说，这还是一件新颖事物），比喻“两手搭在髀间，没有系裙，张着两脚”的瘦骨伶仃的杨二嫂（一卷 480 页），就是一个脍炙人口的妙喻。

正因为鲁迅先生善于挖掘喻体材料的来源，所以他写的几十篇小说中，简直没有描写相同本体而用同一喻体的（这可并不是那么容易做到的）。例如，同样是描写人脸，除了上面已举的“香橙”“核桃”“死尸”以外，还有“阎工脸”（《端午节》；一卷 536 页），“弥勒佛似的更圆的胖脸”（《示众》；二卷 71 页），“猫脸”（《示众》；二卷 71 页），“蟹壳脸”（《离婚》；二卷 144 页），“紫糖色脸”（《离婚》；二卷 144 页），“三角脸”（《长明灯》；二卷 56

页），等等。这些采用多种多样材料设立的新鲜的比喻，从各个不同的角度，对各种不同的人脸作了确切的描绘，使这些人物面目鲜明地同读者见面。我们读鲁迅先生的小说决不会觉得枯燥呆板，这也是原因之一。

又如，同样是汽车的叫声，一般人怕很难分辨它们之间的细微差别吧？鲁迅先生在《弟兄》中，运用连续排喻的方法，选用大量的新鲜材料，对汽车的汽笛声作了一段精彩的描写，表现了当时沛君急切地盼望大夫来替弟弟医病的心情：

> (17) 他（沛君）坐在窗前的书桌旁边，一切都静寂，只听得病人的急促的呼吸声，和闹钟的札札地作响。忽而远远地有汽车的汽笛发响了，使他的心立刻紧张起来，听它渐近，渐近，大概正到门口，要停下了罢，可是立刻听出，驶过去了。这样的许多回，他知道了汽笛声的各样：有如吹哨子的，有如击鼓的，有如放屁的，有如狗叫的，有如鸭叫的，有如牛吼的，有如母鸡惊啼的，有如呜咽的……。他忽而怨愤自己：为什么早不留心，知道，那普大夫的汽笛是怎样的声音的呢？（《弟兄》；二卷 136 页）

寓意含蓄

笔调含蓄，是鲁迅先生文学创作的一大特色。这种特色也体现在用喻之中。有不少比喻，从形式上看，是在喻写事物的某种性状；若从含义来推敲，则包蕴着许多没有讲出来的话语。它启发读者去思索，去挖掘，去品味，从而建立深刻的印象。

> (18) 路的左边，都埋着死刑和瘐毙的人，右边是穷人的丛冢。两面都已埋到层层叠叠，宛然阔人家里祝寿时候的馒头。（《药》；一卷 447 页）

用阔人家里祝寿时的馒头去比死刑瘐毙的人和穷人的丛冢，不但在形状和数量上有“层层叠叠”的相似之处，而且，作者还在这个“炼喻”中寓藏了深意。不知是否可以这样理解：丛冢和馒头正好关联了当时社会的主要阶层：一方面是革命者不断地在默默的斗争中死去，穷人不断地在残酷的压榨中死亡；一方面是富人不断地“庆功”祝寿，奢侈挥霍。从冢堆到层层叠叠，正是阔富人家所以能祝寿的原因。这个比喻把作为全文情节发展线索的人血馒头的含义深化了，令人阅读时会自然地引起联想，更加深切地认识当时的社会现实。再如：

(19) 初春的夜，还是那么长。长久的枯坐中记起上午在街头所见的葬式，前面是纸人纸马，后面是唱歌一般的哭声。我现在已经知道他们的聪明了，这是多么轻松简截的事。(《伤逝》；二卷 129 页)

“唱歌一般的哭声”，貌似矛盾，实是的言。“聪明人”唱歌，自然是“轻松简截”的，因为他们不知道悲哀；但他们在送葬时仍然发出“唱歌一般的哭声”，却正好说明了他们的虚伪。“哭”是官样文章，遮人耳目而已；“唱歌”却是内心的自白，因为送葬一个人，就少了一个争夺的对手，少了一个角斗的仇人。以“轻松简截”的心情去“哭”，当然只能是“唱歌一般”。透过这个比喻的字面，我们能更加深刻地洞悉那批送葬人的内心世界。

褒贬分明

爱憎分明，是鲁迅先生为人处世的态度。先生认为“能憎才能爱”。这种鲜明的立场，强烈的爱憎精神，也突出地表现在先生的用喻中。从刻画不同人物所用的不同比喻中，最能够清楚地明白这一点。《奔月》中的古代勇士后羿是何等英武：

(20) 他一手拈弓，一手捏着三支箭，都搭上去，拉了一个满弓，正对着月亮。身子是岩石一般挺立着，眼光直射，闪闪如岩下电，须发开张飘动，像黑色火，这一瞬息，使人仿佛想见他当年射日的雄姿。(《奔月》；二卷 367 页)

几个确切、新鲜的比喻，生动地描绘了后羿的英雄姿态，激起我们深深的敬仰和爱慕。而《高老夫子》中那位“胖到像一个汤圆”(二卷 83 页)的纨绔子弟毛家大少爷，却只会引起我们的厌恶。

同样是喻写眼睛，对纯洁、善良、聪明的阿顺姑娘，鲁迅先生这样赞美地描述：

(21) 眼睛非常大，睫毛也很长，眼白又青得如夜的晴天，而且是北方的无风的晴天，这里的就没有那么明净了。(《在酒楼上》；二卷 29 页)

而对趋炎附势的势利小人，则用了截然不同的嘲笑性的比喻：

(22) 我刚跨进门，当面忽然现出两个穿白长衫的来拦住了，瞪了死鱼似的眼睛，从中发出惊疑的光束，钉住了我的脸。(《孤独者》；二卷 104 页)

两种眼睛：灵活与呆滞，明净与污浊，美丽与丑陋，用笔迥然不同。眼睛是心灵的镜子，褒贬分明地喻写眼睛，也就态度鲜明地揭示了不同人物的不同心灵。

幽默风趣

笔端常带幽默，行间洋溢风趣。鲁迅先生的小说所以使人百读不厌，这也是一个原因。幽默风趣的风格也体现在用喻之中。例如，在《肥皂》这篇讽刺小说中，对假道学者四铭家晚饭时的情景，鲁迅先生这样喻写道：

(23) 堂前有了灯光，就是号召晚餐的烽火，合家的人们便都齐集在中央的桌子周围。……碗筷声雨点似的响，虽然大家不言语，也就是很热闹的晚餐。(二卷 50 页)

把灯光比作烽火，实际上就是把晚餐比作打仗；碗筷相碰的声响像下雨，这个细节也写得好。两个比喻，风趣洋溢地写出了四铭家用餐时你争我夺的情景。再如描写妇女的头发：

(24) 抱着小孩的老妈子因为在骚扰时四顾，没有留意，头上梳着的喜鹊尾巴似的“苏州俏”便碰了站在旁边的车夫的鼻梁。(《示众》；二卷 71 页)

(25) 主人始终穿洋服，硬领始终雪白；主妇是前头的头发始终烫得蓬蓬松松像一个麻雀窠，牙齿是始终雪白的露着，但衣服却

是中国装，……（《幸福的家庭》；二卷 36 页）

用“喜鹊尾巴”和“麻雀窠”分别譬况老年女佣和时髦妇女的发式，不仅贴切，还带有诙谐的情趣。同时，这个比喻对当时流行的头发式样，在描写时轻轻带了一笔，也多少幽默地表露了鲁迅先生对矫揉造作行为的不满。这种幽默风趣的比喻，使作品的思想性显得更有深度。

警策有力

鲁迅先生的用喻，有许多是结构简练，含义精警，表达力很强的。上面举过的不少例句都具有这个特点。另有一些比喻，由于同其他有关的修辞格式巧妙地结合在一起，显得更为警辟。例如：

(26) 我想：希望是本无所谓有，无所谓无的。这正如地上的路；其实地上本没有路，走的人多了，也便成了路。（《故乡》；一卷 485 页）

(27) 那作品，像太阳的光一样，从无量的光源中涌出来，不像石火，用铁和石敲出来，这才是真艺术。（《幸福的家庭》；二卷 35 页）

前一个是警句式比喻，后一个是对比式比喻。警句能提炼思想，发人深思；对比句能强化思想，加重语气。这两种修辞句式同比喻句自然地融和起来，使比喻不但形象、生动，而且警策有力。

鲁迅先生是中国伟大的思想家和文学家，也是杰出的语言大师。鲁迅先生的作品是世界文学宝库中的遗产，值得我们学习和探索的东西很多。本文仅就鲁迅先生所常用的一种文学语言手段——比喻，作了一些粗浅的剖析，试图从一个侧面探索一下作家的修辞风格。不当之处，殷切地期望指正。

流声悦耳　练色娱目①

——谈《葛梅》的绘声绘色

“有声有色”，已成为形容语言表达逼真生动的一句熟语。声音和色彩，向来是文学作品形象化描写的重要对象。我们注意到，在一般的作品中，单个的描写声音或色彩的例子较多，而把大量的笔墨用之于声音、色彩，并能恰到好处、具有浓郁情味的却很少。最近重读管桦同志的《葛梅》，觉得这篇诗一般的作品，在描写声音和色彩方面极为突出。作者根据表现主题和刻画人物的需要，大量地运用绘声绘色的修辞手段，创造了“流声悦耳，练色娱目”（见枚乘《七发》）的精妙境界。探讨一下作家在这方面的艺术技巧，对我们指导学生进行修辞欣赏和修辞实践，将是很有益的。

《葛梅》绘声的特点，首先是成功地运用了“未见其人，先闻其声”的传统方法。作品中的“我”几次遇到主角——公社商店女采购员葛梅，都是先听到她的声音。第一次是“我”歇晌回来，在还乡河边没赶上搭便船，就听到“船上一个清脆响亮的声音，从水面上飘过来：‘等着！我们把船撑过去！’”第二次是“我”回忆去年到田里寻找葛梅的情景：“我一边走着一边喊。韩庄南雁翅地有一片玉黍，透过密叶，传出一个女子清脆响亮的声音，拖着长长的尾音回答：‘这儿哪——’”从两次描写声音所用的修饰性定语来看，作者赋予葛梅嗓音的基调是“清脆响亮”，这符合主人公——一个十八九岁姑娘的性格特征。一听见这声音，读者就仿佛已经看见了热情、活泼、健壮、机灵的葛梅姑娘。这种“声先于人”的表现方法，在我国优秀小说和戏剧中，是经常会遇到的。

作者还善于使用“旁声相衬”的传统方法，来描绘主角葛梅的声音，从而突现她的形象。作品开头，“我”在河边遇见葛梅，作者先写了她的笑声：

① 原载《中学语文教学》1983年第4期。《葛梅》原载《红旗》1961年第21—22期，选入初中《语文》第六册，人民教育出版社1982年版。本文引例选自语文课本。

“另一个撑船的女伴，不知同她说了句什么话，听她咯咯的响亮的笑声在河面上飘散。”紧接着就“即景借声”地写道：“应和着这女子的笑声，从附近的白杨林里，传来布谷鸟和黄莺悠扬的鸣啭。”这里，葛梅“响亮的”笑声同自然界著名歌鸟“悠扬的”鸣叫声化成一片。这是多么令人神往的清越的境界！多么美妙悦耳的声音！葛梅美丽的形象，通过声音的描绘，一开始就给读者留下了深刻的印象。

在作者笔下，有各种声音的独唱：葛梅优美的歌声、笑声，还乡河水的“哗啦”声……也有多种声音的合鸣。作者描写正在收割的麦田的景色时，着力写了好几种声音。你听：

> 还乡河边的树林里，有黄莺的叫声。间或，还有一两声鹧鸪的鸣叫和斑鸠嘹亮的啼啭传遍旷野。……从麦海的那边，隐隐约约飘来的歌声，唱着“春天里的花园真美丽”！

各种鸟声的合奏，鸟声同葛梅歌声的合奏，融和成一支华北平原上丰收的乐曲。作品描写这些声音，对表现浓丽的乡土风味和女主角活跃的性格，是很有作用的。

作品结尾，“我”和几个队长送走深夜前来统计三秋农具需要量的葛梅，正“转身向院里走去时，忽然在雨声和雷声中传来一阵歌声：‘春天里的花园……’”雷声、雨声、葛梅的歌声，又是一曲扣人心弦的合奏。这曲合奏的调子是高昂的，既突出地显示了女主角不畏风雨、勇往直前的坚强性格，又形象地刻画了她深夜奔走、兢兢业业为人民服务的优秀品质。葛梅在雷雨声中的一曲清歌，唱出了祖国春天花园的美丽，也让我们感受到了她心灵的美丽。

确切的动态描写，是《葛梅》绘声的又一值得学习的特点。作者笔下的雷声，是“隆隆地响着从天边滚来，又隆隆地响着向天边滚去。”一个富于动作性的“滚”字，把雷声活灵活现地写了出来，会引起读者无穷的联想。又如，写葛梅的笑声和歌声，是“从水面上飘过来”，“在河面上飘散”，“从一片庄稼那边，飘过”……前后“飘”了四次。用“飘”这个动词来形容葛梅这位豪爽少女的声音的动态，何等贴切传神！读到这些精心提炼的诗一般的文句，我们不禁会想起《琵琶行》“间关莺语花底滑，幽咽泉流水下滩”名句中的“滑”字和“流”字。

谈到《葛梅》绘色的特点，首先要提一提的是传统的“亮相”手法的运用。主人公刚一上场，作者就在渲染音响的同时，着力描写她的衣色、脸色等色彩。请看“我”去年在韩庄玉黍田里遇见的正在细心查对虫害亩数的葛梅：

> 听里面玉黍叶哗啦哗啦响。响声渐渐近了，钻出一个十八九岁的女子，沾满污泥的豆绿色的裤子和白洋布偏襟儿褂子，都被汗水浸得湿淋淋的。齐颈的短发，有两绺，被汗水贴在她红通通的脸蛋上，眨动一下眼皮，从她黑亮的眉毛上往下直掉汗珠子。浑身落满淡黄色的玉米花和粉红色的高粱花。

作品中把葛梅的出场安排得多么巧妙！这里展示的不啻是一幅颜色绚丽的水彩画，或者说是一帧夏日劳动者的彩色照片。读者的注意力，不由得一下子就被吸引到了这位女主角的身上。

作者还善于运用多种色彩，描绘现实生活中美丽的景物，给人物活动设置鲜明的背景。我们试读作品开头部分的一段描写：

> 这女子穿一件紫丁香色的上衣，在宽阔碧绿的河面，像一朵荷花似的飘移过来。四周围的景色，仿佛因此而越发显得秀丽、迷人。在这夏日的晌午，镜子般的水面，反射着银色的光。岸边的绿柳和白杨，灵化了似的耸立着，给还乡河投出凉凉的阴影。青草、芦苇和红的、白的、紫的野花，被火热的太阳蒸晒着，空气里充满了甜醉的气息。

在这幅精心描绘的乡土风景画上，有近景，有中景，有远景；有光，有影，有味；特别是还有青、红、白、紫、碧绿、银色等种种悦目的色彩。葛梅美好的形象使周围的景色越发显得迷人；而秀丽、和谐的景色又正是扶助红花的绿叶，鲜明、生动地映衬出了女主角荷花般纯洁的形象。

我们不妨再读一段精彩的描写：

> 我离开大车，向萱湖村走去。一会儿，转脸看葛梅和她的女伴，已经远了，但还能看得见紫丁香色和白色的身影在蓝天和金黄

> 色的麦海中间浮动。

作者把四种明丽的色彩配合得何等巧妙而协调：上有蓝蓝的天，下有金黄的麦田，在这样的背景上，穿着紫丁香色和白色衣服的人儿，正在轻盈地向远处走去，走去——这不就是彩色电影中的一个令人赏心悦目的“淡出”镜头么?

作者选取的背景不仅有缤纷的彩色画，也有清丽的单色画。“我”在摆渡到对岸后，望着葛梅她们远走的地方，见到的是“一片已经割完的草地，散布着一些苍绿色的点子，那些草还没有运走的地方，一阵风吹过去，发出沙沙的响声。”这里呈现的是满眼青绿，带有一股浓郁的田野气息，读者的视觉不由得顿然一清。又如，“我”去年在田里找到葛梅，研究完工作分别后，“凝视着她的背影，见她在开满粉红色芝麻花的地头上忽然转过身来，用一种‘板上钉钉’的肯定语气，大声说：‘今天后半夜，六六粉准到!’”“粉红”这个色彩词，为当时主角活动的背景抹上了浓浓的一笔，强烈地烘托了葛梅活泼鲜跳的性格和朝气蓬勃的精神。

《葛梅》绘色的再一个特点，就是善用易于引起读者联想的比喻。前面举到的“这女子穿一件紫丁香色的上衣，在宽阔碧绿的河面，像一朵荷花似的飘移过来”，即是妙喻。作品中另有一处，这样描写葛梅在村里为方便社员，主动收购鸡蛋的情景：“太阳把树叶的阴影投在她身上，很像在她紫丁香色的外衣上披了一件镂花的薄纱。”这个比喻，不仅确切（树叶的阴影斑驳陆离，多像“镂花的薄纱”），而且意境和色彩优美，耐人寻味。葛梅美好的形象，通过色彩的比喻描写，又一次展现在读者面前。

另有一处是写水花的色彩的：

> 当她们把篙竿的一头插进河里去的时候，河水便哗啦的响着，溅起白白的水花，反射着阳光灿烂的颜色，像是从这两个女子手里撒落下去的两把珍珠。

作者的观察细致入微，他把阳光照耀下的水花喻写得极有神采，实在可同白居易《忆江南》诗里“日出江花红胜火”的名句媲美。

管桦同志在《我为什么画起墨竹来》一文中写道：“我很早就喜爱书画。有时画画山水，荷花，梅花。”“我在自己的作品里要追求民族的色彩，追求一种意境和韵味，追求简练等等，绘画确实给了我不少启示和借鉴。”① 爱好绘画，再加上长期扎根于丰富多彩的现实生活之中，使他擅长从视觉和听觉的感受上去描绘、塑造形象，绘声绘色，交相融和。读者阅读时仿佛耳闻目睹，更容易受到作品艺术境界的感染。

应该说明的是，作者的绘声绘色并不是词藻的堆砌，而是突出主题和刻画主角的生花妙笔，是构成整篇作品情调的要素。假若去掉全篇三十多处别具匠心的声、色描写，《葛梅》这篇小说的艺术魅力就决不会像现在这样强烈，清新、柔丽的风格就难以体现；葛梅的形象也就不会如此动人，如此具有立体感。可见，“绘声绘色”同“百读不厌”之间，确乎是有一种内在联系的。

① 载《人民日报·战地增刊》1979年第1期。

语言的彩色图画[①]

画家调配各种各样的颜色，可以画出色彩鲜明的图画；作家选用各种各样的“色彩词”，也同样可以绘出语言的彩色图画。所谓“色彩词”（也称“颜色词”），是指那些描写物体颜色的词。这种词在现代汉语中为数众多，单音的如：红、黄、蓝、白、黑、绿、青、灰、紫等；双音的如：鲜红、金黄、蔚蓝、雪白、墨黑、碧绿、深青、浅灰、绛紫等；多音的如：红艳艳、黄澄澄、蓝莹莹、白生生、黑漆漆、绿油油、灰蒙蒙、紫薇薇等。这些色彩词在我们的口语和书面语里，得到广泛的应用。恰当地选用色彩词，可以使描绘的事物色彩纷呈，增强语言的形象性；并能以色写人，借色抒情言志，增加表达的深度。

色彩词可以单个独用，也可以多个并用；可以描绘单色，也可以描绘复色。只要用得恰当，都能成为语言的精品——文字的图画。

作家张晓风在散文《木棉花》中，这样描写木棉和木棉花：

> 木棉树又干又皱，不知为什么，它竟结出那么雪白柔软的木棉，并且以一种不可思议的优美风度，缓缓地自枝头飘落。
>
> 木棉花大得骇人，是一种耀眼的橘红色，开的时候连一片叶子的衬托都不要，像一碗红面酒……（香港《中国语文》中二年级课本）

作家在两段文字中，分别用了单个的色彩词：用“雪白”（不是一般的“白”）描写木棉，用“橘红色”（不是一般的“红”）描写木棉花，一下子就突显了所描写对象的特征，给读者留下鲜明的印象。

像这样贴切地选用单个色彩词的佳例，在文学作品中很常见。但许多作家似乎更喜欢调弄语言的色彩，选配多个色彩词，在作品中绘制出多彩多姿

① 原载台湾地区《中国语文》1994 年第 12 期。

的画面，以更强烈地刺激读者的视觉，更有效地获得描写的效果。

选用多个色彩词作描写，一种是写单色。同样是“绿”，有种种不同。作家朱自清在著名散文《绿》中，写梅雨潭的潭水，先用了“醉人的绿”这一词语，接着把潭水的“绿”跟北京什刹海佛地的绿杨那“太淡了”的“绿”，杭州虎跑寺近旁的绿壁那“太浓了”的“绿”，西湖水波那“太明了”的“绿”，秦淮河水那“太暗了”的“绿”相比，最后精选出“鲜润”的“绿”来描写这美丽的潭水。短短一段文字中，就把“绿”色区分为“淡绿”“浓绿”“明绿”“暗绿”和“鲜润的绿”等不同的色域和色序，不仅衬托出梅雨潭水的“绿”特别可爱，融入了惊诧和喜悦的感情，而且也显示了作家观察事物和描写事物的功力。

同样是写单色的“绿”，下面一例的作者把它区分为四个双音色彩词，并列使用：

> 一进入清幽的紫竹院，就置身在绿色之中了。头顶上是墨绿的松，浅绿的柳，脚下是淡绿的草，身旁尽是翠绿的竹。（关山：《墨竹欣赏小记》）

“松”“柳”“草”“竹”，布局精致，相映成趣；“墨绿”“浅绿”“淡绿”“翠绿”，浓淡各宜，相配成画——这不啻是一副素净而高雅的单色图画。

作家笔下，更多的是复色图画。鲁迅笔下的海边沙地瓜田之夜是何等迷人：

> 这时候，我的脑海里忽然闪出一幅神异的图画来：深蓝的天空中挂着一轮金黄的圆月，下面是海边的沙地，都种着一望无际的碧绿的西瓜，其间有一个十一二岁的少年，项带银圈，手捏一柄钢叉，向一匹猹尽力的刺去，那猹却将身一扭，反从他的胯下逃走了。（《故乡》）

“深蓝”“金黄”“碧绿”三个色彩词，仿佛油画中浓抹的油彩，为构成这幅“神异的图画”起了重要的作用。

李牧华在散文《我爱乡居》中，为读者描绘了一幅乡间清晨的“农夫荷锄出耕图”：

> 我爱乡间的清晨，早上从屋子的后窗里望出去，是竹梢树影，农夫荷锄从河堤上走过，把黑色的剪影投在窗上，窗棂切取了远山的一角，作为背景，在背景的树梢修竹、蓝天白云之间，点缀着人物，构成了一幅逼真生动的图。（香港《中国语文》中二年级课本）

“黑色”和“蓝”“白”三个色彩词的巧妙组合，素淡地勾画出了剪影和背景，突出了乡居生活的怡静和淡泊，也流露了作家对此的热爱和向往。

朱自清笔下的春天繁花似锦的画面，则让人感到一片暖意：

> 桃树、杏树、梨树，你不让我，我不让你，都开满了花赶趟儿。红的像火，粉的像霞，白的像雪。花里带着甜味儿；闭了眼，树上仿佛已经满是桃儿、杏儿、梨儿。（《春》，香港《中国语文》中二年级课本）

极精练的几个单音色彩词，写出了花的不同色彩，再辅以颜色鲜明的喻体“火”“霞”“雪”，配合成一幅百花争艳的图画。

梁实秋在他的散文《鸟》中，则用色彩词精巧地描画了动物：

> 有时候稻田里伫立着一只白鹭，拳着一条腿，缩着颈子；有时候“一行白鹭上青天”，背后还衬着黛青的山色和釉绿的梯田。（香港《中国语文》中三年级课本）

“白”是主色，“黛青”“釉绿”是衬色；主体明丽，背景绚烂，动态和静态相配，好一幅“山间白鹭升空图”！

有时根据绘景写人的需要，在一小段文字中，可以连续用上好几个色彩词。鲁迅在名篇《祝福》中，这样为小说的主人公画像：

> 有一年的冬初，四叔家里要换女工，做中人的卫老婆子带她进来了，头上扎着白头绳，乌裙，蓝夹袄，月白背心，年纪大约二十六七，脸色青黄，但两颊却还是红的。卫老婆子叫她祥林嫂，说是自己母家的邻舍，死了当家人，所以出来做工了。

六个色彩词，从不同的方面去描写，把二十年代江南农村一位年轻寡妇的形象，活生生地刻画出来，宛若彩色电影中的一个特写镜头。又如下面这段文字：

> 听里面玉黍叶哗啦哗啦响，响声渐渐近了，钻出一个十八九岁的女子，沾满污泥的豆绿色的裤子和白洋布偏襟儿褂子，都被汗水浸得湿淋淋的。齐颈的短发，有两绺，被汗水贴在她红通通的脸蛋上，眨动一下眼皮，从她黑亮的眉毛上往下直掉汗珠子。浑身落满淡黄色的玉米粉和粉红色的高粱花。（管桦：《葛梅》）

作家连用的“豆绿色”“白”“红通通”“黑亮”和“淡黄色”“粉红色”这六个色彩词，分别写姑娘的衣服、脸色、眉毛，写她身上沾满的玉米粉和高粱花，着力描画出了这位小说中女主人公的形象。读者仿佛看到了一幅色彩绚丽的水彩画，看到了一帧夏天在北方农村田间拍摄的一位辛勤劳作、充满活力的少女的彩色照片。

运用色彩词描写事物的性状、情态，在修辞方式中称为“摹色”或“绘色”。这种修辞方式的佳例，在我国古代文学作品中很早就有。早在一千五百多年前，刘勰在《文心雕龙·物色》中就已论述了色彩词的运用，他主张“贵在时见”（偶然的一见），“青黄屡出，则繁而不珍”。看来他是讲究多用单个色彩词的。但语言表达方式，包括运用色彩词的手法是发展的，现代文学作品已经涌现了大量的运用多个色彩词的佳例。当然，这些色彩描写是作品中写景、写物、写人的需要，而不是让人不得要领的词藻堆砌；为读者提供的是赏心悦目的彩色图画，而不是令人眼花缭乱的杂色拼凑。

试论博喻的结构与功能①

英国杰出的浪漫主义诗人雪莱，把比喻当作“诗的语言的基础”。其实，不仅是诗歌，在各种样式的文学语言里，比喻都得到广泛的运用。比喻的使用方式多种多样，“博喻”是极富表现力的一种。

博喻，宋代陈骙《文则》定名并作了解释：“博喻，取以为喻，不一而足。”这是比喻的铺陈形式，设喻者根据表达需要，连续用几个喻体去说明或描绘本体，使比喻更精密、更形象、更富于表现的力量。这种修辞手法，在我国最早的诗歌总集《诗经》里就已经采用。钱锺书先生说：“像《国风》的〈柏舟〉连用镜、石、席三个形象来跟心情参照，《小雅》的〈斯干〉连说‘如跂斯翼，如矢斯棘，如鸟斯革，如翚斯飞’来形容建筑物线条的整齐挺耸”。到了唐宋，博喻已成为韩愈等许多名家惯用的修辞手法。钱先生特别欣赏宋代散文大家苏轼所写《百步洪》第一首里的一段：“有如兔走鹰隼落，骏马下注千丈波，断弦离柱箭脱手，飞电过隙珠翻荷。”四句诗中，用七个喻体反反复复地描写水波冲泻的情景，强调了水流的疾速。清代赵翼《瓯北诗话》中评价这四句诗说：“形容水流迅驶，连用七喻，实古所未有。”

像这样用多个喻体去喻写同一种事物的用喻方式，是博喻的一种。在文学作品中，这种博喻常用来突出被描写对象的某种性状或特征等，显示强调的意味。现代散文作家朱自清的名篇《春》这样描写春雨：

> 雨是最寻常的，一下就是三两天。可别恼。看，像牛毛，像花针，像细丝，密密地斜织着，人家屋顶上全笼着一层薄烟。（香港《中国语文》中二年级课本）

三个比喻，着力写出了春雨的细密，给读者以鲜明的印象。

这种类型的博喻，除用来形象地强调景物的某种性状、特征外，也可用

① 原载《修辞学习》1997年第3期。

来突出说明某种事理。例如：

> 不广泛地吸收，是谈不到博大精深的。一条大河总得容纳无数的小溪、小涧的流水，一座几千米的高山总得以一个高原作为它的基座。小小的水源，最多只能形成一个湖沼；荡荡平川，也不会有什么戴着冰雪帽子的高峰。（秦牧《蜜蜂的赞美》，香港《中国语文》中三年级课本）

作家排用句式整齐的两组四个比喻，形象地说明了“广泛地吸收才能达到博大精深”这一人生哲理，比单用一个比喻，说服力自然要强得多。

博喻的第二种，是用几个喻体分别喻写某种事物的各个局部或几个方面，集中起来表现事物的整体或全部。我国景德镇的瓷器不仅实用，同时也是很好的艺术品；瓷器的制作，达到了十分精美的程度。一些鉴赏瓷器的行家，常常用“白如玉，声如磬，薄如纸，明如镜”这几句话，来赞美优等的景德镇瓷器。这赞语用的就是一组博喻。四个比喻分别精练地描写了这种瓷器的色泽、声音、薄度、亮度，作出了全面的完整的评价。下面一例是用博喻方式描写天空中白云的种种状态：

> 我们便在地上坐下来，卧下来，观看那青空里的白云。白云确有使人欣赏的价值，一团一团的如棉花，一卷一卷的如波涛，连山一般地拥在那儿，野犬一般地站立在这里：万千状态，无奇不有。（徐蔚南《山阴道上》，香港《中国语文》中二年级课本）

四个比喻用两种句式构成，使连续排用的比喻句于整齐中稍有变化。可以看出，现代作家使用博喻的手法，较之传统的用法（同一格式连续排用），有了一定的创新。

这种用法的博喻，经常被用来描写人物的外貌，尤其是脸部。例如曹雪芹《红楼梦》第三回，写小说主人公贾宝玉初出场时的情景：

> 丫鬟话未报完，已进来了一位年轻的公子：……面若中秋之月，色如春晓之花，鬓若刀裁，眉如墨画，鼻如悬胆，睛若秋波。

六个排用的比喻，分别描写了脸型、脸色、鬓发、眉毛、鼻梁、眼睛，构成一幅完整的肖像画。这种人物初上场时的博喻“亮相”描写，不仅在我国古典小说中经常运用，在外国著名的文学作品中也常可见到。下面是阿拉伯民间故事《天方夜潭》所用的一处博喻“亮相”：

> 瓶里冒出一股青烟，飘飘荡荡地升到空中，继而弥漫在大地上，逐渐凝成一团，最后变成个巨大的魔鬼，披头散发，高高地耸立在渔夫面前。魔鬼头像堡垒，手像铁叉，腿像桅杆，嘴像山洞，牙齿像白石块，鼻孔像喇叭，眼睛像灯笼，样子非常凶恶。（《渔夫的故事》）

七个比喻连续排用，前三个先从总体喻写身体的三大部分头、手、腿，后四个再详细喻写头部的四个局部，用形象、夸张的手法描写了那个从“胆形黄铜瓶”里跑出来的魔鬼的凶相。

有时同一事物的各个局部异常丰富，各有不同，作家们笔下的博喻就可大显身手了。三个五个、七个八个已不够使用，有的作品竟会连续排用十几个比喻，构成超长型的博喻。例如下面两段写景文字：

> （1）距洪崖市十里许，石岛……布海中千数，皆壁立绝跻攀，而细树杂花蒙笼其上。似笋者，似几者，似鼓者，似盖者，似编磬者，似榻似枕者，似曲屏风者，似盂者，似漏壶者，似蛇蟠者，似鹭立者，似骑士者，似垂冕旒者，似僧入定者，殊甚诡状，不可殚纪。（梁启超《从军日记》）
>
> （2）我向前走了几步，一直走到丁峡谷旁缘。低头向下一望，惊住了，我完全惊呆了！……山谷里布满大大小小奇形怪状的石头，如虎、如象、如猿、如鸟，如炮弹、如瓶、如鼓，又如卧、如立，如相扑、相倾、相亲，如相离、相疏、相躲避。哪里来的这么多石头，莫非昨夜群星曾陨落如雨？（王蒙《魔谷》）

前一例写远望所见海面上的石岛，后一例写俯瞰所见山谷里的石头，都是连续排用了十五个比喻。这么多各色各样的喻体，并非词语的堆砌冗叠，而是简练地描绘出了形形色色的石岛和奇形怪状的石头。作家施展他们的观察力、联想力和描写力，借助博喻方式，生动地勾画了奇特的画面——“南海石岛图”和“深谷怪石图”，激发读者去展开丰富的想象。

博喻常常跟别的修辞手法结合起来使用。上面引例中多次用到了排比的方式，句式整齐匀称，读起来文气流畅，文意突出。有时博喻还跟对照的方式结合使用。一篇影评中，作者为了强调说明自己所感受到的日本著名电影女演员山口百惠的表演风格，这样写道：

> 百惠的表演风格：于含蓄中见深情，于淡雅中出浓烈。她给人的印象：不是正午灿烂的阳光，而是夜半清丽的月色；不是冲天高唱的云雀，而是声声啼血的杜鹃；不是鲜艳盛开的牡丹，而是淡泊含苞的水仙。

三组比喻构成排比，每一组内部又用“不是……，而是……”构成对照，这样反反复复地从反面和正面六次设喻，突出了山口百惠那种含蓄、淡雅、清纯的表演风格。

用喻贵在创新[①]

比喻，是文艺创作经常运用的修辞手段。比喻要能打动人心，除了应当贴切、自然外，还要注意新鲜。生活是丰富多彩的。我们的作者应当像辛勤的蜜蜂那样，从生活的繁花中吸取多方面的材料为喻体，酿成既好又新的比喻，准确、鲜明、生动地写人、叙事、状物、抒情，以提高语言表达的质量。在这方面，很多优秀作家为我们提供了大量佳例。鲁迅作品中的许多妙喻，更是我们学习的榜样。

鲁迅善于广泛而精细地观察研究周围的事物，因而他所挖掘的比喻材料，面广量多。尽管在小说中常常会多次描写相同的本体，却几乎没有使用过同样的喻体。同是描画人脸吧，就有“紫糖色脸”（《离婚》），“三角脸”（《长明灯》），“蟹壳脸”（《离婚》），“猫脸”（《示众》），“核桃”脸（《祝福》），“香橙”脸（《长明灯》），“阎王脸”（《端午节》），“弥勒佛似的更圆的胖脸”（《示众》），等等。这些采用多种多样材料构成的比喻何等新鲜！它们从各个不同的角度，对各种不同的人物，作了确切的描绘，让人物带着各自的特点，形象鲜明地同读者见面。又如在大家熟知的小说《弟兄》描写汽车喇叭声音的那段文字内，鲁迅集中日常生活中细致观察之所得，连续排用八个新鲜的比喻，把街上各式各样汽车的鸣叫声描摹得惟妙惟肖，使人如临其境。这些比喻的巧妙穿插，形象地衬托了作品主角沛君迫切盼望大夫早点乘车前来为弟弟治病的焦急心情。

创新，就得像鲁迅那样苦心孤诣。但是，我们的有些作者，由于功夫下得不够，再加上“帮八股”的影响，并未彻底肃清笔下常常出现的雷同的比喻。

譬如说写人的声音吧，作品男主角往往是“声若洪钟”，女主角常常会发出“银铃般的笑声”；而反面角色呢，则通常是“破锣般的嗓音”，令人一听就晓得是坏人。

① 原载《语文知识》1985 年第 1 期。

又如喻写人的神态吧，年轻的男主角常常是“脚步登登登，走路一阵风”；老年的硬汉子呢，往往写成“脚步稳，腰板硬，像棵不老松”；至于反面角色，则经常是“老鼠眼睛滴溜溜转，成天打他的鬼算盘”……

真是，仿佛用喻也有公式似的，只要拿来套用就行了。

这种陈陈相因的情况，在一个阶段颇为流行。这里特别要指出的是，有些作品颇多的专业作家，在语言表达上还欠苦心斟酌、刻意创新，设譬立喻往往信手拈来，多次重复。

譬如同是喻写“声音突然停止”这一情态，有位作家的一本小说集中，就多次出现了完全相同的比喻，例如：

(1)……人们的欢呼声像断了弦的胡琴似的停住了。(第84页)

(2)院子里的谈话像断了弦的胡琴，一下子停止了。(第320页)

(3)那样子，像“戈登”一声断了弦的胡琴，紧闭住薄嘴唇，不声不响了。(第381页)

(4)他一出现，吵嚷声就像断了弦的胡琴，立刻就停止，……(第430页)

作者第一次提炼出“声音像断了弦的胡琴似的停住了”这个比喻，自然是花了功夫的。但后来用滥了——你看，不论声音高低，不问场合大小，也不管气氛如何，都是“胡琴”“断弦”，“立刻”解决问题。同样的喻体，相似的比况，在同一本集子中这样地反复出现，难道不怕读者感到单调乏味吗？

鲁迅先生早就说过：“诗歌小说虽有人说同是天才即不妨所见略同，所作相像，但我以为究竟也以独创为贵。”（《华盖集续编·不是信》）又记得外国有句谚语：“第一个用花来比美貌的女人的是天才，第二个是庸才，第三个是蠢才。”这里所强调的都是贵在创新这一点。在开创四化建设新局面的今天，到处都充满了新的活力和创造精神，运用比喻，也何尝不应如此呢！

理解词义　正确用词[①]

近年来，出版物中用词混乱现象相当普遍。这已成为语言规范化工作中值得引起注意的一个问题。

我们知道，语言表达的基本要求之一，是正确用词；要做到这一点，表达者首先应当确切地理解词义。报刊书籍中出现的用词错误，究其原因，多数是由于作者及编者对某些词语的含义没有真正理解，甚至是误解、曲解了。

《人民文学》1983年第4期第107页，一篇小说中这样描写：

> 当年他以“革命干部”身份走进这座院里时，地主子女——王不顺的老婆，远远地迎出门外来，毕恭毕敬地站在那儿。那时候，这小娘儿们伏法不伏法、老实不老实还不是常贵一句话?!

由于文中用了“伏法”一词，初看之下只当是这个地主子女有可能被判决处死，因为“伏法”的含义就是“（犯人）被执行死刑”（见《现代汉语词典》）。但细读这篇小说的上下文，发现并不是这么回事儿。作者显然把“伏法”理解错了，结果造成误用，引起了读者的迷惑。这段文字中的“伏法”应改为“服法”或“服罪”。当然，这里的“法”“罪”，是小说中那个所谓“革命干部”心目中的“法”“罪”。

《当代》1980年第1期第126页有这样一段文字：

> 她也被她们单位宣布为审查对象了，比陈光早几天吧。在隔离期间，对她用了刑法，说你妈妈是潜伏下来的帝国主义间谍分子，还说与台湾有联系。

① 原载《语文知识》1987年第1期。

这里的“刑法”也是用错的。大概作者把它同“刑罚”等同起来了。其实“刑法”是规定什么是犯罪行为，犯罪行为应受到什么惩罚的各种法律。这段文字写的是十年动乱期间，群众遭到非法的“隔离审查”，受到非法的用刑逼供，“刑法”要改为“刑罚”或“刑讯”才恰当。

以上两例的误解词义，是由于缺少必要的法律常识。下面两例的词语误用，也是因为缺乏有关的专业常识而造成的。

(1) 在意大利，多子女家庭正逐渐被淘汰。自1964年起，人口出生率从每年一百多万下降到约七十万。(《世界之窗》1981年第2期第48页)

(2) 征服雄关漫道(《文汇报》1978年12月28日第4版短文标题)

“出生率”是个人口学专门名词，指的是每年出生婴儿数在总人口中所占的比率，通常用千分之几来表示。而例①的作者把它误解为“出生的人数”了。这一句有两种改法：或者把“人口出生率”改为“出生的人数”，或者把“出生率”换成“出生数”。例②中，作者用了一个动宾结构的短语，把“雄关”“漫道”作为“征服”的宾语，很明显，是把“漫道”理解为同“雄关”同类的名词性短语了。其实，“漫道”只有“慢说”或“莫说”“别说”的含义，是动词性词语，常用于诗词。毛泽东同志《忆秦娥·娄山关》词中的“雄关漫道真如铁”这一句，意思是“别说雄伟险要的娄山关，真像铁铸般的坚固”。例②作者由于缺乏诗词基本知识而误解词义、误用词语了。这个标题，如仍要保持六个字的简练的动宾格式，不妨改为“征服雄关险道”。

不理解或不是透彻地理解词义而随便用词，有时会造成同一句或上下句文意的自相矛盾，使读者费解。

上海《青年报》1983年5月20日第8版，有这么一句：

小海霞身高两米，体重一百公斤，鞋子要穿五十三码。据有关专家预测：去年不到一年，她又长高两厘米。

“预测”是预先推测或测定，是对未来时段用的；而小海霞的长高两厘米，明明白白交代了是“去年不到一年”的事。这一例中怎么能用“预测”呢？

"预测"过去时段的事，显然是矛盾的。"预测"要改用"测算""测定"或"观测"才恰当。

《人民日报》1979年10月15日第4版，一篇写某单位领导先进事迹的短文中有这样几句：

> 他还给秘书硬性规定了三条戒律：……第三、他出差只报销车票、飞机票，不准给报销差旅费。

"差旅费"并不仅仅指旅馆费、途中补贴费，也包括车、船、飞机的票费。"不准给报销差旅费"，就是连车票、飞机票都不准报销，上下句造成自相矛盾。这一例中的"差旅费"应改为"其他出差费用"。

有时作家笔下也会出现选词欠斟酌、误解词义而造成前后矛盾的败笔。例如，《小说月报》1980年第2期第56页，高啸声的短篇小说《周华英求职》中的这一句：

> 她继续在公路上踯躅前进。

"踯躅"，就是徘徊，即在一个地方来回地走。通常只说"踯躅不前""徘徊不前"。文中说既"踯躅"又"前进"，不是自相矛盾吗？读者很难想象"踯躅前进"是怎样一种走路的情态。

最后，顺便谈谈成语的误用。成语用得恰当，无疑能增强文字的生动性；但如果对某些成语理解得不透彻，单从字面上了解了它的部分意思，使用时就往往出差错。

《连环画报》1983年第5期第11页，有幅图画的说明文字这样写：

> 东西采购齐了，他（指梅洛斯）就顺道看望青梅竹马的好友塞利奴梯乌斯……

"青梅竹马"确是用来形容从小就在一起的一对好友，但它还有一层特殊的含义：专指一男一女两个儿童的亲密无间、两小无猜。文内的梅洛斯与塞利奴梯乌斯，是两个男青年，用"青梅竹马"就不妥帖了。这一例可改为"……就顺道看望从小在一起的好友……"

以上仅就阅读时记下的例子，酌选若干，粗粗地归类作了一些分析。目的是希望引起有关的作者、编者重视这样一个“老生常谈”的语言表达的基本要求：选择词语时务必理解它的确切含义；不理解或尚未透彻理解其意思的词语，切莫随意选用。这里，养成勤查字典、词典等工具书的良好习惯，是相当重要的。此外，作者、编者的知识面的广博，也有利于避免一些用词不当的语病。

语言表达不要犯科学常识错误①

"我们现在要反映四个现代化，不懂些科学知识，恐怕是不行的。因此，我们向鲁迅、郭沫若学习，也就要像他们那样，掌握多一些科学知识。"这是茅盾先生在1978年全国优秀短篇小说评选发奖大会上的讲话中的一段话。读后颇有感触。

要使作品具有强烈的感染力和说服力，我们的作者不仅需要有正确的观点，丰富的生活，形象的笔法，还需要尽可能多地掌握一些自然科学和社会科学知识。鲁迅早年留学日本，学过医学，底子打得厚实，这对后来写《狂人日记》《弟兄》等小说，惟妙惟肖地描写"狂人"的变态心理，恰如其分地反映成年人发疹子的特征，大有裨益。郭沫若精研历史科学，博古通今，这为他创作《屈原》《蔡文姬》等历史剧，合情合理地刻画历史人物，奠定了良好的基础。这些都是大家所熟知的。

当然，要达到鲁迅、郭沫若那样的造诣，自非一日之功，我们应当朝这个方向长期地刻苦地努力。但是，对无论哪一位作者来说，具备一些必要的科学知识，消灭那种"常识水平线"以下的科学性错误，则是应当而且必须做到的。著名的作家对此是十分留意的。高尔基在给一位青年作家的信中，曾尖锐地指出其作品违反科学常识的错误："您在另外地方说着'毒汁温暖了'之类，'毒汁'这词是指从毒蛇……身上采来的东西；蛇是冷血动物，这里，试想想'温暖'之类的字是否适当的呢?"(《给青年作者》，中国青年出版社1955年第1版，第49页）这是几十年前的一个例子。遗憾的是，这种不注意科学性的毛病，还时常在今天的一些作品中出现。

就从高尔基提到的"蛇"说起吧。蛇有各种类别，常见最毒的蛇不外乎眼镜蛇、银环蛇、五步蛇之类；蛇的要害部分是"七寸"，故有"打蛇打七寸"的谚语。但一家文艺杂志上却出现过这样的诗句："想一想啊，最毒的恶蛇是'七寸'，……"(重点号是引者所加，下同）

① 原载《语文知识》1987年第10期。

高炉炼铁，平炉、转炉、电弧炉、感应炉等炼钢，这是一般人都知道的。但一本儿童诗歌选里却这样唱道："通咱草原新钢厂，高炉出钢喷金花。"

再举报纸作品中的一些例子：

"吴医生今年已经五十五岁了，身体又不大好，下来以后人一疲劳，痔疮就常常脱出，疼痛难忍。但是他从不叫一声痛，日夜奋战，坚持抢救伤病员。"

——"痔疮"怎会"脱出"？其实"常常脱出"的不是病的名称"痔疮"，而是患这种病所形成的那块"痔核"。

"四米木头才能浮一吨重，要浮起一百多吨重的反应塔，木筏该多大呀！"

——"四米木头"的说法不合乎科学：是长度？是平方？还是立方？加两个字，说成"四立方米木头"，又何至于影响文字的精练？

"我在张广厚的桌上，看到他准备发表的一篇论文，惊得我失声地叫了起来。这哪里是用笔写的，简直像用铅字刻印的一样，一笔一划，工工整整，字字如此……"

——"用铅字刻印"？稍懂印刷过程的同志都晓得，这个"刻"字是多余的。

有些作者，对本行工作中的"基础科学"——语言学的知识，似乎也不是那么注意。这里略举几例。

"想到时间，（杨晓冬）忆（起）从前听说过的成语：'生命最宝贵，而时间更宝贵。'"

——从所引的句子来看，不是"成语"，而是"谚语"或"格言"。

"但是'怒发'并不能真正把戴的帽子都冲起来，'怒发冲冠'是夸张的形容词。"

——这一句中的“形容词”倒应该改为“成语”，因为“怒发冲冠”不是“词”。

“这是多么可贵的土地呀！我这样想，忽然感到，用‘盆地’或‘群山环抱’这样现成的词汇形容这里美景是极不贴切的，应当说，它像一座大型的展览馆。”

——“词汇”显然用错了，因为它是一种语言里所使用的词的总和。这句内有“盆地”这个词，又有“群山环抱”这个短语，可以改用“词语”。

“爱情——这个美好的词句，古今往来（古往今来）为多少青年人所憧憬和追求。”

——这一句中只有“爱情”这个双音词，哪来的“句”呢？用“词儿”不是挺现成吗？

凡此种种，粗看起来是个“用词不当”问题，其实也正暴露了专业科学知识的欠缺。

诸如此类的例子，常常会成为一篇作品的瑕疵，在不同的程度上影响了作品的艺术感染力。看来，在探讨如何重视形象思维，提高作品艺术质量的同时，提倡作者和编者开阔视野，多学一点自然科学和社会科学知识，注意逻辑思维，讲究语言表达的科学性，在当前确是很有必要的。

叶圣陶先生在《要做杂家》一文（见 1979 年 3 月 14 日《人民日报》）中说：“咱们干动笔写东西的工作，总要尽可能有丰富的知识。”又说：“要有知识，就要随时随地吸收，随时随地搞清楚，不要含糊、笼统，以为大概是这么一回事就算了。”老一辈作家说得多好啊！愿我们的作者和编者都注意这样去做吧！

常熟话词汇、语法中的一些特殊现象①

常熟市位于江苏省东南部，南距苏州市约40公里，东距上海市约100公里。面积1250多平方公里，人口100多万。常熟是中国的历史文化名城。孔子七十二位贤徒中唯一的南方弟子言偃（子游）于公元前506年诞生这里，后北学孔子，南归讲学。公元前443年去世，葬于虞山东岭。至今该处仍有"言子墓道""言子墓"等名闻中外的古迹。常熟历来民风淳厚，经济繁荣，文化教育发达，人才辈出，被誉为长江三角洲上的一颗明珠，在全国中小城市中占有十分重要的地位。改革开放以来，常熟市和日本绫部市、川内市先后结为国际友好城市。

常熟方言属吴语系统。常熟话的语音、词汇和语法，同普通话有显著的差别，跟苏州话也不尽相同。本文拟对常熟话词汇、语法中的几种特殊现象作一些初步的描述。

一　单音动词的重叠

常熟话单音动词重叠后加"看"，有"试试"的意思，例如"吃吃看""读读看"，这跟普通话相同。常熟话里另有一批表示具体动作的单音动词，重叠后能转为代表用具和工具名称的名词。例如：

（铁）凿凿［凿子］	（钢）钻钻［钻子］
（玻璃）盖盖［盖子］	（竹丝）罩罩［罩子］
（塑料）叫叫［哨子］	（讲义）夹夹［夹子］
（苍蝇）拍拍［拍子］	（衣裳）刷刷［刷子］
（衣袖）套套［袖套］	（橡皮）戳戳［图章］

单音动词重叠，相当于普通话里单音动词后加词尾"子"或"儿"。"刷刷"

① 原载日本《中国语研究》1998年10月（年刊），总第40号。

“盖盖”“夹夹”就是“刷子”“盖子”“夹子”，“套套”就是“套儿”。值得注意的是，这类重叠式多表示小称，即所代表的用具之类的体形是较小的。例如“风车转转”，是指的儿童玩耍用的小小的纸风车；“转”字重叠，强调其旋转之快。如果指旧日田野上车水的大风车，就直说“风车”，如特指风车上的机翼，就说“风车翼子”，都不说“风车转转”。

二　偏正式形容词语素的重叠

有一部分前偏后正式（AB式）形容词，前一个语素是用来描写后一个语素的性质或状态的，这一类词的重叠式，常熟话跟普通话不完全相同。例如：

(1) 墨黑：a 墨黑墨黑　b 墨墨黑
(2) 雪白：a 雪白雪白　b 雪雪白
(3) 碧绿：a 碧绿碧绿　b 碧碧绿
(4) 蜡黄：a 蜡黄蜡黄　b 蜡蜡黄
(5) 滚圆：a 滚圆滚圆　b 滚滚圆
(6) 刷薄：a 刷薄刷薄　b 刷刷薄

a式是整个词的重叠，即ABAB式，这是普通话的重叠方式，常熟话只是在缓读时才用到。b式是个别语素的重叠，即AAB式，这是常熟话常用的重叠方式；在普通话里，这样的重叠式很少。例（5）例（6）这一类词的重叠式具有更大的伸缩性，它们能有AAB、BAA、ABAB三种重叠形式，例如：滚圆—滚滚圆—圆滚滚—滚圆滚圆；刷薄—刷刷薄—薄刷刷—刷薄刷薄；等等。内以AAB和BAA式最为常用。像这类能齐备三种重叠形式的形容词，常熟话里还有不少，例如：通红，刷白，梆硬，米细，削尖等。

三　偏正式形容词添加双音节后缀

在常熟话里还有一部分偏正式形容词，可以加个双音节后缀，变为ABCC的四字格。例如：

(1) 风凉飕飕　暖热洞洞　乌焦团团　精赤肖肖（裸体）
(2) 粉红喜喜　粉红扑扑　大红堂堂　乌黑隆隆

例（2）这类重叠形式的词，多用来描写色彩，同一般双音形容词加双音节后缀的格式有所不同。这种ABCC的格式很可能是AB式和BCC式的结合。例如，在常熟话里单说“粉红”或“红喜喜”都是可以的，而把两式合成“粉红喜喜”一式，就更增强了词的描摹、渲染作用。这一类重叠形式的词，有效地提高了常熟话的表达力。

四 词尾“头”

常熟话里没有“儿”尾①，因而“头”和“子”是运用得极为频繁的词尾。其中“头”显得更为发达。“头”能同很多词结合，可以这样说，不少单音名词的双音化，是借助词尾“头”来实现的。纸头、木头、竹头、斧头、砖头、锄头、被头、骨头、舌头、鼻头等等皆是。“头”又是名词的标志。许多动词和形容词加上“头”，就转为名词，其中单音的动词和形容词尤占多数。下面分（1）、（2）两类各举几个例子：

（1）盖头（盖儿） 来头（来历） 添头（添加的部分） 找头（找付的钱） 赚头（赚得的部分） 荐头（介绍职业的人；五十年代初该词已逐渐消亡，近年来百姓口语中又偶有使用）

（2）多头（多下的部分） 少头（缺少的部分） 错头（做错的地方） 咸头（指酱油或盐） 甜头、酸头（甜、酸的滋味） 滑头、空头、老实头（分指各种各样品性的人）

本文第一节中所举的单音动词的重叠式，一般都不能单独使用，但如在重叠式后加上“头”，就能独立运用。例如“盖盖头”“罩罩头”“钻钻头”等，用来指讲话双方彼此熟悉的某一用具或工具。加了“头”，不必再加一定的定语，如常熟人只说“玻璃盖盖”或“盖盖头”，“铁丝罩罩”或“罩罩头”，而不说“玻璃盖盖头”“铁丝罩罩头”。

词尾“头”除具有上述语法功用外，还有一项特别用途。在常熟话里，

① 常熟话里有“镍角儿”（镍币）一词带“儿”尾，但大概是从外地传入时原封未动，保留下来了。

几乎有半数以上的动词和形容词能后加“头”，它们常常用在“有啥 x 头”和“无啥 x 头”这两种格式里。“有啥 x 头”表示反诘语气，例如，“有啥想头”犹如说“有什么（可）想的”，“有啥清爽头”犹如说“有什么（值得称为）清爽的”。“无啥 x 头”表示否定语气，例如“无啥想头”犹如说“没有什么（可）想的”，“无啥清爽头”犹如说“没有什么（值得称为）清爽的”。

用在这两个固定格式中的动词和形容词，虽然后面都带了词尾“头”，但词性基本不变，因为它们都不能和“头”合起来独立运用，例如“想头”“香头”“参观头”“难过头”等等，都不能离开“有啥 x 头”“无啥 x 头”而单独使用。（“有啥添头”中的“添头”同作为名词的“添头［添加的部分］”含义不同，前者放在“有啥 x 头”式中，犹如说“何必再添”）另外，用在这两个固定格式中的，只能是动词和形容词，名词以及副词等虚词都不能。因此，“有啥 x 头”和“无啥 x 头”可以作为检验常熟话里名词和动词、形容词词性的方式之一。

五　“头头”“头势”“头里”和“头浪（上）”

常熟话里的词尾“头”，通过重叠和跟其他语素的结合，变化出“头头”“头势”“头里”“头浪（上）”等，使用很宽泛。这里择要分析一下。

词尾“头”重叠成**“头头”**，往往粘附于名词之后，表示下列两种意义：

一是指物体的尖头部分。这种用法似乎还保留着一些“头”的实义。例如：

洋钉头头　钢笔头头　引线头头（缝衣针尖）　丫叉头头（叉衣竿的顶部）　手节头头（手指头的顶部）　脚节头头

六十年代中期开始一度流行的“群众组织头头”，以及沿用至今的“某某单位头头”一类说法中的“头头”，词义恐怕也源于此。这种“头头”，不必粘附于名词之后，可单独作名词用，指单位、部门的领导者、负责人。例如：

头头要以身作则。

头头抓，抓头头。（单位负责人管这件工作，上级领导督促单位负责人。）

二是只指物体用剩的一部分。例如：布头头，线头头，蜡烛头头，铅笔头头，粉笔头头。

“头势”只粘附于动词和形容词之后，表示程度的加深。能和“头势”结合的动词和形容词很多。结合后的“x 头势”大致相当于“x 的程度、情况”，带有强调和感叹的意味。例如：

里趟路浪格跑头势，勿出惯门格人总也想勿出！（这次路上跑得太厉害了，不是经常出门的人随便怎么想也想象不出！）

其来哉，格种威风头势，实在话勿像。（他来了，那种威风凛凛的架势，简直形容不出。）

常熟话里有时还用**“头里”**加在名词、形容词、动词等之后，来表示方位或时间。例如：

角落头里　床横头里　亮头里　暗头里　六月头里　三日头里（三天中）　夹忙头里（突然之间）　困梦头里（睡梦中）

也有用**“头浪（上）”**的。例如：

床横头浪　气头浪（生气的时候）　高兴头浪（劲头足的时候）

“头浪”表示的意义同“头里”大致相同。

六　名词词尾“子”

除“头”尾外，常熟话里的“子”尾也很发达。许多名词都能后加“子”字。普通话有些名词不带任何词尾，常熟话却往往给加上个“子”尾，例如“车子”“镬子”“学生子”等。普通话有些名词带“儿”尾，常熟话也常给换上个“子”尾，例如“铅角子”（铅角儿，分币）、盆子（碟儿，盘儿）、桃子（桃儿）、杏子（杏儿）等。

常熟话里，词尾“子”同一些带有比较实在意义的“子”，在读音上有些不同。“儿子”“种子”“鱼子”“棋子”“铅角子”等少数名词中的“子”，只读“zi”，而且不读轻声。其他词尾的“子”，则“zi”“ze”并读，而往往以“ze”音为主，且读轻声。

七　名词词尾“胚”

常熟话里有许多形容词和动词，能后加“胚”转为名词，其中以单音形容词、单音动词居多。下面分（1）、（2）两类各举几例：

（1）笨胚　坏胚　下流胚　馋痨胚　邋遢胚
（2）打胚　杀胚　死胚　输胚　吵胚　哭胚

“笨胚”就是“笨东西（家伙）”，“馋痨胚”就是“极贪嘴的东西（家伙）”，“邋遢胚”就是“极不讲究清洁卫生的东西（家伙）”，“打胚”就是“欢喜断打的东西（家伙）”，“输胚”就是“经常输掉的东西（家伙）”。这样看来，“胚”相当于普通话的“家伙”。但“家伙”的褒贬意义不那么明显（如“你这个家伙，什么时候也喜欢上围棋了?”），常熟话的“胚”却只能表示贬义。说“哭胚”“坏胚”“邋遢胚”可以，说“笑胚”“好胚”“干净胚”就不像话了。

也有少数名词能后加“胚”，例如“贼胚”“强盗胚”，指“像贼一样的东西（家伙）”“像强盗一样的东西（家伙）”，也仅限于贬义使用。

八　“来”和“得来”

常熟话里，大部分形容词和一部分动词都能后加“来”和“得来”，用以表示程度的加深。**“来”**跟普通话里“很”或“真”的意思相似。（这碗赤豆粥）“甜来”，就是“很甜”或“真甜”；（你跑得）“快来”，就是“很快”或“真快”；（这个小姑娘）“漂亮来”，就是“很漂亮”或“真漂亮”；（这种电影片子）“打来”，就是“打得很厉害”或“打得真厉害”。这类例句举不胜举。

“得来”大致跟普通话的“得很”“极其”相当。“得来”带有一定程度的感叹意义，它能比“来”更深一层地表示性质、状态的程度。“甜得来”就是“甜得很”或“极其甜”，“漂亮得来”就是“漂亮得很”或“极其漂亮”。比起“甜来”“很甜”或“真甜”，“漂亮来”“很漂亮”或“真漂亮”，意思要更重、更深些。

袁家骅等先生在《汉语方言概论》“吴方言的语法特点”一节中，认为

“来”是“得来”的简化。（见该书第100页）这个论断用于吴语区其他方言可能是正确的，但对常熟方言来说，则不尽适用。且不去讨论究竟先有“来”还是先有“得来”，至少这两者在常熟话里表示的意义是有差别的，不能认为它们之间有简化、等同的关系。

我曾作过试验，向幼儿、儿童、少年、青年等不同年龄的人提出问题：“你要吃‘甜来’的糖汤呢，还是吃‘甜得来’的糖汤?”（在常熟话里常会出现类似的问题）他们都回答：“总归吃‘甜得来’的罗!”（当然吃“甜得来”的啊!）这说明常熟话的“来”和“得来”，确实是有程度上的区别的。

说“磨合”①

近年来，“磨合”这个新词逐渐用得多起来了。

“磨合”其实不能说是全新的“新词”。专业词语的“磨合”，早就在机械行业内存在。《现代汉语词典》对“磨合”一词的释义是：“新组装的机器，通过一定时期的使用，把磨擦面上的加工痕迹磨光而变得更加密合。也叫走合。”从“磨光”“密合”概括出一个“磨合”，很贴切，也很形象。现今，人们爱用这个词，同它的形象性自然是分不开的。

机械行业专业词语的“磨合”，是就机器部件之间的关系而说的。目前生活中借用的“磨合”，是对这个词的本义的扩展使用。“磨合”的双方，可以有各种多样的情况。

例如，人与机器之间可以“磨合”。语文教育家章熊先生在《写给年轻的朋友们》一文中这样说：

> 不久前，北大一位语音学教授告诉我，清华大学人工智能研究中辨音系统的研制已经取得了成果。即使是在方言区，人机之间只需要经过一个月左右的磨合，就可以使语音输入直接转化为文字。（《中学语文教学》1997年第7期第4页）

这个“磨合”，多少还带点儿机械行业那个“磨合”的本意。

又如，人与人之间的某种合作可以“磨合”。一篇文章这样描写女演员吴越同一位名演员的合作：

> 和张丰毅的合作特别开心。……两个人的戏磨合得越来越好，交流得十分顺畅。（《常熟日报》1997年8月7日第1版）

① 原载《语文学习》1999年第8期。

这儿用的“磨合”，含有“细致地配合”的意思。作家毕淑敏在散文《成千上万的丈夫》一文中这样写道：

> 婚姻中自然天成的唯一佳侣，几乎是不存在的。…… 真正的金婚银婚，多是历久弥新的磨合与默契。（《青年文摘》1998 年第 8 期第 22 页）

作家尝试把“磨合”用于写夫妻之间的关系，突出了“双方共同努力、相互细致配合”的意思。

再如，有关双方或多方之间的某种关系可以“磨合”。一次听到广播电台播音员说：

> 在劳动管理部门的磨合下，这份合同工协议终于得到兑现。

报纸上也常有这类用法，例如：

> 1998 年 1 月 1 日正式实施的《公路法》，提出将以燃油附加费代替现行的公路养路费，对征收公路建设、养护费用作了明确规定。据了解，新的征费制度何时能施行，有关部门仍在“磨合”。（《文汇报》1997 年 12 月 14 日第 6 版）

这两处“磨合”，似乎有“克服阻力，促使实现”的含义。

甚至两个国家之间的关系，也可以“磨合”。丹童写的《中苏条约谈判纪事》这篇文章，回忆 1949 年底至 1950 年初的中苏关系时，这样写道：

> 鉴于这种情况，斯大林不能不迅速作出决定，同意毛泽东重订新约的要求。在中苏之间不断磨合的过程中，也还有过不和谐的小插曲。（《报刊文摘》1997 年 8 月 7 日第 3 版）

这里的“磨合”，带有“求同存异，相互贴近”的意思。

“磨合”开始流行，是现代汉语词汇丰富的一种表现。目前看来，它的借用含义似乎颇为宽泛，用法比较灵活。在大家的使用实践中，逐渐形成几种比较固定的借用含义后，《现代汉语词典》自然会予以吸收，确立“磨合”这个词本义之外的几种扩展的义项，确定规范的用法。

“磨合”也不能滥用。就笔者眼下已接触的语言材料来看，使用“磨合”，要注意别同“磨炼”相混淆。某报纸刊载的一篇题为《在社会实践中“磨合”》的评论文章，这样用“磨合”：

> 上述正反两方面情况，令我想起“磨合”这个词。积极引导和组织大学生们走向社会，深入基层，接触群众，在实践中搞服务，长才干，作奉献，是将他们“磨合”成国家栋梁之才的不可或缺的途径。

这篇文章标题中的“磨合”，和引文中的前一个“磨合”，都不能说用得不对；但在“将他们‘磨合’成国家栋梁之才”中用“磨合”，却总觉得牵强。其实，这一例中的“磨合”改用“磨炼”（删去引号），要更为确切。“磨炼成才”，是“大学生们”和“社会”“基层”“群众”之间“磨合”的一个重要目标。这大概正是作者所要表达的原意。

电脑写作小心区别同音词①

最近一位朋友告诉我，他的儿子假期回家探亲返校后，来了封电邮，请家里人“每天给阳台上新种的花交税”。“交什么税呀，他把‘浇水’打成‘交税’了！”朋友是语文教师，说话四声分得清，“交税”“浇水”一点不含糊。

还有一次，我收到一位朋友的电邮，其中有“我读研究生的女儿开始写论文了，请您为她提供参考树木”。显然，电脑输入时把“书目”误成同音词“树木”了。

电子邮件出现同音词误用，看到的人有限；而一些网络媒体、网站博客上出现这类误用，影响面就大了。近年来在网络阅读中，发现同音词误用似乎有日渐增多的趋势。下面随手挑几个摘录的例子。央视网 2009 年 2 月 13 日健康之路节目《孤独的肾》文字稿中，有这样一个句子：

(1) 怎样合乎您的肾脏：……

开始看不懂，读到下文“1. 适量喝水；2. 戒烟、戒酒”等 7 条建议后，才悟出“合乎”是“呵护”的误用。香港大公网 2007 年 7 月 15 日《苦写苦练》一文中，引用俄国文学大师契诃夫的信说：

(2)“写，写，不停地写，写它个五年”，“每年写二三十个印章”。

“印章”为何不用“刻”却用“写”？哦，是把“印张”误写为“印章”了。东方财富网 2008 年 12 月 9 日《股市早 8 点》中：

① 原载《语文学习》2011 年第 2 期。

(3)“地球人”完全有能力拜托困境，继续过上越来越文明、越来越富裕的生活！

“拜托”？“摆脱”？显然该用后者而误用了前者。

上面这类误用的同音词，联系上下文，一眼就可以辨别，悟出正词，不致造成误解，只是读的时候，觉得好笑而已。还有些误用的同音词，会让人感到费解，须仔细揣摩上下文，才可猜出原词。例如：中国经济网 2008 年 1 月 21 日一篇股评的结尾一句：

(4) 建议投资者……适时调整仓位，同时在介入热点板块时注意风险，逢高获利了解。

赞同该文观点的投资者，读完全文后很可能会无所适从：是继续深入“了解”呢，还是见好就收？同音词“了结”“了解”的误用，妨碍了意思的清晰表达。

另有一类同音词的误用，非但让读的人难以理解，还容易产生误解。例如：

(5) 检察员真情感召 4 恶少认罪伏法（中国江苏网 2004 年 3 月 2 日新闻标题）

读标题，一般都以为 4 名“恶少”已被处决，因为“伏法”专用于“（犯人）被执行死刑”（见《现代汉语词典》）。可读到新闻的末尾一句——“在检察人员的感召下，4 名嫌疑人均表示认罪伏法，洗心革面，重新做人”，才知道“伏法”是“服法”的误用。

下面几例，则由于同音词的误用，在文面上闹出了笑话：

(6) 对老古董这个增发一定是有利的。（和讯网 2008 年 3 月 7 日《每周解盘》）

(7) 公墓基金的发展已达到三万亿的规模 。（东方财富网 2007 年 12 月 4 日新闻）

(8) 既要孔子盲目投资，又要大胆引进项目……（江苏常熟市

虞城热线 2004 年 6 月 14 日新闻）

（9）我对在座的各位有一个祝愿，你们在一个语法伟大和自由的国度中，谢谢各位听我的演讲，现在我愿意回答各位的问题。（香港大公网 2004 年 4 月 15 日《美副总统切尼在复旦发表演讲》）

例（6）的“老古董”应为“老股东”，例（7）的“公墓”应为“公募”，例（8）的“孔子”应为“控制”（方言区作者输入时 zh、z 不分），例（9）的“语法”应为“越发”（用简拼法输入时 yu、yue 不分）。

香港作家陈安在《电脑打字趣话》一文中写道：“本意是称赞友人，电脑却进行反向思维，大用贬义词，结果写成：‘你剥削，有菜花，蚊帐卸得好，又会犯疑，可称人种浩劫。’其实，我想说的是：‘你博学，有才华，文章写得好，又会翻译，可称人中豪杰。’”（香港《大公报》2005 年 3 月 19 日）虽是幽默调侃文字，但也凸显地指出了当今汉语电脑写作中同音词误用问题之严重。

怎样避免这类同音词误用的输入差错呢？汉字同音异义的字实在太多，如何凭借科技力量，有效地解决电脑汉字输入中的同音词误用问题，尚是长期的攻关难题。先让我们每个使用电脑写作、工作的人从自己做起吧！对网络媒体、网站博客的编辑、校对人员来说，兢兢业业守住各自负责的关口，认认真真提高自身的专业水平，自然是责无旁贷。对使用电脑写作、发博客文章的人来说，平时要注意丰富词语的积累，增强语感的培养，提高快速辨词与选词的能力。作家陈安说得对：“当你按下电脑的字键，跳出一大批同音字时，你的选择就是一次文字功力的考试。”进行电脑汉字输入操作的时候，一要小心察看，在待选词条中，瞬间准确选词；在按数字键盘确定所选词语时，不要按错数序送出了另一个同音词。二要小心复核，词语在屏幕上显现后，快速扫视一遍，发现有误，立即改正。把好这两个关口，再加上全文完成后的仔细校核，同音词误用差错的发生率，是完全可以降到零的。

“十分之九”和“十分之十一”①

我们常说：解放前的某某地方，十年倒有九年荒。这种说法，用九和十并称对照，虚中生实，强调了某种比例之大。但尽管是“虚”，总还合于情理：九是十以内的数字，“十分之九”还是可以成立的。

在口语里，在指斥反面人物、可憎事物时，为了表达说话者厌恶的情绪，有时甚至会跳出“十分之九”的圈子，而说出“十分之十一”的话来。例如：十个渔霸倒有十一个是黑良心。初读之下，好像有点不合事理，但仔细推敲，便觉得这是一种有力的斩钉截铁的说法，它把被描述的对象加以全盘否定，毫无伸缩的余地。比起说“十个里倒有九个是……”含义不完全相同，比起说“十个里倒有十个是……”程度更为加深，威力更为加强。

① 原载《新民晚报》1964年8月7日。

成语回复本义[①]

某次在医院注射室打针，听到一位同志称赞替他打静脉针的护士说："你的技术真过得硬，我天天来打，都是一针见血。"

"一针见血"，现在都用来比喻说话简短而切中要害；就字论字，那位同志扣住"针"和"血"，用这个成语描写打静脉针的过硬技术，极为熨帖而新鲜。

这种从字面发挥，把成语回复本义使用的表达方式，在书面语中也常会遇到。曾经在报纸上看到一幅画，画的是一群渔民在织补渔网，题作《在我们手下，绝无漏网之鱼》。这里的"漏网之鱼"，也是成语回复本义的用法，同时又妙语双关，显示了渔民在生产斗争和对敌斗争中的坚定信心和高度的自豪感。《学科学》六月号一篇文章在谈到玉米病虫害的时候说："可见，当玉米螟幼虫在心叶里集中为害的时候，才真正是玉米的'心腹之患'。"这儿的"心腹之患"也用得很贴切，具体地写出了玉米螟幼虫的严重危害性。

在现代汉语中，有些比喻性的成语，它们的本义往往还适用于今天生活中的某些场合，这就产生了成语回复本义的条件。不过运用这种表达方式，要注意合于情境，用得恰当，绝不能滥用误用，甚至褒贬不分，造成错误。

① 原载《新民晚报》1964 年 10 月 23 日。

贴切自然见功夫①

作家们都有甘苦之谈：比喻很难恰当。我们读鲁迅先生的作品，却会感到每一个比喻都用得贴切自然，经得起推敲，耐得住咀嚼。

《祝福》里的柳妈和《长明灯》里的郭老娃，都是老年人，描写的用喻却不同。喻写柳妈是说："柳妈的打皱的脸也笑起来，使她蹙缩得像一个核桃。"喻写郭老娃是说："坐在首座上的是年高德韶的郭老娃，脸上已经皱得如风干的香橙。"同是老年人多皱纹的脸孔，有的比作"核桃"，有的比作"风干的香橙"，这充分显示了作者的匠心。常年当佣工的柳妈，脸上的皱纹一定又粗又深，蹙缩时就更加显著，拿外壳上纹路凹陷回转的核桃相比，是恰如其分的。养尊处优的郭老娃，年纪虽大，脸上的皱纹也决不会深凹；风干的香橙密布细纹，拿来作比，真是再合适也没有。这两个同中有异的比喻，用得贴切传神，在塑造作品人物形象方面的效果是显著的。

所谓贴切自然，还指用喻能合于情境。合于情境的比喻，就能同作品更加紧密地融和在一起。例如，在《社戏》中，当"我"和友伴们去赵庄看了戏摇船回家时，作者这样描写：

> 他们一面议论着戏子，或骂，或笑，一面加紧的摇船。这一次船头的激水声更其响亮了，那航船，就像一条大白鱼背着一群孩子在浪花里蹿，连夜渔的几个老渔父，也停了艇子看着喝采起来。

这里的比喻，生动地写出了航船行驶的轻快，也确切地表达了这群天真烂漫的少年的欢跃情绪，贴合整篇故事活跃愉快的气氛。

再如《白光》中那位热衷于功名的陈士成，在参加县考落榜之后，神志恍惚，眼光错乱，他想象的月夜的西高峰，是"朝笏一般黑魆魆的挺立着"。"朝笏"是古时做官人朝见时手中所执的狭长板子，此时此地用它作喻，适合小说主角——那位功名迷的身份，有助于突显人物的性格。

① 原载《新民晚报》1964年11月20日。

实色和虚色①

语言表达中所运用的颜色描写，有实色和虚色之分。例如，我们说“给先进工作者献上一朵大红花”，“他穿的那双白球鞋总是洗得干干净净的”，这两句话里的“红”和“白”，有实实在在的内容，是实色。《中国的红色政权为什么能够存在?》一文中多次提到“红色政权”“白色政权”，里面的“红”色和“白”色，用的是词的象征意义，并不表示具体颜色，就叫作虚色。

实色多用于具体地描绘事物，虚色多用于象征性地点出事物的性质。有时，为了表达的需要，在同一句内，会出现实色和虚色的交融描写，以刺激读者的心眼，加深读者的印象。

新华社六月二十三日播发了一篇通讯稿《光荣的“红色前哨雷达站”》，文章结尾说：“他（指第一任老站长）庆贺战友们在毛泽东思想的光辉照耀下，发扬‘一把土’革命精神，永远像青松挺立在红色的前哨，为祖国当好千里眼。”这些话中，“青松”的“青”是实色，“红色的前哨”的“红”是虚色，这两个色彩词不但是准确地比况了革命战士，描绘了战斗岗位，而且“青”“红”相映，增加了语言的鲜明性和生动性。

曾读到这样一幅照片说明：“北京中医学院的共青团员，在八宝山革命烈士公墓前表示坚决做红色的白衣战士。”这里“白衣战士”是实在的描写，“白”是实色；“红色”象征革命和高度的政治觉悟，是虚色。这一句如果说成“……坚决做革命的白衣战士”原也未尝不可，但是这样就失掉了原句实色虚色互相映衬的效果了。

① 原载《新民晚报》1965年7月29日。

造句的灵活变化[1]

说话和写文章切忌语言啰嗦拖沓，即使有时需要连续几次表达相似的意思，也最好运用不同的说法。为了达到这个目的，除了要注意恰当地换用同义词语外，还应当注意造句的灵活变化。

《人民日报》七月三日发表的评论员文章《“墨渍”就是坟场》中，这样描述美国侵略者在南越的挨打局面：“边和机场刚吃了炸弹，岘港又挨了揍；岘港的硝烟还没有消散，朔庄机场又映红了爆炸的火光。”同样是写美国空军基地被袭击，四次说法却各有不同。这样灵活地变化着写，不仅各个分句表意贴切，而且使政论语言生动活泼，能够更好地发挥战斗威力。

在文艺作品中，也常见造句灵活变化的例子。京剧现代戏《红灯记》第七场“钻炕藏密”中，当日本宪兵队队长鸠山亲自闯到李玉和家，向李奶奶逼着要“一本书”（游击队的密电码）的时候，李奶奶这样巧妙地回答：“书！鸠山先生，我儿子不识字，我孙女没上过学，我是个睁眼瞎，我们家从来没买过书。”这段台词中，“我儿子不识字”“我孙女没上过学”和“我是个睁眼瞎”所要说明的问题是相同的，但说法有变化。这样，三个小句排接在一起，既表达了实况，加强了语势，又不显得呆板枯燥。剧中主角之一李奶奶的临危不惧、胸有成竹、机智灵活，通过这些句子也充分地表现了出来。

① 原载《新民晚报》1965年8月8日。

借“名”发挥①

修辞艺术中的借“名”发挥，一般有这样几种。一是针对事物的名称，运用反义手段，创造一个新的说法，以反映实际情况。例如“昔日北大荒，今日北大仓”，“背阳坡社唱遍向阳歌”。一是根据实际情况，顺手就用事物名称中的某一个词语进行描述或议论。例如“红光社大放红光”“废物不废”。还有一种，是根据实际情况，选用与事物名称有密切关联的词语，进行描写叙述。下面是一个例子。

我英勇的人民海军护渔部队在去年十一月十四日一举击沉美制蒋舰“永昌号”后，《解放军报》记者从福建前线报道了一篇通讯《海上“猛虎”》。通讯写道：

> 勇猛镇守海疆，善于以小艇打大舰的海上猛虎艇，在十四日福建前线海战大捷中，同兄弟战艇一起，和敌人短兵相接，猛扑敌舰，吃掉了美制蒋舰“永昌号”。
>
> 激烈的战斗开始了。……猛虎艇真像一只下山的老虎，劈开脚下万重巨浪，一下咬住了“永昌号”。

在这两小段描述中，记者扣住“海上猛虎艇”这个名称中的“猛虎”两字，配之以“猛扑”“吃掉”和“咬住”这些词语，极其准确而有力地画出了英勇战艇那种威风凛凛、无坚不摧的雄姿，充分表现出了由毛泽东思想武装起来的人民海军的敢于斗争、善于胜利的革命气概。

① 原载《新民晚报》1966年1月5日。

建议把囍字收进字（词）典[①]

《新华字典》和《现代汉语词典》都没有收进“囍”字。新编《辞海》和《辞源》也没收这个字。看来它尚未取得合法的“字籍”。

但我觉得，这个在民间流传已久、应用甚广的“俗字”，应当在今天新编的字（词）典内取得一席地位。据说，王安石结婚那天，正当新娘新郎拜天地时，报子又来报“金榜题名”的佳信。王安石喜上加喜，双喜临门，于是在婚宴上带着三分醉意，用红纸挥笔写下了一个“囍”字，贴在门上。从此，“囍”字便传开了。（《“囍”字的传说》，见《读者文摘》1984 年第 1 期）

故宫里的坤宁宫中有好几个红底金色的大“囍”字，那是光绪皇帝大婚时用的。1983 年，作家曲波陪同美国著名作家赫尔曼·沃克夫妇在故宫游览，看到那几个大“囍”字时，他向外宾讲：这个字不是皇帝所专有，结婚时贴“囍”字是中国人民的一种风俗。沃克夫人听了风趣地说：“结婚当然是男女都喜，只有一个喜是不成的，必须双双皆喜。”夫妇俩对这个字很感兴趣，还拿出笔和本子当场描摹了下来。（《十天老友》，《世界文学》1983 年第 2 期）

我们主张把“囍”字收入新编的字（词）典，理由不单是它已有一段较长的流行的历史，为广大群众所喜用，也不单是它已具备了一个汉字所应有的字形、字音（同“喜”，xǐ）和字义（表示喜上加喜或喜气浓重，常用于婚礼或其他喜庆场合），而且这个字当前已广泛用于工商业印刷物，见于书籍、报刊、影剧。前者如我国名牌香烟、名牌火柴“红双喜”盒子上的“囍”字，许多食品、日用器皿的商标和包装上的“囍”字。后者如一些新闻通讯和小说、戏剧等文学作品中，在描绘结婚场面时，往往要用上“囍”字。吉林人民出版社 1983 年出版的《新家庭手册》，朴素大方的封面上，正中就是一个特大的鲜红“囍”字。总之，在铅字排版中，这个“囍”字其实是早已占了一个席位了。

因此，我们建议把这个新字收进字（词）典去，使它名正言顺地作为数以万计的汉字大家庭中的一个成员。

① 原载《词语评改五百例》，语文出版社 1984 年 12 月第 1 版。

不应再用这类称呼[①]

中华人民共和国建立以后，历史上遗留下来的一些含有轻视少数民族或邻邦的词语，已经通过行政措施或领导倡议，逐步地淘汰，而代之以中性或褒义词语，例如地名“安东”→“丹东”“镇南关”→“睦南关”，少数民族名称“僮族”→“壮族”，历史名词“满清王朝”→“清王朝”，等等。这是汉语词汇发展史上一件值得记载的事。

但令人不无遗憾的是，在某些报刊上，由于作者、编者受旧习惯旧读物的影响，有时还会漏出上述旧的称呼，例如：

(1) 实际上这个城市（指哈尔滨）里（本世纪初）有两个权力机构：一个是中国的，名义不（→上）归北京满清帝国政府管辖，由一个老满清将军任总督，另一个是俄国的，为首的是一个地方长官，他的管辖权表面上只限于铁路沿线，可实际上呢，几乎整个北满都归他管。（《外国小说》1985年第12期第35页）

(2) 在乌鲁木齐，伯希和遇见了北京时候的一个老朋友满清王朝的兰公爵，……（《读者文摘》1983年第8期第28页）

(3) 僮乡梯田（《文汇报》1984年3月22日第3版“江山多娇”专栏照片标题）

不用“满清王朝”“满清帝国”的说法，我们的周恩来总理在五十年代就已有过指示。例（1）、例（2）的“满清帝国”“满清将军”“满清王朝”，应分别删改为“清帝国”“清朝将军”和“清王朝”。“僮”改为“壮”，用“壮族”“壮乡”代替“僮族”“僮乡”，是国家于1965年根据周恩来总理建议决定的。例（3）的“僮乡”应订正为“壮乡”。这种地方的一字之差，关系到党和国家民族政策的具体执行，无论是作者还是编者，都万万疏忽不得。

① 原载《语文知识》1988年第1期。

小说中的超长型定语①

小说的语言，一般以口语化见长，往往是短句占多数，长句较少见，附加语极为冗长的长句子更是罕见。但语言现象是绚丽多彩的，有时，作家为了表达的需要，也会在大量的短句之中，适当穿插个把特别长的句子。下面举几个配备超长型定语的句子，是极难读到而又读而不厌、描写力极强的佳例。

王蒙是我国当代一位在运用文学语言方面颇有个人风格的作家。生动流畅、幽默风趣而又富于哲理的语言，对广大读者的吸引力很强。他在短篇小说《惶惑》中，这样剖析一位主角：

> 他现在五十一岁，刚刚提升为环境保护机构的主任，……他是为数不多的年富力强、又红又专、既被上级了解赏识、又被群众信赖拥戴、官而不僚、专而不僻、走红运而不被嫉妒的前途无量的人才之一。（《一九八二年短篇小说选》；人民文学出版社 1983 年 3 月第 1 版第 409 页）

“人才”之前，连珠炮式地排用了九个短语，形成一个超长型的定语。其中开头的“为数不多”与末尾的“前途无量”各归一层，中间用顿号隔开的七个短语结合较紧算一层，三层之末分别用助词“的”标明，层次井然，虽然繁复冗长，但仍然好读易懂。作者在这样一个超长定语中，铺排了一大批流行的套语，剖析评述了小说所描写的“他”的为人特点，极其幽默、略带揶揄地勾画出了一位处世圆熟、八面玲珑而又颇有本领的中年得志者的肖像。由于句法奇特，语言风趣，一长串定语对读者视觉的刺激力很强，那位“他”也就自然而然地在读者的脑海里留下了深刻的印象。

法国著名作家巴尔扎克的名著《贝姨》中，那位卑鄙无耻的克勒已有这

① 原载《修辞学习》1987 年第 2 期。

样一段话：

> 你以为统治国家的是国王路易·腓力普吗？他在这件事情上面倒没有妄自尊大。他跟我们一样知道，在大宪章之上，还有那人人敬重的、结实的、可爱的、妩媚的、俊俏的、高贵的、年轻的、万能的、五法郎的银币！

在宾语“银币”之前，一口气铺排了九个并列的词语，让克勒己把对金钱的看法淋漓尽致地倾吐了出来。其中第二至第八个并列成分，以拟人修辞法叠用的七个形容词，从各个角度不厌其烦地竭力歌颂银币之魅力、金钱之威力，这正是克勒己这样的资产阶级拜金主义者在特定场合必然会有的口吻。作者安排他这样絮絮叨叨地、满腔恋情地颂扬那些五法郎的银币，其用意是充分表现这个丑角的肮脏的内心世界和见钱眼开、唯利是图的性格特征。从他的这句话，读者不难知道，金钱已成为资本主义社会中人与人关系的唯一媒介，一切神圣、健康的东西都已被它侵蚀。

以上两句中的超长型定语，各并列词语是从各个侧面去修饰中心词的；下面一例外国文学名著译文中的超长型定语，则是另一种类型：若干个并列词语，描写的基本点都是中心词的同一性状：

> 他们（指男女主角）终于又结合在一起了。……这不再是他们还要去寻求的，而是现在已经有着的。是的，是他现在已经有着的，之前已经有着的，永远永远已经有着的。而主要的是现在、现在、是现在啊！喔，现在、现在、现在，唯一的现在，压倒一切的、无与伦比的、最为重要的、独一无二的、一马当先的、独占鳌头的、当务之急的、首先需要的现在啊。（［美］恩纳斯特·海明威：《战地钟声》；地质出版社 1982 年第 1 版，第 514—515 页）

同上两例一样，中心词“现在”之前，叠排的短语，刚好也是九个。其中“唯一的”单独与“现在”结合一次，然后再排八个“四字格”，集中地修饰“现在”，构成了超长型定语。这些词语，反反复复地，一而再，再而三地修饰中心词，笔墨酣畅地强调突出了“现在”之极端重要。海明威这位语言大师，就用这种奇特的造句方式，浓重的抒情笔调，刻画出了小说中男女主角此时此地的心情：在艰险的战争环境中，由共同的事业结合在一起的他俩，无比珍视、爱惜这宝贵的“现在”。

这三个带有超长型定语的长句子，是作家（后两例包括译者）的精制巧构，具有分开写的短句子所没有的丰富的表达作用，蕴含着一种撼人的语言力量。三个句子尽管都很长，但句法结构均极简单，仅是定语成分作了有规律的延长，充实了同一平面上的或多角度，或单一角度的性状描绘，再加上作家（译者）驾驭语言的能力很强，调排并列词语之际善于讲究音节的和谐，所以读这几个长句并不觉得吃力，倒是有一种一气呵成、一泻千里的感觉。

当然，一般来说，小说中不宜用长句子，尤其是上述类型的长句，由于不易写好，更应慎用。笔者写这篇短文，并不是鼓励大家都去造这类句子，而是为了介绍名家笔下的具有独特修辞风格的佳句，藉以说明文学作品语言表达方式的丰富多彩。

标点符号的妙用①

口语有停顿，书面语有标点符号；停顿有各种各样，表示停顿的标点符号也是多种多样。

口语有强弱，书面语有标点符号；声音的强弱程度，也可以通过某些标点符号表示出来。

茅盾的小说《春蚕》里，有一处描摹了轮船汽笛的叫声：

> 呜！呜，呜，呜，——
> 汽笛叫声突然从那边远远的河身的弯曲地方传了过来。

“呜呜呜呜”后面的五个标点符号，真切地把汽笛声记到了纸上来。第一声“呜”后面用“!”，第二、三声后面用“,”，最后一声之后用“，——”。这正是当年江南水乡的内河轮船将要转弯时惯用的鸣笛法：先强后弱，先短促后延宕。

如果不用这样的标点法，读者就不容易了解作家所要表达的究竟是怎样的声音。因为单排出四个“呜”字，就有若干种标点的可能：

> 呜，呜，呜，呜，
> 呜，呜，呜，呜！
> 呜！呜！呜！呜！
> 呜—呜—呜—呜—！
> ……

标点不同，汽笛的信号作用也就不同。《春蚕》中的几个标点，是作家精细地观察了当时生活中的真实场面后选定的，因而可以说是“唯一”正确的标

① 原载《初中生世界》1997年第23期。

点法。

由此看来，恰当地使用标点符号，可以把自然界和社会生活中声音的停顿、强弱，惟妙惟肖地反映出来。要使书面语言形象地表现丰富多彩的客观事物，标点符号的巧妙运用，是很重要的一环。

作家运用标点符号的特色[①]

著名的作家，都有自己独特的创作风格。这种风格的表现是多方面的。不仅在题材的选择、情节结构的安排、人物形象的塑造、词语句法的运用等方面，不同的作家有各自独到之处，就是标点符号的使用，也是各有特色。

我国现代文学史上著名的文学大师鲁迅先生，他写的作品同别的作家比较，最常用、最善用的标点符号，是省略号“……”。这的确是体现了先生的创作风貌和文笔特色。鲁迅先生所生活、斗争的那个时代，黑暗势力猖獗，反动统治严酷，没有言论的自由。进步作家传播真理、打击敌人、表达反抗情绪，不可能采用大声疾呼的方式，只能采取隐晦曲折、含蓄讽刺的笔法。而省略号就每每具有隐约含蓄、发人深思的作用，在一句、一段或一篇的末尾，加上那么六个小圆黑点，就往往也同时加进了作者的感情：悲愤，感叹，讽刺，嘲笑……《狂人日记》结尾“救救孩子”后面的省略号，《祝福》中鲁四老爷阴险地说的“可恶！然而……”中的省略号，等等，这些省略号的巧妙安排，或者极为自然地激起读者思想感情的共鸣，或者用以表示潜台词，刻画人物性格，都起了明白地直说所无法比拟的作用。

我国著名作家赵树理，他以大众化、平易近人、通俗易懂的创作风格见胜。这种风格也同样反映在标点符号的运用中。赵树理最常用的标点符号是括号和破折号。这两种符号都具有注释的作用。在用到比较深奥的词语时，在提到带有地区性的名物时，在人物、情节出现变化时，为了让读者容易把握，他常常要在文字中夹入通俗的注释。这种场合，括号和破折号就发挥了它们的特有作用。翻阅赵树理的作品，括号、破折号，几乎篇篇都有好几处，而且是处处都用得纯熟流畅，这就很不容易。

不同的作家最常用、最善用的标点符号，往往是不同的。这在我国现代作家中还可以举出好多实例。再以俄罗斯作家为例。据苏联语言学家叶菲莫夫的研究，莱蒙托夫善于创造性地使用省略号，屠格涅夫善于独创地运用分

① 原载《修辞学习》1998年第2期。

号，破折号在高尔基的作品中用得特别普遍。（《论文艺作品的语言》）著名作家擅长使用的这些标点符号，在作品的内容表达方面，起着良好的、巧妙的作用。

以上仅是举例性质，但似乎也使我们知道：要了解和研究一位作家的创作风格和作品特色，不但要从大处着手，也有必要从小处推敲。本文提出的可以从标点符号的运用中去体味作家的用心和技巧，就是小处推敲的一个着眼点。须知，这种小处，往往会在作家的作品里发挥十分出色的效能，推敲推敲是很有必要的。

作家炼题[1]

标题，又叫题目，它是一篇文章或一部著作的眼睛。好的标题，用语得体而有特色，对作品起着画龙点睛的作用。古今中外著名作家，往往为锤炼标题花尽了心血。

俄罗斯伟大作家列夫·托尔斯泰，为了替他的一部小说起个最理想的标题，写了又改，改了又写，把一张纸都涂满了。最后，才在纸角上写定：《安娜·卡列尼娜》。这就是后来这部名著的题目。（见叶菲莫夫《论宣传员的语言》）

我国现代杰出文学家鲁迅，对标题语言的锤炼也是一丝不苟。例如，他的小说《铸剑》，在手稿上原作《眉间尺》（见《鲁迅手稿选集》）。作家把《眉间尺》改为《铸剑》，不仅使题目同他写的其他各篇历史小说的题目协调起来，都用两字式，而且突出了贯串小说故事的那把极为重要的“剑”。结合小说内容，对照原题和改题，我们可以体会作家是如何善于精心炼题的。

再举一个鲁迅炼题的佳例。《从百草园到三味书屋》《藤野先生》等系列回忆散文，原先在《莽原》杂志逐篇发表时，总题为《旧事重提》。这是个一般性的叙述题目。后来结集出版时，鲁迅把总题“旧时重提”改为“朝花夕拾”。改用比喻的手法后，标题一下子变得形象多了——早晨开放的花朵，到傍晚时采摘。这个书名具体、生动而精练地表达了原题“旧事重提”的题意。

毛泽东同志也极其重视文章标题的锤炼。四十多年前，在中华人民共和国成立前夕，他为新华社写了几篇对美国国务院白皮书的评论。最初在《人民日报》发表时，最后两篇评论的题目是《五评白皮书》和《六评白皮书》。1960 年《毛泽东选集》第四卷出版，在对文章作“技术性修改”时，这两个标题分别被改为《“友谊”，还是“侵略”?》和《唯心历史观的破产》。改题分别用对比、设问和拟人的修辞手法，形象生动地点明了文章的中心，进一步增强了这两篇社论的战斗性。

① 原载《东方双语》1998 年第 5 期。

从“蔫瘪”谈起①

苏州、常熟话里有“yan bi”一词，指的是植物萎缩不振，有时也借用指人精神委靡，用得相当广泛。但究竟如何写成汉字，我从中学阶段开始一直心存疑问，找不到合适的答案。

前一阵读文学杂志，遇到了一个“蔫”字：

> 那天，陈三背着小女儿到了地头，……往常，小女儿就会在田埂上走来走去，或去追一只蜻蜓，或蹲下来去采草丛里的花，是很快乐的。但今天发蔫，坐在田埂上竟不动弹。临近中午时，陈三朝田埂上望，见小女儿竟然在田埂上躺下了。（曹文轩《板门神》，《人民文学》1997 年第 8 期第 73 页）

一查《康熙字典》，曰：“蔫，……音焉，……物不鲜也。”基本用途看来同苏州、常熟话“yan bi”的“yan”相同，我想就可以采用这个字。至于“yan bi”的“bi”，比较容易解决，“瘪”字不也可以吗？“蔫瘪”，一个多么富有表达力的词儿啊！

过去常常觉得，方言里有许多生动活泼的词儿，没法用汉字写出来，其实却往往是由于自己才识不足、涉猎不广而造成的。能够用心地多读一些书籍，许多口头的方言词儿，自能找到书面的物质外壳。有不少甚至由于搭配得天衣无缝，很有资格进入到普通话词汇的队伍中去呢。

记得《红楼梦》第 21 回有“促狭”一词，指刁钻刻薄，爱捉弄人；第 9 回有“嚼蛆”一词，指多嘴，信口胡说；第 4 回有“痦”一词，指人体上生来就有的深颜色的斑痕。这三个词，多少年来活在上海、苏州、常熟一带的口语里。近代著名小说家为它们找到了恰当而颇为生动的书面形式，真是好事。其中“促狭”一词已经收进《现代汉语词典》。由此联想到，上海、苏

① 原载《咬文嚼字》1999 年第 10 期。

州、常熟一带日常口语中常用的几个词语：形容又绿又新鲜的“碧绿生青”，形容红烧菜肴油多色红的“浓油赤酱”，形容物品圆得可爱的“滴溜滚圆”。这些词语生动形象，表现力强，又能用常用字表述，便于书写，通俗易懂，不也都值得收为普通话词语吗？

鲁迅主张写作要“博采口语”，要重视各地方言里的“炼话”。选择方言中有表现力有生命力的词语，用大家能接受的书面形式记下来，再经过反复的实践检验而被吸收为常用词语，这是丰富普通话词汇的途径之一。

一“点”也不马虎①

邓小平同志的一则名言中，“我是中国人民的儿子”和“我深情地爱着我的祖国和人民”之间，究竟是用的逗号呢，还是用的句号？

《我的父亲邓小平》这本发行量很大的书，把这则名言印在封底。大型电视文献纪录片《邓小平》，把这则名言映在每一集的片头。纪录片的解说词成书出版时，把这则名言印在封底。这几处的引用中，有的用句号，有的用逗号。一“点”之差，看来关系不大，可编辑《邓小平文选》的同志们，为了求得准确的答案，决定找到并核对权威的版本。

可是，查起来并不那么容易，因为《邓小平文选》里没有选入包含这则名言的那篇文章。他们了解到，1995年，有所高校招收科学社会主义专业的博士研究生，专门研究邓小平建设有中国特色的社会主义理论，十来位考生一起接受面试。导师出了一道题，问上述名言的出处，要求回去查一查，写成书面答案，一周内寄回。结果，都未查到原文，只查出它出自邓小平为英国培格曼出版公司编辑出版的《邓副主席文集》写的序言。

《邓小平文选》的编辑同志花了很大的工夫，终于查到了那篇“序言”。序言写于1981年2月14日，发表在当时的《人民日报》上。根据《人民日报》的权威文本，“我是中国人民的儿子”后面那个标点，用的是句号。当然，用逗号也是讲得通的，可是用句号似乎更好一点：前后句既紧密联系，又相互独立，使充满深情的文句显得简洁明快，更加合乎邓小平同志“一句是一句”“句句干脆利落”的语言风格。

《邓小平文选》的编辑同志对待语言文字表达，真正做到了严谨细致，一“点”也不马虎。这种精神值得我们学习。

① 原载《咬文嚼字》1999年第4期。

象形词语①

“只晓得有象声词、象形字，怎么还有象形词语?”乍看题目，你或许会这么说。我们这儿说的象形词语，是一种修辞手法。所谓象形词语，就是这种词语的取名，是从某种东西的形状联想开去、比况而来的。文句里用上这种词语，能增加语言表达的形象性。

比如说，“丁字镐”，就是像“丁”字那样的大镐。“丫杈”，就是树木的两根枝干分开的地方，那形状就像“丫”。“凸起”“凹陷”“丁字街头”“十字路口”“八字胡须”“品字形阵地”等等，都可以说是象形词语。

象形词语不光用于固定词语，有时也可以在语言表达中触景生情，临时设喻，灵活地“象”一下“形”。陆定一同志写的著名散文《老山界》，解放以来入选初中《语文》课本，已为数以亿计的青少年学生所诵读。其中有这样几句：

> 满天都是星光，火把也亮起来了。从山脚向上望，只见火把排成许多“之”字形，一直连到天上，跟星光接起来，分不出是火把还是星星。这真是我生平没见过的奇观。……在“之”字拐的路上一步一步地上去。

作者把当年参加长征、翻越老山界途中，亲身经历的奇景，用“‘之’字形”“‘之’字拐”这两个象形词语，具体生动地描画、比况了出来。我们读到这里，仿佛身临其境，看到了一幅壮丽的景象。

① 原载《东方双语》1999年第14期。

《红楼梦》语言品味札记①

同义词的交替运用

《红楼梦》的语言精妙无比。作者语汇丰富，选词精湛，佳例随处可见。下面是一则同义词交替运用的例子，选自第十三回。

> （贾珍）当下正（为秦可卿丧事恐被人笑话）忧虑时，因宝玉在侧，便问道："事事都算安贴了，大哥哥还愁什么？"贾珍便将里面无人的话告诉了他。宝玉听说，笑道："这有何难，我荐一人与你，权理这一个月的事，管保妥当！"贾珍忙问："是谁？"宝玉见座间还有许多亲友，不便明言，走向贾珍耳边说了两句。贾珍听了，喜不自胜，笑道："这果然妥贴。"

一段话里，先用"安贴"，次用"妥当"，后用"妥贴"，灵活地交替使用，既把意思表达清楚了，又不显得重复呆板。如果这三处反复用同一个词，读起来的语感就很不相同。从这类细小处，最能体悉作者的匠心。

俗语的引用

《红楼梦》的语言所以生动，还在于大量吸收了人民群众的俗语。你看，凤姐的言辞何等杀辣，十句里头倒有两三句是引用了俗语来代替自己说话，特别是第十六回中，在诉说治家之苦时，凤姐排举了一连串俗语指责别人：

> 偏一点儿他们就"指桑骂槐"的抱怨；"坐山看虎斗"，"借刀杀人"，"引风吹火"，"站干岸儿"，"推倒了油瓶儿不扶"，都是全挂子的本事；……"

① 原载《修辞学习》1999年第3期。

这位大观园里“铁女人”思维的迅疾，言语的尖利，脾性的刻薄，从一口气排用六个俗语（其中五个是同义俗语），就可见一斑。

《红楼梦》引用俗语，处处能符合讲话者的身份。凤姐的话，刘姥姥的话，各个人的话，都有其个性。从这些恰当运用的俗语，不但能形象地了解不同人物的性格，还可以很具体地感受到当时的世态人情。我们如果做个有心人，边读《红楼梦》，边收集里面引用的俗语，分门别类排出来，大概能够理出一条线索，知道近代汉语中哪些俗语的生命力最强，一直活到今天，哪些则已经过时；从精彩的引用实例中，还可以借鉴一些运用俗语的技巧呢。

《史记》语言赏析二例①

兵罢食绝、兵罢食尽和兵少食尽

司马迁的一支笔委实是神妙灵巧。即从遣词造句的角度来看，他的《史记》仍有许多地方值得我们后人学习。

楚汉相争，经过汜水之战以后，汉军大胜，楚军元气已丧。司马迁在《项羽本纪》中这样描写双方的阵容力量：

> 是时，汉兵盛食多，项王兵罢（疲）食绝。

接着，楚汉订鸿沟之约，项王“引兵解而东归”。汉之辩士在劝谏汉王时，描述楚国的现状说：

> 汉欲西归，张良、陈平说曰：“汉有天下太半，而诸侯皆附之。楚兵罢食尽，此天亡楚之时也。……”

后汉王果调兵遣将，围项羽于垓下。这时司马迁叙述道：

> 项王军壁垓下，兵少食尽，汉军及诸侯兵围之数重。

“兵罢食绝”和“兵罢食尽”，用以描写同一处境中的楚军，但一是史家的客观记述，一是汉军方面谋士的叙述，虽然大同，也有小异：“绝”是说来源已绝；“尽”是在排除接济的可能性后，针对粮食已完的现状讲的。叙述的角度稍有不同，“绝”与“尽”灵活地换用，文字就有变化。最后一个“兵少食尽”，是写的又经几次战斗、损兵折将的楚军，那时的主要问题自然不

① 原载《中学生阅读》2000年第2期。

是“兵疲”而应该是“兵少”了。这个“少”字，选换得多好！

从“兵罢食绝”“兵罢食尽”和“兵少食尽”三组词语的换用，我们不难体味出司马迁概括事实之准确，用词造句之精细。

吸收新鲜活泼的口语

司马迁写作《史记》，把古籍中“佶屈聱牙”的文字大胆地改写为平直易解的词语，还吸收了各地的一些方言土语。史记专家王伯祥先生说：“太史公能冲破当时文坛上的陈腐习套，吸收人民口边的新鲜活泼的语言。”这是十分难能可贵的。

《陈涉世家》写陈涉称王之后，旧时的乡里友人赶到王宫门前，直呼陈王的表字：“吾欲见涉！”后几经周折，被陈王召见后——

> 入宫，见殿屋帷帐，客曰：“夥颐！涉之为王沈沈者！”（“啊哟！陈涉做大王真阔气啊！”）

这里两个加线句子，生动地写出了当年熟识的乡里旧友的直率和朴实。其中“夥颐”一词，王伯祥先生认为是司马迁用来“摹拟土话的声口”的，十分逼真地写出了那种惊叹的语气。读到这一句，我们仿佛如闻其声，如见其人。

新鲜活泼的口语进入史著，把人物写活了。史学性和文学性得到和谐的统一。

从鲁迅不用“釜”说起①

《鲁迅手稿选集》中有这样一处修改：

> 原稿：这样经过了煮熟一釜小米的时光，眉间尺早已焦躁得浑身发火，看的人却不见减，还是津津有味似的。
>
> 改稿：这样地经过了煮熟一锅小米的时光，……（《眉间尺》）

这里的推敲很值得我们深思。“釜”也就是“锅”，而“釜”是文言词，“锅”则是现代的常用词。从舍“釜”而用“锅”，我们可以了解，鲁迅先生很注意避免使用文言生僻词语，使作品的语言通俗易懂。这种为广大读者着想的作风，是值得我们学习的。

几十年前鲁迅先生就注意避免用“釜”，可是在今天的报纸上，有时却还会读到“釜”字。一篇报道昆明某合成纤维车间制造新产品“滇纶”的通讯中说：

> 在一间隔开的房子里有两个并不大的热水锅炉似的釜和一些回收溶剂的设备。一个反应釜中装了各种原料，经过加热搅拌、过滤后，被送到另外一个釜中脱泡……

“釜”“反应釜”，大概在这个工厂（甚至在这个行业中）已成专门用语，因此记者报道时也就用了。其实这种地方不用“釜”而用“锅”，是完全可以的。

从这个例子联想到，在工业系统各种名称的用字中，类似不用“锅”而用“釜”的情况，大概不会是个别的。对这些“古色古香”的名称，能不能加以适当改造，用当今口语中通用的普通话词语去取而代之呢？从鲁迅先生的修改中，我们可以得到很好的启示。

① 原载《语文学习》2000年第5期。

拟人词语的精选[①]

拟人，就是把动植物、无生物等当作人来描写，赋以人的性质。这种修辞方法，可以使读者更加深入地认识事物的特性，获得鲜明的印象；还可以使语言表达生动活泼。

诗人贺敬之的抒情诗《回延安》中，多次用了拟人的写法，其中“杜甫川唱来柳林铺笑，/红旗飘飘把手招”是脍炙人口的名句。两句中的拟人词语“唱”“笑”和“把手招”，形象地渲染了回延安时感受到的欢乐的环境气氛。

《人民日报》曾经发表过一篇评论员文章《“老灾区”的帽子可以很快摘掉》，其中有这样几句话：

> 对于灾害，对于困难，只能进攻，不能退守。你越是退缩，它越要欺负你；你勇于进攻，它就会步步退却。

这里用的拟人写法，把“灾害”“困难”这类抽象事物“欺软怕硬”的本质，生动地描画了出来，让它在我们面前显出了原形，有助于鼓舞斗志。“欺负”“步步退却”这些拟人词语用得很贴切。

拟人法要用得好，所选的拟人词语需注意“妙语双关”。就是说，这些词语既要适用于表达人的思想感情或动作神态，又要能够把事物本身的情况显示出来。有一篇解放以来的小学《语文》传统课文，题目是《我是什么?》，通篇的拟人都相当好。其中第三段写道：

> 平常我在池子里睡觉，在小溪里散步，在江河里奔跑，在海洋里跳舞、唱歌、开大会。

① 原载《中学生阅读》2000年第7、8期合刊。

“我”是指水。课文拟写水在池子、小溪、江河、海洋中的情态，分别用了“睡觉”“散步”“奔跑”“跳舞、唱歌、开大会”。这些词语都是写人的活动的，而仔细想一想，在这儿又都适用于写水。池子里的水是静止的，所以说“睡觉”；小溪里的水是缓缓流动的，所以用“散步”；写江河和海洋所用的词语，也都各有道理。这样照应了人和物双方去挑选拟人词语，设立拟人写法，使人读了感到十分自然而得体，也容易引起联想，这就增强了语言表达的效果。

同义词语的交替运用①

掌握丰富的同义词语，在叙述列举的事物，或多次反复强调相同的意思时，就不至于枯燥呆板。一次听到电视台播放歌曲《请到天涯海角来》，是著名歌词作家郑南作的词：

请到天涯海角来
这里四季春常在
海南岛上春风暖
好花叫你喜心怀
三月来了花正红
五月来了花正开
八月来了花正香
十月来了花不败

“花正红”“花正开”“花正香”“花不败”，这些同义说法交替运用，突出了海南岛“四季花开”的“春常在”美景，引人神往；而语言表达的灵活生动，也给广大听众以美的感受。

鲁迅先生写作时很讲究遣词造句。他在名篇《记念刘和珍君》第七节开头一段的精彩议论中，也纯熟地运用了同义词语交替使用的方法：

> 我已经说过：我向来是不惮以最坏的恶意来推测中国人的。但这回却很有几点出于我的意外。一是当局者竟会这样地凶残，一是流言家竟至如此之下劣，一是中国的女性临难竟能如是之从容。

在文章三个关键语句的同一位置上，如果重复使用同一个代词，读起来

① 原载《中学生阅读》2000年第12期。

难免产生单调的感觉；现在作家分别选用“这样”“如此”“如是”三个同义代词，既恰当地表达了列举的事物，又使行文于整齐中略有变化，读起来感到更加流畅有力。同义词语的精选和交替运用，显示了作者词汇的丰富和思维的灵活。

再举个外国文学作品的例子。日本著名作家松本清张的小说名作《波浪上的塔》（赵德远译），开篇第一句就运用了同义词语交替运用的写法：

> 第一天投宿名古屋，次日晚下榻木曾的福岛，最后住在上诹访。

如果作家（以及翻译家）把这一句写成“第一天住在……，次日晚住在……，最后住在……”或者三句连用三次“投宿”或“下榻”，读起来就味同嚼蜡了。

◎ 语文短评选辑

令人费解的题目[①]

一篇文章，如果题目标得恰当，会收画龙点睛之效；标得不恰当，就会使文章减色，甚至会因而引起误解。

《新体育》1959年第7期上，有一篇文章的题目是《陈镜开的榜样》。初看题目，以为有个人可以作陈镜开的榜样，陈镜开在向那个人学习。其实呢，文章讲的是“陈镜开是大家、特别是运动员学习的榜样”。如果把“的”改为“是”，就可避免误解。正是一字之差，效果相反。

科技卫生出版社1958年11月出版的一本书，名为《腰酸背痛的医疗体操》。初读题目，感到很奇怪：莫非是一本小品文集，讽刺一种没有用处、只会引来腰酸背痛的医疗体操？如果真是讲体操的，可有些令人望而生畏。翻开书一看，竟是一本道地的医疗技术书，它全面地介绍了一套医治腰酸背痛的体操。当时不由得想，假使作者和编者在立题和审稿时加一番推敲，把题目定得明确些，例如《医疗腰酸背痛的体操》，岂不更好理解吗？

① 原载《语文学习》1959年第11期。

小谈别字问题[1]

写别字，就是把甲字当成乙字用。别字问题，是语文教师、语文界很“头疼”的问题。学生作文本中和日常应用文字的别字且不说，就是在用铅字排印出来的报刊文章和书籍中，细心的读者也往往会遇到一些别字。这几天正读《踏平东海万顷浪》(解放军文艺出版社 1958 年 12 月出版)，仅在已读的八十页中，就发现好几个别字，例如：“砸偏”(47 页)、“愤洒”(53 页)、“愤着 ”(54 页)、“躯散”(57 页)、“掩获”(57 页)、“惊惕”(80 页)，这些底下加黑点的字都是别字，与正字对照如下：偏—扁，愤—喷，愤—喷，躯—驱，获—护，惊—警。上面这些字组都是声音相近或字形相似的，的确很容易相混。不过，话又要说回来，作为拥有千百万读者的文字印刷品、宣传教育品，究竟不同于一般的学生作文本，如果“白（别）字连篇”，不但读者费解，而且往往会影响一些读者，使那些“白（别）”字有了扩大市场的机会。因此，严格地讲，报刊、书籍中出现别字，是一个有关文风的、影响到千百万人书写规范化的问题，我们不应该等闲视之。这里，提出两点建议：

第一，作家、作者要在下笔时多多留神，精心推敲，使别字这个“谬种”没有“流传”的机会。中央早就明确地指示过：“要促使每一个说话和写文章的人，特别是在语言使用上有示范作用的人，注意语言的纯洁和健康。”(人民日报 1955 年 10 月 26 日社论：《为促进文字改革、推广普通话、实现汉语规范化而努力》) 写别字显然是有损于语言的纯洁和健康的，我们应该坚决贯彻中央的指示，在所写的东西中消灭别字。

第二，编辑和校对等有关人员，在工作中要处处留神，字字斟酌，发现原稿或排印稿中有别字，立即加以纠正。毛主席在《对晋绥日报编辑人员的谈话》(《毛泽东选集》第四卷) 中也谈到了消灭别字的问题。他说：“报上常有错字，就是因为没有把消灭错字认真地当作一件事情来办。如果采取群

① 原载《中国语文》1961 年第 2 期。

众路线的方法，报上有了错字，就把全报社的人员集合起来，不讲别的，专讲这件事，讲清楚错误的情况，发生错误的原因，消灭错误的方法，要大家认真注意。这样讲上三次五次，一定能使错误得到纠正。”主席这里所说的错字包括别字在内。我们认为，编辑和校对的同志正应当是消灭错别字这个工作的主要力量。

注意名、量、时的统一①

在同一篇新闻报道中，对同一事物的名称、量称和时称，应当统一。可是，有些报道却是一忽儿这样说，一忽儿那样说，前后不统一。

解放日报 1978 年 12 月 7 日第 2 版有则新闻，开头一节说："复旦大学中文系古典文学、现代文学、文艺理论、写作和汉语五个教研室，最近通过民主选举，选出了教研室主任和副主任，报请校部批准任命。"但在第三节中却又写道："五个教研室中，除语言教研室在选举之前先提出候选人以外，其余四个教研室都不提候选人。"读者读后不禁要问：复旦大学中文系这五个教研室中的一个，究竟是"汉语教研室"呢，还是"语言教研室"？这是单位名称不统一。

新华日报 1977 年 6 月 8 日第 3 版登的一篇报道中，写到解放军某部战士苦练投弹硬本领时，先是说："他想：'硬骨头六连'刺杀标兵饶耀强，获得全师刺杀第一名，还刻苦地练……"后面却又说："他想起'硬骨头六连'刺杀标兵饶要强练刺杀……""饶耀强"——"饶要强"，该以哪一个为准呢？这是人物名字不统一。

人民日报 1979 年 5 月 21 日第 4 版，摘登了新华社长沙五月十九日电：《湖南一些中小学开展电化教育》。不到四百字的新闻，用"电化教育"四次，用"电化教学"也是四次，交叉使用，指的却是同一事情。这是专用词语不统一。

人民日报 1979 年 6 月 1 日第 4 版，有一篇报道某特级教养员事迹的文章，前面说"这四个笔筒每个笔筒里有二十只铅笔，……现在每人从笔筒里拿八只铅笔出来"，接下来却又说"这个笔筒里是二十支铅笔，我留下一支，拿出来的就是十九支"。按照普通话习惯用法，称铅笔以"支"为宜。但这篇报道中，有时用"只"，有时用"支"，不知是什么缘故。这是量称不统一。

① 原载《新闻战线》1979 年第 4 期。

还有时称不统一的例子。请看人民日报 1979 年 2 月 16 日一篇新闻通讯的开头和结尾：

> 一九七八年七月一日，年满六十岁的大庆石油学院数学教授曾慕蠡站在鲜红的党旗下向党宣誓……
>
> 粉碎“四人帮”后，曾慕蠡更是精神振奋。去年年底，他第三次递交了入党申请书。

按通讯的原文理解，入党宣誓是去年（一九七八年）七月一日，而第三次递交入党申请书是去年（一九七八年）年底。岂有已经入了党然后再递交入党申请书的？结尾的“去年”，恐是“前年”之误。

这几类不统一，如果编辑同志在编稿过程中认真、细心一些，是完全可以避免的。

不要随意颠倒语素次序[①]

现代汉语日趋规范化的一个重要标志，就是一些双音词的语素次序从不稳定到逐步稳定。某些联合式双音词，曾经一度有过“AB”“BA”两种语素排列次序，而到目前已经基本固定为“AB”或“BA”一种语素次序。这对广大群众的学习和使用语言，对将来的实行汉语拼音化，都是很有好处的。

但是，在阅读报刊书籍时，我们还经常会碰到随意颠倒结构已固定下来的双音词语素次序的现象。例如：

(1) 山林映掩（《人民文学》1983年第9期60页）
(2) 抑压不住（《电影作品》1981年第2期54页）
(3) 读阅笔记（《中国青年报》1981年2月26日1版）
(4) 评品（牡丹）（《书林》1980年第2期51页）
(5) 骋驰沙场（《中国青年报》1980年9月23日3版）
(6) 撑支起来（《新文学史料》1979年第5辑74页）
(7) 斥充（城市）（《人民日报》1978年4月24日6版）
(8) 戮杀（奴隶）（《人民日报》1978年12月18日6版）
(9) 有点抖颤（《新珠》103页，福建人民出版社，1979年）
(10) 担承（义务）（《臣仆》97页，上海译文出版社，1979年）
(11)（经过）慰劝（《基度山伯爵》1399页，人民文学出版社，1978年）
(12) 急紧任务（《人民文学》1982年第12期99页）
(13) 惰懒（恶习）（《解放日报》（市郊版）1982年12月27日3版）
(14) 自作明聪（《中学语文教学》1981年第8期28页）
(15)（选材）窄狭（《新观察》1980年第8期30页）
(16)（山坡）坦平（《地理知识》1977年第6期14页）
(17)（洞悉）秘奥（初中《语文》第五册87页，人民教育出版

① 原载《词语评改五百例》，语文出版社1984年12月第1版。

社，1982年）

(18) 心身健康（《人民文学》1982年第8期18页）

这些例子中的“映掩”“抑压”“读阅”“评品”……“心身”，在《现代汉语词典》中都是不予收入的，照现今通行的格式，应分别改为“掩映”“压抑”“阅读”“品评”……“身心”。其中有的语素颠倒的词，如“读阅”“惰懒”等，一看就知道是不合今天的使用习惯的；但有不少词，一般读者就难以判断其正确与否：“AB”式和“BA”式，它们究竟是一个词还是两个词呢？这就造成了阅读、理解的困难。

值得注意的是，有些报刊的同一版（页）、甚至同一篇文章里，“AB”和“BA”两式并见，令读者三思而不解其变化使用之道理。例如，《诗刊》1980年第4期15页，一首题为《尝试》的短诗中，共用五次“尝试”，两次“试尝”。又如：

(19) 回沪后，他又因聚众殴斗，赌博，受到公安部门的处理。（《文汇报》1983年9月23日4版）

流氓罪，指的是聚众斗殴、寻衅滋事、侮辱妇女……（同上）

(20) 安徽省休宁县有个名叫金诚的九岁小女孩，她从生下来就不知什么是疼痛。……这是一个不知痛疼的孩子。（《科学实验》1981年第3期35页）

这两例中，分别同时用了“斗殴”“殴斗”和“疼痛”“痛疼”。根据《现代汉语词典》的收词标准，均可舍后者而用前者。

这里顺便提一提，有时随意颠倒成语中的语素次序，也会造成读者的费解。例如：

(21) 肉弱强食（《中国青年报》1981年4月12日4版）

(22) 左盼右顾（《电影文学》1980年第5期57页）

(23) 得手应心（《黄狗》163页，中国青年出版社，1981年）

成语的结构是相当固定的，没有特殊的表达需要，不应任意改动。上引三例应分别改为“弱肉强食”“左顾右盼”“得心应手”。

音译名词的译法应力求统一[①]

在近年来出版的一些报刊书籍中，外文译名不统一的现象仍然存在。对于某些新引进的外语名词，它们的音译词可能会有个暂时不统一的阶段，对此不宜求全责备。但是，有一些多年来已经趋于统一的音译词，例如大家所熟知的人名、地名，有的报刊书籍却又用了另一种译法，这是不很妥当的。比如，俄国著名文学家“Tchekhov”，就有“契诃夫”“契呵夫”“契柯夫”“契可夫”等不同译法。又如，一般译为“列夫·托尔斯泰”“屠格涅夫”“巴尔扎克”的，有的出版物上却译为“刘夫·托尔斯泰”“屠格涅甫”“巴尔札克”：

(1) 刘夫·托尔斯泰正在下棋，中间坐者为其夫人索菲娅。(《智慧与健康》封底照片说明，中国少年儿童出版社，1980 年)

(2) 给他指定契诃夫、屠格涅甫等的优秀小说叫他学习，以补充这方面的不足。(《新文学史料》1979 年第 5 辑 68 页)

(3) 这些世界各国的著名作家：托尔斯泰……巴尔札克……(同上)

莎士比亚的一个名剧，一般译为《奥赛罗》，有的报纸却译为《奥瑟罗》：

(4) 莎士比亚《奥瑟罗》插图(《中国青年报》1981 年 8 月 23 日 2 版美术作品说明)

莎士比亚剧中的一位著名角色，一般译为“哈姆雷特”，有的报纸却仍用“汉孟来脱”：

① 原载《词语评改五百例》，语文出版社 1984 年 12 月第 1 版。

(5) 在世界文学的典型人物中，莎士比亚所写的汉孟来脱……我以为应该是典型中的典型。(《中国青年报》1980 年 10 月 25 日 4 版)

地名的音译词与通行的译法不统一的例子：

(6) 英国伦敦太晤士河畔（全日制十年制学校初中课本《世界地理》下册，人民教育出版社 1980 年 5 月第 1 版彩色照片说明）

(7) 三洋世界—奥大利维也纳（《文汇报》1981 年 5 月 1 日 3 版广告题头风景照片说明）

以上两例中的“太晤士河”“奥大利”，现在一般译为“泰晤士河”“奥地利”。

这种音译词写法不统一的现象，甚至在同一本书刊、同一篇文章中也存在。例如：

(8) 一种是苏联的图—144。(文章内用字)　杜—144（图片上注字）(《科学画报》1981 年第 3 期 11 页)

三十年代，鲁迅先生在编自己的文集时，曾对早年写的文章中所用的外文音译词作了修改定名，使之与当时社会上渐趋一致的音译词的写法相符。例如：尾也纳→维也纳，康剌德→康拉德（《摩罗诗力说》)；烈宁→列宁（《随感录“五十六”》)。鲁迅先生的改笔为我们树立了严肃认真、一丝不苟地对待音译名词的范例。

慎用代词　精确表意[①]

代词运用恰当，能使语言表达简练流畅，避免本名迭次出现的重复拖沓现象。但替代表达法要慎重使用，否则反而容易造成种种语病。下列九种代词使用不当的毛病，是报刊上经常遇到的。

（一）代词所代不明确。例如：

（1）从清理结果看，全省地、厅级干部，住房在规定标准以下的、在标准以内的和超过标准的各占三分之一，其中严重的占百分之八。（《报刊文摘》1983年7月12日第1版）

本例中的“其中”即“它们中间”。从上文看，这个词语应该是指代“在规定标准以下的”“在标准以内的”“超过标准的”这三者，但这样理解在本文中讲不通，前两者并无“严重”情况可言；作者原意应该是指“超过标准的”那“三分之一”中的“其中”。这一句可把最后一个分句改成“其中严重超过标准的占百分之八”。

（二）代词先行，本名后置。例如：

（2）今年一月份，她从外地刚回到家里，晚上十点钟，谷樾已经洗过淋浴要休息了，爸爸的一个老朋友叩门来访。（《小说界》1983年10月号127页）

代词一般应该用在需要代替的词语（即本名）之后，例（2）却把本名和代词颠倒安排了，“她”和“谷樾”容易使人误以为是两个人。这一句代词和本名互换位置，就不会产生歧义了。

① 原载《中学语文教学》1986年第11期。

（三）代词赘余，重复含混。例如：

（3）由于该校成绩突出，昌邑小学荣获了这次比赛的“优胜”锦旗。（《解放日报》1985年6月13日第3版）

例（3）中的“该校（这个学校）”同紧跟而来的句子主语“昌邑小学”重复，可以删去。这一句还有另一种改法：删去“该校”，把“昌邑小学”移到“由于”的前面。

（四）当用代词而不用。例如：

（4）一天哈罗德听说他的酗酒的父亲要回家，哈罗德很苦恼，两个黑人尽力安慰他，谁知哈罗德却把自己的一腔怒火发泄在山姆身上。（《文摘报》1983年4月21日第8版）

例（4）同例（3）刚好相反，是当用代词而不用。例（4）短短五十多字中，并非出于修辞上的强调，却连用了三次“哈罗德”，文字就累赘拖沓了。其实，第二个“哈罗德”可删去（为使音节和谐些，“很苦恼”可改为“内心很苦恼”）；第三个“哈罗德”则可用代词“他”来替代。

（五）第三人称代词“性别”混淆。例如：

（5）两个月后，纳英拉蒂洛娃日夜盼望的美国公开赛终于来到了。在过去两年中这顶桂冠两次从她手边溜了过去：1981年，他擎旗斩将好不容易进入决赛，却败于特蕾赛·奥斯汀之手。（《环球》1984年第1期第37页）

例（5）中加点的“他”，前边有女性姓名出现，文句内还以“她”指代同一本体，偏偏后面又用了个“他”称代同一女性，差错是显而易见的，不知怎么会逃过写、编、校好几道关口而出现在报刊之上。

“他”“她”相混，常见的都是“她”误用为“他”，极少发现有“他”错用成“她”的。下面一例倒是颇为特别的：

（6）（慈禧）睡时，由一个女官和几个宫女陪夜，门外还有几

个太监侍候。她们是不许坐，不准睡的，必须站上整整一夜。（《文化与生活》1984 年第 2 期第 25 页）

从上文看，“她们”应指“一个女官”“几个宫女”和“几个太监”；而“太监”尽管经过阉治，失去男子的性征，但还是应当算作男性的，小说、戏剧中称呼年老的太监，不是叫“公公”的吗？这一例中的“她们”宜改为“他们（包括男、女的群称代词）”，最好是改为“这些人”。

（六）人称代词与物称代词误用。例如：

（7）她在继父的咒骂声和母亲的叹息声中度过童年。在寄宿小学读书时，每周小伙伴被父母接走了，它只有拖着破鞋、抱着小枕头孤零零地回家。（《文摘报》1984 年 2 月 3 日第 3 版）

例（7）加点的“它”是物称代词，句中却用来称代那位小女孩，用错了，应改成“她”。

（七）指示代词与疑问代词混用。例如：

（8）进站以后，见到一位同志，我问他：“同志，你们调度室在哪里？”他态度蛮横地问我：“你哪来的？干什么？”我说：“我有点事想找调度。”他手一指，粗声粗气地说：“在哪边！”（《文汇报》1982 年 4 月 4 日第 1 版）

（9）麦肯齐知道，正是这几只飘浮袋才使飞机获得了足够的浮力而不至于沉落下去。如果那只飘浮袋破裂了，那么坠落在海里的飞机就会像一块石头那样沉下去。（《碧波余生》；群众出版社 1980 年 7 月第 1 版第 211 页）

例（8）的“在哪边！”要改成“在那边！”因为从文意看，这里是确指某个方向，句末又用了感叹号，是个含判断的句子，而并非疑问句，用疑问代词“哪”是错的。例（9）加点的“那只”应改为“哪只”，因为上文提到有“几只飘浮袋”，这儿“破裂的”“飘浮袋”并非确指某一只，而是假设性的不定指式，所以用“那只”不妥。

下边一例比较有趣：三个句子中用了三个“哪”、一个“那”，很明显，其中第二个是非问句中的“哪”应当改为“那”：

(10)“邦达列夫?”马斯洛夫惊奇地反问。“哪个邦达列夫？是不是作战科的少校，检查工作的哪位？哪阵风地把他吹到你那里的?”（《当代外国文学》1983年第4期第51页）

（八）单称代词与复称代词相混。例如：

(11) 在十年动乱期间，江青反革命集团在上海的同伙，野蛮地践踏法制，残酷地迫害干部群众，被他迫害致死、致残、致伤的人，遍于全市。他们草菅人命的罪行，真是罄竹难书！（《民主与法制》1982年第9期第11页）

例（11）加点的单称代词“他”，初看发现不了差错，但稍想一下便知，“江青反革命集团在上海的同伙”不止一人，再加下句紧接着用了“他们”，这个“他”就可以肯定有误，应当改为“他们”。

下面两例中的“他们”则应改为“他”，因为同句中和下文内提到的本名分别是“老宽”和“杨光”一个人。

(12) 过去，他喜爱和老宽在一起，听他们唱，……好久没听见老宽唱了。（《人民文学》1984年第5期第55页）

(13) 济南园林机械厂工程师杨光致信中央组织部等，提出不要忽视中小企业、特别是小型工厂企业落实知识分子政策的工作。他们的理由是：……（《报刊文摘》1984年7月17日第1版）

（九）同一本体所用的代词不统一。例如：

(14) 申请当出租汽车司机的人要参加一系列难度越来越大的考核，……他们在得到绿色徽章后，还要继续学习。实习司机们慢慢变成了“小油条”，他们常常在夜间开车收费，用手指轻弹计程表，或者学着老司机的样子开车。现在，他也能享受英国蓝领工人中最有吸引力的待遇了。根据出租马车时代保留下来的另一项条

例，他是有权在街上小便的少数人之一，……（《环球》1985 年第 8 期第 20 页）

这一例中，两次用“他们”，两次用“他”，所指代的都是同一本名：申请当出租司机并成为实习司机的人。应当把后面两个“他”都改为“他们”，以免文字表达的混乱。

下面一例中，同一本体的代词用得极其混乱：人民文学出版社 1982 年 4 月出版的《一九八一年短篇小说选》第 73—92 页，选印了《瞧啊，那片绿叶》。从标题看，十分清楚地告诉读者是一片绿叶，但全文几十次提到同一本体时，却出现了五花八门的称代说法：用“那片绿叶”共 10 次，用“这片绿叶”共 2 次，用“它”共 2 次，用“你”“她”各 1 次，用“这小东西”1 次，以上共 17 次，均系确指单数，符合小说篇目的题意；但文内另有 6 次却用了称代的复数：用“它们”3 次，用“每一片绿叶”“一片片绿叶”和“这些与世无争的绿叶”各 1 次。这样混乱的称代现象存在于一篇优秀的短篇小说之中，真是大煞风景；而这样的不规范用法竟会接连通过文学期刊发表关、优秀作品编集出版关而未能纠正，也实在令人难以置信。

“重复”语病种种①

语言表达贵在简洁精练。古人说：“意则期多，字唯求少。”（李渔：《笠翁一家言》）要用最少的字数，表达最多的意思；切忌重复啰嗦。关于这层意思，叶圣陶先生曾经套用经济用语说：“咱们写个作品，在语言的使用上，也该遵守节约的原则。”（《关于使用语言》；《人民文学》1956年第3期）讲得精辟而风趣。可要做到这一点并不容易。在阅读报刊书籍时，我们常常会发现犯有“重复”语病的句子。初步归纳一下，以下这几种是出现频率比较高的。

（一）同一词语在句内重复出现。

这是简单的“字面重复”毛病。例如：

（1）从那以后，他除了有计划地大量阅读二十四史、《资治通鉴》等大量史书，并对外国文学进行系统学习外，还把研究的视点对准了我国古代的十位大师。（《中国青年报》1985年3月10日第2版）

在同一单句内不必要地重现了某一个词语，使人阅读时感到拖沓、拗口。可删去后一个“大量”。

犯这种“字面重复”毛病的原因，大都是疏忽大意。

（二）多余的说明或修饰。

记得作家老舍曾经对“在背上背着”一类句子提出过批评，因为“背着”当然是“在背上”，用不着啰嗦。下面两例，恰恰就是作了这种多余的说明：

（2）别格发现那姑娘正拿眼看他。（《土生子》，上海译文出版

① 原载《语文学习》1985年第8期。

社 1983 年 3 月第 1 版第 60 页）

(3) 福斯特的训练课下午三点开始，他手戴手表，嘴里衔一只口笛。（《世界之窗》1981 年第 1 期第 130 页）

例（2）的“拿眼”可删掉；为使读时顺口，可换进个“在”字。例（3）的“手戴手表，嘴里衔一只口笛”，改为“戴着手表，衔着口笛”要简洁流畅得多。

下面两例是修饰词与中心词表意重复：

(4) 据说，他在审讯负伤被俘的抗联战士时，狠毒地往伤口上抹咸盐，让你活受罪；……（《人民文学》1984 年第 3 期第 109 页）

(5) 影片《红日》……塑造了许多可亲可敬的英雄指战员群像。（《南方日报》1963 年 9 月 19 日第 3 版）

“盐”总是咸的，似乎用不到再加“咸”进行修饰，正如我们一般不说“甜糖”一样。例（5）中，“群像”已经显示了“许多”，前边的修饰词“许多”可省去；如要保留“许多”，则“群像”可改为“形象”。

(三) 叠床架屋的词语同义并用。例如：

(6) 那时，我得到了苏州鸿生火柴厂和西安火柴厂的大力支持，（他们）给我寄来了大量的新票，使我得以能满足异国火花爱好者的要求。（《解放日报》1984 年 7 月 2 日第 4 版）

(7) 他托着盘子在一个地方踯躅徘徊了半分多钟，活像在演喜剧电影。（《当代外国文学》1983 年第 1 期第 79 页）

(8) 妈妈不仅是一个标致美丽的女人，而且还是一个颇有魅力、令人神往的女人。（《伊戈尔·萨沃维奇》，中国社会科学出版社 1980 年 1 月第 1 版第 293 页）

例（6）的“得以”和“能”，例（7）的“踯躅”和“徘徊”，例（8）的“标致”和“美丽”，都是同义词，在上述各句中没有并列使用的表达需要。分别删去其中的一个，对句意没什么影响，而语句却显得精练了。

（四）并列使用的词语中部分字词含义重复。例如：

（9）选集首卷刊载序言，每卷附有像页和手稿各一帧，有的是经过十年动乱而幸存保留下来的珍贵资料。（《青年文摘》1984年第4期第52页）

例（9）中，"幸存"的"存"和并列使用的"保留"，在句内含义相同。这一句的"保留"可删去。

报刊书籍中还常会见到"付诸于""公诸于""诉诸于""见诸于"的说法，其实也是一种部分重复。其中的"诸"是文言合音词，相当于"之于"，已经包含一个"于"在内。"付诸于""见诸于"中的"于"是多余的，应删去。

以上（三）（四）两种重复语病的造成，主要是由于没有准确掌握词语的含义和用法。这样看来，要避免重复的语病，一是要理解词语，二是要细心检查。俄罗斯作家契诃夫有句名言："简练，是才华的姐妹。"要做到造句简洁精练，是不那么容易的。我们只有在写作时慎重调遣词语，写成后仔细推敲，竭力删掉重复多余的词语，才有可能使语言达到简练的地步。

“苟简”语病例析①

同“重复”的语病相对的，是“苟简”，即句内缺少了必不可少的内容或句子成分。

苟简往往会造成句意费解。例如：

(1) 由于池海康夫妇手术粗糙、器械消毒不严，好几个女青年手术后出现大出血现象，其中因大出血休克，经送大医院抢救才脱离危险。(《解放日报(市郊版)》1983年4月17日第1版)

(2) 从1979年到1983年，荣获国家质量奖和省、部优质的产品，就有100多种。(《新闻战线》1984年第6期第38页)

“手术后出现大出血现象”的“好几个女青年”中，有多少因“休克”而“送大医院抢救”？由于例(1)的“其中”之后，缺少了不能缺少的表数量的词语，读者就只能猜测了。此例的“其中”可添改为“其中有的”或“其中有×人”。例(2)的“荣获国家质量奖”是好懂的，但“荣获”“省、部优质”便不通了，究竟是“优质奖”还是“优质产品奖”，或是“优质名牌称号”？由于缺少那么一两个词儿，造成句意含混。

以上两例的苟简，读时尽管费解，但还能估摸出个七八成；下面两例则由于句内缺少一些东西而使读者难以揣测了。

(3) 西德啤酒以慕尼黑为第一。(《人民日报》1978年9月18日第6版)

(4) 他了解到渔民织网所用的尼龙丝是从外地买来的，价钱很贵，就亲自跑到四平为公家买来旧的纺织机，既节省了钱，又方便了群众。(《当代》1982年第6期第201页)

① 原载《语文学习》1986年第12期。

“西德啤酒”的什么是“以慕尼黑为第一”？是生产的数量，是产品的质量，还是啤酒的销售量、饮用量？或者是几者均居首位？例（3）这一句真叫人好生纳闷。看来“西德啤酒”之后的“的×××”这几个字是无论如何不应该少的。例（4）前半句已交代主要矛盾是“尼龙丝是从外地买来的，价钱很贵”，但后半句只说“买来旧的纺织机”，就以为解决了矛盾。“纺织机”之后跳脱太大，读时不觉产生了疑问：“买来旧的纺织机”如何便能做到尼龙丝不从外地买来，而且价钱便宜？看来在“纺织机”之后，应当添加一个“自纺尼龙丝”之类的分句。但据说尼龙丝的生产过程颇为繁杂，能自纺么？总之，读这一句，疑团很多。如果写作者稍加注意，多加几个词语或个把句子，不就方便读者了么？

苟简，从所缺的成分来分，常见的有这几种：

缺少必要的分句。如例（4）。

缺少主语。例如：

（5）在一个厂内场地上，我们见到了一堂美国早期西部城市两条街的布景，觉得有点儿面熟，后来一问，果然是在美国影片《未来世界》中见过，是在这个场地布景上拍摄的。（《文化与生活》1979年第3期第25页）

最后一个分句应该把主语补出来，例如可添改为“这部影片中的一些镜头是在这个场地布景上拍摄的”。

缺少动词。例如：

（6）那么新婚夫妇采取那（哪）些避孕方法较为适合呢？目前比较普遍使用的女用短效避孕药。（《上海科技报》1983年1月21日第4版）

“目前比较普遍使用的”，是一个“的字结构”，作全句主语；它同“女用短效避孕药”之间缺少必要的判断动词，应当添加“是”。

缺少定语（或状语）的中心词，即有了限制词语，没有被限制的词语。例如：

(7) 随着党的三中全会的全面贯彻执行，人们开始认真地思考文艺界五六十年代的几次较大的论争，……（《上海文学》1979年第9期第90页）

“贯彻执行”的，不是“党的三中全会”，而是“党的三中全会的决议（或“路线”“方针政策”）。这儿加点的几个字不能苟简。

缺少介词。例如：

(8) 有一天，谱芗公用电话间当班，听到一个青年在电话里说“法语资料买到了”，……（《解放日报》1984年6月3日第5版）

“谱芗”（人名）之后应加上表地点、处所的介词“在”。

缺少助词。最常见的是缺少必要的结构助词“的”。叶圣陶先生说过，最平常的一个“的”字，“有的地方必不可少，少了就使词跟词的关系不明，有的地方尽可不用，用了反而见得累赘”。（《关于使用语言》，见《人民文学》1956年第3期）下面一例就是由于缺少了一个必要的“的”而造成了句子结构的纠缠：

(9) 最近河南镇平县国营云光仪器厂批量生产一种135型“珠江”H801电子快门照相机已经投放市场。(《市场报》1982年11月29日第3版）

“批量生产”与“一种”之间，最好加一个“的”，这样，让“快门照相机”作为全句的主语，结构就清楚了，不至于像原句那样，宾语牵连下文。

此外，不恰当的简称，也会造成苟简、歧义的语病。例如：

(10) 蒋介石猛地站了起来，……恶狠狠地道：“……把南京城下关火车站、码头、水电厂都炸掉。……”(《读者文摘》1984年第12期第52页）

一般从字面理解，要炸掉的对象中的“水电厂”，就是“水力发电厂”；其实南京并无这种厂子。这一句把“水厂电厂”合并简称为“水电厂”，就容易造成读者的误解。

要避免产生“苟简”的毛病，必须在写完（编完）文稿后细读一遍。读时发现有句法不顺、句意费解之处，就随即修改，适当补充，改到句法正确，结构完整，意思显豁，一般读者能读懂为止。

量词应恰当配置[①]

量词的使用，是汉语的一大特点。按理说，我们说汉语、写汉文的人，从小就学习选用量词，很早就养成了习惯，一般是不会再用错的。但事实并非如此，在报刊书籍的文字中，我们还常常会遇到一些量词用错的例子。这里说的用错，倒不是指高级用法——起修辞作用（例如摹状）的量词的误用，而是一般用法的量词出毛病，不符合通行的习惯用法，使人读起来感到别扭。

先看几个用物量词“支”的例子：

(1) 一般拳击运动员都是以一支用力手出击为主，另一支手为辅，……（《环球》1984 年第 1 期第 38 页）

(2) 你这艘辉煌的战舰，看来只有一个缺点：那就是只要它一下水，就会立刻沉入海底，如同一支铅铸的鸭子一般。（《读者文摘》1983 年第 2 期第 12 页）

“支”作称物的量词，习惯上有这么三种用法：一是用于队伍等，如“两支军队”“一支劳动大军”；一是用于歌曲或乐曲，如“唱支山歌给党听”；一是同“枝”，用于杆状的东西，如“三支枪”“四支钢笔”。上引两个例句中的“支”都用错了。例（1）称量的“手”，是成对的东西，应当用另一个量词“只”；例（2）称量的“鸭子”是动物，也应当用量词“只”，而不应用“支”。

相反，下边两个例句中加点的量词“只”，倒应当改为“支”：

(3) 一个身着军装上衣的小家伙突然大喝一声，亮出了一只真正的手枪！（《北京来的检察官》，群众出版社 1981 年 1 月第 1 版第

① 原载《语文学习》1987 年第 10 期。

73 页）

(4) 搬来后的第一个星期天，爱人心血来潮要做粉蒸肉，我只得到小菜场的肉案前去排队。我拣一只最短的队伍排上，……（《青春》1982 年第 11 期第 13 页）

按汉语的一般使用习惯，各样东西、各种动作都有相应的量词同它们搭配，约定俗成，往往已形成了规范。选用量词时应当尊重这种习惯、规范；没有特殊的修辞意图，不要随意打破惯用的搭配关系，造成读者的迷惑。下边各句中加点的量词，也都是经不起检验的。

(5) 他连忙把包拎到材料仓库门房间，在张桂根等同志的面前打开拎包，一数人民币整整七百多元，还有一张户口簿。（《解放日报》[市郊版] 1983 年 12 月 4 日第 2 版）

(6) 这里治沙人员经过长期试验研究，已找到一条治理沙漠、控制流沙的有效办法。（《旅行家》1981 年第 3 期第 3 页）

例（5）中的量词“张”用得不妥。称户口簿应当用“本”。例（6）中的量词“条”也不符合使用习惯。“办法”宜用“种”（或“个”）。又如：

(7) 全市三百九十一个企业，凡有夜班生产的工厂，他都走遍了，解决大小问题二百多件。（《文汇报》1982 年 10 月 3 日第 2 版）

(8) 石油果然为墨西哥带来巨额收入：……石油日产量达到 250 万箱，墨西哥成为拉美第一、世界第四大产油国。（《环球》1983 年第 3 期第 2 页）

“问题”的计量不用“件”；例（7）的“件”可改用“个”。国际上对石油（液态）的产量，一般用“桶”或“吨”计算，例（8）用“箱”不知是译文的失误还是校对上的差错？

使用量词，还应注意区分习惯用法中的“大称”与“小称”。比如“枚”，多用于形体小的东西，如“一枚奖章”“一枚硬币”。下面句子中的“枚”显然用得不相称，应当改为“块”：

(9) 这座瞭望山之巅至今仍镶嵌着一枚铜牌，上面镌刻的文字，简略介绍了“鲁滨逊”的生平，以及他流落岛上的经过。(《读者文摘》1982年第9期第23页)

下面一例是另一种量词误用的例子：用一个量词照应几样事物，结果是顾此失彼。

(10) 据不完全统计，从今年一月到十月，这个汽车场……收到乘客来信来访和留条表扬一千零三十一条。(《新民晚报》1983年11月20日第4版)

“留条表扬”可以用“条”；“来信”“来访”称“条”，就犯了称量不当的毛病了。另外，“收到……来访”也不通。这一句看来要动“大手术”。试改成：“这个汽车场……从乘客来信、来访和留条中共收到表扬意见一千零三十一条。”

除误用外，量词配置中不符合习惯用法的另外一种情况，就是缺少必要的量词。如：

(11) (受到宾馆服务人员高尚品德的影响，) 一位港方派来的青年拾到有二千多港币的钱包也立即交给宾馆领导还给了失主。(《中国青年报》1984年4月10日第2版)

(12) 目前她已被罗致到“东映”麾下，主演《野菊之墓》，男主角桑原正则从21432候选人中挑选出来，不过，他比她小两岁哩！(《大众电视》1981年第10期第29页)

例(11)似应加进港币的称量单位“元”，改为“二千多元港币”。例(12)在“候选人”与数字之间，应添加量词“名”(或“个”)，才符合现代汉语的数量表达习惯。

最后再谈一点：配置量词时还应注意，在同一篇里称量同一事物所用的量词要统一。《环球》1981年第7期登有一篇译文《苦斗中的美国短篇小说》。在两千多字的文章中，提到短篇小说，6次用“部”：“一部短篇小说”“二十二部短篇小说”“一百多部短篇小说”等；9次用“篇”：“几百篇好作品”“第一篇短篇小说”“三篇短篇小说”“二十四篇短篇小说”等。一路读下来，对同类事物的称量老是在变化，感到怪不舒服的。英语译成汉语的译文应重视汉语的习惯，该文中的 6 处“部”都以改成“篇”为宜。

注意动宾的合理搭配①

动词和宾语的搭配要合乎一般人使用语言的习惯，要注意合于情理。这可以说是用词造句最基本的一个要求了。但由于有些作者写作时太粗疏，编者又未能把好文字关，所以报刊书籍中还常常会出现一些动词和宾语搭配不妥当的句子。“动宾不配”成了一种“常见病”“多发病”，看来尚需引起重视。

那种明显地不符合一般人说话习惯的“动宾不配”，比较容易发现。例如：

(1) 今天，我们应当把向英雄模范人物学习的号角重新奏响！（《中国青年报》1981年4月14日第1版）

(2) 她……在抗战前后，……参加演出了《八千里路云和月》《一江春水向东流》等影片。（《大众电影》1979年第4期第7页）

“号角”不说“奏响”，“影片”不说“演出”。例（1）、例（2）可分别改为“号角重新吹响”“拍摄了……等影片”。

“吹”“奏”“拍摄”“演出”，这些动词含义具体，所管宾语有一定的范围；另有一些动词含义比较抽象，与所带的宾语搭配是否妥帖，就较难判断，如果搭配不妥应如何改正，也常常颇费踌躇。例如：

(3) 河北农业大学的一位教授，写信邀他参加农大组织的河北沿海社会经济的科学调查任务。（《中国青年报》1985年5月15日第2版）

(4) 富士胶片厂实现了高一级的胶片。（《电影画报》1981年第1期封三广告）

① 原载《语文学习》1988年第5期。

例（3）的“参加……（科学调查）任务”，例（4）的“实现了……胶片”，都是动、宾之间的临时组合，两处搭配不符合通常运用的习惯。例（3）如果保留动词“参加”，则“任务”应删，让“科学调查”担任宾语；如要保留宾语“任务”，则动词“参加”不妨改为“担负”。例（4）可把“实现了”改为“发明了”或“生产了”；如要保留“实现”，则全句不妨改为“……实现了胶片的更新换代”。

下边两例中的“达到……手法”和“解决……现象”也都显得不妥：

(5)“酿造”“蜜”“酒”都和“葡萄”紧密地联系起来了，达到了集中地表现事物的手法。（《文汇报》1981 年 10 月 30 日第 3 版）

(6) 柳州铁路局在施工中，……以解决原来存在的货物容量太小，以致被迫停装、限装的现象。（《人民日报》1979 年 10 月 13 日第 1 版）

例（5）似可改为“运用了……手法”，或改成“达到了……目的”“收到了……效果”。例（6）宜改为“改变……现象”或“解决……问题”。

一个动词带两个或几个宾语的时候，稍一疏忽，就会管了一个，却没管住另一个或另几个，这就造成了动宾不配的毛病。例如：

(7) 在同样的温度、湿度、地电条件下，也许它们又把这些记录下来的图像和声音重新放出来，于是人们就看见了这些奇怪的影像和声音。（《少年科学画报》1981 年第 1 期第 25 页）

(8)（人们）可以听见树叶的一片繁响，一片嘈杂之声，一片生长旺季的景象。（《文汇报》1981 年 1 月 30 日第 3 版）

“看见了……影像”可以讲，“看见了……声音”就不合情理了，例（7）可改为“看见了这些奇怪的影像，听见了这些奇怪的声音”；或者用一个能管住“影像”和“声音”的动词“发现”代替“看见”，似也勉强可以。例（8）“听见”之后有三个排用的宾语，其中“听见……繁响”“听见……嘈杂之声”，都讲得通，但“听见……景象”，就把听觉与视觉相混了。第三个“一片”之前，应该加另一个动词“看见”。

下边一例，由于动词与两个宾语中的一个搭配不当，容易使人对我国政治生活中的有关制度造成误解。例如：

(9) 粉碎“四人帮”后，尹升山被任命为长影乐团副团长、省政协委员，……（《大众电影》1982 年第 2 期第 22 页）

大家知道，按现行的人事制度，“乐团副团长”可由上级任命，“省政协委员”则应由有关方面民主协商、推选产生，而不是“任命”的。这一句可分为两个分句说：“……尹升山被任命为长影乐团副团长，并担任了省政协委员。”

词性误用例析①

现代汉语中有些词能转换词性：原来属于甲类，这是它的本性；在某种场合又属于乙类，这是它的变性。究竟能否转换词性，得根据习惯。如果任意转换，就会造成“词性误用”的语病。报刊书籍中，这类词语运用不当的毛病，还经常出现。

这儿就常见的名词、动词的误用作些例析。

名词误用作动词：

(1) 如何定义所培养学生的质量？是看成绩的好坏还是看解决问题的能力？（即联系实际的能力）是看继承性还是注重创造性？（《中国青年报》1985 年 10 月 20 日）

(2) 鲁布佐夫说：“萨沙为人很善良，大家都愿望和他接近。”（《环球》1985 年第 4 期第 11 页）

名词“定义”一般不用作动词，例（1）却用作动词，带宾语，显得别扭。从下面两个问句看，可将首句的“定义”改为动词“衡量”。如一定要用“定义”，这一句可改为“如何对所培养学生的质量下定义？”例（2）中，名词“愿望”用作了动词，可改为“愿意”或“希望”。

(3) 福尔摩斯认为这只指环使案件更清楚了。他问葛莱森在死者的衣袋里检查出了什么可供线索的东西？（《福尔摩斯探案·血字的研究》；吉林人民出版社 1981 年 6 月第 1 版第 7 页）

“可供……”这一格式中，紧跟“可供”的，一般都是动词或动词性词语，如“可供参考”“可供游览”“可供广大读者借阅”“可供教育单位选购”。例

① 原载《语文学习》1989 年第 12 期。

(3) 中“可供线索的东西”明显用错，可改为“可作线索的东西”或“可供追查的线索”。

名词误用作形容词：

(4) 他生活规律，每天早上游泳，接着从事剧本创作，安排拍片计划，或写小说。(《环球》1986 年第 2 期第 19 页)

(5) 伊文斯夫人努努嘴，很精明和市侩地说：“你们向中国国际保险公司做了保险吗?”(《小说天地》1984 年第 6 期)

例 (4) 的名词“规律”，作为表述“生活”的谓语，误当形容词用了；可改为“他生活很有规律”。例 (5) 的“市侩”是个名词，句内却与形容词“精明”并列，带了结构助词“地”，担任状语，误作了形容词。这一句较难改，为保持原意，不妨改为“精明而充满（带着）市侩气地说”。

不及物动词误用作及物动词：

(6) 我爷爷是个文静、平和的人，他看见图加尔发了火，纳闷自己说错了什么话冒犯了他，就轻言细语地说：……(《加拿大短篇小说选·特许活动区》，人民文学出版社 1985 年 6 月第 1 版第 2 页)

(7) 她不懂自己为什么要这样做，连胸针都要保密，就像保密那些文件一样。(《人民文学》1985 年第 4 期第 99 页)

“纳闷”、“保密”都是动宾式结构的动词。“纳闷”后面一般不带成分，至多只能带表趋向或数量的补语，如“纳闷起来”、“纳闷了一阵”；“保密”后面至多只能带表数量的补语，如“保密了一段时间”。这两个不及物动词都不能带表对象的宾语。例 (6)、例 (7) 中加点的“纳闷”、“保密”，都带了表对象的宾语，误用为及物动词了。例 (6) 可试改为：“他看见图加尔发了火，不由纳闷起来，不知自己说错了什么话冒犯了他。”例 (7) 可用“对待”替换加点的“保密”，因为上半句已用“保密”煞尾，文意自明。

下面一例比较特殊：

（8）我们刚走进教室，一个学生就咔嚓咔嚓地拍照起来。（《中国青年报》1985 年 6 月 8 日第 3 版）

“拍照”如作动词，同“读书”“打水”一样，是动宾式结构。习惯上可以说“拍起照来”“拍了一次照”“读起书来”“读了两本书”“打起水来”“打了三桶水”（这些语句中的“拍……照……”“读……书”“打……水”，也不妨看作是动词与宾语的组合），但不能说“拍照起来”“读书起来”“打水起来”。例（8）可改为“……拍起照来”。

请重视语气助词的使用①

语气助词用于句子末尾，表示全句的语气，在语言表达中有重要的作用。选用语气助词，除了要注意句子的含义外，还应重视不同语气助词的使用规律。报刊书籍中经常出现一些误用语气助词的句子，这儿剖析几例。

“呢”误用为“吗”

(1) 有些书明明会受到读者的欢迎，为何书店的订数却寥寥无几吗？（《文汇读书周报》1986 年 5 月 10 日）

“吗”和“呢”用于表疑问语气时，“吗”用在是非问句的末尾，“呢”用于特指问句末尾（句中有疑问代词表示疑问）。例（1）是问“书店的订数却寥寥无几”的原因，句中有疑问代词“何”，是个特指问句，句末的“吗”应改用“呢”。

(2) 难道她完全不顾“打了梅香，丑了姑娘”——这行为是否会得罪一观之主，国公爷和贾母的熟人的张道士吗？作者没有直接作出解答，……（《人民文学》1977 年第 10 期第 93 页）

这一例比较特殊。如果例句开头的“难道”一直管到破折号之后的分句之末，“难道……吗”构成一个反问句，用“吗”是可以的，但加点的“是否”应当删去，让“这行为会得罪……张道士”作为破折号前“打了梅香，丑了姑娘”这一“行为”的补充解释。如果“难道”只管到破折号之前，破折号之后的分句是对前面这一分句的补充解释，那么，“吗”应改为“呢”。“这行为是否会得罪……张道士呢？”表示一件事情肯定和否定两方面之间的猜度。

① 原载《语文学习》1990 年第 5 期。

“嘛”误用为“吗”

(3) 回京前一天，我请他为我画一张像，他欣然提笔。不过，画在纸上的人却不像我，起码要比我年轻二十岁。滨声打趣地说：“画得像不如画得好，你本来很年轻吗！”(《新民晚报》1983年7月3日)

(4) 仔细一看，这哪是冰雹？这分明是钱吗！是的，是钱！(《地理知识》1979年第5期第27页)

“吗”可表示疑问；跟它读音相同的“嘛”则不表示疑问语气，而常常用在陈述句末尾，表示事情本应如此或理由显而易见。例(3)的“你本来很年轻”和例(4)的“这分明是钱”这两个陈述句之后，不能用“吗”，应改为“嘛”。

下面一例则相反，因为是反问句，句末不能用“嘛”，而应改为“吗”(句末的感叹号相应改为问号)：

(5) 这，不正是周总理那功德盖世而又虚怀若谷的高风亮节的形象写照嘛！(《旅行家》1981年第3期第12页)

“呢”误用为“吧”

(6) 我看她那煞有介事的神秘样子，心里老大不高兴，语气粗硬地又问一句：“到底有没有这事吧？”(《人民文学》1984年第3期第114页)

(7)“甭说了，主任！”内当家打断他的话。“国家大事，你该比俺懂得多，你想叫俺咋办吧？”(《一九八一年短篇小说选》，人民文学出版社1982年4月第1版第149页)

“吧”常常用在祈使句末尾，表示命令、请求、催促、建议等；当用在问句末尾时，往往表示揣测的语气，而不是单纯提问。例(6)、例(7)从上文看，都不是表示揣测，而是向对方的催促、提问(反问的语气较强)，所以两处“吧”都以改用“呢”为妥。

“哪（啊）”误用为“啦”

(8)“古英大概已经回到那儿了，他已经在那里了吧，啊，天啦！”只是到了这会儿，布莉基才开始感到恐惧，“要是他不在那里呢？”（《黎明前的生死搏斗》，群众出版社 1980 年 7 月第 1 版第 131 页）

(9) 突然，孩子惊叫起来：“爸爸，锅烧着了！”张广厚惊醒过来，只见锅里的火苗窜得老高。好险啦！（《中国青年报》1979 年 3 月 27 日）

“啦”是“了”（lē）和“啊”（ā）的合音，兼有时态助词“了”和语气助词“啊”的作用。例（8）的“天啦”，例（9）的“好险啦”，用“了啊”代入则讲不通；两处“啦”均以改用表示感叹语气的“哪”为宜。

下面一例中的“哩”（与“呢”相同），倒是最好改用“啦”：

(10)“请啊，老朋友，请吃啊！……喝这样的鱼汤也是口福啊！”

“我已经吃过三盆哩！”（《著名外国寓言选》，四川少年儿童出版社 1984 年 2 月第 1 版第 117 页）

试口头读一下，在例（10）的上下文中，用“已经吃过三盆啦（了啊）”，表示完成加感叹的语气，较之“已经吃过三盆哩（呢）”，自然要顺畅得多。上举各例的原句和改句，也都可用朗读的办法来加以检验。我觉得，判断语气助词是否选用得准确，出声地读几遍是挺管用的。

语文评改八则①

一　原因何在?

今年春夏之间，因饲料涨价、猪肉滞销等原因，肥猪每百斤价格普遍跌至八十多元，养猪几乎不赚钱，……（《人民日报》1986年11月14日第1版头条新闻）

按一般道理，饲料涨价，猪价也相应上涨。而这则新闻中，把“饲料涨价”列为“猪价每百斤价格普遍跌至八十多元”的原因之一，就令人难以理解了。作者的意思大概要说“饲料涨价”是后面所说“养猪几乎不赚钱”的原因，但由于句子没组织好，使“饲料涨价”变成了猪肉价下降的原因了。这一例可以这样修改：“今年春夏之间，由于饲料涨价，而肥猪价又因猪肉滞销而下降，每百斤价格普遍跌至八十多元，养猪几乎不赚钱，……”

二　适得其反

也许，在我国高校中文系里，子东可能是一位最年轻的副教授了。其实，他仅仅三十一岁。（《中国青年报》1986年10月19日第2版）

这两句话中，前一句猜测许子东“可能是一位最年轻的副教授”，后一句证实他确很年轻，“仅仅三十一岁”。两句话向同一方向叙述，是顺接关系。可中间加了个“其实”，句与句之间变成转折关系，就强调了“三十一岁”当中文系副教授已经并不年轻，适与原意相反。这个“其实”是用错的，试比较“其实”的正确用例：“看起来，这位副教授有五十岁了。其实，他仅仅三十来岁。”“看起来这个人年轻，其实，他已经有五十来岁了。”上

① 原载《语文知识》1988年第6期。

引误用例中的“其实”应删去，或改为“是的”。又，第一句中的“也许”和“可能”表意重复，应删去其中之一。

三　相去甚远

他有一个雄心勃勃的写作计划，即准备用长篇小说、中篇小说和电影文学的各种形式，在战争题材和历史题材上来一个全新的突破。(《光明日报》1986 年 12 月 27 日第 2 版)

这个句子引自一则报道某作家今后一段时期写作计划的新闻。由于加点的“的”字用得不妥，读者不免对这项计划能否实现产生了疑问：长篇小说、中篇小说各有多种不同的写作形式，诸如因人称不同而形成的“第一人称”“第二人称”“第三人称”，因叙述方式不同而形成的“顺叙”“倒叙”，还有意识流、书信体、纪实体、系列体等等。电影文学的“形式”也不少，电影剧本、电影小说、电影故事，短片、长片、系列片、喜剧片、悲剧片、幽默片、讽刺片……这三大领域里的各种形式，一位作家在几年内能统统“用”上吗？显然，那位作家的本意不在此。他的计划是用长篇小说、中篇小说、电影文学这三种文学“形式”，“在战争题材和历史题材上来一个全新的突破”，“突破”的重点在于“题材”。加点的“的”字换成起总括作用的“等”字，或干脆把“各种”两字删掉，这一句就不至于引起误解了。

四　分类不当

(1) 经面试、笔试、口试后择优录用。(《北京日报》1986 年 11 月 22 日第 4 版：《北京大观园招收导游服务员》)

“面试”与“口试”有何区别？“面试”——当面提问测试，其实就是“口试”，或至少与“口试”有很多相同之处。“面试、笔试、口试”三者并列，显得分类不当。从新闻标题可知，招收的是导游服务员，第一关大约是身高、长相、仪态之类的观察，还不是详细的提问测试。句内加点的那个“面试”，不如改用“目测”为好。

(2) 我国空军、海军和现役飞机基本上是我国自行生产的。(《北京晚报》1986 年 10 月 31 日第 1 版)

“空军”“海军”“现役飞机”三者不属同类，不能分类并列。事实上，除空军、海军（海军航空兵）之外，也没有另外方面的服“现役”的飞机。这一句中加点的“和”显然用错了，应改为“的”。

五　标点误用

(1) 由于某些历史原因及一些单位本位主义和无视法纪，在所规定的道路用地以内，违章建房九千间，工棚料场地占地十七万多平方米，堆放垃圾渣土六万多吨。致使多数规定绿化用地无法落实。(《人民日报》1986年11月24日第1版)

(2) 报考在职硕士生或由委托单位推荐本单位在职人员报考硕士生的，以及报考研究生班研究生的高校教师、年龄可放宽到三十七岁。(《人民日报》、《光明日报》1986年11月1日第3版)

先看例（1）。表示原因和结果关系的分句之间，往往结合得比较紧密。如果用句号断开，分成两个句子，不但会造成文气割裂，而且使后面的句子缺少了必要的主语。这一例“致使”前的句号应改为逗号。再看例（2）。“高校教师”后面的顿号应改成逗号，因为“高校教师”和“年龄可放宽到三十七岁”之间只是句内停顿，并非并列关系，不能用顿号。

六　“前年是哪年?”

过了好多个这样的夜晚，转眼是六八年了。小屋里看不到孩子了，他在前年考取大学走了。（人民文学出版社《文学故事报》1986年10月30日第44期第1版）

“今年”的上一年是“去年”，“去年”的上一年是“前年”，再上一年是“大前年”。大家都这样推算、运用。1968年的“前年”是哪年？1966年。但人们都知道，那一年由于“文化大革命”进入“白热化”而停止了高校招生，引例中的“考取大学”显然违反了客观事实。作者在编文学故事时，如果推算一下年代再选择表示年限的词语，用“大前年”或“三年前”代替“前年”，就不至于犯“不符事实”的表达毛病了。

七、数量表达令人费解

（1）你问我为什么要豁出一切干？因为汽车工业是三大支柱中的支柱工业，占了石油、钢铁工业的百分之六十五！（《中国青年报》1986 年 11 月 7 日第 4 版）

（2）今天，德国人饮用咖啡，每六杯中就有一杯飘溢着“阿尔布雷希特”牌咖啡的栗色泡沫。这种咖啡之所以受到青睐，是因为它比其他牌号的咖啡便宜一马克。（《世界之窗》1986 年第 5 期第 87 页）

报刊文章中的数量表达，必须很明确，让读者一看就清楚地理解。例（1）中“占了石油、钢铁工业的百分之六十五”，是占了这两大工业的什么的“百分之六十五”？是总产值、上缴税利，还是生产规模、职工人数？或者是别的什么？让人费解。例（2）“它比其他牌号的咖啡便宜一马克”，用以比较的单位是“杯”，是“磅”，还是“公斤”？或者是别的计量单位？从上文看，似乎应该是指“每杯”，但是作为西方人常用饮料的咖啡，“每杯”的便宜价就达“一马克”，售价必然在数马克以上，未免太贵了。这两处的数量表达，读者在费解之余又实在想不出准确的表达方法。我想，如果作者在动笔时为广大读者着想，考虑得稍稍周密一点，适当添加那么几个字，这种表达上的毛病是完全可以避免的。

八　不该有的疏漏

（1）从技术发明到应用的周期来看：蒸汽机几乎花了一百年，电动机是 65 年，真空 33 年，飞机 20 年，原子弹 6 年，……（《中国青年报》1986 年 12 月 27 日第 4 版）

（2）来自北京各界的人士和青年们以他们久已习惯的方式让这对新婚夫妇进行了叨苹果、新郎牵引戴红头盖的新娘绕场一周等现代和传统的中国式新婚礼仪。（《中国青年报》1986 年 10 月 26 日第 1 版）

这两例摘自同一家报纸，都隐含着报纸编校工作中的疏漏，乍看之下不易发觉。例（1）的“真空 33 年”，是说“真空技术”从发明到应用花了 33

年？凭常识感到有疑问，一查资料，原来是“真空管（电子管）33年”，漏了一个“管”字，混淆了两种不同的科学技术。例（2）说“叨苹果”是北京婚礼上之一种礼仪，这个“叨”是什么意思？一查词典，不对了。“叨”只能用在“叨咕”“叨念”“叨唠”“叨光”“叨教”等双音词中，同“苹果”连不起来。再一问“老北京”，才知只有“叼（diāo）苹果”（即用线吊起一个苹果，让新郎新娘去咬），而并没有什么“叨（dāo）苹果”。错了一个字，造成了读者的迷惑。

看来，编校的同志应当多掌握些各方面的知识，多下点细心劲儿才好啊！

语文札记二则[①]

简称不当

简称运用得恰当，能使行文简练，表达简便。简称的使用，一要注意合乎习惯，二要注意防止费解。下面几例中的简称，似乎都值得商榷。

(1) 他们默默无闻地背负着胜利，抛洒着鲜血和汗水，他们的功劳记在干战们的心里……（《人民文学》1986 年第 5 期第 97 页）

(2) 阿系很欣赏我热心写作的劲头，又是送茶，又是送点给我。（《外国文学选刊》1986 年第 6 期第 21 页）

(3) 民德改善青少年学习和生活条件（《青年参考》1986 年 5 月 9 日第 2 版标题）

例（1）的“干战”是“干部和战士”的简称，但一般读者会觉得陌生。不如改用普遍流行的简称“指战员”；或者添两个字复原为“干部战士”。例（2）中“送点”的“点”，是“点心”的简缩。这儿虽然省了一个字，但不合语言习惯，读起来不顺畅。这种地方还是不简为好。例（3）的“民德”，乍读标题未看正文之前，搞不清楚是指的什么地方或什么单位；看了文章，才知是“民主德国”的简称。这个“临时简称”造成读者费解。如因标题字数限制，只能用两个字，这里似可改用习惯的简称“东德”（与“联邦德国”的简称“西德”相应）。

这个引号非加不可

除了标明对话所用的引号外，一般行文中的引号主要有“正面提引”和“反面提引”两种作用。凡引号里面的词语意思没有改变的，属“正面提

① 原载《语文知识》1989 年第 4 期。

引”，例如：“我们要学习雷锋的‘挤劲’和‘钻劲’，刻苦钻研理论和技术。”其中的“挤劲”和“钻劲”原是雷锋说的，这儿引用，原意未变，引号起的是“正面提引”的作用。凡引号里面的词语意思不同于它原来解释的，是“反面提引”。例如，“慈祥”本是一个褒义词，但夏衍同志在《包身工》里写的这一句：“粥菜？这是不可能有的。有几个‘慈祥’的老板到菜场去收集一些菜叶，用盐一浸，这就是她们（指包身工）难得的佳肴。”其中的“慈祥”加上引号，就不同于一般的解释，变成了反语，有“所谓慈祥”即刻薄、吝啬、凶险的意思。这里的引号，起的是“反面提引”的作用，对“带工老板”是一个有力的讽刺。这两种引号，尤其是起“反面提引”作用的引号，在文字表达中是非加不可的。

但在实际使用中，还常会出现必须加引号之处却疏漏了的情况。例如：

(1) 在实际工作中，我们还面临着两条战线的斗争，即继续清理左的思想和克服社会上的资产阶级自由化倾向。（《新华日报》1981 年 9 月 3 日第 1 版）

(2) 总结历史经验、纠正左的错误和整顿党的作风要不要有一个较长的过程？（《教育研究》1981 年第 2 期第 4 页）

这两例中的“左的思想”和“左的错误”，“左”字必须加上引号，点明是“反面提引”，以强调是“所谓左”，否则就讲不通了。

“渡假”，还是“度假”？①

1988年春天，有机会去深圳。在应邀游览西里湖、香蜜湖度假村时，发现这里许多公共设施和运货汽车上，把“度假村”写成了“渡假村”。其实，这些“渡”字都是别字。

“度”“渡”都念dù，但音同义不同。“度”有“过”的意思，专指时间上的“过”，常用的有“度日如年”“虚度光阴”“欢度节日”等。“渡”也有“过”的意思，但专指空间上的“过”，由这一岸到那一岸，如“横渡长江”“远渡重洋”等。“度假村”这个名称中，“度”的对象是假日，属于时间领域，用“渡”就欠妥了。

《深圳特区报》常提到本区内这两个风景胜地，有时用“度假村”，有时则用“渡假村”，也不一致。该报1988年4月16日第4版的《东方花园海滨豪华别墅》大幅广告最为有趣：铅字排的介绍文字中，用“香蜜湖渡假村”；而旁边的方位示意图中，则写为“香蜜湖度假村”。深圳特区是一个有影响的地区，两个度假村每天要接待许多中外游客。我想，为了促进用字规范，还是尽快把那些写错了的“渡”字改正过来吧！

① 原载《广告、标语、招贴……用语评析400例》，中国社会科学出版社1992年1月第1版。

数量表达琐议①

现代汉语的数量表达，一要合乎习惯，二要明确清晰。下面是在阅读书报杂志时遇到的几类数量表达不太妥当的例子。

一　数量表达不合习惯

(1) 二十五岁的山东快书演员郭秋林也将表演三分钟半的小段《吹牛》；……（福建《每周文摘》1986年1月9日第5版）

(2) 贺桂华代表，今年只有十九多岁。（中央电视台1983年6月11日19点40分电视节目解说词）

(3) 这个伪造文凭的骗子，……骗得现金四百三元。（《中国青年报》1985年4月18日第8版）

表达时段的“量”，我们平时可以说“三小时半（等于三个半小时）”，但不说“三分钟半”，而用“三分半钟”。“三分半钟”同“三个半月”相似，我们只说“三个半月”，不说“三个月半”。其中的“分”与“个”，实际是计量词。例（1）的“三分钟半”宜改为“三分半钟”。例（2）的“十九多岁”听上去也别扭，应改为“十九岁多”，因为平时一般只说“八年多”“十九万多”，而不说“八多年”“十九多万”。例（3）的“四百三元”，在百位数和个位数之间跳过了十位数，读起来也感到不顺，应按习惯改为“四百零三元”。

二　数量界限不清

(4) 利用上午精力充沛之机，应该花上至少两小时左右时间复习或预习功课，……（《青年报》1986年7月18日第3版）

(5) 去年有十三个海岛人均收入超过千元以上。（中央电视台

① 原载《词语评改千例》，语文出版社1992年1月第1版。

1986年7月24日19点15分新闻联播节目解说词）

(6)（江孜地毯）图案多样，……花色品种已增加到四十三种以上。（《地理知识》1976年第1期第24页）

这几例中分别有“至少”“超过”“增加到”等表示通向界限的词语，它们后面跟着的数量，应当是一个界限，即是一个明确的数量。但例（4）的“至少”后面，跟的是“两小时左右”，这“左右”一加，文意就不够清晰了：“两小时左右”，包括两小时、不到两小时、两小时多；宽泛一点的话，连一小时、三小时都包括在内。这样，前面“至少”一词的运用，就失去了意义。这一例应删去“左右”，或者删去“至少”。例（5）的“超过千元以上”中，“超过千元”即是“千元以上”；“超过千元以上”，究竟是“超过”多少，数量界限反而不明确。此句可删去“以上”，或把“超过”改为“达到”。这里又有一个问题：表示数量界限，一般是一个整数，如十、百、千、万……而例（6）却定为“四十三种”，不知有何特殊原因？此例似宜改为“增加到四十多种”，或索性清晰地定为“增加到四十三种”。

三　数量表达用词重复

(7) 我国京剧剧目的名称，浩若烟海，据不完全统计，不下有一千多个。（《江苏青年》1981年第9期第46页）

(8) 在掌声中，周成讲了许多使农民尽快富裕起来的一些具体政策。（《大众电视》1981年第8期第25页）

(9) 三名重伤的战士们在呻吟。（《小说选刊》1985年第1期第4页）

“不下”就是“不少于”，后面可直接跟着用数量词，不必重复使用“有”。又，“不下”后面跟的，一般是有明确界限的数量，不用“一千多个”一类的约数，因为“不下”已表示约数。例（7）可改为“不下一千个”，或改为“有一千多个”。例（8）的“许多”和“一些”都修饰后面的中心词“政策”，两者既是矛盾又是重复，可根据实际情况删去其一。例（9）的句首已明确表明是“三名”，后面又用上了“们”，也显得重复；表集体数量的“们”可删去。

四　估量词“整整”与约数并用

（10）他连忙把包拎到材料仓库门房间，在张桂根等同志的面前打开拎包，一数人民币整整七百多元，还有一张（本）户口簿。（《解放日报》市郊版1983年12月4日第2版）

用了“整整”，表明后面的数量是精确的整数而不是约数。例如我们常说“整整十年”“整整五百斤”，而不说“整整十年多”“整整五百多斤”。例（10）的“整整七百多元”，可视实情或改为“整整七百元”，或改为“有七百多元”。

五　确数与估量词“约”并用

（11）根据1972年的调查，马尔代夫共和国的人口为125,000人。……北部以首都所在的马累岛人口最多，约14,937人。（《地理知识》1973年第1期第15页）

我们可以说“约一万人”，“约一万四千人”，“约一万四千九百人”，甚至“约一万四千九百三十人”，因为这些数量后面，还有可供延伸、缩减的数量余额；但“14,937人”，是十分精确、肯定的数量，前面再用“约”字，就显得自相矛盾了。例（11）中的“约”可改为“有”；或将数量词语改为“14,930人”。

六　分数与倍数混用

（12）特区的主干道——二十九条一级大马路，……总共长达五十四公里，总面积一百九十一万平方米，比广州市解放初期的马路面积一百五十八万平方米还多。等于今日广州市一级马路总面积三百五十八万平方米的半倍有余。（《人民文学》1983年第5期第105页）

这是个“老生常谈”的表达毛病了，不必多作评析；但看来是“常见多发病”，仍值得注意。例（12）中的“半倍”宜改为“二分之一”或“一半”。

这几类“的”字也属多余①

《中国语文天地》1986年第1期“语文前哨”专栏，刊登了程工同志的《征集不该有的“的”字》。文内所举两例，都是由于多用了“的”字而“把正确的数量搞成错误的数量”。此类例子确是“天天在那里出现，在那里制造混乱”。不过笔者认为，“不该有的‘的’字”，类型颇多，除程文所举这一类型外，下面几类也亟需引起重视。特举一些例句，略加评析，权作程文的补充。

一　多用“的”字，造成句子成分残缺

(1) 会上有谭元寿的讲话并唱了《战太平》。（上海《每周广播电视》1984年第5期第4版）

(2) 接着谈了一些苏联文坛上的情况。他说他将在《真理报》上发表的一篇论文。并谈到……（《飞花集》，上海文艺出版社1978年5月第1版第212页）

例(1)多用了个“的”，后半句的谓语就缺少了主语，谁“唱了《战太平》”？可把“的”删去，让“谭元寿”作“讲话”和“唱了《战太平》”的主语，再删去“有”。例(2)由于多用了一个加点的“的”，“论文”变成了中心词，“他将在《真理报》上发表的一篇”成了定语，全句就不通了：“论文”怎么样？没下文。如把“的”删去，让“他将在……上发表一篇论文”这个主谓结构担任“说”的宾语，全句就顺畅了。

二　多用“的”字，造成句子成分或分句之间搭配不当

(3) 从那封写得极为亲切诚恳的信里，这位初次投稿的业余作者了解到，以编辑名义回的一封信是他们的习惯做法。（《译林》

① 原载《词语评改千例》，语文出版社1992年1月第1版。

1984 年第 2 期第 214 页）

（4）路远迢迢寻“知音”的“先驱者”和“旅行者”，如果一旦有缘和其他星球上的智慧生物相会，通过它们“传递”的这些信息，人类就将能在宇宙里找寻到盼望已久的远邻知音了。（《文化与生活》1980 年第 2 期第 45 页）

（5）他曾经……饲养一百三十头猪。他养的猪，不但数量最多，而且质量最好，还学会了给母猪接生。（《大众电影》1983 年第 6 期第 7 页）

例（3）由于多用了一个加点的“的”字，句子基本结构成了“……一封信是习惯做法”，很明显，“信是做法”讲不通。删去“的”后，“……回一封信是习惯做法”，主语和谓语就搭配恰当了。例（4）多用了加点的“的”后，“这些信息”与“人类就将……”之间显得脱节；删去这个“的”，让“通过它们‘传递’这些信息”成为一个分句，同下一分句“人类就将……”之间的配合才顺畅。例（5）也是同样道理，宜把加点的“的”删去，让“他养猪”作后面三个分句的同一主语。

三　多用“的”字，造成凝固格式或成语被拆成两截

（6）小邵丹伤心地哭了。父母的心如刀割。（《青年报》1980 年 9 月 12 日第 1 版）

（7）帝国主义的狰狞毕露。（《人民日报》1965 年 5 月 11 日第 4 版）

“心如刀割”“狰狞毕露”，都是凝固格式或成语，从含义、结构和朗读来说，一般不能拆开。例（6）、例（7）中，由于在这些凝固格式或成语前加上一个“的”，就取消了前面“父母”“帝国主义”的主语身份，而让“心”“狰狞”作了全句的主语，读时在这几个词之后必然要停顿一下，这就显得很不上口。这两处“的”都应删去。

合理使用外国（地区）币称[①]

各国（或地区）都有自己的货币。在文字表达中提到有关国家（地区）的货币，应当准确使用该货币的名称，例如美国货币称“美元”，英国货币称“英镑”，西德货币称“马克”，日本货币称“日元”，苏联货币称“卢布”，中国货币称人民币“元”，香港货币称“港元”，等等。除货币的基本单位名称“美元”“英镑”“卢布”等等外，辅币的单位名称也应注意准确使用，如“美元”下面的“美分”，“英镑”下面的“便士”，“卢布”下面的“戈比”，等等。这似乎是一种基本常识了，可报刊书籍中却仍常有误用的例子出现，影响了文字表达的科学性。

先请看一例：

> (1) 每年夏天，美国圣·路易斯的西格麦化学公司，通过报纸广告宣传，从二十个州中，征募八百多个儿童，带了网兜，到各处去捕捉萤火虫，每一个小虫，公司付一个便士；如果数量大，还有十元奖金。（《常熟市报》1985 年 7 月 16 日第 3 版）

不知美国《科学文摘》的原文是否会用错，从译文看，位于美国的这家化学公司向美国儿童付劳动报酬，却用了英国的币制单位“便士”，似乎有点不可思议；加上下句中提到奖金时，又用了“元”，“便士”与“元”并举，更显得不伦不类。

再举两例：

> (2) 民主德国经济发展迅速。1979 年人均国民生产总产值 6430 元，超过英国和苏联。……1949 年职工月平均工资仅 250 马克，1981 年增加到 1046 马克。（人民日报社《文摘报》1983 年 4

① 原载《词语评改千例》，语文出版社 1992 年 1 月第 1 版。

月22日第8版）

(3)……得醒醒了。但她渐渐地开始感觉到有低沉的嗡嗡说话声：

“原厂包装……五块钱……”（苏联短篇小说集《紫罗兰》，北京出版社1983年6月第1版第319页）

例（2）中，表述民主德国的“人均国民生产总产值”，不用“马克”而用“元”；下文提到职工“月平均工资”时，又用了“马克”。忽彼忽此，似乎并无必要。如果“人均国民生产总产值”的统计数字按国际惯例是折算成“美元”来表示的，则文中的“6430元”应明确地写为“6430美元”，以区别于世界上其他的“元”。例（3）摘自一篇题为《小娜塔莎》的小说。全篇十几次提到物价，都用“卢布”“戈比”作计币单位，但中间却突然用了一次“块（元）”，显得很不协调。“五块钱”也以改用“卢布”的表述法为妥。

下面是使用币称不当的另外类型的例子：

(4)（受到宾馆服务人员高尚品德的影响，）一位港方派来的青年拾到有二千多港币的钱包也立即交给宾馆领导还给了失主。（《中国青年报》1984年4月10日第2版）

(5)这使河豚鱼成为日本餐厅里最贵的菜肴，出售价格每4两要人民币16元，而最有毒和最好吃的部位售价为每4两25～45元。（《读者文摘》1983年第3期第20页）

例（4）是漏加币称量词。“港币”宜改为“港元”，或把“二千多港币”改为“二千多元港币”，使港币称量单位明确。例（5）是跳脱折算过程。文中介绍的是日本国内的河豚鱼菜肴的售价，忽然用了中国人民币作币称单位，令人读时感到突兀。文中两处加点词语宜添改为“每4两要×××日元（相当于人民币××元）”和“每4两要×××～×××日元（相当于人民币××～××元）”。

一字之差，意思相反[①]

有时候，错了一个字，文句表述的意思会完全相反。这类差错，影响语言的准确性，阻碍语意的畅通表达，值得我们重视。

“不孚众望”与“不负众望”

“孚”念 fú，是“使人信服”，如“深孚众望”（很使大家信服）。“负”念 fù，含有“辜负”的意思，如“不负众望”（不辜负大家的期望）。下面一例中，把“不负众望”误写成“不孚众望”，意思就反了：

> 据说教练是在意大利球迷的强烈呼声中才决定启用这位新星的。巴乔果然不孚众望，旗开得胜。（《读者》1997 年第 3 期第 22 页）

“授权”与“受权”

“授”是“交付”“给予”，“受”是“接受”。“授权”与“受权”，前者是把权力委托给人（或机构）代为执行，后者是接受国家、上级（或机构）、别人委托的权力做某件事，角度完全不同。近年来，有些“声明”启事常会犯“授”“受”不分的毛病。例如：

> **上海伟益时装有限公司授权**
> **上海市尚伟律师事务所黄鸣律师郑重声明**
> ……目前，市场上发现个别企业未经本公司许可生产和销售“豪士牌”服装，严重侵犯了本公司的商标专用权。本律师授权郑重声明：侵权方应立即停止商标侵权行为，……（《文汇报》1997

① 原载《中学语文教学》1997 年第 2 期。

年10月6日第1版)

“声明”大字标题中的“授权”是用对的——公司把发表声明的权力委托给所聘的律师；正文中的“授权”则用错了——律师接受公司的委托发表声明，应当用“受权”。如果要用“授权”，这一句的句法结构就需要作适当改动：“本公司授权黄鸣律师郑重声明：……”

“掰”与“搿”

“掰”念bāi，“搿”念gé。从字形可以会意：“掰”指两手分开——用手把东西分开或折断，例如：“他恨不能把一块钱掰成两半用”，“外婆在地里掰玉米”；“搿”指两手合拢——用力抱，例如：“一名武警战士从背后扑上去，把那个逃犯搿得紧紧的”。“分”与“合”，含义刚好相反。由于两个字字形相似，很容易写错、排错。例如下面一句的“搿开”，应当改为“掰开”：

> 于是我的好朋友彻底与旧名字告别，并在那位“先生”的指点下取得了新名。搿开指头算了又算，好友尊姓大名的笔画真是一部难懂的天书，……(《生活周刊》1991年第21期第8版)

有一种叫“乐胃片”的药(上海医药工业研究院实验药厂出产，批号861102)，它的说明文字可真有意思：同样是介绍服法，药盒内说明书上是“一日三次于餐后将药片掰成小片后吞服”，而包装药瓶的药盒上，却印成“一日三次于餐后将药片搿成小片吞服”。两种说明刚好相反，就难免给病人造成疑惑。

上述这类用字用词的差错，比一般的错别字，造成的影响要更大些。预防的方法，仍然是我们常说的几个字：认真些，细心些。从写作到编校，每道关口都讲究认真细心，加强检查核对，是能够做到“一字不差”的。

重视报纸语言文字的编校工作①

——致《文汇报》总编辑的一封信

《文汇报》编者按语：本报的编校工作和语言文字质量，在全国报刊评比中始终处于较高的水平。可是，近一段时期，报纸语言、文字质量却有所下降，与记者写稿漫不经心、检校不慎、编辑把关不严不无关系。这里，我们摘要刊发读者朱泳燚同志给总编辑张启承的信，意在引起我们高度重视。

张启承总编辑先生：

您好！我是《文汇报》的忠实读者，几十年来经常阅看贵报。今天给您去信，想提一个建议：重视报纸语言文字的编校工作，尽可能避免一些技术性差错。每天读《文汇报》，几乎都会发现疏漏之处（并不是特地去查找，都是随读随发现的）。我常拣一些有代表性的记下来，两年不到，居然积了一千几百条。下面从近一个月来发现的差错中选抄几则：

（1）1993年11月6日第5版：该版右上角顶线上的日期误排成“1992年11月6日”。

（2）1993年11月4日第7版，《我国经济生活发生积极变化》一文中：“五、生产资料需求降温，价格回落。其中降幅大的是钢材、建筑材料和部分机电产品。预计八月份将继续下降。”该文见报已是11月4日，不宜再用“预计八月份将……”的说法。

（3）1993年11月4日第5版，《私营企业买下国营大厂》一文中：从标题到正文，多次用“国营”，但也有两次用了“国有”“国有大中型企业”，同一篇文章中用词不统一。而“国营企业”这一词语，中央已于今年上半年作了重要修改，改称“国有企业”。报

① 原载《文汇报》总编辑办公室编《编前编后》第26期，1993年11月30日。

纸的用词应与中央的提法保持一致；同一篇中“国营”“国有”混用，欠妥。

(4) 1993年10月21日第7版，《在人才竞争中国营企业应变劣势为优势》一文中：标题到正文多次用“国营企业”，未改用“国有企业”。

(5) 1993年10月20日第1版，《全国三十多家报刊同行聚首申城展开研讨》报道中：“出席这次会议的有来自今晚报、柳州日报、桂林日报……江苏工人报、重庆晚报、扬子晚报、新闻汇报、太原晚报、合肥晚报、南京日报、燕赵晚报、重庆晚报、苏州日报……解放日报、文汇报（按签到前后排列）的有关负责同志。”这一长句中，“重庆晚报”出现两次。若去掉一个，则一共排出三十家报刊，同标题内“三十多家报刊”不符。不知其中一个“重庆晚报”是否为“重庆日报”之误？又，同篇同句中的“新闻汇报”是否是新办的刊物？或许是“新闻报”“新闻晚报”的误排？

(6) 1993年10月27日第4版，《法国政府一筹莫展 外交官人生安全难保 又有三人在阿被绑架》报道中的标题中，“人生”（二号大字）为“人身”之误。

(7) 1993年10月10日第10版，《梦的智慧与潜能开发》一文中：“流传在民间的‘黄梁梦’中的卢生，在梦中做了大官并享尽荣华富贵。”“黄梁”为“黄粱”之误。

(8) 1993年10月8日第5版，《度假》一文中：“我刚到纽约时所租的一个顶楼既便宜又漏雨，向房东抱怨，……”“既……又……”格式误用。(试比较：“既便宜又舒适”“虽便宜但漏雨”。)

(9) 1993年10月14日第5版，《长江三角洲外商投资环境改善》一文中：“江苏省投资数百亿元正在建设沪宁高速公路、江阴长江大桥和一系列港口、电力等工程正在加紧建设。”此处是上下句纠缠在一起，造成语法毛病和句意不明（数百亿元的投资是用于沪宁高速公路，还是再加上大桥、港口、电力等工程?)。“公路”后的顿号是逗号之误？

(10) 1993年10月26日第6版，《一个特别能战斗的派出所》一文中，多处“一逗到底”，如第3段第1、2两句，分别长达220多字和300多字；另外几段也常有类似情况。其中不少句内逗号可改为句号，使句子变短，让读者好读易懂。

《文汇报》是一份在国内外久享盛名的高层次高素质的报纸，从总体而言，编校工作和语言文字质量是好的。但以贵报在全国所处的地位而言，理应在编校和语言文字方面体现出应有的更高水平。这不仅有利于维护报纸的声誉，也有利于促进汉语的规范化、健康化发展。

相信在您和全社同志的努力下，《文汇报》的语言文字质量会不断提高。《文汇报》是我们知识分子自己的报纸，大家有责任贡献热诚和心智，把它办得越来越好。

即颂

编安！

江苏省常熟中学　朱泳燚

附　录

追求高尚　追求卓越①

——磨炼自己成为学者型语文教师

语文教学工作光荣而艰苦；语文教学改革事业伟大而艰巨。

要能胜任这艰苦的工作，有效地投身这艰巨的事业，需要一个语文教师付出长期的努力，日复一日，月复一月，年复一年耐心细致地教学、钻研、探索、试验、总结……

“要给学生一杯水，教师自己应当有一桶水。”这个精警的比喻所展示的真理，指引并要求教师们，必须学习、学习、再学习，孜孜不倦地读书、涉猎、精究、吸收、积累……

语文教师应当磨炼自己成为学者型教师。这样的教师既能教学，又能研究；教有特色，学有专长；教书与育人结合，教学和科研同步。

如果说旧时期的三十、四十年代，在中学从教语文者的行列中，曾经涌现出叶圣陶、夏丏尊、朱自清、吕叔湘、朱德熙等等数量不算少的学者型教师，那么，在社会主义的新中国，尤其是在改革开放的新时期，我们的中学教师队伍中，理应成批成批地锻炼出新一代的学者型教师。

学者型教师有哪些特点呢？可以列出好多条，但我想最重要的是两条：

心灵上追求高尚。热爱语文教学，热爱学生。诚实地工作，真诚地待人——同事、朋友、学生以及不相识的求教者。心血洒在教学、科研的园地，不耗费于无谓的纠葛与嬉戏。尤其在“商”风炽盛、物欲横流的时期，作为一个人民的教师，作为一个企望事业有成的学者型教师，更需要鞭策自己重视品德的修炼，“淡泊名利，安贫乐道”（李岚清语）。生活不妨简朴，心情常宜超脱，因为简朴会产生时间，超脱易集中心思。在感到“活得真累”的时候，要想想“重任在肩”；在步入“心理误区”的瞬间，应善于“蓦然回首”。把精力凝聚在专业之上，把自己的教学、科研同祖国的四化建设大业联系起来，就不至于心态失衡，信仰动摇。

① 原载《江苏教育》1993年第12期。

学业上追求卓越。我常想，一个民族要真正能光荣而豪迈地自立于世界民族之林，一项事业要真正能取得举世公认的成功，一个地区、单位要真正能建设得物质文明与精神文明“两手都硬”（邓小平语），没有一种自下而上、自上而下自觉而强烈的“追求卓越”的精神，是决然不行的。同样，一位语文教师要真正能胜任工作，有所创新，做到教有特色，学有专长，不断向人民向事业奉献教学和科研的成果，没有一种“追求卓越”的精神，也是决然不行的。至于马马虎虎，敷敷衍衍，“做一天和尚撞一天钟”，“做了和尚也不好好撞钟”这一类似乎颇有市场的“混”的消极思想，更是万万沾染不得。教途漫漫，学海无涯。攀上一个山峰，还有更高的山峰在前边；今天令人心喜的成果，到明天回头再看，会觉得渺小。祖国的语言文字美妙无比，语文教学的大千世界奥妙无穷，需要大批有志向、有追求的语文教师扑在工作、事业上，勇敢地开拓，积极地进取，不断探究，反复磨炼，一丝不苟，精益求精。

大批追求心灵高尚、学业卓越的语文教师，在祖国平凡的教学岗位上成长起来，这是我们事业的希望。使自己成为一名这样的学者型教师，相信这是许许多多同行的愿望，当然也是我多年来的追求。

从教三十多年来，我是怎样朝这个方向磨炼自己的呢？

点燃心中长明的灯

长期潜心从事事业的动力是什么？是心中长明的灯——热爱与信仰。

热爱祖国，热爱祖国的文学、语言和语文教育事业；信仰真理，坚信中华民族的传统美德能助人成长，坚信组织、领导、师友、同事的爱心会催人奋进；相信“一分耕耘一分收获”，“勤奋出成果”；相信自己取得的每一个成果都是在为祖国壮丽的大厦添砖加瓦……这一切，给自己带来了源源不断的力量。即使在遭到不公正待遇的岁月，在被送往农场挑粪、种菜、栽秧、割稻的不算短的日子里，仍能在煤油灯下津津有味地读鲁迅作品，写语言笔记。在正常时期，有时也总会有这样那样的烦恼，多年来在实践中感到，对付的良策之一，是想想心中那盏明灯，全身心地投入工作：备课、批改，读书、写作。而每当解决一个难题，改好一篇作文，悟出一点心得，写下一些自己认为还算不错的文字，那时刻所感到的乐趣和愉悦是无法形容的，不仅冲掉了烦恼，而且增添了前进和攀登的新的力量。

认真读点有用的书

“书籍是人类的良师益友。”“书到用时方恨少。”从小就听到的这些箴言，几十年来一直记在心头。

在读初师、中师、高师时，求知欲旺盛，寻找各种机会，几乎读遍了能从校图书馆借到的中外文学名著。工作以后，微薄的工资既要帮助母亲维持家计，又要资助弟弟完成学业，但还是节衣缩食地购买了一些语文教学和语言、文学方面的书籍。每月买它几本，慢慢地，从教三十几年来，居然也购置了数千本书。阅读、使用这些书（以及从图书馆借到的书），不仅精神上源源不断地汲取到营养，而且使备课、进修、科研、编教材得到了莫大的方便。

认真读点有用的书，是每一位传播知识者的“基本建设”，更应当成为学者型教师的日常功课。

有时自己特别想买的书无法买到，我就千方百计借来抄写。七十年代初，在朋友处见到一本久已想买而当时买不到的《艺海拾贝》（秦牧著），我连忙借来，几个月的业余时间，边读边学边抄写，获益匪浅。几十年读书生涯中摘录的笔记和制成的卡片，已成为自己从事语文教学、教材编写和语言研究的宝贵资料。

苦练几种过硬的“基本功”

“业精于勤荒于嬉。”合格的语文教师要勤练基本功，学者型教师更应通过长期勤奋刻苦的磨炼，具备过硬的基本功。多年来我一直重视以下基本功的磨炼：

阅读的基本功。速读以涉猎，精读以深究；勤写读书笔记，勤制资料卡片；善于识别一本书的价值高低，善于从书中撷取对教学和科研有用的东西，善于具体评析书中的优点缺点，提出中肯的修改建议。

要锻炼到这样的程度：接到一篇陌生的课文，在没有任何“参考资料”的情况下，凭借工具书，依靠积累的阅读基本功，花较短的时间就能作出精当的评价和分析，确定重点、难点所在，设计出合理的教学思路。

写作的基本功。掌握写作几种常用文体的能力——记叙文、说明文、议论文以及散文；有感触、有题材时也写写诗歌、小说。我曾经在初师、中师阶段和大学一年级练习写过几年新诗（其中一首《年轻的架线工》，还有幸被评为1956年无锡县青年文艺创作比赛甲等奖）。当然，关在校园里的写诗练习并未使我成为诗人，但带给我的好处却终身受益：一是多少提高了鉴赏、评析诗歌等文艺作品的能力，对教学有利；二是比较严格地磨炼了遣词造句的技巧，对写作有利。

作为学者型教师，更重要的是勤于写语文教学方面的研究文章，善于写这个领域内的各种文体——一条线是教学笔记、教学设计、教案示例、各类试卷、经验总结、专题讲座讲稿、学生辅导文章、教学参考资料等等；另一条线是语言或文字或文学方面的研究文章乃至研究专著；再一条线是语文教材，包括本班级的补充性教材，全市、全省乃至全国性的教材。多年来苦练这些写作基本功，提高了自己的语文水平和教学业务能力。在语文教学中，指点范文的写作方法，指导作文训练，批改、评讲作文，能够做到比较地得心应手，提高了工作效率；对语文科研自然更有裨益。

插说一句：以上两项基本功，作为师范院校的学生——未来的人民教师，在求学时期就应当抓紧时机刻苦磨炼，打下扎实的基础，为今后一辈子的工作创造良好的条件。踏上中学语文教学的工作岗位后，一位阅读和写作能力都比较强的新老师，他（她）的发展很明显地要宽广得多。

教学的基本功。这种功夫硬是要从任教开始就咬紧牙关，一堂课、一堂课地认真教学，一篇作文、一篇作文地认真批改，根据各人的不同素质和特长，经过较长或相当长的一段时间才能养成。记得母校中文系主任钱小云老师赠给我们几个毕业同学这样一段话：“到中学去，两班语文、两班作文、一个班主任，五条棍子夹它三年五年，七年八年，才能锻炼出来。”这是指一般合格的中学语文教师而言，对学者型教师来说，要求当然要更高。自己在长期的课堂教学实践中，除了达到语言表述、教学结构、启发点拨和板书等方面的常规要求外，还力争达到高层次的要求：对教材的钻研更深入，对教材的使用更灵活，训练设计更精当，课堂节奏更合理，教学改革的研究力度更强些。一堂课成功了，能总结经验；有失误，也能分析原因。再从“磨语言”这一项语文教师必备的基本功来说，要求自己有更敏锐的“语感”，善于在课堂上引导学生揣摩、推敲、鉴赏、评改，具有较高的水平。

在作文批改中，除了达到正字、顺句、指出优缺点、恰当判分等方面的常规要求外，还力争达到高层次的要求：根据需要能有针对性地写出精当的眉批、总批；批改中善于启发、点拨，调动学生（尤其是怕作文的部分学生）的积极性；对“尖子”学生和“后进”学生，善于因才施“批”，书面批改或当面批改能让学生心悦诚服，增添写作的兴趣和活力。此外，还注意锻炼较快的批改速度。

语文教学就很大程度说，是一种训练——训练学生具有“正确理解和运用祖国语言文字的能力”（《教学大纲》语）。语文教学质量的主要检查手段之一，是合理的测试。因此，多年来我也注意加强这方面的磨炼：能根据教材实际和学生实际，独立设计有关的训练题和测试题，能独立拟制出经得起学生考试和众多教师批阅这两方面检验的语文综合试卷。这些自然也是一种过硬的教学基本功。

“语言这东西，不是随便可以学好的，非下苦功不可。”（毛泽东语）几十年来自己虽然在几项基本功上花了不少功夫，但仍感不足，还应当长期磨炼。

建设自己适用的“资料库”

善于积累和使用资料，也是一项基本功，因为它对学者型教师特别重要，这儿单独说一说。

“不管鸟的翅膀多么完美，如果不凭借空气，鸟就永远不能飞到高空。事实就是科学家的空气。”（巴甫洛夫语）不断积累各种各样的语言事实、个人的教学实例、学生佳作、补充教材、命题材料、教参资料，以及有关语文学习的名言警句、名人轶事等等，并善于整理、使用，将会有效地提高工作的效率和质量，帮助自己飞上教学领域的高空。

“即使在最困难的条件下，也要挖掘矿石。”（列宁语）“大打矿山之仗。”（毛泽东语）这是自己在农场劳动期间备下的语言笔记扉页上摘抄的名人警句。当时撰写语文方面的研究论文尚属“禁区”，但心想总有一天会需要这方面的论著的，所以继续六十年代中期之前的钻研，在读鲁迅著作（以及偷偷地读叶圣陶作品）的时候，摘抄积累了大量的语言事实资料。这些资料在改革开放之后的教学工作中，发挥了很大的作用，生动的语言实例，丰富了自己的语文教学，受到学生的欢迎。从这些语言资料的研究中，还产生了几十篇论文和一部专著，使自己的业务水平和学术水平，上到了新的台阶。

“要养成谨严和忍耐的习惯。要学会做科学中的琐碎工作。要研究事实，对比事实，积累事实。”（巴甫洛夫语）从五十年代末在高校学习时开始到现今，三十多年来辛苦积累了几万条语文教学、语言研究和教材编写等领域的资料，方方面面，大大小小，或是卡片，或是剪报，或是笔记摘录，分门别类地安放在各自的位置——资料柜、资料盒、资料袋、资料本，形成了一个“资料库”。多少年来，这些越来越丰富的资料，对自己的备课、研究、撰写论文和论著，以及编写各种语文教材，都起了十分重要的作用。

积累资料，除了坚持锲而不舍和勤于分类、善于使用外，我还注意做“有心人”。有的资料极为珍贵而罕见，所谓“踏破铁鞋无觅处”，但碰巧会在某一次课堂教学或听广播、看电视、阅读书报、观看街头实用文字时偶然发现，这时候就要及时摘抄收集（有几次我甚至是站在雨中的闹市马路旁，打着雨伞匆匆抄录，但那心情犹如掘到金砂的矿工），否则稍纵即逝，再也找不到它，会造成长时间的遗憾。

抓好长流不断的“三条线”

根据自己的实情和特长，可以是“三条线”，也可以是“两条线”“四条线”。总之是在教学和研究两个方面，扎扎实实地坚持长期高标准工作。我着重抓了下面三条线：

一是语文教学。自 1960 年毕业至今，由于工作需要，先后在教师进修院校、师范学校、普通中学、重点中学任教，还应邀在高校中文系上课、作讲座；给中、小学教师和师范生、大学生上过课，更教过大量的初中、高中学生。多种不同类型学校、不同阶段的任教经历，丰富了自己的语文教学经验。

七十年代初期，曾经有一段很长的时间，同时任教初中、高中各一个班，加上担任初中毕业班的班主任。那时三十二三岁，精力充沛，很乐意地接受了这种分配，看作是磨砺自己、考验实力的好机会。调到重点中学后，有一次所教高三班的学生多达 87 人，个个都希望语文教师帮助他们较大幅度地提高语文成绩。师生一起努力了一年，终于有 79 位同学考入高一级学校，语文成绩也考出了水平。工作是繁重的，但心血转化为学生的进步，那时的愉悦感是无法形容的。

学者型教师应当在长期的教学实践中，通过努力探索，逐步形成自己的特色。我根据自己多年来积累的语言资料和主要的研究课题，在语文教学中重视运用范文的修改佳例进行语言教学和训练，在阅读和写作教学中提高学生的自改能力，帮助学生在学习中形成“激发兴趣——增强语感——养成习惯——提高能力——实践运用”的“语文学习链”，有效地提高了学生的各种语文能力。

二是语言研究。我之所以把语言研究定为一条线，不单是由于在高校学习时曾在语言研究所的《中国语文》杂志上发表过四篇论文和多篇《语文短评》，更主要的原因是我深感作为一名语文教师，要完成《教学大纲》所规定的教学任务，提高学生正确理解和运用祖国语言文字的能力，就必须自己先在语言方面多下功夫。要多学习、多积累、多研究，在研究中加深对祖国语言的热爱，提高鉴赏好的语言和评改差的语言的能力，提高“磨语言”这项语文教师的“看家本领”（陈钟梁语），更好地促进课堂教学和作文批改。这对于提高语文教学质量无疑是很有利的。

撰写语言研究论文，我从“语文短评”“语文随笔”写起，题目小一点，角度新一点，一篇一个观点，融进几条扎实的材料。1964 年借调在南京编写语文教材时，我曾每周坚持写两三篇。一年多的业余练笔，写了 120 篇，既磨炼了基本功，促进了教材编写，也锻炼了毅力，还积累了一批成果。打下一定的基础后，再根据语言资料的积累情况，逐步多写规模大一点的论文；条件成熟时，再撰写语言方面的专著。

三是语文教材编写。编写语文教材是语文教学改革事业的重要组成部分。有机会参加语文教材的编写，对自己是极好的锻炼。在编写过程中，通过参与设计体系、拟制体例、选取课文、修改文字、编写注解、拟制练习、编写教学参考资料等，有利于自己更加深入地了解语文学科的性质、特点和语文教学的特性，从宏观到微观理解并掌握教材的内容和形式，回过头来再去进行语文教学，自然容易驾轻就熟，方便得多。另外，编写语文教材时那种认真过细的研究，一丝不苟的斟酌，精益求精的修改，对提高自己的语文素养和读、写、编、改水平，也是十分有益的。

提起教材，有的青年同志会说：“我可没有条件去编啊！”其实，从广义上说，在日常教学中针对本班级学生实际，选印补充性的文章，自编成套的训练题等，也是在编写教材。我们从认真编写这一类材料开始，练好基本功夫，到有机会参加编写某种教材或自己主持编写某种教材（国家鼓励专家、学者编写教材）的时候，就有了良好的基础。

三十多年来，自己大部分时间在课堂第一线任教，并坚持业余的语言研究；也有几次由省教育厅、国家教委等借调，参加编写了几种语文教材。在抓紧第一条线的同时，我始终没有放松第二、第三条线。至今在中央和省级语文刊物上发表语言研究论文和教学经验总结、教学研究论文、教案示例、学生辅导文章等共 200 多篇，出版语言研究专著《叶圣陶的语言修改艺术》

一本（获江苏省哲学、社会科学优秀著作奖，全国首届优秀教育图书评比一等奖），合著语言研究专著两本、语文著作两本，主编《中学百科世界》语文部分 200 篇 25 万多字。六十年代和八十年代末至九十年代初，先后应邀参加江苏省、人民教育出版社和香港地区共 6 套语文教材的编写工作，所编教材已出版的共约一百数十万字。其中 1964 年为江苏省农业初级中学《语文》教材编写的说明文课文《看云识天气》，自 1978 年起入选全国通用教材至今，十五年来先后被人民教育出版社 4 套语文教材和江苏等地的语文新教材选用。

这些成果并不算太多，但作为一名在第一线工作的普通中学语文教师，总算是在尽心尽力地干着，并没有虚度年华。我在实践中深深感到："三条线"的交叉、配合，相辅相成，有利于提高个人的教学、研究、编写的总体水平；而"三条线"上已经取得的初步成果，又鼓舞自己去继续攀登新的高峰。

有的青年同志可能会说："这样当一名语文教师，太累了。"太累吗？是的，是累一点。但我们试想，除了投机者、暴发户的昙花一现式的所谓"成功"，世上有哪一项事业的真正的成功，是不需要人们付出"累"的代价的呢？以诚实劳动的"累"换来的成功，给社会、给人们带来益处，也会让自己品尝到真正的快乐。

语文教学工作和语文教改事业需要大批学者型的教师。我愿同大家一起，在这块充满希望的语文园地上，继续辛勤耕耘，向祖国、向人民奉献更多更好的成果。

后　记

不知不觉地，从教至今已经六十年了。

这六十年，经历了多少风风雨雨，体验了多少恩恩怨怨，品尝了多少苦辣酸甜……

上世纪五十年代初，作为家乡第一批少年儿童队队员，在国旗下戴上红领巾的日子，仿佛就在眼前。小学毕业后，靠国家的挑选培养，入初师，进中师，升高师，一个个时期的镜头，现在还时时生动地浮现于脑海。1960年，二十岁，踏上了教师工作岗位。到2000年新旧世纪之交时退休，刚好整整四十年。

四十年中，尽力所能及，为国家为社会为人民服务，以求无愧于“人民教师”的神圣称号。古语云：“取法乎上，仅得乎中。”自小读了许多名人传记，又受到父母、亲戚、师长谆谆教诲的熏陶，大半辈子来，一直把“追求高尚，追求卓越”作为人生努力的目标，希望老老实实做人，踏踏实实做事，诚诚恳恳待人，勤勤奋奋钻研，力求过有意义、有价值的一生。尽管在相当长一段时期内，这人生之路走得十分艰苦，但投身学术、献身事业的心情和信念，始终未敢有丝毫的动摇。

当祖国的巨轮驶入改革开放的宽广航道后，自己多年来醉心事业、钻研业务所积累的经验、技能、特长，越来越受到重视。自己做的都是一个有事业心的普通教师所应当做的事情，而国家、社会和人民却给予我许多的荣誉。当然，最令人感到欣慰的，还不是称号、奖状和鲜花，而是全身心地投入的事业取得一个个进展，任教的一届届学生取得理想的成绩时，给自己内心带来的无法形容的人生的充实感。

茫茫人海中，个人只是极小极小的一分子。每当自己有所进步，哪怕是一小步的迈进，我都会由衷地感激关心过我、帮助过我、指教过我的众多师长亲友，以及一些开明的领导。恩师钱小云教授对我多年的关心和指导，叶圣陶先生1964年给我信中的鼓励和期望，吕叔湘、张志公、刘国正、顾黄初诸位语文界前辈给予的指点和帮助，同京、沪、宁、苏以及香港一些语文界朋友长期友好相处中所获得的道德和学术营养，尤其使我不能忘怀。

记得有位外国名人说："六十岁是真正人生的开始。"中国一位作家说："工作着是美丽的。"退休之后，我经常督促自己，趁着现在身体健康，莫松懈，别停顿，一如既往，抓紧时间，多做一些实事，多为祖国的语文教育事业贡献些微力。退休二十年来，除了接受内地和香港有关单位的邀请，继续为语文教材建设做一些编写、修改、审订工作外，也常思考怎样把几十年来积累的自以为尚有价值的材料和观点整理出来，奉献于社会。

其中的一件事，就是整理一下已经发表的论著，编一本选集。这是许多我所尊敬的师长和我所深交的朋友、同事多年来一直督促我做的事。岁月匆匆，从上个世纪五十年代末在学术刊物《中国语文》上刊登第一篇论文至今，不知不觉我已经在省级、全国和国外语文刊物上发表了四百多篇文章，连同几本专著和若干教材，总计约有四百多万字，这次选编了其中的一部分。雪泥鸿爪，让这本集子，留下一名普通中学教师六十年来在语文教育园地印上的浅浅的足迹吧。

在编选和出版过程中，承蒙刘国正先生和顾黄初教授多年前就已为本书作序，又承蒙江苏凤凰教育出版社的领导和编辑多年来关注并支持本书的出版，在此谨表深深的谢意。

2020 年 3 月 12 日

写于全民战"疫"高潮中